LES
REPRÉSENTANTS DU PEUPLE

EN MISSION

ET

LA JUSTICE RÉVOLUTIONNAIRE

DANS LES DÉPARTEMENTS

EN L'AN II (1793-1794)

OUVRAGES DU MÊME AUTEUR :

Histoire du tribunal révolutionnaire de Paris, avec le journal de ses actes. 6 vol. in-8, brochés... 45 fr.

La révolution du 31 mai et le fédéralisme en 1793, ou la France vaincue par la Commune de Paris. 2 vol............................. 15 fr.

La Terreur. Études critiques sur l'histoire de la Révolution française. 2 vol. in-18 jésus, brochés................................ 7 fr.

Histoire de l'Esclavage dans l'Antiquité. 2ᵉ édition. 3 volumes in-8, brochés... 22 fr. 50

Géographie politique des temps modernes. 3ᵉ éd. 1 vol. in-12.... 2 fr. 50

Jeanne d'Arc. Ouvrage qui a obtenu le grand prix Gobert à l'Académie française. 5ᵉ édition. 2 vol. in-12, brochés........................ 7 fr.

Richard II. Épisode de la rivalité de la France et de l'Angleterre. 2 vol. in-8, brochés... 15 fr.

Saint Louis et son temps. 2ᵉ édition. 2 vol. in-8.................. 15 fr.

Éloges académiques (comte Beugnot, Ch. Magnin, Stanislas Julien, Guigniaut, vicomte de Rougé, Ch. Lenormant, Naudet, Caussin de Perceval, F. de Saulcy, Paulin Paris). 2 vol. in-18 jésus, brochés........... 7 fr.

La Sainte Bible résumée dans son histoire et dans ses enseignements (Ancien et Nouveau Testament). Ouvrage approuvé par NN. SS. les Archevêques de Paris et de Cambrai. 2ᵉ édition. 2 vol. in-12, brochés.. 7 fr.

De l'autorité de l'Évangile. Examen critique de l'authenticité des textes et de la vérité des récits évangéliques. Ouvrage approuvé par Mgr l'Archevêque de Paris. 3ᵉ édition, refondue et complétée par l'examen des derniers ouvrages publiés contre l'autorité des Évangiles. 1 vol. in-12, broché.. 4 fr.

Les Saints Évangiles. Traduction tirée de Bossuet, avec des réflexions prises du même auteur. Ouvrage approuvé par Mgr l'Archevêque de Paris. 2 vol. in-8, brochés..................................... 12 fr.

Vie de N.-S. Jésus-Christ, selon la concordance des quatre Évangélistes avec une introduction et des notes. 1 vol. in-18.............. 3 fr. 50

COULOMMIERS. — Typ. P. BRODARD et GALLOIS.

LES
REPRÉSENTANTS DU PEUPLE
EN MISSION
ET
LA JUSTICE RÉVOLUTIONNAIRE
DANS LES DÉPARTEMENTS
EN L'AN II (1793-1794)

PAR

HENRI WALLON
MEMBRE DE L'INSTITUT

TOME QUATRIÈME
LA FRONTIÈRE DU NORD ET L'ALSACE

PARIS
LIBRAIRIE HACHETTE ET Cie
79, BOULEVARD SAINT-GERMAIN, 79

1890

Droits de traduction et de reproduction réservés.

LES REPRÉSENTANTS
EN MISSION
ET
LA JUSTICE RÉVOLUTIONNAIRE DANS LES DÉPARTEMENTS

CHAPITRE XXVI

FRONTIÈRE DU NORD.
LES MISSIONS AUX ARMÉES. — PÉRIODE DE L'ASSEMBLÉE LÉGISLATIVE (20 AVRIL—20 SEPTEMBRE 1792).

La frontière du Nord, de Strasbourg à Dunkerque, exposée sans barrières naturelles aux attaques des plus redoutables puissances du continent, compta autant d'armées que de départements faisant face à l'ennemi : armée du Nord, armée des Ardennes, armée de la Moselle, armée des Vosges, armée du Rhin, plus du tiers des légendaires quatorze armées de la République. Aux représentants envoyés dans ces départements à divers titres s'ajouteront donc les représentants en mission près les armées. C'est ici que l'institution devra se justifier sur le terrain où il est passé en axiome de la louer sans réserve; et, disons-le tout de suite, elle soutiendra l'épreuve, sauf des exceptions considérables et des restrictions nécessaires.

On y préluda avant la réunion de la Convention et l'établissement de la République [1].

---

[1]. Depuis que ce volume est sous presse, le ministère de l'Instruction publique a commencé une grande publication sous ce titre, *Recueil des*

I

Les généraux et les premiers représentants en mission aux débuts de la guerre.

La marche de la Révolution française et l'attitude de l'Europe en présence des périls qu'elle y voyait pour tous les trônes ne laissaient guère espérer le maintien de la paix. La fuite avortée du roi, l'émigration de ses frères et d'une partie de la noblesse témoignaient des dispositions de la cour, et la déclaration de Pilnitz (27 août 1791) montrait que les deux principales puissances continentales, la Prusse et l'Autriche, ne se désintéressaient pas de la situation de la France. Le vote par l'Assemblée nationale et l'acceptation de la Constitution par le roi ne pouvaient avoir la vertu d'assurer la stabilité à l'intérieur, ni de dissiper les menaces du dehors. Aussi, dès la réunion de l'Assemblée législative, dut-on se placer en présence d'une guerre imminente et, le 14 décembre 1791, l'Assemblée créa trois armées qui devaient réunir 150 000 hommes : l'armée du Nord, l'armée du Rhin et l'armée du Centre, sous Rochambeau, Luckner et Lafayette, avec Biron, Beurnonville, Kellermann, Custine et plusieurs autres pour lieutenants [1].

Le cours des événements allait conduire à la nécessité

---

actes du Comité de salut public, avec la correspondance officielle des représentants en mission et le registre du conseil exécutif provisoire, publié par M. F.-A. AULARD, chargé du cours de la Révolution française à la Faculté des lettres de Paris, tome I, 10 août 1792-21 janvier 1793. Je regrette que ce recueil, qui s'arrête encore en ce moment comme au seuil de mon sujet, n'ait point paru plus tôt dans son entier. Je ne dis pas qu'il m'eût dispensé des recherches que j'ai faites : j'aime à voir les choses par moi-même, mais il m'eût rendu la tâche plus facile. S'il doit donner tout ce qu'il promet, je puis dire qu'il ne sera pas fini de sitôt et, à cet égard, j'ai moins à regretter de ne l'avoir pas attendu. Je ne manquerai pas d'y renvoyer pour les pièces qui m'auraient échappé.

1. Rochambeau et Luckner furent élevés en même temps à la dignité de maréchal de France (28 décembre 1791), par une exception motivée et sans dérogation au nombre des maréchaux fixé à six par la loi. (Séance du 27 décembre 1791, *Moniteur* du 29, t. X, p. 747.) Ils étaient à peu près du même âge : Rochambeau, né en juin 1725 ; Luckner, né en Bavière en octobre 1722.

d'en user. Le parti girondin, en présence des armements et des alliances de l'étranger, et peut-être aussi par des raisons de politique intérieure, voulait qu'on prévînt le péril en déclarant la guerre. Or il venait de porter ses hommes au pouvoir : Roland à l'Intérieur, Servan à la Guerre, Dumouriez au ministère des Affaires étrangères. Dumouriez semblait n'avoir pris ce ministère que pour trancher avec le sabre le fil des négociations engagées. Le 20 avril, Louis XVI vint dans l'Assemblée. A la suite d'un rapport où le Ministre montrait qu'après la note de M. de Cobentzel, le traité de 1756 était virtuellement rompu, il proposa la déclaration de guerre au roi de Hongrie et de Bohême : ce qui fut voté avec acclamations (20 avril 1792).

Nous n'avons pas à nous arrêter aux commencements de cette guerre. Les représentants n'y ont de part que par leurs décisions dans l'Assemblée; l'action relève uniquement du roi et des ministres que l'Assemblée a fait entrer dans son conseil. Un grand rôle semblait pourtant déjà promis aux représentants, car il s'agissait de réveiller en Belgique les ferments de révolution que les armes de l'Autriche y avaient, bien récemment et à grand'peine, comprimés. D'après le plan que Dumouriez exposa plus tard à l'Assemblée et qu'il avait conçu lui-même sans doute, le grand objectif était Bruxelles. Luckner avait ordre de s'emparer des défilés de Porentruy, et par sa gauche de former sur la Sarre un camp de 8 000 hommes d'où Kellermann tiendrait Luxembourg en échec. Lafayette devait rassembler 6 000 hommes à Longwy et de là se porter sur Arlon pour menacer Luxembourg, puis sur Givet pour attaquer Namur; Rochambeau, donner 10 000 hommes à Biron pour marcher sur Mons et sur Bruxelles [1].

Dans ce plan le rôle de Luckner était très effacé, celui de Lafayette fort en vue, au contraire, bien que la jalousie

---

1. Ajoutez une diversion de Daumont avec de la cavalerie sur Tournai pour favoriser la marche sur Mons et de d'Elbhecq avec 1200 hommes sur Furnes pour retenir l'ennemi dans la Flandre maritime.

de Dumouriez lui eût, dit-on, fait refuser le commandement en chef. Mais l'action principale était réservée à Rochambeau ; or le vieux maréchal ne concevait pas la guerre révolutionnaire : il voulait s'en tenir aux règles de la tactique. Quand le surlendemain de la déclaration, le 22 avril, le ministre de la Guerre (c'était alors de Grave) l'avertit que les hostilités devaient commencer le 30 ; que Lafayette marcherait alors sur Namur, et que son avant-garde à lui aurait à se porter sur Mons, puis même sur Bruxelles, il répondit :

Si M. de Biron a tout le succès que je lui désire, je dois vous prévenir ou qu'il faut le charger entièrement de la pointe sur Bruxelles, ou me laisser, après la prise de Mons, me retourner sur Tournai qu'il faut emporter avant que d'aller en avant : car je ne laisserai certainement pas derrière moi et sur mon flanc gauche la meilleure et la plus forte garnison de l'ennemi.

Voilà mon dernier mot et, en vieux général, je crois pouvoir ajouter que rien dans ce monde ne me fera faire un pas en avant, sans partir de cette base (25 avril)[1].

On sait que peu de jours après il ne fut plus question de Bruxelles, de Liège ni de Namur. Il y eut ce qu'on peut appeler un faux départ. La troupe que Théobald Dillon menait de Lille sur Tournai, le 28 avril, s'étonna de rencontrer l'ennemi sur son chemin : ce fut une véritable déroute au cri de *Sauve qui peut!* et les soldats égarés, rentrant à Lille, massacrèrent leur général et l'officier du génie Berthois ; même issue de la marche sur Mons. Biron, après avoir pris Quiévrain, vit un de ses régiments de dragons tourner bride, et il ne les rallia que pour subir le lendemain

---

[1]. Dépôt de la Guerre, armée du Nord, aux dates. Pour les armées distribuées sur la frontière du Nord comme précédemment pour les armées des Alpes, d'Italie et des Pyrénées, les dates, sans autre indication, renverront aux dossiers de ces armées, classés par mois et par jour au Dépôt de la Guerre.

une déroute plus complète qui le ramena dans Valenciennes[1].

Ces échecs étaient moins graves en eux-mêmes que par ce qu'ils révélaient, à savoir, le peu de solidité de ces rassemblements qu'on nommait des armées, les défiances des soldats à l'égard de leurs chefs, et par suite le peu d'autorité de ces chefs. Que pouvaient-ils en effet contre ces craintes de trahison, motivées sans doute par l'émigration, mais singulièrement accrues et envenimées par les déclamations des journaux et des clubs? Ces événements remirent en question les commandements : autre cause de trouble dans les armées. Rochambeau donna et maintint sa démission; Luckner fut chargé de l'armée du Nord et Biron de l'armée du Rhin[2].

Rochambeau avait bien quelque raison de répugner à prendre l'offensive. Ces armées dont on faisait la répartition entre les chefs n'étaient que des ombres d'armées. Biron écrivait le 26 mai à Dumouriez que l'armée du Nord n'existait que sur le papier et qu'elle manquait de tout : le camp de Famars sous Valenciennes, qui en faisait le plus gros rassemblement, ne comptait que 13 000 hommes à cette date; le 4 juin, Alexandre Berthier, chef d'état-major de cette armée, faisait de sa situation le plus triste tableau[3], et Luckner, qui avait pu constater par lui même son dénuement (31 mai), se plaignait en outre d'une désorganisation dont il indiquait la cause à Servan, le nouveau ministre de la Guerre (16 juin)[4] :

Il est vrai que dans la guerre de 1742 à 1748 on avoit aussi à se plaindre de l'indiscipline des soldats et de la négligence des officiers et que cela n'a pas empêché les brillants succès des

---

[1]. Voyez sur ces affaires les lettres de M. d'Aumont à Rochambeau et de Rochambeau au roi, 29 avril; du ministre de Grave et de Berthier à Rochambeau, 30 avril; de Biron au ministre, 2 mai. (Dépôt de la Guerre, armée du Nord, aux dates.)
[2]. Voy. la note I aux Appendices.
[3]. Armée du Nord, aux dates.
[4]. Servan avait remplacé de Grave le 11 mai 1792, *Moniteur* du 12, t. XII, p. 360.

François; mais outre que les armées étoient aguerries, elles n'étoient pas travaillées par des agents secrets qui paralisent les soins des officiers supérieurs.

Et il signalait une autre raison de faiblesse dans son armée :

Une armée dans laquelle une prodigieuse émigration a porté rapidement aux grades supérieurs des officiers qui n'ont point l'expérience, à laquelle ne supplée pas toujours la bonne volonté [1].

Il importe de signaler cet état de nos armées pour apprécier, dans une juste mesure, la responsabilité de ceux qui jetèrent le pays, si mal préparé, dans la guerre, dans une guerre à toutes les couronnes, et le mérite des hommes qui firent de ces soldats les vainqueurs de Valmy, de Jemmapes, de Wattignies et de Fleurus.

Cette situation militaire, qui donnait tant de sujets d'inquiétude sur la sécurité des frontières, réagit sur la situation intérieure. Dumouriez fit renvoyer les ministres girondins (Roland, Servan et Clavière) et il dut rendre lui-même son portefeuille, n'ayant pu obtenir la sanction du roi à la loi qui frappait de déportation les prêtres insermentés. Il y eut donc un Ministère qui avait contre lui la Gironde et n'avait plus pour lui Dumouriez. Que lui restait-il? Lafayette, peu goûté pourtant de la reine, Lafayette qui, trop confiant dans son influence personnelle, avait osé intervenir, lui chef d'armée, dans le débat. Sa lettre de remontrances à l'Assemblée lui ôta tout crédit dans le Parlement, et elle provoqua cette autre lettre qui fut portée par le faubourg Saint-Antoine à l'Assemblée, et fit entrer l'émeute dans les Tuileries le 20 juin.

Cette violence faite à la royauté produisit, il est vrai, une réaction. Lafayette n'écrivit plus; il fit écrire Luckner et se présenta lui-même à l'Assemblée pour protester, au nom

---

1. Dépôt de la Guerre, armée du Nord, aux dates. Le 2 juin, d'Harville, lieutenant général, donnait sa démission, prétextant sa santé et particulièrement l'insubordination des troupes.

de l'armée, contre l'insulte faite à la Constitution et au roi; et les adresses venues des divers points de la France exprimaient presque toutes la même pensée. Mais l'Assemblée avait mal accueilli sa démarche et la cour avait peu de foi en lui; il se hâta donc de rejoindre son armée pour ne pas laisser croire qu'il la laissât, de propos délibéré, sans chef en présence d'un ennemi redoutable. « Les Prussiens avaient rompu la neutralité et 80 000 hommes de la vieille armée de Frédéric s'avançaient par Coblentz sous la conduite du duc de Brunswick[1]. »

Devant les défiances qu'inspirait la cour, il eût été bien naturel que l'Assemblée s'occupât de la situation des armées, et c'est ici que, pour la première fois, l'institution des représentants en mission se montre en germe. Le 10 juillet, Lamourette avait proposé, entre autres choses, d'envoyer des commissaires aux frontières pour examiner l'état de nos forces[2]. L'Assemblée vota l'impression de son discours, mais non la chose qu'il proposait. Il y avait pourtant des mesures que l'on pouvait avoir besoin de prendre sur les lieux, sans qu'on eût le temps d'en référer à l'autorité supérieure : celles par exemple que l'état de guerre mettait à la discrétion d'un général. Mais dans quelles limites de lieu un général pouvait-il déclarer l'état de guerre? C'est une question qui faisait l'objet d'une lettre écrite au Ministre par le général Lamorlière, commandant alors par intérim l'armée du Rhin, et que le Ministre communiqua le 15 juillet à l'Assemblée[3]. La lettre fut renvoyée

---

1. Thiers, *Histoire de la Révolution française*, livre VI (t. II, p. 129).
2. *Moniteur* du 12 juillet 1792, t. XIII, p. 107.
3. « Je vous ai mandé dans ma dernière dépêche, disait-il, que je voulais déclarer les bords du Rhin en état de guerre à deux lieues de distance; mais des réflexions ultérieures m'ont fait craindre d'outrepasser mes pouvoirs. Il faut qu'un général puisse ordonner aux habitants de rentrer leurs denrées; il faut qu'il puisse leur faire prendre les armes, leur prescrire un service habituel, commander des services de voitures, ordonner aux habitants d'approvisionner ses armées de munitions de guerre et de bouche. Il est une multitude d'autres mesures nécessaires à la sûreté des places et qu'il faut autoriser les généraux de prendre. » — Il en a pris et il a été obéi. — « Mais ce zèle digne de toutes sortes

au Comité militaire, sans que la pensée de nommer des commissaires, pour suppléer en ces matières aux généraux, vînt davantage à l'esprit de personne, ou plutôt on l'avait écartée, comme l'indique un mot de Grangeneuve dans la séance du lendemain :

> L'Assemblée a été sur le point d'envoyer des commissaires à l'armée pour savoir parfaitement quel est l'état des forces de l'Empire.

Encore ne s'agissait-il ici que d'une enquête à faire. L'arrivée de Luckner à Paris sembla suffire pour en dispenser. Deux jours après (18 juillet), quand Tardiveau soumit à la délibération un « projet de décret tendant à l'envoi de huit commissaires, pris dans le sein de l'Assemblée nationale, pour visiter les différentes frontières », un murmure général, dit le *Moniteur*, suivit la lecture de ce projet; de toutes parts on demanda la question préalable et La Porte la motiva en disant que « toute espèce de surveillance particulière par quelques membres de l'Assemblée tendrait à affaiblir en quelque sorte la responsabilité du Ministre ». Lacombe-Saint-Michel tenta pourtant de remontrer les bons effets que pouvait avoir la mesure :

> Vos commissaires surveilleront les traîtres et encourageront les patriotes. Ils sauront prouver aux soldats patriotes que les législateurs partagent leurs fatigues et leurs dangers.

Mais d'autres résistèrent au point de vue de la responsabilité ministérielle qu'il fallait maintenir tout entière, et l'Assemblée, adoptant ces motifs, décréta qu'il n'y avait pas lieu de délibérer sur le projet du Comité.

Ainsi point de représentants aux armées. Les circonstances allaient bientôt modifier la politique à cet égard.

Il n'y avait plus au Ministère personne qui pût diriger

---

d'éloge est bien loin d'être partagé par tous les habitants de ces contrées, et il est des mesures que nous n'oserions tenter qu'avec l'appui de la loi. » (Séance du 15 juillet 1792, t. XIII, p. 152.)

les opérations militaires. Les ministres de la Guerre changeaient pour ainsi dire de semaine en semaine. Après Servan (11 mai), Dumouriez (13 juin); après Dumouriez, Lajard (18 juin); après Lajard, D'Abancourt (28 juillet). Quant aux généraux, on ne sait non plus qu'en dire. Une note du *Moniteur* (16 juillet) porte que Lafayette commandera en sous-ordre dans le nord, de Montmédy à Dunkerque, et Biron sur le Rhin[1]. Mais Dumouriez qui, en sortant du ministère, était allé au camp de Maulde, qu'en faisait-on? Dans la correspondance officielle, il est dit être chargé par intérim de l'armée du Nord, et ses lettres témoignent qu'il avait une position fort indépendante. Lafayette, qui s'était applaudi de sa chute, s'inquiète de le retrouver à cette armée dans un commandement dont il se croyait lui-même investi, et il écrit au nouveau ministre D'Abancourt sur un ton qui n'était guère non plus d'un subordonné :

> Une nouvelle à laquelle je ne crois point et que je regarde comme une plaisanterie, c'est la résolution que vous auriez prise d'envoyer M. Dumouriez dans l'armée que je commande. Je l'ai accusé hautement de folie ou de trahison envers la chose publique; et moi je n'examine pas si j'ai eu raison ou tort, mais je l'aurois demandé à ses protecteurs eux-mêmes, avant que M. Brissot leur chef l'eût déclaré *le plus vil des intrigants*. Se peut-il qu'un général d'armée, qui a exprimé sur un lieutenant général une pareille opinion soit censé pouvoir lui remettre la destinée d'une partie des hommes et des places qui lui sont confiées?
>
> J'ajouterai que M. le maréchal Luckner a été assez mécontent de M. Dumouriez pour demander au roi qu'il l'ôtât de son armée et pour m'écrire à moi-même qu'il ne vouloit plus correspondre avec lui [2] (4 août).

L'abstention de l'Assemblée avait donc laissé le pouvoir exécutif entièrement responsable de ces querelles comme des suites qu'elles pouvaient avoir. En fait, elle le laissait

---

1. Note du *Moniteur*, 17 juillet 1792, t. XIII, p. 116.
2. Dépôt de la Guerre, armée du Nord, à la date. — Voy. aussi une lettre du 8.

complètement à découvert. La conspiration travaillait dans Paris tout à son aise, ayant son centre à la Commune; et c'est ainsi que l'émeute, qui avait appris le chemin des Tuileries le 20 juin, y rentra le 10 août, non plus seulement pour avilir, mais pour renverser la royauté.

II

Prise de Longwy et de Verdun. — Bataille de Valmy.

(Août-septembre 1792.)

La royauté étant par terre ou, comme on disait, provisoirement suspendue, l'Assemblée n'avait plus de raison pour ne pas veiller elle-même à ce qui touchait les armées, et son premier devoir, comme son intérêt le plus grand, était de connaître ce qu'elle en devait craindre ou espérer. Lafayette avait protesté contre le 20 juin. Qu'allait-il faire après le 10 août et quelles étaient les dispositions des autres généraux? Il le fallait savoir : ce fut l'objet des premières missions. Après le décret de déchéance et la convocation de la Convention, l'un des premiers actes de l'Assemblée fut d'envoyer des commissaires aux armées.

Déjà, le 31 juillet, elle avait désigné, par appel nominal, trois de ses membres : Carnot, l'aîné (le célèbre Carnot), Gasparin et Lacombe-Saint-Michel, pour vérifier l'état du camp de Soissons[1]. Le 9, quand on agitait déjà la question de la déchéance, Lamarque avait proposé que quatre autres, élus de la même manière, leur fussent joints pour visiter les armées du Nord et du Rhin, et la proposition avait été renvoyée à la Commission extraordinaire[2]. On se défiait du pouvoir exécutif; on se défiait aussi, et non sans raison, de Lafayette[3]. Le 10, après la révolution accomplie, on résolut

---

1. *Moniteur* du 2 août, t. XIII, p. 302.
2. Séance du 9, *ibid.*, p. 369.
3. Voy. le débat sur Lafayette dans la séance du 8. La mise en accusation fut pourtant rejetée ce jour-là. (*Moniteur* du 10 août, *ibid.*, p. 362-367.)

d'élire non pas quatre, mais douze membres, et Lacroix (J.-F. de La Croix), député d'Eure-et-Loir[1], demanda qu'on y procédât sans retard, afin de les faire partir le jour même. Séance tenante, Carnot le jeune[2], au nom de la Commission extraordinaire et du Comité militaire réunis, présenta le projet de décret, ainsi que l'instruction rédigée pour les commissaires : le tout fut adopté et les commissaires élus[3].

Antonelle, Peraldi et Kersaint, envoyés à l'armée de Lafayette (armée du Centre), jugèrent utile de s'arrêter d'abord à Soissons pour dissiper les inquiétudes des fédérés nationaux, rassemblés en cette ville, et s'assurer des sentiments des chefs préposés à leur organisation. Dès le 12 août, ils font connaître à l'Assemblée le bon esprit de l'état-major et des soldats, ainsi que l'adhésion de la municipalité et de la population tant de Soissons que de Reims, d'où ils écrivent[4]. Il n'en fut pas de même à Sedan où commandait Lafayette. Le général, instruit de leur mission, donna ordre de les faire arrêter[5].

---

1. J.-F. de La Croix, député d'Eure-et-Loire, joint quelquefois la particule à son nom (*Delacroix*). D'autres fois il la supprime. On peut la supprimer, car c'est l'usage quand la particule n'est précédée ni d'un prénom, ni d'un titre, et, d'ailleurs, il est plus connu sous le nom de *Lacroix*.
2. Député alors comme son frère aîné.
3. *Moniteur* du 12 août, *ibid.*, p. 382. Les douze premiers d'une liste proposée de vingt-quatre membres : Lacombe-Saint-Michel, Carnot l'aîné, Gasparin, Delmas, Dubois-Dubais, Bellegarde, Antonelle, Kersaint, Coustard, Prieur (de la Marne), Peraldi, Rouyer. (*Procès-verbal de l'Assemblée nationale législative*, t. XII, p. 24.)
4. *Moniteur* du 16 août, *ibid.*, p. 418.
5. « Il doit arriver, dit-il, des commissaires de l'Assemblée nationale pour prêcher à l'armée une doctrine inconstitutionnelle; il est démontré à tout homme de bonne foi qu'au 10 août, époque de la suspension du roi, l'Assemblée nationale a été violentée et que les membres qui ont accepté une telle mission ne peuvent être que des chefs ou des instruments de la faction qui a ainsi asservi l'Assemblée nationale et le roi. Je requiers, aux termes de la loi relative à l'état de guerre et sous ma responsabilité unique et personnelle, la municipalité de Sedan, de retenir les individus se disant commissaires de l'Assemblée nationale, et de les mettre en lieu de sûreté sous la garde d'un officier supérieur qui, également sous sa responsabilité unique et personnelle, exécutera cet ordre, auquel il ne peut se refuser sans être immédiatement traduit à un conseil de guerre. Je dois aussi requérir les autorités constituées des départements, en vertu des mêmes lois, d'approuver ces mesures, et je ferai

À cette nouvelle, l'Assemblée fit un décret qui rendait les administrateurs des Ardennes, ceux du district de Sedan et les officiers municipaux, etc., responsables de la sûreté et de la liberté de ses commissaires; ordonnait qu'ils fussent arrêtés à leur tour et chargeait trois autres de ses membres, Quinette, Isnard et Baudin, d'exécuter ces mesures [1]. Mais ils trouvèrent la chose faite. Lafayette n'avait pu entraîner son armée et il avait dû chercher lui-même son salut dans la fuite. La municipalité de Sedan s'était empressée d'ouvrir les portes de la prison à ces puissants détenus, et ces derniers, qui d'ailleurs n'avaient pas trouvé là de trop noirs cachots, eurent le bon goût d'intercéder en faveur de leurs hôtes [2]. L'Assemblée nationale ne donna point en effet d'autres suites à son décret; mais plus tard la Convention s'en souvint : administrateurs du département, officiers municipaux, notables de la commune, tous payèrent de leur tête cette profanation nationale [3]. Les commissaires, arrêtés par ordre de Lafayette, avaient en même temps une mission auprès de Luckner, et les trois autres, envoyés à leur place à Sedan, y pouvaient avoir assez à faire [4] : c'est pourquoi, Luckner lui-même exprimant le désir d'avoir des représentants du peuple auprès de lui, l'Assemblée désigna pour cette mission La Porte, Lamar-

---

la même demande au tribunal du district de Sedan et aux différents départements où sont situées les troupes qui me sont confiées. » (*Moniteur* du 29 août, *ibid.*, p. 495.)

1. Séance du 17 août, *Moniteur* du 19, *ibid.*, p. 447. — Une commission de six membres fut nommée en même temps pour correspondre avec les armées et instruire chaque jour l'Assemblée des nouvelles qu'ils auraient reçues et des lettres qu'ils auraient écrites : c'étaient Ducos, Lagrevolle, Lachaise, Marbot, Bruat et Lequinio. (*Ibid.*, p. 448.)

2. *Moniteur*, t. XIII, p. 495.

3. Les vingt-sept officiers municipaux et notables de Sedan, le 15 prairial (3 juin 1794), les douze administrateurs des Ardennes quatre jours après, 19 prairial (7 juin). Voy. l'*Histoire du tribunal révolutionnaire de Paris*, t. IV, p. 64 et 75.

4. Ce sont les six commissaires, tous ensemble (Quinette, Isnard, Baudin, Peraldi, Kersaint et Antonelle), qui, par une lettre du 21 août, demandèrent la réintégration des administrateurs des Ardennes dans leurs fonctions. (*Moniteur* du 30 août, t. XIII, p. 551.)

que et Bréard (20 août)[1]. Le vieux maréchal avait hâte d'expliquer la lettre qu'il avait écrite à l'instigation de Lafayette. Il ne s'était pas compromis jusqu'au point de le suivre dans ses manifestations postérieures et on lui en tint compte alors; mais il avait d'abord hésité à reconnaître la révolution du 10 août; on le disait faible et aux mains des intrigants, ayant un fils dans l'armée ennemie, une grande partie de ses biens au dehors : « Le moment est venu, disait une note du *Moniteur*, où il faut faire cesser toutes les inquiétudes : c'est trop d'avoir à craindre ses propres défenseurs en même temps que ses ennemis[2] »; et Servan, redevenu ministre de la guerre le 10 août, le remplaça à l'armée du Centre par Kellermann[3].

Biron, qui commandait alors l'armée du Rhin, avec Custine pour lieutenant et le prince Victor de Broglie, comme chef d'état-major, n'était pas encore suspect et ne pouvait l'être que par son origine : car ses services lui assignaient un des premiers rangs parmi nos généraux. Il reçut pour commissaires, Carnot, Coustard, C.-A. Prieur (de la Marne) et Ritter. Biron accepta la révolution du 10 août; son chef d'état-major Victor de Broglie aussi, mais avec des réserves qui le firent suspendre et arrêter même pour quelque temps et qui, plus tard, après qu'il avait accepté les faits accomplis, offert son bras à la défense de la frontière menacée, devaient le conduire à l'échafaud[4].

Les commissaires envoyés aux armées et dans les départements du Midi donnèrent aussi les nouvelles les plus favorables de leur mission : « Officiers, soldats, citoyens, tous brûlent de mourir pour leur patrie », écrivaient-ils[5].

On ne s'était préoccupé que de l'intérieur, et les missions

---

1. *Moniteur* du 22 août, *ibid.*, p. 481-482.
2. *Moniteur* du 24 août, t. XIII, p. 497.
3. 23 août, *ibid.*, p. 504 et 513. En même temps Arthur Dillon était destitué.
4. 8 messidor (26 juin 1794), *Histoire du tribunal révolutionnaire de Paris*, t. IV, p. 339.
5. Séance du 27 août, *Moniteur* du 30, t. XIII, p. 560.

avaient réussi ; mais la révolution du 10 août avait accru le péril du dehors. Le roi de Prusse avait envahi notre territoire. Longwy bombardé s'était rendu (24 août) : Verdun était assiégé et succomba le 2 septembre, capitulation dont le bruit, prématurément répandu, provoqua ce jour même les massacres des prisons. La Terreur était donc à Paris comme à la frontière. Il y avait là, auprès des généraux, une matière nouvelle pour la mission des représentants.

Chose étrange, le général qui, par son titre, semblait appeler à faire tête à l'invasion, c'était le général qu'on avait révoqué naguère comme suspect de complicité avec Lafayette, le vieux maréchal Luckner. Kellermann qu'on lui avait donné pour successeur à l'armée du Centre avait refusé le commandement s'il ne l'exerçait sous ses auspices ; et comme, en ce moment même, on recevait des commissaires envoyés près son armée les meilleurs témoignages, le ministre de la guerre, revenant sur l'arrêté qui le destituait, en prit un autre qui le nommait généralissime et l'envoyait à Châlons, point central d'où il pouvait être plus facilement en communication avec l'armée du Nord sous Dumouriez, avec l'armée du Rhin sous Biron : il y devait former une réserve pour soutenir les autres en cas d'insuffisance ou les rallier en cas de revers (29 août)[1]. Des trois généraux placés sous Luckner le plus en avant était Dumouriez, Dumouriez qui, placé aux portes de la Belgique, était à la veille de l'envahir et y voyait même une diversion puissante à l'invasion de notre territoire ; mais il s'agissait bien alors de conquête ! Il fallait défendre Paris. Le 27 août, à l'Assemblée nationale, sous l'impression des nouvelles qui arrivaient de la frontière, Vergniaud avait demandé, au nom de la commission extraordinaire, que Paris et les départements voisins fournissent à cet effet 30 000 hommes et que douze commissaires, pris dans le sein de l'Assemblée, fussent chargés de seconder en cela le

---

1. Note II aux Appendices.

rôle des citoyens[1]. Rien ne révèle mieux l'agitation des esprits que le trouble, le désordre, la confusion des résolutions de l'Assemblée à ce propos. Conformément au principe adopté, Condorcet le lendemain présenta une liste de douze commissaires[2]; la proposition fut rejetée, plusieurs ayant objecté que c'était éloigner de l'Assemblée, dans le péril, quelques-uns de ses membres les plus patriotes. L'Assemblée rendit même un décret qui rappelait les commissaires actuellement en mission près les armées[3]. Mais le lendemain (29 août), Danton ayant annoncé que le Conseil exécutif allait envoyer ses commissaires à lui pour la levée des troupes, l'Assemblée en prit aussi parmi ses membres, Lecointre (de Versailles), Albitte, Lefebvre et Richard[4].

Disons d'ailleurs que le décret qui rappelait les commissaires de leur mission près les armées n'avait pas reçu son entière exécution. Bien plus, avant de se séparer, l'Assemblée avait décrété que ceux qu'elle avait chargés de surveiller la fabrication du papier des assignats resteraient en fonction, avec la jouissance de leur indemnité, jusqu'à ce que la Convention, qui allait se réunir, y eût pourvu; et que le présent décret serait applicable aux commissaires envoyés aux manufactures d'armes et aux armées[5]. C'est ainsi que la Convention les trouva en exercice. Plusieurs avaient été réélus à l'assemblée nouvelle et furent aussi maintenus dans leur mission.

1. *Moniteur* du 29 août, t. XIII, p. 549.
2. C'étaient Lecointre (de Versailles), Malhe, Richard, Merlin, Marbot, Jean Debry, Peyret, Jacob Dupont, Romme, Lecointre-Puyraveaux, Chabot et Albitte.
3. *Ibid.*, p. 560.
4. L'Assemblée avait chargé encore plusieurs de ses membres de missions particulières : Ruamps et Niou furent envoyés à Rochefort pour y chercher de l'artillerie (27 août); Gossuin à Maubeuge (10 septembre); Lagrevolle et Rolland (de la Moselle) dans les départements de la Haute-Loire et de Rhône-et-Loire; Rudler dans le Haut-Rhin (20 septembre), pour hâter la fabrication ou la réparation des armes; d'autres pour surveiller la fabrication du papier des assignats, le nerf de la guerre alors. (*Moniteur*, t. XIII, p. 703, 711, etc. Aulard, p. 64.)
5. Procès-verbal, t. XVI, p. 160.

L'invasion des Prussiens dans la vallée de la Meuse avait favorisé les progrès des Autrichiens dans le département du Nord. Les commissaires de l'Assemblée sur cette frontière s'en étaient justement inquiétés :

> Les avant-postes du camp de Bruile (près Saint-Amand) sont repoussés, écrivait Delmas ; toutes les troupes du camp rentrent à Valenciennes.
> Si cette frontière n'est pas promptement secourue, l'ennemi y fera de grands ravages. M. Dumouriez, pour renforcer l'armée qu'il commande actuellement, affaiblit celle-ci d'environ 10 000 hommes, et lui enlève deux maréchaux de camp bien utiles, notamment M. de Beurnonville (7 septembre).

Lui et ses collègues, de Bellegarde et Dubois-Dubais, rassemblent des volontaires. Mais qu'était-ce à côté des forces régulières que les Autrichiens amenaient contre nos places? Ils voyaient déjà Maubeuge, Lille et Valenciennes à la veille d'être bombardées [1].

Le péril le plus immédiat était vers la trouée que le roi de Prusse avait réussi à faire, en prenant Longwy et Verdun. C'est de ce côté que Dumouriez devait porter ses forces. Dans cette situation, les défilés de l'Argonne avaient une importance capitale pour l'attaque comme pour la défense, et le général sut y prévenir l'ennemi [2]. C'étaient les Thermopyles de la France. On le disait, et un commissaire du pouvoir exécutif Chanderlos-Laclos relevait le mot, avec une sorte de scepticisme : « Ce sont bien, écrivait-il à son Ministre, des espèces de Thermopyles, mais d'abord il faut être sûr d'avoir des Spartiates, et, de plus, mourir n'est pas vaincre. »

Les Thermopyles furent tournés encore et leurs défen-

---

1. Lettre de Dubois-Dubais, J.-B. Delmas, Gossuin, de Bellegarde, Sallengros au Ministre, 10 septembre.
2. Le 27 août, Dubois-Dubais, Delmas et Bellegarde, annoncent, de Valenciennes, le départ de Dumouriez pour l'armée du Centre afin de s'opposer à l'ennemi. Il est accompagné du général Dillon, « qui a bien regretté de n'avoir pas été à portée, par l'incertitude de son sort, de s'opposer aux entreprises de l'ennemi et se flatte qu'il y aurait réussi. »

seurs ne se firent pas tuer; mais notre Léonidas sut, à son tour, prendre l'ennemi à revers. Replié sur Sainte-Menehould, il appela à lui Beurnonville de l'armée du Nord, Kellermann de l'armée du Centre. Commissaires de l'Assemblée nationale, commissaires de la Commune de Paris, tous travaillaient à l'envi à lui procurer des renforts, à en accélérer la marche, et le ministre, prenant, lui, ses exemples dans l'histoire romaine, le pressait d'imiter Fabius Cunctator, d'attendre la réunion de toutes ses forces, de ne point risquer une bataille (18 septembre). La bataille fut risquée et gagnée. Ce fut à Kellermann, établi sur les hauteurs voisines du corps de Dumouriez, qu'il échut de soutenir cette fameuse canonnade qui fut la bataille de Valmy et qui décida de la campagne (20 septembre 1792); car le roi de Prusse, déjà dégoûté de la guerre, ayant devant lui Paris en révolution et sur ses flancs Dumouriez, prit le parti de regagner l'Argonne et de repasser la frontière. L'invasion avait échoué [1].

Ce jour-là la Convention venait de se réunir. Le lendemain elle proclamait la déchéance de la royauté, et le surlendemain inaugurait l'ère de la république [2].

1. Voy. la note III aux Appendices.
2. L'ère eut quelques variations dans la correspondance officielle des premiers jours. Servan date une lettre du 21 septembre 1792, l'an IV de la liberté et de l'égalité; Biron (Strasbourg), le 22 septembre, l'an IV de la liberté, Ier de l'égalité; le ministre des Affaires étrangères, Paris, le 21 septembre, l'an IV (rayé) de la liberté, Ier de l'égalité.

CHAPITRE XXVII

MISSIONS AUX ARMÉES DEPUIS LA BATAILLE DE VALMY JUSQU'A LA TRAHISON DE DUMOURIEZ

I

Libération du territoire. Reprise de Longwy et de Verdun. Levée du siège de Lille.

La réunion de la Convention et l'avènement de la République ouvraient une période nouvelle où les missions des représentants allaient avoir un plus grand essor. La bataille de Valmy était un point d'arrêt dans la série des événements militaires. Les généraux reprenaient l'offensive, et l'Assemblée nouvelle se mit en mesure de les seconder par ses commissaires.

Après quelques missions motivées par la question toujours urgente des subsistances, elle songea, dès les premiers jours, aux armées [1]: aux deux ailes, fort peu garnies, de l'armée du Midi [2], aux armées de la frontière du Nord; et elle envoya au camp de Châlons, point central, Prieur (de la Marne), Sillery et Carra (24 septembre); dans le départe-

---

1. Mission de Manuel, Le Page et Thuriot à Orléans ; mission de Vitet, Boissy d'Anglas et Alquier à Lyon, 23 septembre 1792. (Aulard, t. I, p. 60 et 61.)

2. Mission à l'armée du Midi, aile droite, 23 septembre 1792 (voy. ci-dessus, t. II, p. 342 : le *Moniteur* envoie à Bayonne ceux qui allaient à Perpignan et réciproquement ; mission à l'armée du Midi (aile gauche, commandée par Montesquiou), 24 septembre, voir t. III, p. 2.

ment du Nord, Delmas, Bellegarde Duhem, Duquesnoy, Doulcet et D'Aoust¹. Veiller au recrutement et à l'approvisionnement des troupes, au bon état des places fortes, à la discipline des soldats, à l'obéissance des citoyens, tel était l'objet de ces missions pour lesquelles on donnait aux représentants les pouvoirs les plus étendus.

Délivrer le territoire! voilà le but qu'il s'agissait, avant tout, d'atteindre.

Il fallait chasser les Prussiens qui occupaient encore Verdun et Longwy; il fallait repousser les Autrichiens, qui commençaient le bombardement de Lille; à cet égard, la mission principale était celle des généraux qui avaient arrêté l'invasion, et leur correspondance complète et même domine celle des représentants délégués près leurs armées. Il m'a paru indispensable de l'y joindre : le rôle des uns et des autres ne peut être bien compris qu'à cette condition².

Entre les généraux de cette région à qui donner le commandement en chef? Il ne s'agissait plus de fiction. Luckner, cette ombre de généralissime, avait disparu déjà avant la bataille de Valmy : le 13 septembre, il avait été rappelé de Châlons, comme insuffisant, et mandé à Paris; il eut à regretter bientôt de n'avoir pas suivi en tout, jusqu'à la fin, l'exemple de Lafayette³. Mais il y avait deux généraux en présence : Dumouriez qui avait jusque-là mené toute cette campagne de l'Argonne, et Kellermann, mis plus particulièrement en évidence par la victoire de Valmy.

1. 30 septembre, Delmas et Bellegarde se trouvaient déjà dans le département du Nord avec Dubois-Dubais, en vertu d'une mission de l'Assemblée législative. Ils firent, à ce titre, une circulaire aux habitants des campagnes qui se trouve dans le *Moniteur* du 27 septembre, t. XIV, p. 37.
2. Il est fort regrettable que cette correspondance n'ait pas été comprise dans le *Recueil des actes du Comité de salut public*, publié par le gouvernement, puisqu'on y donne, en même temps que le *registre du Conseil exécutif provisoire*, la correspondance officielle des représentants avec le Comité et avec le Conseil.
3. Voy. sa condamnation à mort, 15 nivôse (4 janvier 1794), sur la dénonciation du général jacobin Charles Hesse (de la maison régnante de Hesse), *Histoire du tribunal révolutionnaire de Paris*, t. II, p. 321-327.

Or leurs avis ne concordaient pas. Kellermann voulait marcher sur Vitry et Châlons; Dumouriez, réunir toutes les forces disponibles, 100 000 hommes, pour accabler les Prussiens, et se reporter, sur les défilés de l'Argonne qu'ils avaient franchis, qui fussent devenus un obstacle à leur retour. Le 25 septembre, il écrivait à la Convention pour exposer son plan, il écrivait au ministre, il écrivait à Kellermann lui-même, lui demandant une entrevue; et Kellermann ayant accepté la réunion des armées, il pressait le ministre de décider qui en aurait le commandement (26 septembre)[1]. La réponse ne pouvait pas être douteuse : c'était celui qui avait conçu le plan. Servan lui donna l'assurance que les deux armées ne cesseraient pas d'être sous ses ordres.

Les Prussiens avaient fait des propositions d'accommodement, et Dumouriez, tout en disant à la Convention qu'elles étaient inacceptables, ne laissait pas que de suivre les négociations engagées. Il écrivait au « vertueux » Manstein, premier aide de camp du roi de Prusse. Il faisait même au roi des politesses[2], n'oubliant pas son ancien métier de diplomate; mais ce qu'il ne refusait pas d'accepter par un accord, il était résolu de se le faire céder par la force et ne cessait point de serrer de près les Prussiens par Beurnonville, son lieutenant. Il aurait bien voulu que Biron y concourût. Il l'avait demandé au Ministre; mais Servan ne lui avait point laissé d'espoir de ce côté : les

---

[1]. Armée du Nord, aux dates.
[2]. Dumouriez écrit le 27 septembre (de Sainte-Menehould) à Manstein, aide de camp du roi de Prusse : « J'ai l'honneur de vous envoyer, vertueux Manstein, douze pains, douze livres de café et douze livres de sucre que je vous supplie d'offrir à Sa Majesté; il n'est rien que je ne désirasse faire pour lui prouver combien il est aimé et estimé en France; combien nous avons tous gémi sur les torts d'une cour légère et perfide qui nous a privés d'une alliance utile aux deux nations. »
Le 29, Manstein lui demande une entrevue pour expliquer le sens de la déclaration du duc de Brunswick. Dumouriez répond qu'il ne peut continuer des négociations qui auraient pour base son manifeste; qu'il vient d'envoyer ce manifeste à la Convention, et qu'il attend des ordres. Voir ces lettres lues à la séance de la Convention, 2 octobre, avec le Mémoire de Dumouriez au roi de Prusse (*Moniteur* du 6, t. XIV, p. 120 et suiv.).

15 000 hommes qu'il réclamait allaient servir à une tentative que Custine, subordonné alors à Biron, avait en vue contre Spire, Trèves, Mayence même. Dumouriez le regrettait vivement. Il mandait le 28 septembre à Biron combien il était fâché que sa lettre ne fût point arrivée assez tôt pour changer les plans de ce général. Il aurait pu, disait-il, terminer la guerre en trois semaines par une capitulation au lieu d'une négociation, si, au lieu de marcher avec les 15 000 hommes sur Spire et Mayence, Custine était venu par derrière sa droite et avait marché sur Verdun[1]. Mais toutefois il ne doutait pas de la retraite définitive des Prussiens. Le 1er octobre, faisant connaître au Ministre les succès de Beurnonville, il lui disait :

Sainte-Menehould, 1er octobre, an I de la République.

Enfin, mon cher Servan, ce que j'ai calculé, arrangé, prédit dans toutes mes lettres, est arrivé. Les Prussiens sont en pleine retraite. Le brave Beurnonville, qu'on a baptisé l'Ajax françois, leur a pris depuis deux jours plus de 400 hommes, plus de 50 chariots et plus de 200 chevaux. D'après tous les rapports des prisonniers et des déserteurs, cette armée est épuisée par la famine, la fatigue et le flux de sang. L'ennemi décampe toutes les nuits, ne fait qu'une ou deux lieues dans le jour pour couvrir ses bagages et sa grosse artillerie. Je viens de renforcer Beurnonville qui a plus de 20 000 hommes, et qui ne les lâchera pas qu'il n'ait achevé de les exterminer. Dès aujourd'hui, je me joins à lui de ma personne pour achever cette affaire. Je vous envoye quelques exemplaires de ma négociation. Je l'ai fait imprimer parce que le général d'une armée d'hommes libres ne doit point laisser de soupçons sur la correspondance avec les ennemis. J'espère que cette aventure-ci nous délivrera du fléau de la guerre, et, comme je crois vous l'avoir mandé, j'espère, si on a confiance en moi, prendre mon quartier d'hiver à Bruxelles. Assurez l'auguste Assemblée du peuple souverain que je ne demanderai à me reposer que lorsque les tyrans seront entièrement hors de portée de nous faire du mal.

Je vous embrasse,
DUMOURIEZ[2].

1. Armée du Nord, 28 septembre.
2. Arch. nat., C II, 50, *Dossier de la correspondance des représentants en mission*, pièce 27.

Et encore à la même date :

Toute leur route est jalonnée de chevaux morts, et c'est cependant au milieu de ce cimetière que le duc de Brunswick envoyait le plus insolent des manifestes.

Vous pouvez conclure de ces détails que l'armée prussienne est ruinée; qu'elle ne peut pas hiverner dans les districts de Verdun et Longwy, parce qu'ils sont mangés; qu'elle ne peut pas entreprendre d'assiéger Mézières, Sedan ou Montmédi, devant une armée victorieuse; qu'elle n'a d'autre ressource que de se retirer tristement ou par le Luxembourg, ce qu'elle ne voudra pas, ou en allant gagner le duché de Deux-Ponts pour hiverner et recevoir ses renforts. Mais je doute que le roi de Prusse veuille continuer une guerre dont le début est si maladroit et si funeste pour lui. Je crois que de sa personne il cherchera à regagner Potsdam, que ceci refroidira prodigieusement son amour pour la maison d'Autriche [1].

C'est à cette date que la Convention, sur la proposition du Ministre, approuvée par le Conseil exécutif, faisait une nouvelle répartition des forces militaires de la France [2]. Il y eut huit armées :

Nord : La Bourdonnaye; — Ardennes : Dumouriez; — Moselle (ancienne armée du Centre) : Kellermann; — Rhin : Biron; — Vosges : Custine; — Alpes : Montesquiou; — Pyrénées : Servan; — Intérieur : Berruyer.

On y retrouve tous les généraux en exercice, à l'exception de Servan qui échangeait, contre le commandement de l'armée des Pyrénées, le ministère de la Guerre où il fut remplacé par Pache le 3 octobre [3].

---

1. Dépôt de la Guerre, armée du Nord, 1ᵉʳ octobre 1792.
2. *Moniteur* du 3 octobre, t. XIV, p. 203.
3. Voir sa lettre de démission où il allègue des raisons de santé. (Arch. nat., C II, 50, pièce 3.) Un des derniers actes de Servan avait été d'envoyer aux généraux un nouveau mode de célébrer la victoire. Kellermann lui écrit le 29 septembre : « J'ai reçu, Monsieur, la lettre que vous m'avez fait l'honneur de m'écrire... Je substituerai très volontiers au *Te Deum* l'hymne des Marseillois que j'ai trouvé joint à votre lettre et le ferai chanter solennellement avec la même pompe que j'aurois mise au *Te Deum*. »

Le général en chef de l'armée du Centre,
KELLERMANN.

Dumouriez pouvait désormais poursuivre l'exécution de son plan qui était d'entrer en Belgique. Le 6 octobre, un décret de la Convention lui subordonnait, à cette fin, tous les généraux, quels que fussent leurs titres, qui seraient appelés à concourir à son action. Mais le premier point était de chasser les Prussiens du territoire. Beurnonville s'y employait toujours avec le même succès. Il écrit à Dumouriez (7 octobre) une lettre pleine d'entrain, où il montre comment il savait entraîner lui-même ses braves soldats malgré leur dénuement :

> Au quartier général à Marcq, le 5 octobre 1792.
>
> Pour calmer vos inquiétudes sur le sort de vos enfants, mon cher général, je vous dirai où je suis, ce que je possède, et, en jetant après un coup d'œil sur votre carte, vous verrez que je serai votre avant-garde, par quel trou il vous plaira passer la chaîne du précipice, et que je suis parfaitement en mesure pour vous la faire passer avec sécurité.
>
> Je veux faire suivre l'ennemi pour lui prendre jusqu'aux semelles de ses souliers qu'il laissera dans la boue par le temps affreux qu'il fait; du reste j'ai une position défensive...

Il est en communication avec Dillon, et donne des détails sur sa marche :

> Le fruit de mon expédition se bornera à observer leurs mouvements jusques à Berlin, si vous voulez, et je parie qu'ils sont si contents de nous qu'ils y vont tout droit...
>
> Il y a des bataillons qui n'ont pas eu le pain depuis deux jours. Il était dû à tous aujourd'hui. Il pleut, il fait un temps abominable. Leurs tentes sont restées au milieu des bois, ils vont passer la nuit sous les hayes. Je leur ai dit que l'ennemi fuyoit et qu'il étoit plus mal qu'eux. Si je les écoutois, nous irions les ensevelir dans la boue...
>
> Le temps est affreux; c'est le mauvais temps qui retarde leur marche et, s'il continue, ils ne ramèneront ni chevaux, ni hommes, ni canons.
>
> Le roi de Prusse a passé hier ici et Monsieur, mais avec une peur épouvantable...

Et il rend hommage à la forte discipline des vaincus :

> Malgré les circonstances fâcheuses des terres, la retraite de l'ennemi s'est faite dans le plus grand ordre.
> Au demeurant, ces MM. s'en vont [1].

Kellermann y avait une part plus large encore [2]. La subordination de ce général à Dumouriez étant établie, acceptée [3], Dumouriez ne lui ménageait pas les moyens d'opérer lui-même, sur cette frontière, la libération du territoire, se réservant le soin de dégager le département du Nord et de s'ouvrir ainsi les portes de la Belgique. Il écrit le 6 octobre à Biron : « que les Prussiens sont en pleine retraite sur Longwy, depuis le 1er ; qu'il a mis Kellermann à leurs trousses avec plus de 50 000 hommes, qu'il va marcher à la tête de 30 000 hommes pour aller délivrer le département du Nord et qu'il espère bien passer son carnaval à Bruxelles. Il le prie de féliciter le général Custine sur son succès (nous en reparlerons) ; mais il pense qu'il serait plus avantageux de concerter un grand plan d'invasion, au lieu de se livrer à des opérations partielles [4].

Nous avons donné le pas à la correspondance des généraux sur celle des représentants en mission parce que les généraux sont, en réalité, au premier rang et qu'ils tracent le cercle où les représentants doivent se mouvoir. Mais ces lettres des représentants n'en ont pas moins beaucoup d'intérêt. Elles offrent de nouveaux détails sur les opérations qu'ils suivent ; et elles nous font connaître dans quelle mesure ils prennent part à l'action.

---

1. Quartier général à Marcq. Arch. nat., C II, 50, et Dépôt de la Guerre, armée du Nord, à la date.
2. On avait peu de commisération pour Verdun depuis sa capitulation. Kellermann écrit au Ministre (5 octobre 1792) :
« Je règlerai mes dispositions ultérieurement pour tomber sur Verdun et brûler cette ville à boulets rouges. » (Armée du Centre ou de la Moselle, à la date.)
3. Le général Duval, le 6 octobre, parlait encore à Merlin (de Douai) de tiraillements entre Dumouriez et Kellermann ; mais, le 10, Kellermann écrit à Lebrun, ministre des Affaires étrangères, que, depuis sa jonction avec Dumouriez, toutes les difficultés étaient aplanies. (Ibid., aux dates.)
4. Dépôt de la Guerre, armée du Rhin, à la date.

Prieur (de la Marne), Carra et Sillery, envoyés au camp de Châlons [1], y ont trouvé le camp vide, mais c'est que les troupes sont en campagne, et ils n'ont que des éloges pour les volontaires, l'armement, les magasins, tout en pressant de ne se point ralentir dans la fourniture des souliers (27 septembre) [2]. Dans une lettre suivante (Sainte-Menehould, 30 septembre) [3], ils disent qu'ils ont pris des mesures pour la levée des gardes nationaux entre Châlons et Reims, afin de protéger le pays contre les troupes légères de l'ennemi; ils ont recueilli les justes réclamations des soldats, parcouru les lignes de l'armée, harangué les troupes (c'est une monnaie dont ils ne manquaient pas); mais ils s'étaient aussi enquis de leurs besoins en habillements, en approvisionnements, en munitions. Ils insistaient pour qu'on se pressât d'y pourvoir.

Leurs lettres se suivent de jour en jour. Dans l'une d'elles des 2 et 3 octobre, ils constatent que « les ennemis se retirent à grands pas »; que « bientôt il n'y aura plus que des hommes libres sur notre territoire », et ils font encore un éloge mérité de l'activité de Beurnonville, des savantes manœuvres de Dumouriez; ils n'oublient pas nos « deux jeunes héroïnes » du Nord, les demoiselles Fernig, et, dans leur enthousiasme, ils s'écrient : « Charles VII a eu une Jeanne d'Arc; la République en a deux [4]. »

---

1. Armée du Centre, 30 septembre. — Sur cette mission, voyez les rapports imprimés de Sillery, de Carra et des trois commissaires réunis (Bibl. nat., Le39 1 et 2) et Aulard, *Recueil*, etc., t. I, p. 66 et suiv.
2. Lue à la Convention le 29, *Moniteur* du 30, t. XIV, p. 75.
3. Dépôt de la Guerre, armée du Centre, à la date. M. Aulard ne donne pas cette lettre. Il en publie une autre du 30 qui, dans un post-scriptum, rectifie la date de la 1re : 29 septembre, 7 heures du matin. Dans cette autre lettre, qui a été lue à la Convention le 1er octobre et qui est au *Moniteur* du 3 (t. XIV, p. 105), les trois commissaires parlent de la détresse de l'ennemi, de l'excellence des dispositions de Dumouriez, de la confiance qu'il mérite et de l'ardeur des soldats qu'il commande.
4. « Il n'échappera pas à la Convention nationale que, sous le règne de Charles VII, une fille célèbre contribua à replacer ce roi sur le trône; nous en avons maintenant deux qui combattent pour nous délivrer des tyrans qui nous ont opprimés tant de siècles. » (Aulard, *Recueil*, t. I, p. 86.) — Le *Moniteur*, qui donne la lettre, y fait quelques coupures; le passage reproduit ci-dessus est tombé dans les coupures. (Séance du 4 octobre, *Moniteur*

Ils allaient alors rejoindre Kellermann. Des lettres des 7, 9, 10, 13, 15 et 25 octobre nous les montrent suivant le général dans son expédition jusqu'à la reprise de Verdun et de Longwy (22 octobre) :

L'armée française, disent-ils dans leur dernière lettre, a surpassé son antique caractère, discipline et bravoure. Elle défend la liberté, elle sera invincible [1].

Elle l'eût été plus constamment, si ceux qui la menaient à la victoire n'avaient été si souvent proscrits.

Dumouriez laissant à Kellermann, à Beurnonville et à Valence, le soin de poursuivre les Prussiens, voulait, de sa personne, rejeter les Autrichiens hors du département du Nord; et c'est ainsi qu'il nous ramène à la nombreuse mission que la Convention y avait envoyée le 30 septembre.

Les représentants à leur arrivée s'étaient trouvés fort empêchés. Les Autrichiens avaient commencé le siège de Lille le 27, et ils occupaient une partie du département aux environs. Or le département au-dessus de Lille n'avait guère plus de trois quarts de lieue de large. Les commissaires demandèrent à la Convention d'étendre leurs pouvoirs au département du Pas-de-Calais. C'est même d'une ville du Pas-de-Calais, c'est de Béthune, qu'ils faisaient cette requête :

du 6, t. XIV, p. 131-132.) Une double rectification doit être faite dans le texte de M. Aulard. La lettre, commencée le 2, se continue le 3. La copie des Archives en porte l'indication que M. Aulard a omise et qu'il faut rétablir comme elle est au *Moniteur*. Il en faut dire autant d'une seconde lettre datée de Sainte-Menehould, 2 octobre, signée également par les trois commissaires et rédigée peut-être par un autre que la 1re. A la coupure datée du 3 octobre, ils disent : « Nous sommes partis de Sainte-Menehould à 2 heures du matin pour nous rendre à Suippes où était campée l'armée de Kellermann », et ils décrivent l'état des lieux et de quelques villages voisins. Ils ajoutent qu'ils ont vu Kellermann, et vantent la discipline qui règne dans son armée. Les soldats ont confiance dans le général et le général dans ses soldats.

1. Arch. nat., C II, 50 et 51 (correspondance des représentants, aux dates). Le 25, les trois commissaires annoncent leur prochain retour à la Convention. (Dépôt de la Guerre, armée de la Moselle, à la date.)

C'est par le Pas-de-Calais, disaient-ils, que l'on communique des quartiers généraux de l'armée de la République avec la place assiégée.

Le Pas-de-Calais est, comme le Nord, farci d'aristocrates de toutes espèces dont les intelligences avec les Autrichiens sont aussi dangereuses pour la patrie que pour le maintien de l'ordre, etc.

Ainsi l'arrestation des suspects faisait déjà une partie essentielle de leur mission. La Convention n'eut garde de repousser leur demande; et elle étendit leurs pouvoirs non seulement au Pas-de-Calais, mais aux départements limitrophes [1].

Le siège de Lille, commencé par les Autrichiens quand ils croyaient les Prussiens en route pour Paris, ne pouvait guère se continuer après leur retraite. Dumouriez se contenta d'y envoyer de son armée 4 000 hommes, et, pendant qu'ils étaient en marche, il se rendit de sa personne à Paris, afin de s'entendre sur les suites qu'il voulait donner à ses opérations [2]. Le duc de Saxe-Teschen ne l'attendit pas devant Lille; l'entreprise était au-dessus de ses forces. Il n'avait su bloquer qu'un tiers de la place; des renforts y arrivaient d'Arras sans qu'il pût y faire obstacle, et il y avait une moitié de la ville que ses bombes n'atteignaient pas. On sait avec quel héroïsme les habitants surent tenir dans les parties mêmes où ces projectiles éclataient. Plusieurs des représentants en mission, entrés à Lille à la suite du général Lamarlière [3], en rendirent témoignage. Dix jours ne s'étaient pas écoulés depuis la sommation (27 septem-

---

1. Séance du 7 octobre, *Moniteur* du 8, t. XIV, p. 317.
2. Voy. sa lettre du 9 octobre qui annonce au ministre Pache, et cet envoi et cette prochaine arrivée. (Armée du Rhin, à la date.)
3. M. Aulard imprime à tort *Lamorlière*. Le général Lamorlière avait commandé l'armée du Rhin avant Biron et il obtint de la Convention une pension de retraite le 30 du 1ᵉʳ mois de l'an II (21 octobre 1793), à l'âge de 87 ans (*Moniteur* du 23 octobre, t. XVIII, p. 184). Le général Lamarlière que nous retrouverons encore à Lille, au temps où Custine commanda l'armée du Nord, fut, comme Custine, victime des Jacobins et périt sur l'échafaud, le 16 frimaire an II (6 décembre 1793). Voy. l'*Histoire du tribunal révolutionnaire de Paris*, t. II, p. 102.

bre) que les Autrichiens levaient le siège (8 octobre 1792)[1]. Un camp se forma au faubourg de la Madeleine sous les murs de la ville (13 octobre), et avant la fin du mois le département se trouvait à peu près dégagé (28 octobre).

II

Bataille de Jemmapes. Conquête de la Belgique. Occupation de Mayence.

L'ennemi se retirant, Dumouriez était libre enfin de reprendre les projets qu'il avait formés depuis longtemps sur la Belgique. L'insurrection du Brabant contre les Autrichiens, si durement comprimée naguère, la haine des Belges pour leurs anciens maîtres, tout promettait en eux des auxiliaires à qui viendrait les délivrer. Le général avait un plan tout arrêté : Valence devait marcher de Longwy sur Namur, La Bourdonnaye, masquer Tournay; son but à lui était Bruxelles[2]. Il soumit ce plan au Ministre; le 26 octobre, il publia sa proclamation aux Belges qu'il appelait à la liberté, et, le 30, il adressait des instructions non moins importantes à ses généraux. Tout général qui entrait dans une place devait convoquer le peuple et lui dire qu'il était libre. Les Belges étaient des alliés et des frères; les contributions seraient levées chez eux en la même forme qu'en France. En cas de résistance seulement, on les traiterait comme des ennemis, « comme de vils esclaves »; mais le cas n'était pas à prévoir. Le peuple belge avait l'âme trop haute pour ne pas saluer la liberté[3].

Le peuple belge attendait impatiemment les Français en effet; mais il fallait une victoire pour les aider à secouer le joug. Elle fut complète et décisive dans la journée du 6 novembre à Jemmapes; et, dès lors, les Français n'avaient pour ainsi dire qu'à se présenter pour décider la retraite des garnisons autrichiennes et conquérir les villes : le

---

1. Voy. la note IV aux Appendices.
2. Dumouriez au ministre de la Guerre, 25 octobre.
3. Armée du Nord, aux dates.

7 novembre, Mons; le 8, Tournai; presque en même temps Courtrai, Menin; le 12, Gand et Charleroi, et le 14, Dumouriez était reçu à Bruxelles. Dans la lettre laconique qui faisait part de cet événement considérable à la Convention, il lui disait :

L'armée de la République est plus animée que jamais. On peut lui donner pour épigraphe : *Vires acquirit eundo*[1].

Ostende, Malines, Anvers (moins la citadelle), acclamaient bientôt notre drapeau (16, 17, 19 novembre). Le 29, la citadelle d'Anvers capitulait. La veille, Dumouriez avait fait son entrée dans Liège.

Ces succès rapides furent vivement applaudis par les représentants en mission; ils avaient causé quelque jalousie parmi les généraux. La Bourdonnaye, qui avait le titre de général en chef de l'armée du Nord, ne se voyait pas, sans dépit, effacé par Dumouriez à qui il était subordonné par un arrêté du 29 octobre. Il avait fait une proclamation aux Belges (10 novembre), que Dumouriez avait dénoncée comme injuste, impolitique et contraire à ses propres instructions; bien plus, il s'était emparé des contributions publiques, — au profit de la France, mais au risque de jeter la méfiance dans le pays. Dumouriez l'en avertit lui-même (18 novembre), et le 23, écrivant au Ministre, il lui dit que La Bourdonnaye paralysait toutes les opérations, qu'il fallait le suspendre; si dans quatre jours il n'était pas rappelé, le général annonçait la résolution de se démettre lui-même du commandement, dès qu'il aurait conduit l'armée à Liège et chassé les Autrichiens de la Belgique. Le 24, La Bourdonnaye voulut prévenir les effets de cette menace[2]

---

1. Séance du jeudi 15 novembre, *Moniteur* du 16, t. XIV, p. 476. — Dans sa lettre au Ministre, même date, il le prie à son tour de recommander à la Convention les citoyennes Fernig, ces deux jeunes filles de Mortagne qui, enrôlées dans l'armée, se distinguaient dans toutes les avant-gardes. (*Ibid.*, 502, et Dépôt de la Guerre, Nord et Ardennes, aux dates.)

2. La décision du Conseil exécutif le devança : elle est du 21 novembre. Le 22, le Ministre annonçait à Dumouriez que La Bourdonnaye allait se renfermer dans le commandement du département du Nord, et, le 27, il

en demandant un congé pour raison de santé; mais en même temps il écrivait au Ministre :

> Je crois, citoyen, qu'il seroit utile au service de la République d'envoyer dans la Belgique quatre ou six commissaires de la Convention nationale. Sans entraver les opérations militaires, ils surveilleront la conduite des généraux et ils seront fort utiles au pouvoir exécutif qui, au moins, pour l'armée de la Belgique, ne sera bientôt qu'un pouvoir subordonné aux généraux [1].

C'est le trait du Parthe qu'il lançait à Dumouriez en s'en allant.

Les commissaires de la Convention ne manquaient pas. Ils se trouvaient sans doute fort effacés par le général, à la suite de cette brillante conquête, mais ils avaient pourtant leur rôle auprès de lui. J'ai indiqué leur intervention avant, pendant et après le siège de Lille. Ils n'avaient pas négligé les autres places de la frontière. On les y voit, se partageant pour visiter les villes, faire l'inspection des arsenaux, préparer la défense et fournir au général les moyens d'aller en avant [2]. Plusieurs l'avaient accompagné en Belgique. Des commissaires du Conseil exécutif s'étaient de même disséminés dans le pays à la suite de l'armée [3]. Des com-

---

invitait le général à obéir, sans plus tarder, aux ordres du Conseil exécutif en quittant la Belgique. — La Bourdonnaye exprimait pourtant un sentiment fort juste quand il écrivait un peu après au Ministre (11 décembre) : « Il est à craindre qu'il n'arrive à ce beau pays, ce que Condorcet a dit sur l'Espagne : « c'est qu'une révolution qui irait au delà des idées du « peuple serait exposée à prendre bientôt après une marche rétrograde. » (Armée du Nord, aux dates.)

1. Armée du Nord, 21 novembre.
2. Le 3 décembre, La Bourdonnaye se plaint au Ministre d'être remplacé par Miranda, dont il dénonce les mauvais procédés; il lui demande s'il est destitué du commandement de l'armée du Nord, et dit en P.-S. : « Vous auriez dû, citoyen ministre, autant pour l'économie que pour tenir les généraux dans votre dépendance, laisser, *malgré lui*, au général Dumouriez l'armée des Ardennes, parce que, ne voulant point d'armée en particulier, non seulement il les commande toutes, mais même il les nomme, et dans ce moment il travaille à nommer de nouveaux généraux. » (*Ibid.*, à la date.)
3. Dunkerque, 8 novembre : Doulcet et Duhem ont visité Saint-Omer, Cassel et Bergues; ils se plaignent de la mauvaise conduite des grenadiers de Soissons; quatre-vingt-dix-huit ont été arrêtés; éloge des autres. — Calais,

missaires de l'acho étaient plus que suspects; et il était
arrivé aussi une foule de jacobins sans mission, qui entendaient révolutionner le pays à leur manière et devaient
bientôt le soulever contre eux-mêmes et contre nos armées.

Dumouriez put voir bientôt que notre domination n'avait
pas en Belgique de pires ennemis. La bataille de Valmy
avait amené l'évacuation du territoire; la bataille de Jemmapes la conquête de la Belgique; mais nos adversaires,
quoique battus, n'étaient pas détruits. Pour les détruire, il
eût fallu que les deux armées qui formaient notre droite
sur cette vaste ligne, de Dunkerque à Strasbourg, les armées
des Vosges et du Rhin, y concourussent. Or ces armées se
trouvaient, pour leur compte particulier, engagées dans
une aventure qui faisait négliger tout le reste.

On a vu que Biron commandait l'armée du Rhin, et
Custine, sous le commandement supérieur de Biron, l'armée
des Vosges, chacun gardant, pour sa part, la frontière. Une
occasion s'offrit à Custine de la franchir. La retraite des
Prussiens après Valmy laissait à découvert le Palatinat. Il
y entra, prit, sans difficulté, Spire, Worms et, à l'aide
d'intelligences habilement entretenues avec une population
peu attachée à son souverain ecclésiastique, il fut reçu dans
Mayence, le 21 octobre 1792. Le principal pont du Rhin,
la grande entrée de l'Allemagne, était à nous, avant même
que Dumouriez eût fait le premier pas en Belgique. Un
tel succès était bien fait pour étourdir et troubla évidemment les vues stratégiques du général. Il aurait pu, des-

---

12 novembre : Doulcet et Duhem ont visité les arsenaux de Gravelines et
de Calais. Ils y ont trouvé 10 000 fusils de rebut, d'où l'on pourrait tirer
3 000 à 4 000, meilleurs que ceux que l'on tire à grands frais de l'étranger. —
Lille, 23 novembre : Daoust, Delmas et Duhem : Grande fête civique pour
nos victoires. Le grand aigle de bronze, rapporté du beffroi de Tournai,
a été traîné dans les rues; ils ont visité Quesnoy [sur Deule], Comines,
Tourcoing et prononcé des harangues patriotiques; la lettre est de la
main de Daoust (l'ancien marquis d'Aoust). (Aulard, *Recueil des actes*, etc.,
aux dates.) — Voyez encore le rapport de la 1re mission des commissaires
Delmas, Dubois-Dubais et de Bellegarde, novembre 1792. Il y en a un
exemplaire dans les cartons des armées du Nord et des Ardennes, à cette
date.

cendant le Rhin, pousser jusqu'à Coblentz, dont les habitants n'étaient probablement pas plus fanatiques de leur souverain, l'archevêque-électeur de Trèves, que ceux de Mayence de leur archevêque-électeur. Il aima mieux passer le Rhin et aller dans la pure Allemagne recevoir la soumission de la ville impériale de Francfort. Son éblouissement était partagé en France. Le Conseil exécutif, la Convention elle-même ne juraient plus que par Custine. Le général, naguère subordonné à Biron, reçut le pouvoir de lui commander, et il lui donnait des ordres sans même que Biron eût été directement informé de ce changement d'état[1]. Custine ne se contentait pas d'user de l'armée du Rhin, comme de sa réserve; il eût voulu que Kellermann le secondât avec l'armée de la Moselle. Il le pressait d'entrer dans la vallée de la Moselle, de prendre Trèves et de pousser jusqu'à Coblentz où lui-même avait eu le tort de ne pas aller, et il priait la Convention de lui en donner l'ordre. Que ne pouvait-on pas attendre, en effet, si Kellermann arrivait à Coblentz et si Custine, le rejoignant, descendait le Rhin avec lui, tandis que Dumouriez, maître de la Belgique, occuperait les rives de la Meuse?

Ces idées travaillaient en même temps et Dumouriez et Custine. Dumouriez aussi avait vu son plan s'agrandir à mesure qu'il allait plus avant, selon son adage : *vires acquirit eundo*. Dans la lettre qu'il écrivait de Bruxelles au Ministre le 14 novembre, il lui disait que si Trèves et Coblentz étaient à nous sous quinze jours et que son collègue de l'armée de la Moselle fût à Cologne dans un mois, il prendrait ses quartiers d'hiver entre la Meuse et le Rhin. Ces vues allaient très bien aux projets de Custine; mais

---

1. Le ministre des Affaires étrangères écrit à la fin d'octobre qu'il attend de nouveaux succès de Custine. Les peuples sont tranquilles à l'approche de nos armées. Le Ministre compte sur les sentiments de fraternité qui nous lient à tous les citoyens opprimés. — Des lettres mentionnent une députation de Francfort. Les Français n'y trouveront que des amis. L'archevêque-électeur de Trèves a fui de Coblenz, etc. (Armée des Vosges, octobre 1792.) — Voy. encore la note V aux Appendices.

pour cela il avait besoin que Kellermann entrât dans la vallée de la Moselle. Or Kellermann déclara que dans l'état de fatigue et de dénuement où était son armée, avec des soldats qui n'avaient ni vêtements ni chaussures, il lui était impossible de faire un pas en avant. Ce fut un sujet de polémique entre les deux généraux et de plaintes au Ministre. Kellermann, dans deux lettres des 27 et 30 octobre, expose à Fabre d'Églantine les motifs qui l'empêchaient de seconder Custine. Avec une armée de 30 000 hommes manquant de tout, il ne pouvait passer sur le corps de Hohenlohe dont les forces étaient doubles ; et il écrivait au Ministre dans le même sens. Mais le Ministre lui manda que des mesures étaient prises pour lui fournir tout ce dont il avait besoin et le pressa de répondre à l'appel de Custine (30 octobre).

Ces prétendues mesures ne donnèrent rien, et Kellermann ne bougeant pas, Custine s'indignait ; il s'en plaignit à Biron, il dénonça au Ministre et à la Convention cette inaction qui faisait manquer la fin d'une si belle campagne[1]. Évidemment les deux généraux ne pouvaient plus marcher ensemble. Kellermann fut envoyé à l'armée des Alpes et remplacé à l'armée de la Moselle par Beurnonville[2].

Beurnonville était un lieutenant de Dumouriez : il devait donc seconder ses vues, et c'était répondre aux vues de Custine : car Dumouriez pensait, comme Custine, « qu'il ne fallait pas poser les armes avant d'être assuré que le Rhin servirait de limites à l'empire français » (29 novembre). Avec l'armée de la Moselle, il tenait pour l'un comme pour l'autre la clef de la situation. Il essaya de faire ce que Kellermann avait déclaré impossible. Il commença son mouvement sur Trèves, réclamant, d'ailleurs, pour l'opérer, le double concours de l'armée du Nord et de l'armée des Vosges : que Valence de l'armée du Nord se porte sur

---

1. Armée des Vosges, 29 octobre 1792.
2. Sur le différend de Kellermann et de Custine et sur des plans de Custine, voir la note VI aux Appendices.

Arlon, et que Custine vienne à son aide; sans ce double appui il ne pouvait répondre du succès (23 novembre)[1], et du reste il était couvert à l'avance par le témoignage d'un commissaire du Conseil exécutif, Carnot le jeune, ancien député à l'Assemblée législative. Carnot le jeune, à qui Pache avait donné une mission plus politique encore que militaire sur cette partie de la frontière[2], ne laissait pas de s'inquiéter des intérêts les plus sérieux des armées. Sans chercher à flatter les vues du ministre, il lui déclare que les armées du Rhin et de la Moselle ne peuvent faire tout ce que voudrait Custine; que Biron et Beurnonville, fort disposés à prendre une part active aux opérations militaires, en sont empêchés par la faiblesse de leurs troupes. Non seulement ils ne reçoivent pas de renforts, mais leurs soldats les quittent, ces soldats que Beurnonville entraînait naguère, presque nus et sans souliers, par les chemins défoncés, sous la pluie et dans la boue, à la poursuite des Prussiens! Tant il est vrai que l'entrain ne suffit pas et qu'une forte discipline est la seule sauvegarde des armées! On retrouvera plus d'une fois ces contrastes chez nos volontaires.

En vain, la Convention a fait une proclamation pour retenir les volontaires sous les drapeaux :

> Les compagnies de grenadiers ont donné à cet égard un funeste exemple, plusieurs et même un grand nombre étant partis sans permission. Ils argumentent toujours du décret qui leur donne la facilité de se retirer le 1er décembre[3].

1. Armée des Vosges, à la date.
2. Pache au citoyen Carnot le jeune, 30 octobre 1792. — Il le charge de prendre des renseignements sur le patriotisme et la capacité militaire des généraux de l'armée du Rhin et de veiller à ce que chacun soit mis à la place qui lui convient; d'engager le général Biron à ne point conserver dans son corps d'armée des officiers dont le patriotisme serait douteux. (Armée de la Moselle, à la date.)
3. Armée du Rhin, 2 novembre 1792. — Le 16 novembre, Biron écrit à Custine que la division des gendarmes, annoncée par Kellermann, qui devait être de 1000 chevaux, est réduite à 500 par la désertion. Les chevaux sont presque tous blessés. Cette division est totalement insubordonnée. Il propose à Custine de la lui envoyer pour la discipliner (armée du Rhin,

Ni Pache ni son délégué n'avaient une autorité suffisante pour décider sur de tels plans entre des généraux comme Dumouriez et Custine. La Convention (le Comité de défense générale n'étant pas encore formé) aurait seule pu le faire, éclairée par des représentants qui fussent à la hauteur d'une pareille mission. A défaut de ces représentants qui ne se montrent pas, on trouve pourtant un homme, engagé dans la question par sa position de général, mais élevé par son caractère au-dessus de toute considération d'amour-propre ou d'intérêt particulier : c'est Biron. Seul il avait gardé son calme en présence de ces plans chimériques. On a vu avec quelle désinvolture le ministre Pache l'avait, sans le prévenir, mis sous les ordres de son subordonné. Il ne se plaignait que du procédé et de la confusion que cela pouvait mettre dans son armée [1]. Des troupes recevaient

à la date). Le 18, il écrit au ministre de la Guerre qu'il va faire une tournée pour engager les volontaires à rester, disant toutefois que ceux qui veulent s'en aller sont plus à charge qu'utiles. (*Ibid.*) — Le mal persista. Couturier, Ruhl et Dentzel envoyés dans la Meurthe, la Moselle et le Bas-Rhin, parlent aussi des volontaires de l'armée de Beurnonville qu'ils ont rencontrés revenant (2 et 9 janvier 1793). Un peu plus tard, Reubell écrit de Mayence (1 février 1793) : « Les gendarmes nationaux désertent à force dans l'armée de Custine; vous reconnoîtrez dans les pièces jointes qu'ils ont l'intention de faire de même dans le Haut-Rhin et que, pour colorer leur lâcheté, ils tiennent des propos séditieux et font tous leurs efforts pour séduire les volontaires nationaux et les entraîner dans leur projet de désertion... Ce corps ruine la République et donne dans les armées le plus mauvais exemple par son indiscipline. » Il est d'avis, avec ses collègues, de leur donner des congés et de garder leurs chevaux en les payant. Le 7 février, Custine parle plus rudement encore au ministre, du régiment des hussards de la liberté : la plupart des chevaux sont de mauvaise espèce, sans selles, sans brides et beaucoup même sans licol. Il faut l'incorporer dans un régiment de hussards : « Si vous ne prenez, sans balancer et de suite un parti, citoyen Ministre, pour faire prononcer la Convention nationale sur l'armée, celle de la République ressemblera bientôt, pour sa constitution, à une armée turque; elle en aura tous les inconvénients. (Armée des Vosges, aux dates; cf. Armée du Rhin, 19 et 29 janvier.)

1. « Je ne me plains pas que l'on ait voulu faire passer le commandement de l'armée du Rhin à un général qui m'était subordonné (Custine)... Mais il étoit indispensable, citoyen Ministre, de me communiquer la disposition qui, commençant par rendre le général Custine indépendant de moi, finissoit par me mettre sous ses ordres. » (Biron au ministre des Affaires étrangères. Armée du Rhin, 23 novembre 1792.) Vers le même temps, Custine demandait la place de chef d'état-major de son armée pour

des ordres de rejoindre, sans qu'il le sût autrement que par leur départ¹. Il n'en voulait pas à Custine, il était loin de souhaiter que sa témérité fût punie; il combattait au contraire la sécurité que l'on pouvait avoir à Paris à son égard, et montrait combien il était nécessaire de le soutenir². Mais il ne se laissait pas éblouir par le succès. Tandis que Dumouriez et Custine, au lieu de se rapprocher, de se sentir les coudes, ne songeaient qu'à de nouvelles entreprises, l'un vers les Pays-Bas, l'autre vers la haute Allemagne, il reprenait un projet que Kellermann avait entamé dans une entrevue avec le duc de Brunswick et il exposait au ministre de la Guerre les avantages prodigieux que pourrait avoir une utile négociation. Il s'en explique plus au long avec le ministre des Affaires étrangères qu'il avait pris pour confident de ses légitimes griefs contre Pache. Il lui expose (25 novembre) les raisons de ses inquiétudes. Il ne faut pas se méprendre sur nos succès. Ils sont dus, sans doute, avant tout à la valeur de nos soldats, mais aussi à l'illusion de nos ennemis qui croyaient être reçus à bras ouverts. Ils savent maintenant à quoi s'en tenir. Il faut avoir des troupes refaites et bien équipées pour le printemps et assurer le service des subsistances. Biron ne s'en tient pas aux choses militaires, il touche à des actes politiques dont il loue la générosité, mais signale l'imprudence :

...le décret (dans mon opinion un peu prématuré), qui annonce et promet secours à tous les peuples qui voudront secouer le joug des tyrans. Cette belle démarche, digne d'une

le maréchal de camp Alexandre Berthier. La note du ministre est : « Impossible. Répondre de manière que cette demande ne reparoisse plus. » Dans une lettre du lendemain, sans connaître encore cette réponse, Biron se plaint qu'on lui refuse ce général qui n'a été que soupçonné à cause de son attachement au ci-devant roi. Et il en fait un éloge motivé. (Armée des Vosges, 13 et 14 novembre 1792.)

1. Carnot le Jeune au ministre Pache. (Armée du Rhin, 21 novembre 1792.)
2. Armée du Rhin, 7 et 15 novembre 1792. — Il écrit le 22 novembre que la désunion de Beurnonville et de Custine l'inquiétait, ajoutant : « Il ne faut pas se dissimuler qu'il en sera toujours ainsi avec Custine »; et le 23, qu'il fallait prendre en grande considération les observations de Beurnonville sur le plan de l'autre général. (Ibid., aux dates.)

nation libre, a cependant un peu trop l'inconvénient de ne plus permettre aucune neutralité avec nous.

Nous aurions eu plus longtemps besoin de la neutralité de plusieurs princes d'Allemagne, surtout de celle de l'électeur Palatin qui peut joindre aux armées autrichienne et prussienne 30 000 hommes et d'immenses ressources en tout genre et rendre en un instant la position du général Custine au moins très hasardée.

L'Électeur tenait Manheim, un des ponts du Rhin.

Quoique je sois déchargé de toute responsabilité personnelle et que je n'aie plus qu'à suivre, sous les ordres du général Custine, les instructions positives du ministre de la Guerre, je crois cependant qu'il est du devoir d'un bon citoyen de confier particulièrement et sans aucune forme officielle à un autre bon citoyen influent et éclairé les désavantages incalculables d'une expédition inutile et dangereuse, entreprise et soutenue avec des moyens insuffisants...

La copie ci-jointe de la lettre du ministre de la Guerre, et mes observations à mi-marge ne vous laisseront, j'espère, aucun doute sur la déraison d'une telle entreprise, car il m'est impossible de m'exprimer autrement [1].

Il annonce qu'il va le surlendemain à Mayence pour se concerter avec le général Custine. Il invite le Ministre à entendre le citoyen Carnot (le jeune) à son retour. Carnot a été témoin d'une entrevue de Biron avec un adjudant général du duc de Wurtemberg. Il joint à sa lettre le précis de sa conduite et il dit en finissant : « Si je ne servois pas une république, je quitterois à l'instant un service où l'on va parvenir promptement à mettre une confusion inextricable... »

III
Les commissaires de la Convention en Belgique.
(Novembre et décembre 1792.)

Dumouriez, insuffisamment secondé par l'administration et pressé par les besoins de l'armée, ne trouvait auprès de

---

[1]. Dépôt de la Guerre, armée du Rhin, aux dates.

lui que trop de gens disposés à lui faire des avances. Cela le mettait en conflit avec le Conseil exécutif qui, à Paris, entendait régler tout. Cambon fit à ce sujet, le 22 novembre, un rapport où il malmène le commissaire ordonnateur Malus, un agent de la Trésorerie, Petit-Jean, que Dumouriez avait fait payeur général en entrant en Belgique, et un abbé d'Espagnac, prêt à traiter d'une foule de choses que son titre ne comportait pas [1]. Cela blessa profondément Dumouriez. Il écrivit le 25 novembre à la Convention pour prendre la défense des trois personnages et assumer la responsabilité de leurs actes, persistant à demander l'autorisation de passer seul tous les marchés pour l'approvisionnement de l'armée, et les traites pour le numéraire nécessaire à la solde :

> Ce n'est donc point aux administrateurs durement traités, ce n'est point au citoyen d'Espagnac qu'il faut faire le procès, c'est à moi. Si les emprunts faits pour sauver l'armée sont des crimes, si l'abdication que j'ai faite de tout emploi après la paix ne vous rassure pas sur mon caractère moral, si les erreurs de Cambon sur un général victorieux deviennent l'opinion générale, traduisez-moi à la barre, sacrifiez-moi, j'aurai trop vécu. Je préfère la liberté et ma patrie à tout. Ma tête supportera avec le même calme les lauriers et la hache. Mais épargnez-vous les regrets et à moi la douleur de voir punir des agents qui n'ont fait qu'exécuter mes ordres dans des emplois qui n'inspirent pas autant de soupçons que mes exploits (extrait d'une lettre) [2].

L'affaire fut reprise assez singulièrement par la Convention le 30 novembre, à la suite d'une lettre de Westermann, alors adjudant général dans l'armée de Dumouriez. Il annonçait la marche du général sur Liège et il exposait

---

1. Séance du 22 novembre 1792, *Moniteur* du 24, t. XIV, p. 550 et suiv.
2. Armées du Nord et des Ardennes, à la date. — Voyez ce qu'il dit dans ses Mémoires (livre VII, t. III, p. 301 et suiv.) de ces désordres de l'administration des fournitures en Belgique sous la protection de Cambon et sous l'action directe du dramaturge Ronsin, qui venait d'être nommé par le ministre Pache commissaire ordonnateur. On peut soupçonner de l'exagération dans ce tableau, mais y retenir une grande part de vérité.

comment il était, à chaque pas, arrêté par des lenteurs
« dans les fournitures de tout genre, dans le numéraire
même pour la paye du soldat » : — « Venez promptement à
leur secours, disait-il en finissant, et chaque jour vous
verrez augmenter vos victoires. » Ce fut alors que, sur la
proposition de Cambon, la Convention nomma une commission spéciale, composée de Camus, Lacroix, Gossuin,
Dubois-Crancé et Danton. Ils étaient chargés de « vérifier
sur les lieux le fait dénoncé par le général en contradiction avec la réponse fournie par le ministre de la Guerre et
les commissaires de la Trésorerie nationale »[1]. Camus et
Gossuin partirent le soir même; Danton et Lacroix le lendemain, après qu'on eut entendu Malus et d'Espagnac. —
On venait d'apprendre par une lettre de Dumouriez, du 28,
un dernier combat qui lui avait ouvert l'accès de Liège où
les Français avaient été accueillis comme des frères[2].

La Commission partait donc avec la charge de rechercher les abus de l'administration et d'y porter remède. Il y
avait un premier abus dont les commissaires purent, avant
même d'arriver en Belgique, constater le péril : c'était la
désertion. Déjà le 15 octobre, presque au lendemain du
siège de Lille et quand les Autrichiens n'avaient pas encore
tous repassé la frontière, Doulcet et D'Aoust écrivaient à
la Convention :

Un grand nombre de volontaires nationaux, auxquels un
décret permet de se retirer à la fin de la campagne, demandent
à quitter l'armée à cette époque.

Il serait à désirer que l'on pût conserver sous les drapeaux
d'aussi braves citoyens[3].

Le 29 octobre, avant même son entrée en Belgique,
Dumouriez écrivait à son tour au ministre de la Guerre :
« La désertion commence à être très considérable », et il

---

1. *Moniteur* du 2 décembre, t. XIV, p. 621.
2. *Ibid.*, p. 623. Voyez dans le Recueil de M. Aulard une note sur les principales vicissitudes de cette mission, p. 283 et suiv. — Voy. aussi la note VII aux Appendices.
3. Lille, 15 octobre. Arch. nat., C II, 51 à la date.

indiquait les moyens qu'il employait pour retenir les volontaires [1]. Le meilleur moyen, c'était de les mener au combat : car ces désertions n'avaient pas pour cause la peur. Pour plusieurs, c'était l'effet du désœuvrement. Un des commissaires du Conseil exécutif, Rolland, chargé par le général, avant la bataille de Jemmapes, de lui envoyer les bataillons réunis dans l'Aisne, disait au Ministre :

> Je vous préviens qu'il est d'autant plus important d'employer ces bataillons, soit dans les armées ou dans les villes de guerre frontières, que quantité de volontaires quittent leur bataillon pour se rendre chez eux, sans permission ni congé, par l'ennui qu'ils ont de ne point être employés [2].

Ce fut bien pis après l'occupation de la Belgique. La chose en vint au point qu'on en dut faire l'aveu dans un ordre du jour :

> On prévient les volontaires que la guerre n'est pas finie, qu'ils n'ont en conséquence aucun droit de partir et que les ordres sont donnés pour arrêter aux frontières ceux qui s'en retourneraient sans un congé en forme [3].

Il paraît que, pour revenir, ils se passaient toujours de permission, car, à la date du 10 décembre, on lit dans une lettre de Cambrai :

> Les volontaires qui reviennent de l'armée emportent habillement, capotes et armement qu'ils vendent en route [4].

Et quand ces hommes partaient ainsi avec armes et bagages, l'armée se trouvait dans un dénuement qui était le sujet des plaintes de Dumouriez. Au sein de cette plantureuse Belgique, le général pouvait dire de ses troupes : elles meurent de faim. Il s'en prenait aux opérations mal conduites du Comité des achats et il insistait sur l'avantage d'acheter ce dont on avait besoin, dans le pays même.

---

1. Dépôt de la Guerre, armée du Nord, à la date.
2. Armée du Nord, 9 novembre.
3. Armée du Nord, 10 décembre.
4. Armée du Nord, à la date.

Cette désertion des volontaires fut ce qui frappa tout d'abord et le plus péniblement les commissaires envoyés en Belgique pour juger des plaintes de Dumouriez sur l'autre point : ils en avaient été les témoins, avant même d'avoir passé la frontière, et, dès leur arrivée, ils en firent l'objet d'une lettre spéciale qui fut lue dans la Convention le 8 décembre :

> Nous avons trouvé dans presque tout notre voyage les routes couvertes de volontaires qui revenaient vers Paris avec armes et bagages.
> On a répandu parmi les troupes de la République, la supposition d'un décret par lequel on prétend que vous avez déclaré que *la patrie n'était plus en danger*; les volontaires se persuadent qu'elle n'a plus besoin de leurs services (4 décembre)[1].

La Convention décréta qu'il lui serait fait un rapport, séance tenante, sur cette lettre. Le rapport ne se fit que le 13, et Guadet, qui en fut chargé, voulut au moins sauver les apparences. A la suite d'un premier décret sur l'affaire des fournitures :

> Le second objet de vos comités, dit-il, est de prévenir et d'arrêter la désorganisation des volontaires nationaux. Rien n'égale le courage et le civisme des braves défenseurs de la patrie; mais plusieurs d'entre eux ignorent encore votre adresse du mois d'octobre dernier. Ils se retirent donc avec la conviction intime qu'ils ne trahissent pas leur devoir. D'un autre côté, l'accroissement subit de nos armées, leur marche rapide les a mises dans un état de dénuement que des Français n'aperçoivent pas en allant au combat, mais dont ils peuvent se plaindre après la victoire. En troisième lieu, lorsque des volontaires demandent des congés qu'on leur refuse, il est naturel qu'ils les prennent.

Et il faisait adopter un projet de décret tendant « à remédier à tous ces inconvénients »[2].

Il n'y avait de remède que dans une forte et solide orga-

---

1. Lettre de Gossuin et Camus, lue dans la séance du 8, *Moniteur* du 10, t. XIV, p. 693.
2. Séance du 13 décembre, *Moniteur* du 15, t. XIV, p. 737.

nisation, et, vu le défaut d'une sévère discipline, ce n'était pas seulement la désertion qui était à redouter, c'était surtout, dans un pays conquis, le pillage, le brigandage. Les commissaires de la Convention en gémissent comme d'un fléau qui doit aliéner l'esprit des habitants, et, le 23 décembre, Camus, au nom de ses collègues, sollicite une indemnité pour ceux qui en ont souffert, « afin de rétablir l'opinion de la justice et de la loyauté de la nation française »[1].

Après son décret sur les volontaires, la Convention en rendit un autre (15 décembre) qui devait singulièrement embarrasser les généraux et donner aux représentants en mission un notable supplément de besogne. Elle proclamait l'affranchissement absolu et la souveraineté de tout le pays où elle porterait ses armes :

La Convention nationale, après avoir entendu le rapport de ses comités des finances, de la guerre et diplomatique réunis, fidèle au principe de la souveraineté des peuples qui ne lui permet pas de reconnaître aucune institution qui lui porte atteinte et voulant fixer les règles à suivre par les généraux des armées de la République dans les pays où ils portent les armes, décrète ce qui suit :

Art. 1er. — Dans les pays qui sont ou qui seront occupés par les armées de la République française, les généraux proclameront sur-le-champ, au nom de la nation française, l'abolition des impôts ou contributions existants : la dîme, les droits féodaux fixes ou casuels, la servitude réelle ou personnelle, les droits de chasse exclusifs, la noblesse et généralement tous les privilèges. Ils déclareront au peuple qu'ils lui apportent paix, secours, fraternité, liberté, égalité.

Art. 2. — Ils proclameront la souveraineté du peuple et la suppression de toutes les autorités existantes; ils convoqueront de suite le peuple en assemblées primaires ou communales pour créer et organiser une administration provisoire, etc.

Suivaient d'autres articles qui, pour compléter le don joyeux de souveraineté et de liberté, déclaraient les nobles et membres des corporations ci-devant privilégiées inéligi-

---

1. Liège, armée du Nord, à la date.

bles, au moins pour la première fois; mettaient sous la sauvegarde et protection de la République française tous les biens meubles ou immeubles appartenant au prince ou à ses adhérents, aux établissements publics, aux corps ou communautés laïcs ou religieux; chargeaient le Conseil exécutif de nommer des commissaires nationaux qui auraient tout pouvoir dans l'intérieur, etc. [1].

Ce décret frappait la Belgique dans ce qu'elle avait de plus cher. On la proclamait indépendante et provisoirement souveraine. Mais elle ne comprenait pas son indépendance et sa souveraineté sans ses libertés communales et religieuses; or le décret qui la proclamait libre commençait par mettre sous le séquestre les biens des établissements publics et des corporations. La mission spéciale, envoyée à l'occasion de Dumouriez, reçut l'ordre de s'occuper de ces opérations, et Lacroix en rend compte dans son premier rapport [2]. Quelque forme que l'on y mît, les Belges regardaient l'application de ce décret à leurs provinces et à leurs villes comme une spoliation, et l'on comprend combien cette manière d'agir devait contrarier la politique de Dumouriez. Il voulait en effet s'attacher la Belgique bien plus que de s'en emparer; et il avait besoin de la tranquillité du pays pour assurer la suite de ses opérations. Il déclara donc tout d'abord qu'il se refusait à l'application de ce décret en Belgique. Il se soumit pourtant, ne voulant pas engager un conflit à distance, et il demanda et obtint la permission de revenir à Paris pour raison de santé (21 décembre) [3]. Il y voulait exposer deux choses : la situation de la Belgique et le plan de sa prochaine campagne; et, d'autre part, pour débattre ces deux questions, le Conseil exécutif aimait mieux voir Dumouriez à Paris qu'à la tête de son armée.

1. Voy. de plus l'*Instruction spéciale aux commissaires nationaux, chargés de mettre à exécution l'art. 4 de la loi du 15 décembre 1792*, 1° sur les immeubles, 2° sur les meubles (AF II, 236, 1er dossier).
2. Bibl. nat., Le²⁹5.
3. Registre du conseil exécutif, à la date.

IV

Beurnonville et Custine.
(Décembre 1792.)

Quand Dumouriez était sur la Meuse à Liège et Custine sur le Rhin à Mayence, il semblait qu'ils n'eussent qu'à se donner la main pour occuper tout le pays intermédiaire. Les événements allaient donner un cruel démenti à leurs espérances. Déjà Custine avait subi un grave échec. Il avait été chassé de Francfort (2 décembre 1792), où il n'aurait jamais dû mettre les pieds, et ce revers compromettait sa situation dans Mayence. Beurnonville, qui avait remplacé Kellermann à l'armée de la Moselle, avait tenté, on l'a vu, de remplir la mission refusée par son prédécesseur : mais loin de menacer Coblentz, il avait été repoussé devant Trèves. Le général rendit compte au ministre de cette expédition manquée (10 décembre) et dans une lettre suivante (14 décembre) il exposa l'impossibilité d'y revenir et proposa un nouveau plan de campagne [1].

Dans une autre lettre, écrite le lendemain (15 décembre) à Custine, après lui avoir dit comment il n'avait pu prendre Trèves et pourquoi il y fallait renoncer, du moins pour la saison, il ajoutait. « Les volontaires fuient par bataillons »; de 20 000 hommes il ne lui restait que 14 000 et beaucoup étaient malades [2].

Il était donc bien légitime qu'il s'arrêtât pour refaire et reposer les troupes. La permission lui en fut donnée, et ce lui fut une occasion d'exposer au Ministre des réflexions qui lui étaient inspirées par l'état de l'armée et du pays :

1. Custine doit renoncer à ses chimériques conquêtes et venir se placer à sa droite; Biron surveillera le Rhin jusqu'à Landau, Valence se placera à sa gauche et Dumouriez protégera les Pays-Bas. Prendre le Rhin pour limite pendant l'hiver, c'est un projet fort beau, mais impraticable. Il faut abandonner Mayence. Il y aurait grand inconvénient à ce que Dumouriez quittât la Belgique pour marcher sur le Rhin; il est imprudent d'aller porter la guerre chez l'étranger. (Armée de la Moselle, à la date.)

2. Armée de la Moselle, à la date. J'ai modifié la ponctuation. Le texte porte : « par bataillons de 20 000 hommes ».

Il étoit temps, dit-il, citoyen Ministre, que je reçusse les ordres du Pouvoir exécutif que vous venez de me transmettre à l'effet de prendre des cantonnements. L'armée est déjà diminuée d'un tiers par la fuite des volontaires, peu habitués à ce genre de guerre pénible, et un tiers de l'armée est dans un état de dépérissement à vous tirer des larmes de sang. Le découragement même s'étoit tellement emparé de l'officier qui a montré tant de valeur le 20 septembre que, dans le mouvement rétrograde que je viens de faire, j'ai plutôt eu l'air d'une armée en déroute qu'en marche.

Il faut circonscrire les opérations ultérieures. A cet égard, il critique les rapports de Custine et de Dumouriez :

Excepté à Francfort où je n'ai pas été, je n'ai pas encore vu un seul pays qui désire pleinement être libre. J'aurois pu, comme tous mes collègues, vous envoyer un millier de brillants procès-verbaux qui constatent des plantations d'arbres de liberté et l'emphase patriotique des Lapons du pays de Trèves. Mais tout cela n'eût annoncé que des grimaces auxquelles je ne crois point, qui ne sont dictées que par la peur; car ici comme ailleurs, tout ce qui tient au premier rang aime à dominer, et tout ce qui tient au dernier, moitié peut réfléchir un peu et le reste ne sait même pas penser.

Au demeurant, voilà quatre ans que la France est en révolution et je vous demande si elle est entièrement patriote; d'où j'en tire la conclusion de tout patriotiser en France, avant d'aller patriotiser ailleurs. Telles sont, citoyen Ministre, mes réflexions de franc et véritablement patriote.

Le général d'armée de la Moselle,
B. Beurnonville [1].

Ce tableau s'accommodait trop peu aux vues du Conseil exécutif pour obtenir son approbation. Pache répond au général :

---

[1]. Armée de la Moselle, 18 décembre. Par une lettre du même jour, il demande s'il doit prendre ses cantonnements sur le territoire français ou sur le territoire ennemi. Au premier abord, la question peut paraître singulière : son avis à lui est de les prendre sur le territoire français; sur le territoire étranger, le ravitaillement ne pourrait se faire qu'en numéraire. — Tel ne fut pas le sentiment du Ministre : dans sa réponse (30 décembre), il lui reproche de n'avoir pas fait connaître ses cantonnements à Custine, et il ajoute qu'il eût été plus convenable de les établir sur le pays ennemi que sur le territoire français.

Le Conseil n'est pas disposé à adopter des plans qui jetteraient au loin les armées françaises; mais l'occupation de tout le cours du Rhin ne peut être rangée dans cette catégorie : ce système tient de trop près à la sûreté de la France.

La lettre de Beurnonville du 18 décembre répondait à l'avance au décret du 15 (il est possible qu'il ne l'eût pas encore reçu), décret qui proclamait l'indépendance de tous les peuples chez qui pénétreraient les armes de la République. Ce décret avait plus d'inconvénient encore dans les provinces rhénanes qu'en Belgique : car il y avait là de petits princes dont la neutralité nous était bonne et qui ne pouvaient plus nous recevoir sans être, par le fait même, dépossédés. La Convention n'en maintint pas moins sa mesure et, pour l'appliquer, elle rendit, le 18 décembre, un autre décret qui institua pour les armées de la région du Rhin des commissaires, à peu près sur le même pied où l'on devait bientôt les établir pour toutes les armées et pour toute la France.

Art. 1. — En exécution du décret du 15 courant mois, il sera nommé trois commissaires pris dans le sein de la Convention, qui se rendront de suite dans les pays occupés par les armées commandées par les généraux Biron, Custine et Beurnonville.

Art. 2. — Ces trois commissaires surveilleront l'exécution des décrets des 13 et 15 courant mois, relatifs aux armées; ils pourront vérifier toutes les caisses, livres et magasins de la République; ils pourront examiner les comptes et la conduite de tous les agents civils et militaires; ils pourront suspendre, destituer, remplacer et faire arrêter ceux qui se seront rendus coupables et tous les perturbateurs de l'ordre public, à la charge d'en instruire la Convention; ils feront toutes les réquisitions nécessaires à l'exécution de leur mandat, et ils se rendront à Strasbourg pour y rétablir l'ordre et la tranquillité publique.

Art. 3. — La Convention nationale nomme les citoyens Reubell, Haussmann et Merlin (de Thionville) [1].

---

[1]. Dépôt de la Guerre, armée des Vosges, à la date, et *Moniteur* du 20 décembre, t. XIV, p. 786. — Notons que Reubell était déjà à Strasbourg. Les 22 et 23 décembre, trois autres représentants, Dentzel, Couturier et Ruhl, reçurent une mission pour les départements du Bas-Rhin, de la Meurthe et de la Moselle. Le 23, La Porte et Blaux leur furent adjoints. Le

Ici se place un petit épisode qui montre de quelle façon certains représentants en mission entendaient leur rôle, et comment aussi les généraux d'alors savaient les relever. Citons la lettre de Beurnonville :

Je reçois, citoyen Ministre, écrit-il à Pache le 17 décembre, la lettre par laquelle vous me recommandés le citoyen Cusset.

J'ai déjà eu l'honneur de vous écrire, citoyen Ministre, au sujet de cet émissaire aussi incommode que maladroit. Il m'a heureusement débarrassé de sa personne le 15 à Cerf; je suppose qu'il est allé à Paris, car il m'a demandé si je n'avois rien à lui remettre pour vous.

J'ignore s'il sera content de moy; pour mon compte, je ne puis qu'être très mécontent de lui.

Sans avis, sans titre, il est arrivé près de moy... Comme il avoit une lettre de vous dans laquelle vous lui parlés de moy, j'ai pensé qu'il ne pouvoit au moins être suspect, je l'ai même, j'ose le dire, traité comme on traite un député, un commissaire. Il a toujours logé et vécu chez moi et eu mes chevaux à son service. Il m'a demandé de l'argent : le trésor appartenant à l'armée, je n'ai pas dû lui en faire donner, et, à cet égard, citoyen Ministre, vous me trouverés très circonspect. Il y a peut-être des généraux qui aiment à plaire, *ut grati fiant*; mais moy je ne connois pas les surcharges. Je mange mon traitement et j'aime que tout le monde en fasse autant. Je n'ai pas dépensé 15 000 livres dans cette expédition sur les 500 000 livres, et j'ai bonifié la caisse d'au moins 100 000 livres.

Je pardonne cette légèreté au citoyen Cusset qui n'a péché que par la forme et qui auroit dû avoir de vous une lettre de crédit pour ses besoins; mais je ne lui pardonne pas d'avoir bu, trinqué et s'être soûlé dans ma cuisine avec mon nègre, au point que mon nègre est expirant de cette yvresse. Je ne lui pardonne pas de s'être soûlé pendant deux jours avec une ordonnance et les gardes, dans le corps de garde, et d'avoir mis ces derniers hors d'état de faire le service. Je n'ai pas dû être content de cette conduite peu délicate dont toute l'armée a été scandalisée; cependant je suis encore à lui parler au citoyen Cusset, mais le ton froid que j'ai dû prendre avec lui, l'a décidé à prendre son parti et à s'en retourner; je ne l'ai point retenu.

Moniteur (t. XIV, p. 810) nommé à tort Coustard au lieu de Couturier. Voy. Aulard, p. 352.

Je ne sçais de quelle manière il se présentera près de vous, citoyen Ministre; je le crois bon patriote, mais il peut ne pas être exempt de méchanceté. On a même remarqué dans son yvresse des propos peu délicats; quelque chose qu'il arrive, voilà la vérité. Il en existe dix mille témoins.

Je le crois inutile dans sa mission...

Un député devroit faire des loix quand il est en état, ou voter quand il n'est bon qu'à cela, mais le rôle d'espion ne convient pas à sa dignité, et, dans le vrai, le citoyen Cusset n'est pas propre à remplir ce rôle très adroit [qui demande beaucoup d'adresse] et très important.

Pardon, citoyen Ministre, si je vous interromps pour cela; mais je vous dois avec franchise cette utile vérité [sur une mission] qui vous mettroit en frais et sans fruit.

Le général d'armée,
BEURNONVILLE[1].

Dumouriez, bien que le Conseil exécutif lui eût exprimé un avis peu favorable à son plan d'opérations, avait été laissé libre de l'exécuter; et, de son côté, Custine ne rabattait rien de ses espérances. La perte de Francfort, où son fils avait été fait prisonnier, était, à ses yeux, l'œuvre d'une affreuse trahison[2]. Donc le malheur n'engageait pas l'avenir sur ce projet; et, ramenant tout à ses vues, il traçait au Ministre la ligne de conduite qu'il devait marquer aux autres généraux pour y correspondre. Il était indispensable que Valence, qui commandait l'armée des Ardennes, se portât à l'appui de Beurnonville et que Dumouriez envoyât un corps de troupes sur Bonn et Cologne. Dumouriez lui avoit dit qu'il ne fallait point poser les armes qu'on n'eût le cours du Rhin : c'est ce qu'il pensait lui-même; il espérait donc que son collègue ne lui refuserait pas ce concours (11 décembre). Dans une autre lettre

---

1. Armée de la Moselle, 17 décembre 1792 (autographe). J'ai corrigé deux ou trois fautes d'orthographe.
2. Lettre du 10 décembre au Ministre (armée des Vosges, à la date). — Van Helden, dans une lettre adressée à Custine le 13 décembre, se plaint de la manière dont il a rendu compte de la prise de Francfort; il défend sa conduite : il a tiré le meilleur parti de la position pour sauver la garnison (*ibid.*, à la date).

du 21 décembre, il expose plus largement ses vues sur les développements à donner aux armées si l'on veut fonder solidement la République. Il ne pourra présenter au Ministre ses idées sur la campagne de 1793 que lorsqu'il saura où et comment finira celle de 92; mais dès ce moment, il raisonne ainsi :

Les puissances allemandes sentent que si les bornes de la République sont reculées jusqu'au Rhin, c'en est fait de l'Empire; et moi je pense, jusqu'à la conviction, que si le Rhin n'est pas la limite de la puissance de la République, premièrement, elle périra par ce qui a détruit la royauté, le désordre des finances, secondement les prêtres réoccuperont les Flandres et les pays que nous occupons.

Un noble Allemand qui voudra abandonner ses corvées illimitées, quelques droits onéreux, deviendra le dieu de son pays. Je dis plus : cette ostentation, cet éclat qui trouve toujours le peuple disposé à l'admiration, que les commensaux des nobles ne manqueront pas de faire valoir comme étant utile, comparé à l'état d'agitation dans lequel seront les peuples de la République, nous conduiront à la dissolution ou au rétablissement d'un despote. Il n'est plus qu'un moyen de salut pour nous, celui d'étonner l'univers, de nous étonner nous-mêmes par la masse de notre puissance. Nous ne pourrons l'acquérir qu'en changeant le gouvernement de l'Europe.

Pour cela il fallait une puissance militaire considérable. Il entrait dans le détail des dispositions à prendre, des opérations à conduire [1], et finissait ainsi :

Résumons toutes mes idées, citoyen Ministre. Préparer pour la campagne prochaine sur le Rhin, quatre armés de 70 000 hommes chacune dont 12 000 hommes de cavalerie, 4 000 hommes d'artillerie, 3 700 à pied, 300 à cheval; une armée de 30 000 hommes en Savoie et dans le comté de Nice;

---

1. La France doit avoir depuis Basle jusqu'à Clèves, pour la campagne prochaine, quatre armées de 70 000 h. chacune, avec 12 000 h. de cavalerie et 4 000 d'artillerie pour chacune.

Cette campagne ne doit pas commencer avant la fin de juillet. Jusque-là, il faut resserrer tellement l'ennemi, qui est encore sur la rive gauche, qu'il soit hors d'état de subsister. Il importe d'occuper Coblentz, il faut 50 000 hommes de garde nationale pour la garnison des villes du Rhin.

15 000 à la frontière d'Espagne; 50 000 gardes nationaux pour la garde des places de la République entière, et cela indépendant des forces nécessaires à nos colonies et à l'intérieur. N'avancer l'augmentation des chevaux nécessaires dans les armées qu'au moment de s'en servir; que les dépôts soient placés en attendant dans les départements les plus voisins des armées et les plus abondants en fourrages; que nos généraux, au lieu de voir des inconvénients, en cherchent le remède; et le meilleur, le plus sûr, se trouvera dans la discipline des armées, dans le soin qu'ils prendront du soldat, dans la salubrité des vêtements; par des proclamations fermes et patriotiques où respirera l'amour de son pays, celle des lois, l'ardeur de porter au comble la gloire du nom français [1].

En attendant que ces grandes vues d'organisation prissent une forme plus concrète, notre territoire rhénan commençait à se ressentir de la reprise de Francfort. L'électeur Palatin sortait de sa neutralité et recevait un corps de 10 000 hommes dans Manheim. L'Alsace prévoyait des représailles et se plaignait du projet de ne confier sa défense qu'à de nouvelles levées. Strasbourg même inspirait, sinon des craintes, au moins des défiances. Reubell écrivait le 11 décembre que l'esprit public y tombait, et il assurait qu'il était urgent d'y envoyer, pour le relever, des députés de la Convention [2].

---

1. Armée des Vosges, à la date, et la note VIII aux Appendices.
2. La correspondance de Biron est importante pour les derniers temps de sa présence à l'armée du Rhin. — Le 8 décembre, Biron exprime au général d'Haremburc ses inquiétudes sur les dispositions de l'électeur Palatin, et lui indique les mesures à prendre si ces craintes se réalisent. — Le 9, il signale au général Demars l'effet de la prise de Francfort sur les dispositions du Palatin : on dit qu'il a reçu 8 000 à 10 000 h. dans Manheim. — Le 10, il se plaint du projet de ne confier la défense de l'Alsace qu'à de nouvelles levées. — Le 11, il parle au Ministre d'une conférence qu'il a eue avec l'aide de camp du duc de Wurtemberg; ce prince assure la République française de son entier dévouement.
Le 10 décembre, Oberendorff, ministre dirigeant de l'électeur Palatin, rassure Custine sur le projet des Prussiens de forcer le passage du pont du Rhin : le pont a été replié, la garnison va être assez forte pour repousser une attaque de vive force; le général connaît les sentiments d'amitié et de bon voisinage de l'électeur pour la nation française. (Armée des Vosges, aux dates.)

V

Custine et les représentants en mission dans la région du Rhin.

(Janvier et février 1793.)

Mayence restait debout, mais la prise de Francfort avait déjà bien ébranlé le crédit de Custine, et il était fortement pris à partie par les généraux d'armée compromis dans la campagne où ils lui avaient été subordonnés. Beurnonville ne lui pardonnait pas l'échec qu'il avait subi devant Trèves. Répondant à la lettre du Ministre, il lui disait :

Custine a exigé l'expédition de Trèves; moi, je ne crains pas de dire que cette opération est un monstre en principes militaires.

Il demandait qu'on lui prescrivît des choses possibles; il se plaignait de l'ambition d'un homme qui sacrifiait tout à ses projets; il se refusait à de nouvelles réquisitions [1], et il fallait que le Ministre, toujours favorable au conquérant de Mayence, lui rappelât que ce général était en droit de les exiger.

Biron, toujours si correct envers son ancien subordonné,

---

1. Lettres des 1, 3 et 6 janvier 1793 (armée de la Moselle, aux dates). — Beurnonville motivait son refus en remontrant à Custine lui-même qu'il y avait bien mieux à faire. Les intérêts de l'Autriche, disait-il, sont dans les Pays-Bas. C'est là qu'elle envoie toutes ses forces. Sur le Rhin, le général de l'armée des Vosges n'aura à tenir tête qu'aux Prussiens et aux Hessois. Quant à lui, il a perdu beaucoup de monde dans l'expédition de Trèves; il ne lui reste que 3 000 hommes de cavalerie et 9 000 d'infanterie. Il n'a rien à Nancy en réserve. Valence lui demande des troupes pour les Pays-Bas où est le péril; Custine veut qu'il occupe, par deux ou trois brigades, Hombourg et Kaiserslautern (c'est la réquisition que le ministre appuyait). Il est sous ses ordres, mais cela est impossible. — Voici quelques pièces qui se rattachent à l'action de Custine pour la fin de l'année 1792 : Le 22 décembre, Custine est autorisé à bombarder Manheim; l'électeur Palatin ayant adhéré aux conclusions de la Diète ne peut plus être regardé comme une puissance neutre. — Le 29 décembre, il prie le Ministre d'informer le Pouvoir exécutif qu'il a cru de l'intérêt de la République de différer. — Le 30 décembre, Meunier informe Custine que l'on fait des préparatifs de défense à Manheim. (Armée des Vosges, aux dates.)

justifiait le refus de Beurnouville, et en réponse à une lettre du 10, il disait à Custine :

Vous commandez en souverain, ma réponse sera celle d'un soldat obéissant.

Il ajoutait qu'il ne saurait cependant faire l'impossible : il remettra le commandement à celui que Custine désignera, si toutefois il a le droit d'en disposer (12 janvier). Et dans une lettre du 13 au Ministre, il demandait un congé pour cause de santé. Custine, disait-il encore, le présentera comme très désobéissant, mais lui, il regarde Custine comme un général « très impératif »[1].

Custine, ainsi traité par les deux généraux des armées de la Moselle et du Rhin, avait pourtant trouvé un appui dans les représentants nommés par la Convention pour veiller à l'exécution du décret du 15 décembre, Haussmann, Merlin (de Thionville) et Reubell. Merlin écrivait au Ministre que le Rhin était bien défendu, mais que Custine avait besoin de renfort pour prendre l'offensive (4 janvier 1793); et dans une lettre du lendemain à la Convention, après avoir exposé l'état des choses, tous les trois insistaient pour qu'on fît droit à leurs réclamations et à celles de Custine. Tout devait converger au même but. Ils demandaient que Dumouriez, Valence et Beurnonville, c'est-à-dire les armées du Nord, des Ardennes et de la Moselle concourussent à l'œuvre qu'il poursuivait à la tête de l'armée des Vosges, soutenue par l'armée du Rhin[2]. Reubell s'inquiétait pour lui du départ de Biron qui avait demandé un congé, et qu'on allait envoyer à l'armée d'Italie en le remplaçant par un divisionnaire assez obscur, Després-Crassier. Ne pouvait-on pas envoyer Després-Crassier dans le Midi et charger Biron de prendre Coblentz [3]?

1. Dépôt de la Guerre, armée de la Moselle, aux dates.
2. Armée des Vosges, à la date. En cas de réponse peu satisfaisante ils demandaient leur rappel.
3. « Després-Crassier, qui d'ailleurs a désiré d'aller dans le Midi, pourrait y être envoyé à la place de Biron, et Biron pourrait prendre le comman-

Les représentants spécialement en mission dans les départements de cette frontière (Meurthe, Moselle et Bas-Rhin), plus occupés de la défense des places et de la direction politique des populations, étaient moins séduits par Custine. Ils s'étaient convaincus que depuis l'affaire de Francfort on craignait sur la frontière quelque retour de l'ennemi. Couturier, l'un d'eux, écrit de Strasbourg (10 janvier) que, depuis Nancy, ils ont entendu dire que Custine s'était *enfourné* trop loin; qu'il allait porter la liberté à des hommes qui ne s'en souciaient pas; qu'au premier jour on serait traité dans les villes comme à Francfort; qu'il a pris les canons partout pour son armée; que Landau en est presque dégarni [1]; et ils ne craignaient pas d'élever des doutes sur le succès de la mission que leurs trois collègues avaient reçue pour la libération des peuples :

Vous avez envoyé des députés extraordinaires, écrivait encore Couturier (18 janvier), pour surveiller l'exécution du décret avant-dit; ils vont du côté de Mayence. Et bien je vous assure que c'est comme s'ils alloient à Francfort. Jamais vous ne devez compter sur la loyauté du pays qui d'ailleurs est d'autant plus indigné contre les François que les rançons et les pillages énormes qu'ils ont essuiés et dont on nous fait l'énumération nous ont rendus odieux pour jamais [2].

...dement de l'armée qui doit marcher sur Coblentz. Il faut détruire avant le printemps cette armée prussienne et hessoise qui est devenue et deviendra tous les jours plus formidable, sans quoi je ne vois aucun terme à la guerre et le salut de la République est compromis. Au nom de la patrie, citoyen ministre, répondez-nous et répondez-nous promptement. » (Reubell au Ministre, armée des Vosges, 6 janvier.)

Dans le Midi, l'enthousiasme pour Custine survivait encore. Les citoyens et citoyennes composant la Société des amis de la liberté et de l'égalité de Villeneuve (Lot-et-Garonne), annoncent à Custine qu'ils ont tricoté 240 paires de bas de laine pour les braves que commande ce général. Ils ont invité toutes les Sociétés patriotiques à eux connues à suivre cet exemple. — Des souliers et des bas, c'était la première condition de nos succès.

1. Armée du Rhin, à la date.
2. Le pillage de Spire était resté fameux, et aussi, disons-le à notre décharge, la rigueur avec laquelle Custine en avait fait justice. — Voy. la lettre de Custine à Biron (2 octobre) et une autre lettre au Ministre de la guerre transmise par Lebrun. (C II, 50 pièce 10.) Le général répartit lui-même l'indemnité qu'il fit accorder à la ville. (Armée des Vosges, 18 novembre 1792.)

Ainsi ils n'appuyaient à aucun titre l'entreprise de Custine; mais ce dernier n'avait rien perdu de ses illusions, tant s'en faut! Il voyait s'étendre devant lui des horizons plus vastes. Il croyait à une guerre universelle d'où la paix devait sortir un jour : voie bien périlleuse pour y arriver; et la façon dont il développe ses vues dans une lettre écrite le 20 janvier à Biron, qui venait de quitter l'armée du Rhin pour prendre le commandement de l'armée d'Italie, est bien plus étrange encore [1]. Mais la conclusion répondait bien plus singulièrement aux prémisses :

De deux maux l'un : notre destruction par un déchirement intérieur auquel les armes des despotes viendront mettre le sceau lorsqu'il en sera temps, ou, que la nation, lassée de cet état d'agitation, jetant les yeux sur un homme d'un grand caractère, se donnera un nouveau despote, et je ne veux pas plus être ce despote que je ne me sens de penchant à le souffrir [2].

Custine se soutenait pourtant au milieu de ces contradictions. Il avait pour lui le Ministre, il avait fasciné les représentants envoyés près son armée. Les généraux qui refusaient de suivre ses desseins ne pouvaient que céder la place à d'autres ; Kellermann, puis Beurnonville à l'armée de la Moselle et Biron à l'armée du Rhin. Les regretta-t-il? évidemment, ne le secondant pas, ils le gênaient. Mais s'il put s'applaudir en particulier du rappel de Beurnonville, ce ne fut pas pour longtemps : la Convention, qui n'était pas encore livrée à la domination des Jacobins, avait accueilli les plaintes qui s'élevaient de toutes parts contre

---

1. Armée du Rhin. Tout en retraçant les moyens violents dont il prétend user envers l'Angleterre pour la contraindre aux relations de bonne amitié, il proteste de son horreur pour la guerre : « Mon ami, tout préoccupé que je suis de la position que j'occupe, je ne puis éloigner mes pensées de ce grand développement d'idées qui doit procurer un jour le bonheur et la gloire de notre nation. En faisant la guerre avec ardeur pour assurer notre liberté, j'abhorre ce fléau destructeur du bonheur comme de la liberté des peuples. » — Ce n'est pas lui pourtant qui veut faire le premier pas vers le désarmement. — « Si nous rentrons dans nos frontières, les despotes fomenteront la mésintelligence et la désunion parmi nous; pour résister à leurs armées, il faut rester nous-mêmes en armes, etc. »

2. Où est donc la paix qu'il espérait pour le bonheur du genre humain? Il n'aboutit qu'à un asservissement par l'ennemi ou sous un maître.

l'ineptie et l'incapacité de Pache; et quand elle l'eut destitué, elle le remplaça par Beurnonville (4 février). C'est avec Beurnonville, ministre, qu'il devait continuer le débat qu'il avait engagé avec Beurnonville, général.

Sur le Rhin, quelles que fussent les vues d'avenir, il y avait une chose qui s'imposait : c'était de garder Mayence. Les représentants qui se trouvaient près de Custine étaient d'accord avec lui sur ce point :

> S'il existe une place essentielle au salut de la République, disait Merlin (de Thionville) à Thirion, c'est aujourd'hui Mayence qui se gardera en mars avec neuf mille hommes et donnera faculté à notre armée, forte de soixante mille hommes, de tenir la plaine et de s'opposer du même point à tous les mouvements de l'ennemi qu'elle pourra prendre à revers, soit dans le Luxembourg et le pays de Trèves, s'il s'éloigne de Mayence, soit dans les départements du Rhin, s'il avait l'intention d'inquiéter cette partie de nos frontières [1].

C'est aussi pour cela que l'ennemi tenait tant à reconquérir la place. Toutes ses forces convergeaient vers ce point. Là aussi devaient s'accumuler tous les moyens de défense. Mayence fut mise en état de siège (10 février) [2]. Beurnonville, général en chef de l'armée de la Moselle, avait montré peu de confiance dans le résultat de cette occupation. Ministre de la guerre, qu'allait-il faire? Les représentants s'en inquiètent, et tout en lui envoyant leurs félicitations sur son élévation au pouvoir, ils lui posent la question (10 février) :

> Un de nous avoit vu une de vos lettres par laquelle vous présagiez que Custine seroit chassé de Mayence comme il l'avoit été de Francfort....

---

1. Mayence, 4 février (armée des Vosges, à la date). Merlin (de Thionville) et ses deux collègues avaient écrit le 6 janvier à la Convention que le peuple de Mayence était bon, mais que *l'accident* (la perte) de Francfort avait un peu refroidi les plus ardents patriotes. (Séance du 10, *Moniteur* du 12, t. XV, p. 106.) Cependant le 14 il parlait encore des dispositions favorables des habitants.

2. Proclamation de Custine, armée des Vosges, à la date. — Le 6 février le fils de Custine exposa au Comité de défense générale la situation de son père, insistant sur la nécessité de garder Mayence. (AF+ II, 46.)

Francfort est un village (une ville ouverte), Mayence, la plus forte place de l'Europe. Ils insistent sur l'importance de l'occupation. La Prusse fait les plus grands efforts pour l'avoir. Mayence assurerait à l'ennemi ses approvisionnements. Custine a tout un corps d'armée et il a été approvisionné en vivres. Eux-mêmes sont sur le point d'appliquer à Mayence le décret du 15 décembre qui proclame l'indépendance des villes occupées par nos armes. Il ne faut point leur laisser faire ce pas, si on veut reculer. Il y a honneur à ne pas compromettre les habitants. — Ils sollicitent une réponse immédiate [1].

Nul ne contestait à coup sûr l'importance de Mayence. La question était de savoir si on pouvait s'y maintenir quand le territoire intermédiaire était occupé par une armée qui avait son point d'appui à Trèves et qu'on n'avait pu vaincre; c'était de savoir également si, pour défendre Mayence qui allait être enveloppée par l'ennemi, on ne compromettait pas le sort des autres places. On disait que Custine y avait fait transporter une partie de l'artillerie de Strasbourg; que Landau n'avait plus que quatre canons. C'étaient les représentants envoyés dans le Bas-Rhin, Couturier et Dentzel, qui portaient contre Custine ces accusations, et la polémique se continue sur ce chapitre. Couturier et Dentzel insistent : ils ont recueilli, disaient-ils, des plaintes sur le dénuement où on laissait les places fortes pour l'armée de Custine; on a pu calomnier Custine, mais les faits parlent (15 février). Custine y répondait, et ses assertions étaient confirmées par les représentants qu'il avait près de lui. Merlin (de Thionville), Reubell et Haussmann, dans la lettre citée plus haut, disaient qu'ils avaient compté dans Landau 180 pièces en batterie [2].

1. Merlin, Reubell et Haussmann à Beurnonville, armée des Vosges, à la date. — Le 15 février, le Ministre répond qu'il mettra leur lettre sous les yeux du Conseil.
2. Voir les lettres de Custine (armée des Vosges, 12 et 26 février); celles de Dentzel et Ferry (armée du Rhin, 15 février; armée des Vosges, 18 et 23 février) et Arch. nat., AF II, 237. — Voy. aussi une curieuse lettre du

Que pouvait l'opinion de Dentzel et de Couturier contre le témoignage de représentants comme Merlin (de Thionville), Reubell et Hausmann, chargés tout spécialement par la Convention d'examiner l'état de nos forces sur le Rhin[1]? Mais la contradiction existait, la situation était tendue, et la Convention évidemment n'avait plus de ce côté la sécurité qui pouvait lui faire accepter volontiers, sur un autre point, de nouvelles aventures.

VI

Invasion de la Hollande. Perte de la Belgique.
(Février-mars 1793.)

Tandis que Custine, même repoussé de Francfort, restait attaché à des rêves qu'il ne pouvait plus réaliser, Dumouriez allait se jeter dans la conquête de la Hollande. Si l'on s'en rapporte à ses Mémoires, ce n'était pas le plan qu'il voulait proposer au Conseil exécutif en venant à Paris. Il

Conseil exécutif, 18 février, à la Convention sur ce fait : Les commandants dans les départements de la Meurthe, de la Moselle et du Rhin, ont conféré, sans la participation de Custine, le commandement de Landau au maréchal de camp Gillot. Ils ont même décidé qu'il le conserverait, nonobstant tous ordres du général à ce contraires. Le Conseil dit que c'est affaiblir la responsabilité des généraux. (Arch. nat., AF+ II, 2.)

1. Pour les représentants en mission dans les départements voisins des armées, je me bornerai à renvoyer à quelques autres pièces de leur correspondance sur les choses militaires :

Metz, 15 février. Hentz et La Porte en mission pour les places frontières : besoins de la place de Metz; Longwy est bien approvisionné; Thionville manque de vivres.

Sedan, 24 février. La Porte : faiblesse des garnisons de Montmédy et de Sedan.

Lauterbourg, 23 février. Ferry et Dentzel : mesures prises pour la défense de Landau.

16 février. Blaux et Laporte sont arrivés. Hentz est à Metz. Ils vont régler entre eux les points à visiter. (AF II, 247, à la date.)

4 mars. Couturier et Dentzel : l'armée de Custine rentre dans l'Alsace. (Ibid., à la date.)

Strasbourg, 12 mars. Ferry et Couturier : envoi arrêtés pris pour la subsistance de la cavalerie.

22 mars. Couturier : l'esprit du département est perverti par la malveillance, le recrutement est difficile.

26 et 27. Couturier : il presse le recrutement. (Archives nat., AF+ II, 44.)

venait à Paris pour demander la suspension du décret du
15 décembre à l'égard de la Belgique, pour régler la question des approvisionnements de l'armée par des marchés
faits sur place, marchés qui probablement n'étaient pas
tous irréprochables, mais qui, assurément, étaient moins
onéreux au trésor et plus sûrs pour l'armée que ceux qui
se faisaient par le Comité des achats, établi à Paris.
Quant au plan d'opérations, il embrassait toute la défense
du territoire : guerre défensive dans les Alpes, dans les
Pyrénées, sur les côtes (il n'y avait point encore de guerre
en Vendée), sur le Rhin même, Custine devant se borner
maintenant à défendre Mayence et à se replier sur Landau,
pour couvrir l'Alsace et la Lorraine et donner le temps de
pourvoir aux places fortes de la Lorraine et des Ardennes;
guerre offensive du côté de la Belgique, en prenant pour
base la frontière depuis la Moselle jusqu'à Dunkerque. Le
général dit qu'il avait un quatrième objet en venant à
Paris : c'était de sauver la vie du roi [1]; mais sur ce point
il eut bientôt lieu de se convaincre qu'il était sans action
auprès de ses anciens amis, les Jacobins, aux yeux desquels
il était déjà plus que suspect. Pour ce qui est de la question militaire, il pouvait, en arrivant à Paris, la traiter
non pas seulement avec le Conseil exécutif, mais avec un
Comité créé, en ces jours-là même, par la Convention : le
Comité de défense générale, formé de membres pris dans
les différents comités, et qui préluda au Comité de salut
public [2]. Dumouriez a parlé de ses entrevues, soit avec
ce Comité, soit avec le Conseil exécutif; et les registres de leurs délibérations en portent la trace authentique, mais sans rien dire du fond de la question. Un

---

1. Voy. Mémoires de Dumouriez, livre VII, chap. x, t. III, p. 362.
2. « Les comités de la guerre, des finances, des colonies, de la marine, diplomatique et de constitution nommeront chacun trois de leurs membres, lesquels se réuniront dans un local particulier sous le nom de Comité de défense générale », proposition décrétée le jour même, 1er janvier 1793. (*Moniteur* du 3 janvier, t. XV, p. 26.) Le Comité fut organisé le 4. (Voir le registre de ses procès-verbaux, Arch. nat., AF+ II, 45.)

premier indice des vues sur la Hollande qui pouvait se rattacher à l'offensive par la Belgique, c'est la lecture au Conseil exécutif d'un mémoire présenté par les patriotes hollandais, mémoire où ils proposent l'invasion actuelle de la Hollande (7 janvier 1793). L'auteur du mémoire, De Kock [1], fut entendu le lendemain, et Dumouriez invité à venir communiquer ses idées sur ce sujet le jour suivant. Il y vint et l'on peut croire qu'il n'écarta point le projet, au moins touchant la Zélande, car on lit dans le registre des délibérations du Conseil (9 janvier) :

Après la discussion qui a eu lieu, le Conseil en ajournant la résolution qu'il doit prendre, arrête que néanmoins les dispositions militaires seront provisoirement faites, de manière à exécuter promptement les premiers ordres qui pourront être donnés.

Ces dispositions consisteront :

1° A faire marcher de l'intérieur des troupes prises de différentes garnisons sur la nouvelle Flandre maritime;

2° A étendre le commandement du général Miranda sur ces troupes;

3° A donner au général La Bourdonnaye le congé qu'il a demandé [2].

Ce même jour, 9 janvier, on avait fait lecture au Comité des quatre mémoires de Dumouriez [3], et le général, admis à la séance, avait pressé le Comité de délibérer sur leur con-

1. Père du romancier Paul de Kock, dit une note de M. Aulard, p. 411.
2. Aulard, t. I, p. 440. En vue de l'absence de Dumouriez, Dumouriez restant général en chef, les différents corps, placés sous ses ordres en Belgique, avaient été ainsi répartis : l'armée du Nord à Miranda avec le commandement supérieur de l'armée des Ardennes; La Bourdonnaye restait général en chef de l'arrondissement du Nord, chargé de la défense; l'armée des Ardennes à Valence du 30 décembre 1792 au 11 janvier 1793 et du 23 février au 10 mars; Lanoue et Leveneur se partagèrent les deux ailes de cette armée dans l'intervalle. Au 10 mars, Dumouriez reprend le commandement en chef des deux armées.
3. « Un membre fait lecture de quatre mémoires du général Dumouriez sur l'armée de Belgique, sur ses besoins et les récompenses qu'elle mérite, sur la cassation des marchés faits par les ordres de ce général, sur l'arrestation des citoyens Malus et d'Espagnac, sur le comité des achats et l'organisation de l'administration. » (Comité de défense générale, séance du 9 janvier 1793. Aulard, t. I, p. 439.)

tenu : « sur l'espèce de guerre à entreprendre, sur les moyens de la faire et sur les préparatifs qu'elle exige ». Le Comité s'en occupa ; mais rien n'est dit du résultat de ses délibérations [1]. Ce qu'on peut croire, c'est que la guerre de Hollande n'était point résolue encore, car, le 11, on lit dans le registre des séances du Conseil :

> Le Conseil, informé que les troupes hollandaises ont évacué la ville de Venloo, et dans la vue de prévenir tous les mouvements qui pourraient donner un prétexte pour faire sortir les Provinces-Unies de leur neutralité, arrête que le ministre de la Guerre mande expressément au général Miranda de ne point attaquer ladite ville de Venloo et de ne se porter sur aucune partie des Provinces-Unies ; que néanmoins, dans le cas où il serait assuré que les Autrichiens et les Prussiens s'approcheraient de ladite ville pour s'en emparer, le général Miranda serait autorisé à les prévenir [2].

Ils prévinrent le général Miranda.

Le 23 janvier, Dumouriez fut encore entendu et par le Conseil exécutif et par le Comité de défense générale, discutant la question de l'offensive et de la défensive [3]. Mais, dès l'avant-veille, la situation était changée. La fatale journée du 21 janvier allait précipiter les événements. L'Angleterre congédia notre ambassadeur qui, tenant ses pouvoirs du roi, était désormais sans pouvoirs à ses yeux. Le stathouder de Hollande suivit la politique de l'Angleterre. La Convention ne fit plus que devancer les événements en déclarant la guerre à l'Angleterre et à la Hollande.

Cette déclaration et la rupture avec l'Espagne mettaient la guerre partout sur nos frontières, en attendant qu'elle éclatât plus terrible encore à l'intérieur par le soulèvement de la Vendée. Dumouriez était retourné en Belgique. Son plan, dit-il dans ses *Mémoires*, avait été adopté. « Les trois cent soixante-dix mille hommes furent décrétés avec quelques

---

1. Aulard, t. I, p. 439.
2. *Ibid.*, p. 465.
3. AF+ II, 45, à la date.

changements dans leur distribution ; mais ce fut tout ce qui en résulta¹. » Néanmoins avant son départ on avait fait, sur sa demande, avancer une quinzaine de mille hommes de nouveaux bataillons dans la Flandre maritime et vers Mons et Gand ; et, lui-même, le 4 février, on le trouve à Ostende. Était-ce en vue de l'expédition de Zélande, ou songeait-on à attaquer la Hollande même sans plus tarder ? Le 7 février, des citoyens bataves y invitaient encore la Convention, lui remontrant que si on établissait la liberté en Hollande, les Français y trouveraient de l'argent, des subsistances, des munitions et une flotte ; et c'est bien ce que disait aussi Dumouriez. Si l'on voulait entrer en Hollande, c'est par Maëstricht, Venloo et Nimègue qu'il fallait se porter sur Amsterdam : on évitait les grosses difficultés de l'embouchure des fleuves, et Dumouriez en avait eu l'idée ; mais ensuite, comptant sur le soulèvement des Hollandais contre le stathouder, il avait fait le projet de prendre le chemin direct, avec 20 000 hommes, laissant à Valence le soin de surveiller les Autrichiens sur la Meuse, et à Miranda celui de forcer Maëstricht pour le venir rejoindre à Utrecht.

C'est ce qu'il entreprit, quant à lui, après quelques jours donnés aux préparatifs. Le 17, son corps d'armée entra sur le territoire hollandais. Le 20, il l'allait rejoindre. Ce jour-là, Valence avait une dernière entrevue avec lui à Anvers, d'où il écrivait au ministre Bournonville :

Je suis arrivé ici hier au soir, mon cher général. J'ai encore trouvé le général Dumouriez à Anvers, prêt à partir pour une des plus difficiles comme des plus brillantes expéditions dont il soit possible de former le plan. Il réussira. Son génie et son audace en donnent la certitude. Si vous sçaviez ce qu'est cette armée qui va enlever des places, prendre des vaisseaux et parcourir victorieusement la Hollande en revenant sur le Rhin, vous ne penseriez pas, comme Hassenfratz, qu'il y a plusieurs millions de généraux, et, comme Cambon, que l'armée est tout et que le général n'est plus rien²...

1. *Mémoires*, ibid., t. III, p. 366.
2. Dépôt de la Guerre, armée du Nord, à la date. Autographe.

Toutes ces affaires devaient créer plus de besogne pour les représentants en mission. Le 1er février, le Comité de défense générale désigna neuf commissaires pour la surveillance des frontières : au nord, Gasparin, Bellegarde, Varley, Lequinio, Jean Debry; au centre (Moselle), Ferry, qui devait s'adjoindre aux deux commissaires déjà envoyés; au Rhin, Hentz, qui devait en faire autant : ce qui dépasse déjà le nombre de neuf; et il y en avait davantage en Belgique[1].

Danton qui, le 31 janvier, sur une lettre de Miranda, avait proposé à la Convention la réunion immédiate de la Belgique (ce qui fut ajourné[2]), partit ce jour même avec Lacroix afin de la préparer. Gossuin, Treilhard et Merlin (de Douai) parcouraient déjà les villes belges, et les procès-verbaux du Comité de défense générale, comme les registres du Conseil exécutif, portent la trace de leur active correspondance[3]. Le 15 février, les commissaires qui opèrent

---

1. Arch. nat., AF+ II, 45. Procès-verbaux du Comité de défense générale, aux dates.
2. Séance du 31 janvier, *Moniteur* du 1er février, t. XV, p. 323.
3. Nous n'en ferons qu'une indication sommaire :

3 février. Gossuin, Treilhard et Merlin (de Douai) au Comité de défense générale : embargo mis par le consul de France, d'après l'ordre du ministre de la Marine, sur les navires étrangers dans le port d'Ostende; inquiétude du commandant de cette place sur l'insuffisance des troupes. (Comité de défense générale, à la date.)

8 février. Les mêmes au ministre de la Guerre : dénuement de la place d'Ostende. (Armée du Nord, à la date.)

12 février, Arras. J. de Bry et Cochon, chargés de l'inspection des places fortes, expriment le vœu qu'un homme du métier, comme Carnot, leur soit adjoint. Ils l'attendent à Arras. (Comité de défense générale : AF II, 232, et armée du Nord.)

16, Calais. Les mêmes : question de la solde. (Comité de défense générale.)

17, Tournai. Treilhard et Camus au ministre de la Guerre : ne pas se presser de démolir les fortifications en Belgique. (AF II, 232, à la date.)

18. Faire passer à Bruxelles les meilleurs bataillons en garnison à Tournai, Ath, Mons et les remplacer par ceux de Lille, Douai et Valenciennes, afin d'en imposer aux aristocrates qui voudraient empêcher la réunion de cette province.

22, Gand. Camus et Treilhard, partis de Bruxelles le 15, ont parcouru le Hainaut, le Tournaisis et les deux Flandres. Gand a voté la réunion

en Belgique se partagent le pays en trois arrondissements. Danton et Lacroix auront Namur, Liège, Aix-la-Chapelle et dépendances; Camus et Treilhard, le Hainaut et la Flandre; Gossuin et Merlin, le Brabant¹. Le 17, Gossuin, Merlin (de Douai) et Lacroix dénoncent les manœuvres aristocratiques qui se font partout, à Ostende, à Bruges, à Bruxelles d'où ils écrivent (17 février). Ils demandent des renforts, il faut se maintenir. Qu'on fasse un seul pas en arrière et « très certainement les Vêpres siciliennes sonneront dans toute la Belgique². »

aujourd'hui. Ils donnent des détails sur la disposition des esprits et présument bien.

25, Bruxelles. Camus, Gossuin, Delacroix : Bruxelles a voté la réunion ; division à Liège : la réunion sera-t-elle pure et simple, ou conditionnelle ?

28. Ils annoncent une lettre de Dumouriez. Succès dans la Hollande. (Registre du Comité de défense générale, AF* II, 44.)

1. *Ibid.*

2. « Plus le patriotisme fait des progrès dans la Belgique, plus l'aristocratie y devient entreprenante. » — A Bruges, on a tiré en plein jour sur une patrouille et sur une sentinelle. — « Si le ministre de la Guerre ne nous envoye pas à l'instant de grands renforts, il faut nous attendre à de grands mouvements contre-révolutionnaires. Et que seroit-ce si nos troupes qui sont en avant, essuyoient des échecs qui les forçassent à un seul pas rétrograde ? Très certainement alors les Vêpres siciliennes sonneroient dans toute la Belgique sur les Français. » — Ils signalent les projets de l'Angleterre : « Entre Dunkerque et Ostende, elle est sûre d'y trouver beaucoup d'amis. » — Il faut garnir la côte d'une force imposante, c'est l'avis de Dumouriez : « Le salut de la République françoise, vous le savez, est dans la Belgique. Ce n'est que par l'union de ce riche pays à notre territoire que nous pouvons rétablir nos finances et continuer la guerre » ; pour cela, il faut raffermir les patriotes qui travaillent à l'union avec la France ; et, dans tous les cas, il faut des troupes : « Supposons cependant la réunion rejetée, l'aristocratie triomphante, dans cette hypothèse, nous devons traiter la Belgique en pays ennemi ; mais pour la traiter ainsi, il faut être les plus forts. » Il faut envoyer 20 à 25 bataillons et 2 escadrons de troupes légères :

« Nous ne vous dissimulerons même point que nous n'oserions pas, avant leur arrivée, faire convoquer les assemblées primaires. Tout ce que nous voyons nous assure que le sang couleroit dans ces assemblées si une grande force ne venoit contenir les mal intentionnés. » — Ils ont pris un arrêté pour la convocation des gardes nationaux du Nord (« les gardes nationaux des départements du Nord, du Pas-de-Calais, de la Somme, de l'Aisne et des Ardennes, sont en état de réquisition permanente ») : « Mais ce seroit s'abuser étrangement que d'attendre un grand succès de cette mesure. Elle est bonne et nous ne l'avons prise que pour en imposer aux contre-révolutionnaires, en attendant l'arrivée des secours que nous demandons. » (Arch. nat., AF II, 232, à la date.)

Gossuin, Delacroix, Merlin (de Douai).

Envoyer des renforts ou craindre des Vêpres siciliennes dans un pays où, deux ou trois mois plus tôt, la population nous avait si bien accueillis!

On convoquait les assemblées primaires pour faire voter la réunion du pays à la France[1], et l'on trouvait qu'il ne fallait pas se presser de démolir les fortifications! Mais quoi? même alors, quand il était si clair que le mépris, les outrages prodigués aux choses sacrées, avaient soulevé les Belges contre la France, on persévérait dans cette œuvre jacobine avec cet aveuglement qui est le propre de la haine pour la religion. Les commissaires du pouvoir exécutif, Gouget-Deslandres et Robert, écrivaient de Bruxelles (18 février) aux ministres de la République :

> Le commandant temporaire de la place a donné ici ordre de faire les exercices militaires dans les églises : d'une part, l'exercice n'est point empêché par l'intempérie de l'air et s'y fait plus régulièrement; d'autre part, c'est encore un moyen pour détruire peu à peu le fanatisme qui est le plus redoutable des ennemis que nous ayons à combattre.

Toujours *le cléricalisme, c'est l'ennemi!*

A cette époque, Dumouriez n'avait pas franchi encore la frontière des Provinces-Unies. Il n'était point parti, et déjà certains commissaires du pouvoir exécutif se mettaient à le sermonner dans leurs épîtres, se donnant les airs de passer des revues, de s'apitoyer sur l'état des troupes, de juger l'entreprise entamée, de signaler les *desiderata*, menaçant, à défaut de satisfaction, d'aller à la barre, dénoncer qui de droit[2].

---

1. Lacroix, Gossuin et Merlin (de Douai), annonçant que les assemblées primaires sont convoquées pour le 25 février, ajoutent : « Il importe au salut de la République françoise et à la liberté de la Belgique que Bruxelles ait dans son sein une force imposante lors de la réunion de la nation en assemblées primaires. » (Armée du Nord, 18 février.)

2. Ruremonde, 24 février. Le citoyen Liébaud, *commissaire national du Conseil exécutif*, à Dumouriez :

« C'est avec douleur, général, que je mets sous vos yeux le résultat des visites que j'ai faites dans tous les avant-postes de l'avant-garde de l'armée du Nord...; partout, accompagné du général [Lamarlière], j'ai harangué les

Voilà donc l'état des esprits en Belgique. Et il semblait qu'à la suite du 21 janvier ces mauvaises dispositions gagnassent notre frontière même à l'intérieur. Le 26 février, Jean Debry, revenant du département du Nord, disait que l'esprit public y était fort attiédi : « Le fanatisme, ajoutait-il, reprend une nouvelle force. On ne blâme ni ne loue la mort de Capet. On se tait¹ ». — C'était en dire beaucoup.

soldats en républicain; partout je n'ai vu qu'amour de la patrie, je n'ai entendu que ces cris : *Vive la République!* mais ce qui m'a saigné le cœur, c'est l'état de délabrement dans lequel j'ai vu ces généreux soldats; c'est leur foiblesse en nombre en présence de l'ennemi qui les harcelle... »
— Les renforcer, ou il va à la barre de la Convention dénoncer qui de droit :
« Je sais que vous avez de grands projets, que votre intention est de balayer l'ennemi jusqu'au-delà du Rhin et que vous avez besoin de grandes forces; mais je sais aussi qu'il n'est pas permis de hasarder de grands combats, d'envier de grandes victoires, si l'on est convaincu qu'une partie de l'armée court risque d'être environnée, égorgée à cause de son petit nombre. Eh bien, telle est la situation de l'avant-garde; chaque jour qu'elle respire est un miracle; il faut toute l'énergie, tout l'art, toute la magie de ce général patriote pour se soutenir avec trois mille hommes à peine, contre douze mille hommes environ qui le guettent nuit et jour.
— Il faut dire la vérité :
« Eh bien, c'en est une que Miranda, peut-être bon militaire, mais Espagnol, a trop, je ne sais par quel motif, abandonné Lamarlière. Il a traité Ruremonde et ses environs de postes en l'air.
« Quoi, on se joueroit ainsi de la bonne foi d'un peuple!...
« Et nous les remettrions sous les fers de leurs implacables ennemis? Non, je l'ai juré devant le peuple de Ruremonde et en présence de toute la troupe, nous ne nous replierons pas... Si vous ne venez pas à notre secours,... si vous ne nous renforcez pas des bataillons qui sont dans l'intérieur de la Belgique et même en France,... nous pourrons succomber et périr glorieusement; mais s'il reste un citoyen attaché comme moi aux grands principes de la liberté et de la souveraineté des peuples, il exigera et obtiendra vengeance contre qui de droit.
« Vous me jugerez, citoyen général, peut-être austère; mais mes principes sont connus des citoyens Lacroix, Danton, Camus, Merlin et Treilhard. Je n'aime point une révolution can[n]ibaliste, mais je la redoute efféminée. Que la situation de nos concitoyens, manquant de tout, et s'exposant à perdre la vie pour plus d'un égoïste ou plus d'un sibarite, vous touche autant qu'elle me pénètre,... alors je vous communiquerai un secret que j'ai apporté de Paris et qui tournera tout entier à votre gloire, comme il vous seroit fatal si vous ne remplissiez pas complètement vos grandes destinées. »
1. Le 27 février, Treilhard, qui avait été adjoint à la Commission envoyée en Belgique avec Danton, vient à son tour entretenir le Comité de défense générale des dispositions du pays. Il expose la conduite à tenir, selon que la Belgique se prononcera pour un gouvernement de liberté et d'égalité, pour un gouvernement aristocratique, ou pour la réunion à la France. (Arch. nat., AF* II, 43, à la date.)

IV. — 5

Au mois de mars, les points noirs se marquent partout à l'horizon[1]. Les ennemis qu'on a négligé de poursuivre ont accru leurs forces; Mayence va être assiégée; Miranda a dû lever le siège de Maëstricht. L'offensive n'est plus à nous, et en Belgique le gouvernement jacobin a surexcité l'indignation des habitants. L'Autriche va y être reçue comme on avait reçu naguère les Français. Que faisaient donc les représentants en mission, et à quoi songeait Dumouriez quand derrière lui grandissait le péril? Les représentants en mission s'occupaient, non sans utilité, je le veux croire, des besoins des armées et moins heureusement de préparer la réunion de la Belgique. Dumouriez, qui eût voulu une Belgique libre et protégée, soutien de son armée à ce titre, s'emportait contre les commissaires du pouvoir exécutif qui gâtaient tout (il laisse les représentants à l'écart), et il poursuivait son entreprise. Il écrivait de Moërdik, le 4 mars, au ministre de la Guerre :

Je commence, mon cher Beurnonville, par vous porter, comme membre du Conseil exécutif, les plaintes les plus sévères contre la conduite [des commissaires] du Conseil exécutif. Il semble qu'on les ait choisis exprès pour tout désorganiser. Ce sont là la plupart des têtes exaltées et des hommes féroces et sans éducation. L'un d'eux, nommé *Liébaut*, m'a écrit de Ruremonde une lettre folle dont il me mande avoir envoyé copie au Conseil. Un autre, nommé *Chaussard*, en quatre jours qu'il a passés à Anvers, y jette l'alarme et la haine par ses propos. Il a fait répandre dans la ville qu'il faut faire venir des sans-culottes de Bruxelles pour faire la révolution, qu'il faut des piques pour promener des têtes. Je n'ai que trop prédit ce qui résulte-

---

[1]. Voici, d'après un texte imprimé, la répartition des armées de la République à partir du 1er mars :

1° *Nord* : *Dumouriez* et *Miranda*, de Dunkerque à Givet; — 2° *Ardennes* : *Valence*, de Mézières à Longwy; — 3° *Moselle* : *Beurnonville* (depuis le commencement de février, *Ligniville*, indépendant de Custine), de Longwy à Bitche; — 4° *Rhin* : *Custine* (Rhin et Vosges unis), de Mayence à Basle; — 5° *Alpes* : *Kellermann*, de Besançon à Embrun; — 6° *Italie* : *Biron*, Basses-Alpes, Var, Alpes-Maritimes jusqu'à l'embouchure du Rhône, la Corse comprise; — 7° *Pyrénées* : *Servan*, depuis l'embouchure du Rhône jusqu'à la Gironde.; — 8° *Armée des Côtes* : *Labourdonnaye*, de la Gironde jusqu'à la Somme; — 9° *Armée de réserve* : *Berruyer*.

roit de nos moyens révolutionnaires, surtout avec la désorganisation de notre armée et de toutes les parties d'administration qui la concernent. Je prie le Conseil d'y remédier et j'en décharge ma responsabilité.

... Il faut renoncer effectivement au siége de Maëstricht; mais il ne faut pas pour cela renoncer à mon plan. J'y tiens comme j'ai tenu au camp de Sainte-Menehould, parce que le salut de la France est en Hollande, parce que ce n'est que là que je trouverai de vrais républicains, du numéraire, des armes, des chevaux et des munitions de guerre et de bouche; parce qu'enfin la paix est à Amsterdam.

... J'ai établi à la pointe de Moërdik un front de sept batteries... pour en faciliter le passage... Dès que j'aurai mille hommes à terre de l'autre côté, la révolution sera faite dans la Hollande et j'en tirerai tout ce que je voudrai. Sinon, quelque grand général que fût celui qui se chargeroit de défendre la Belgique, je vous annonce qu'il seroit chassé jusqu'en France au printemps. Les généraux Valence, Leveneur, Miranda sont postés de manière à ne pas craindre une attaque de l'ennemi qui n'a pas plus de 30 000 hommes. Nous avons 50 000 hommes réunis, tant en avant de Liége qu'à Tongres et sur les bords de la Meuse. Je ne crains pas que l'ennemi ait l'audace de passer avec des forces si inégales.

Je n'exige des généraux qui défendent la Meuse que de bien s'entendre pendant 15 jours que vous allez employer à les renforcer... D'ici à cette époque, je serai à Amsterdam, ou je serai à la tête de l'armée de la Belgique [1].

A cette lettre pleine de si téméraires espérances, opposons les lettres des représentants qui constatent la succession des faits :

2 mars, Liége. Lacroix, Gossuin, Merlin ont appris que notre avant-garde a évacué Aix-la-Chapelle.

3 mars. Les mêmes : position effrayante de notre armée; crainte que l'ennemi, très fort en cavalerie, ne soit demain ou peut-être ce soir dans Liége.

---

[1]. Armée du Nord, 4 mars. A la même date, sa proclamation à l'armée de Belgique : Il veille sur eux comme un père sur ses enfants; et sa lettre aux commissaires de la Convention nationale : Qu'ils rassemblent un conseil de guerre. La conquête de la Hollande est le seul moyen de sauver les Pays-Bas.

Même jour. Cochon, Bellegarde et Lequinio écrivent de Lille que cette ville se prépare à soutenir un siège.

6 mars. Gossuin et Merlin (de Douai) annoncent à la Convention la levée du siège de Maëstricht; la retraite s'est faite en bon ordre.

Même jour. Les mêmes et Lacroix : l'armée s'est retirée d'Aix-la-Chapelle. Arrêté pour organiser les gardes nationales du Hainaut. Lacroix et Danton vont partir pour Liège; Treilhard et Camus resteront dans la Belgique [1].

7 mars, Bruxelles. Camus et Treilhard annoncent l'arrestation de suspects qu'on envoie comme otages à Lille et à Valenciennes.

Même date, Douai. Gossuin et Merlin, réunis à Bellegarde, à Cochon et à Lequinio, sont venus à Douai pour presser l'envoi des gardes nationales du Nord en Belgique; l'administration du département est bien disposée, on va marcher.

Du même jour, l'arrêté signé des cinq représentants, suivi de celui du Conseil permanent du département du Nord [2].

Le 9 mars, un des représentants en mission, Lacroix, revenu avec Danton de Belgique, exposa à la Convention la suite de ces revers : défaite de nos avant-postes auprès d'Aix-la-Chapelle, levée du siège de Maëstricht, retraite sur Tongres, sur Saint-Tron, abandon de Liège. C'est sous l'impression de ces échecs, exagérés encore par la rumeur populaire, qu'éclata les 8 et 9 mars dans Paris cette émeute dont le contre-coup fut l'établissement du tribunal révolutionnaire et la nomination des commissaires chargés de hâter la levée des 300 000 hommes, selon le décret du 24 février : première institution, sur grande échelle, de la mission des représentants dans les départements. Deux lettres, parties de Belgique le 8 mars, complétaient ces funèbres nouvelles. Gossuin et Merlin (de Douai) annonçaient que

---

1. Arch. nat., AF II, 232, à la date.
2. Arch. nat., AF* II, 44, aux dates.

l'ennemi était entré à Liège; Camus et Treilhard, que notre armée avait pris position derrière Louvain.

Louvain! nous voilà bien loin de la Meuse, et ces nouvelles avaient dû arriver au camp de Dumouriez en même temps qu'à Paris. Le général pouvait-il encore s'attacher à la Hollande quand la Belgique allait lui être enlevée? Il en prit rapidement son parti. Le 8, il lance une proclamation à l'armée : « Il vengera sur les bords du Rhin l'échec d'Aix-la-Chapelle »; et il revient en Belgique le 9 mars.

Il ne trouve à Bruxelles aucun représentant. Treilhard et Camus étaient au camp sous Louvain; Merlin (de Douai) et Gossuin dans les départements pour y chercher des renforts. « Il s'empare de la dictature, disent nos deux commissaires, Robert et Gouget-Deslandres, dans leur lettre du 14 mars; il a fait arrêter à Bruxelles le commissaire Chepy. » Nos deux agents n'osent pourtant blâmer le général; ils se bornent à dire qu'ils espèrent que, plus tard, on rendra justice à Chepy [1].

Le 11, les représentants ont rejoint Dumouriez [2].

Il fallait pourvoir à tout : à la marche de l'ennemi, aux soulèvements populaires. Le 10, une émeute avait éclaté dans Tournai, excitée, disaient Gossuin et Merlin, par les prêtres et les moines. Le tocsin avait sonné dans quelques églises; le commissaire Gonchon s'était vu arrêté, maltraité. Mais le général O'moran avait rétabli l'ordre par des mesures sages et vigoureuses. Tout cela ne pouvait se résoudre que par une bataille : elle fut livrée à Nerwinde le 18 mars, et Dumouriez la perdit [3].

---

1. Dépôt de la Guerre, armée du Nord, et Arch. nat., AF II, 232, aux dates.

2. A cette date, Treilhard et Gossuin parlent d'une conférence qu'ils ont eue avec lui et avec les autres généraux. Il fallait bien qu'on s'en prît à quelques généraux de ces échecs: Lanoue et Stengel furent décrétés d'arrestation. Camus, Treilhard, Gossuin et Merlin (de Douai) écrivent le 15 mars que Dumouriez a fait exécuter le décret, dès son retour. Les deux généraux, renvoyés devant le tribunal révolutionnaire, dès qu'il fut en exercice, furent néanmoins acquittés. (Hist. du tribunal révolutionnaire de Paris, t. I, p. 93-98.)

3. Voy. la lettre de Dumouriez au Ministre, 19 mars, AF II, 232 : Il va

Amère dérision! A mesure que l'on apprenait les progrès de l'ennemi, on recevait des nouvelles du vote de réunion des villes : 1er mars, Bruxelles; 2 mars, Mons et le Hainaut, Gand, etc.; 6 mars, Tournai : on y annonçait en même temps la levée du siège de Maëstricht : Cette nouvelle, disent assez malencontreusement les représentants, n'a pas empêché la fête à l'occasion du vote de la réunion; 8 mars, Louvain; 9 mars, Osterde; 11 mars, Namur. Le 18 mars, le jour de cette bataille funeste qui allait nous faire perdre la Belgique, Treilhard, Camus, Gossuin, Merlin (de Douai) écrivaient à la Convention qu'ils venaient d'organiser le département de Jemmapes!

La correspondance des représentants en mission se ressent du trouble que la défaite de notre armée excitait partout dans la Belgique et sur la frontière. Ils réclament des renforts, et la grosse artillerie est expédiée sur Lille (23, 24 mars); on veut envoyer des hommes à l'armée; et les villes frontières sont laissées sans garnison. On va jusqu'à se défier des villes frontières. Gossuin, Carnot, Lesage-Senault écrivent de Lille (28 mars) :

> L'état politique et militaire de cette partie de la frontière devient de plus en plus inquiétant; partout de la tiédeur. Les citoyens Dubuisson, Proly et Pereyra, tous trois commissaires envoyés par Le Brun, ont laissé sentir que les dispositions de Valenciennes étoient telles que peut-être elle ne feroit pas de résistance. A Lille, il n'y a pas trois cents volontaires nationaux soldés pour toute garnison [1].

reprendre son camp de Louvain pour couvrir Bruxelles; mais la désorganisation est à son comble; le pays, soulevé. — Les documents abondent sur cet événement et sur ses suites. Lettre du ministre Beurnonville à Lacroix et à Danton pour la défense de Tournai, Mons et Namur (23 mars); de Lacroix aux commissaires près l'armée pour qu'ils envoient des renforts; de Beurnonville à Lamarlière pour le féliciter de sa belle retraite de Ruremonde (24 mars); de Treilhard et de Robert à la Convention, annonçant la retraite de l'armée sur Tournai (même date); des commissaires du Pouvoir exécutif de Belgique, faisant savoir au Conseil que l'invasion des Prussiens les force de rentrer à Lille (20 mars).

1. Arch. nat., AF II, 232, à la date. Voici quelques autres pièces de la correspondance des représentants en mission avec le Comité de défense générale (Arch. nat., AF* II, 44) : 21 mars, Valenciennes. Cochon, Bellegarde

On avait bien plus raison de se défier du général. Dès son retour en Belgique, Dumouriez avait écrit à la Convention une lettre qui la rendait responsable de l'évanouissement de toutes ses espérances (12 mars). Cette lettre, justement fameuse dans l'histoire, n'avait pas été lue à l'Assemblée. On avait besoin de Dumouriez pour soutenir une situation qui n'était encore que compromise. Le 17 mars, Danton est renvoyé de Paris auprès du général, Danton son plus chaud partisan et le plus intéressé à le retenir au service la République. Il avait pour mission principale de lui faire retirer sa lettre. Il n'y put rien, et le secret en devait être difficilement gardé après Nerwinde. La lettre avait été publiée en Belgique : elle fut insérée au *Moniteur*[1].

Ce n'était pas seulement en Flandre que nos armées étaient mises en échec : la situation n'était guère meilleure à l'est de notre grande frontière, sur la Moselle et sur le Rhin.

De ce côté, comme on occupait toujours Mayence, l'illusion pouvait se prolonger. Il y avait deux représentants qui ne s'étaient jamais laissé séduire. Le 4 mars, Couturier et Dentzel annonçaient à la Convention que l'armée de Custine était rentrée dans l'intérieur de l'Alsace, afin d'y prendre position et d'en disputer l'entrée aux Prussiens. Où

---

et Lequinio : les ouvriers des arsenaux sont maintenus à leur poste; — 23, Douai. Les mêmes : la ville est en état de défense. — 23, Gand. Lacroix demande des renforts. — 23 et 24, Maubeuge. Cochon, Bellegarde et Lequinio : envoyer des munitions; ils mettent de la réserve dans leurs lettres à la Convention; mais au Comité de défense générale il faut tout dire. — 24, Saint-Omer. Carnot et Lesage-Senault : progrès du recrutement; mesures pour la tranquillité publique. — 24, Tournai. Treilhard et Robert : l'ennemi est plus fort qu'on ne pensait; urgence d'approvisionner les places. — 25, Saint-Omer. Carnot et Lesage-Senault : deux bataillons de la garnison, envoyés à Bruxelles. — 25, Maubeuge. Bellegarde : on ne lui répond pas; envoyer des balles, des pierres à fusil, etc. — 28, Lille : la lettre sur l'état de la frontière citée plus haut. — 30, Lille. Lacroix, Gossuin, Robert, Camus, Lesage-Senault : envoi de pièces relatives à l'évacuation de la Belgique. — 31, les mêmes : demande de munitions.

1. Sous la rubrique des Pays-Bas, t. XV, p. 179.

en étaient les rêves de Custine? Il les gardait toujours, et le 8 mars, lorsque Reubell signalait la nécessité d'occuper plusieurs ponts sur la Birs pour empêcher l'ennemi d'entrer dans le Haut-Rhin, il adressait au Ministre son plan de campagne des armées de la République, tant sur le continent qu'au delà des mers. Le représentant Merlin (de Thionville) voulait au moins qu'on s'emparât du Palatinat. La neutralité de l'électeur, fort mal observée d'ailleurs, compromettait notre sécurité : le prince Maximilien et le duc des Deux-Ponts allaient livrer Manheim aux Autrichiens. Avec le Palatinat, Merlin voulait que l'on prît la rive droite du Rhin correspondante, et, bien plus, il comptait opérer la réunion du pays à la France : « Nous municipalisons à force, écrivait-il à Beurnonville, et bientôt vous serez ministre d'un département de plus (8 mars) [1]. »

Vaine espérance! c'était beaucoup de pouvoir se garder. La défensive était le rôle assigné aux armées des Vosges, du Rhin et de la Moselle dans le plan de Dumouriez adopté par le Conseil : règle prescrite après la bataille de Nerwinde et plus impérieusement imposée à Custine après son échec à Bingen, quand il se retira sur Landau, brûlant les magasins de blé et de fourrages formés témérairement, disait-il, et malgré ses ordres à Worms et à Frankenthal (1er avril) [2].

Telle était la situation de nos armées sur la frontière du Nord; elle avait déterminé la conduite que les représentants en mission avaient eue à y suivre. Le plus grand péril était là où la défaite avait été la plus signalée, où, par suite, le général se trouvait le plus compromis, je veux dire en

1. Armée du Rhin, aux dates.
2. Armée du Rhin et armée de la Moselle, aux dates des 11 et 29 mars. Rappelons que Custine commandait les armées des Vosges et du Rhin réunies, avec Desprès-Crassier en sous-ordre à l'armée du Rhin; l'armée de la Moselle, en l'absence de Beurnonville qui était ministre, était commandée par Ligniville et, pendant une indisposition de Ligniville, par d'Aboville (29 mars).

Belgique, et Dumouriez s'était rendu alors plus suspect que ne l'avait pu faire sa défaite. Déçu dans toutes ses espérances, arrêté en Hollande où son armée, depuis son départ, était forcée de lâcher prise, chassé de Belgique et chassé sans retour par le soulèvement des Belges dont il rapportait, non sans raison, la cause aux jacobins, il voulait renverser le gouvernement[1]. Il voulait le renverser avec le concours de son armée, qu'il croyait fidèle à sa personne, et l'appui de l'ennemi, qu'il estimait sympathique à son œuvre. Il voulait rétablir la Constitution de 1791 et ne s'en cachait guère. Trois émissaires de Lebrun, Proly, Dubuisson et Pereyra, qui étaient venus le voir et l'interroger (ce qu'on exprime en un mot aujourd'hui), surprirent ses intentions et les dénoncèrent à Paris. La Convention ne pouvait pas attendre davantage. Dumouriez fut mandé à la barre. On sait comment les quatre commissaires envoyés à son armée pour lui signifier ce décret dans son quartier général de Saint-Amand, Camus, Quinette, Bancal et Lamarque, furent arrêtés par lui, et le ministre de la Guerre avec eux, et comment Dumouriez à son tour, qui espérait marcher à la tête de son armée sur Paris, fut réduit à fuir dans le camp de l'ennemi[2].

1. Voy. Thiers, t. III, p. 301-306.
2. Voy. la note IX, aux Appendices.

CHAPITRE XXVIII

LES MISSIONS PRÈS LES ARMÉES
DEPUIS LA TRAHISON DE DUMOURIEZ JUSQU'À LA PERTE
DE MAYENCE ET DE VALENCIENNES

I

Le Comité de Salut public et les nouveaux commissaires près les armées.

La trahison de Dumouriez, même quand elle avait échoué, n'en créait pas moins pour la France une situation très dangereuse, et c'est ici que la Convention eut à déployer toute son énergie : c'est alors aussi que les représentants, détachés d'elle en mission dans le Nord, durent faire preuve de la plus grande activité.

Le Comité de défense générale, ouvert à tout le monde, ne suffisait plus, ni sous sa forme ancienne ni sous la forme trop large encore que l'on venait de lui donner avec le nom de *Comité de salut public* (25 mars)[1]. On lui garda ce nom qu'il devait rendre si redoutable, on le réduisit à neuf membres, et on lui conféra cette autorité despotique à laquelle la Convention elle-même, quoiqu'elle gardât tous les droits de la souveraineté, fut soumise (6 avril)[2]. On

---

1. Voy. les débats sur cette réforme (séance du 22 mars, *Moniteur* du 24, t. XV, p. 743) et le décret du 25 mars qui en nomme les membres au nombre de vingt-cinq (*ibid.*, p. 795 et 803).
2. *Moniteur* du 9, t. XVI, p. 76. (Voy. ci-dessus, t. I, p. 18.)

en fit, nous l'avons vu ailleurs déjà, le redoutable levier qui mit en branle ces autres instruments de despotisme, les représentants en mission dont nous signalons les actes en l'an II; et le nombre allait s'en accroître. Aux quatre-vingt-deux, nommés en vertu du décret du 9 mars pour la levée des 300 000 hommes, s'ajoutèrent les représentants envoyés et constamment entretenus, trois par chaque armée, conformément à la loi du 9 avril, sans parler des missions spéciales qui venaient s'enchevêtrer dans les autres.

Les commissaires présents sur les lieux rendirent pour le moment les plus signalés services. Ce sont eux qui parvinrent à soustraire aux tentatives de Dumouriez les places du Nord dont il avait voulu faire sa base d'opérations à l'intérieur. J'ai eu l'occasion de dire ailleurs comment Bellegarde, Lequinio et Ch. Cochon à Valenciennes, Dubois-Dubais et Lesage-Senault à Lille, de concert avec les commandants des deux places, prirent en quelque sorte au piège les deux émissaires de Dumouriez : à Valenciennes, Lescuyer ; à Lille, Miaczinski [1]. L. Carnot, à qui il était ordonné de se joindre aux quatre commissaires envoyés à Dumouriez, n'évita de partager leur sort que parce que l'ordre vint le chercher à Arras et qu'en arrivant à Douai il apprit leur arrestation [2]. Il ne montra que plus de zèle pour concourir avec les autres à mettre les places de la frontière hors d'atteinte. Dès le 2 avril, « connaissant le patriotisme des administrateurs du département du Nord », il leur donne les plus amples pouvoirs pour subvenir aux circonstances, et il répond du département tout entier :

La grande masse des habitants de cette frontière sont dans les plus heureuses dispositions. Les garnisons de Lille, Douai et Valenciennes ont renouvelé avec enthousiasme leur serment de fidélité.

1. Voy. l'*Histoire du tribunal révolut.* de Paris, t. I, p. 99, 102 et 103.
2. Voy. sa lettre datée de Douai, 2 avril, lue dans la séance du 3, *Moniteur* du 5, t. XVI, p. 55.

Mais il ne faut point, par excès de zèle, manquer le but. Dans une lettre du 6 avril, signée par Carnot et Lesage-Senault comme la précédente, les deux représentants, après avoir annoncé la fuite de Dumouriez, le bon état de défense de nos places et la rentrée de la grosse artillerie dans Valenciennes, ajoutent :

L'opération qu'il importe de consommer en ce moment est le recrutement qui s'achève. Si l'on veut exagérer cette mesure plus que suffisante pour écraser tous nos ennemis, on la fera échouer elle-même. La République éprouvera des convulsions aussi violentes qu'inutiles : car les ennemis savent bien que la France ne sauroit succomber que par un excès ou une mauvaise direction de ses propres efforts [1].

Un décret du 4 avril instituait des commissaires près les armées du Nord et des Ardennes. L'article 2 voulait qu'il y en eût six; l'article 3 en nommait huit : Carnot, Gasparin, Briez, Duhem, Roux-Fazillac, Duquesnoy, Dubois-Dubais et Delbrel; plusieurs, on le voit, étaient déjà en fonctions sur les lieux. Deux d'entre eux devaient se rendre à Valenciennes; trois à Lille et à Douai; deux autres enfin à Péronne pour y former le noyau d'une armée nouvelle, destinée à couvrir Paris [2].

La Convention avait donné à Dampierre, avec la succession de Dumouriez, la charge de rallier ses troupes [3]. Pour les soustraire à l'influence de leur ancien général, on les avait fait rétrograder de Famars sur Denain : mesure utile peut-être à ce point de vue, mais funeste en ce qu'elle permit à l'ennemi, établi dans le camp de Maulde, de com-

---

1. Dépôt de la Guerre, armée du Nord, à la date (autographe de Carnot).
2. *Moniteur* du 7 avril, t. XVI, p. 62.
3. Le 7 avril, le ministre de la Guerre évaluait l'armée du Nord près de Lille à 25 000 hommes (AF+ II, 15, à la date). Le 13 avril, Dampierre demande au ministre, à défaut de Veneur (Leveneur), Lamarlière pour commander l'armée des Ardennes et Lamarche en second pour l'armée du Nord. Leveneur, général de l'armée des Ardennes, avait été arrêté pour sa conduite à cette armée; il fut mis en liberté et mené à Paris où il se disculpa devant le Conseil exécutif et le Comité de salut public (21, 24 et 29 avril, AF+ II, 2 et 15).

mencer le blocus de Condé¹. L'armée était donc saine et sauve, et, dès le 6 avril, Dampierre constatait que les soldats, revenus de leur égarement, rejoignaient leurs drapeaux. Mais il ne suffisait pas de recueillir les débris de cette armée; il fallait la réorganiser, la compléter et lui donner les moyens de combattre. C'était la mission spéciale des représentants, et ils s'en acquittaient avec ardeur². Ils en témoignent par les détails qu'ils donnent sur les différents corps soumis à leur inspection. La concentration s'était faite en partie sous la pression d'une force supérieure. L'ennemi occupait déjà Comines, Tourcoing et Roubaix. Tous les petits postes avaient été contraints de se replier sur les villes fermées. Duhem, Duquesnoy, L. Carnot, Gasparin se félicitaient du bon esprit qui régnait dans le camp de la Madeleine sous Lille (13 avril). Dubois-Dubais et Briez complimentaient aussi le général Chancel de ses mesures de défense dans Condé. Condé était la clef de Valenciennes : la principale protection de Valenciennes, c'était l'Escaut, et Condé commandait en aval l'inondation dont la ville pouvait s'entourer. Il fallait aussi songer à Dunkerque, et c'était l'une des principales préoccupations de Carnot³. Il fallait songer à Maubeuge : Dubois-Dubais et Briez, laissés seuls à Valenciennes par le retour de leurs collègues Bellegarde, Lequinio et Cochon à la Convention, demandaient qu'on y envoyât des représentants auxquels on confierait en même temps Avesnes, Landrecies, Philippeville et Givet, tandis qu'eux-mêmes veilleraient sur Valenciennes, Denain, Condé, Le Quesnoy, Bouchain et Cambrai. On s'occupait même aussi des places de seconde et de troisième ligne comme Péronne. Le décret du 4 mars l'avait prescrit et Delbrel y obéissait quand il exposait à son collègue Carnot, la nécessité d'établir une armée sur les hau-

1. Lettres de Dubois-Dubais, 10 et 13 avril, armée du Nord, aux dates.
2. Voy. la note X, aux Appendices.
3. Carnot écrit au Comité de salut public que Pascal commandant à Dunkerque était bon, et O'moran à Cassel, meilleur encore (16 avril). Tenons-en note pour O'moran, que nous retrouverons plus tard.

teurs voisines (13 avril)[1]. S'il était urgent de s'occuper des places, il ne l'était pas moins de veiller aux troupes sans lesquelles les remparts n'étaient rien. Ce n'était pas la moindre chose, et Carnot nous fait une bien étrange révélation sur l'état d'une armée formée en partie de volontaires :

Nous ne vous dissimulerons pas qu'il y a beaucoup de lassitude et de dégoût dans les troupes qui viennent de faire campagne.

Un fléau terrible détruit nos armées, c'est le troupeau de femmes et de filles qui sont à leur suite. Il faut compter qu'il y en a autant que de soldats; les casernes et les cantonnements en sont engorgés, la dissolution des mœurs y est à son comble; elles énervent les troupes et détruisent, par les maladies qu'elles y apportent, dix fois plus de monde que le feu des ennemis. Nous ne doutons pas que ce ne soit la principale cause de l'affaiblissement du courage. Il est instant que vous fassiez sur ce point une loi de la plus grande sévérité. L'abus n'est pas facile à détruire; nous, vos députés, ne le pourrions peut-être pas sans l'autorité d'une loi très forte et très menaçante. Celle qui existe aujourd'hui est pour eux; elle prescrit de loger les femmes des soldats mariés. A les entendre, ils le sont tous.

Ils étaient même bigames, et bien plus que bigames :

A Douai où nous avons vu dans le temps la garnison réduite à trois cent cinquante hommes, il y avoit près de 3 000 femmes dans les casernes, au point qu'il n'y avoit pas une place vide pour les nouveaux corps qui revenoient de l'armée de Dumouriez. Nous insistons sur ce point parce que l'armée est perdue, si vous n'apportez le plus prompt remède à ce principe de dissolution.

Un autre abus est celui de la création perpétuelle de nouveaux corps, lorsque nous ne pouvons compléter ceux qui existent... Si donc la Convention se relâche sur ce point, nous ne pourrons plus résister au désordre. Nous avons je ne sais combien de corps où il y a trois fois plus d'officiers que de soldats (10 avril)[2].

1. Armée du Nord, aux dates.
2. Dépôt de la Guerre, armée du Nord, à la date. La lettre porte en suscription les noms de Carnot et de Duquesnoy; mais elle est, comme dans tous les cas pareils, de Carnot. Duquesnoy, le très indigne compagnon ordinaire de Carnot, y figure comme le notaire en second dans les actes notariés.

Entre la ligne et la garde nationale, on pourrait croire qu'il tient pour la garde nationale, au moins quant à l'uniforme. Il dit dans une autre lettre, datée d'Arras, 22 avril :

Vous avez fait une chose très utile en défendant la formation d'aucun corps militaire nouveau. Nous éprouvons encore beaucoup de difficultés pour le complètement de la ci-devant troupe de ligne, et à plus forte raison pour celui des corps belges et bataves. Il faudroit, s'il étoit possible, supprimer les mille et un corps étrangers et ordonner que, sur-le-champ, tous les officiers de la ci-devant troupe de ligne seroient tenus, sous peine de destitution, d'endosser l'habit de garde national.

Il signale du progrès dans le recrutement, l'armement, l'approvisionnement :

Le recrutement et l'incorporation dans les bataillons nationaux vont à merveille. On travaille à force dans toutes les villes à fabriquer des habillements et équipements. L'armée prend un air d'opulence, grâce aux mesures que nous avons prises pour proscrire l'agiotage et l'accaparement des denrées ; nous allons former un comité central à ce sujet pour les quatre départements du Nord, de l'Aisne, du Pas-de-Calais et de la Somme. Vous verrez que nous saurons trouver et des grains et des fourrages, pourvu que vous nous laissiez faire justice des compagnies voraces que, jusqu'ici, le pouvoir exécutif a employées et qui ont volé l'année dernière plus de quatre cents millions, en laissant périr nos armées de misère.

Et il conclut :

Débarrassez-nous des catins qui suivent l'armée et tout ira bien. Notre position est bien respectable; l'esprit public fait des progrès et l'ennemi renonce, je crois, à nous entamer sur cette partie de la frontière [1].

Tout n'était cependant pas pour le mieux, témoin ce qu'il dit encore dans une lettre datée de Lille, 29 avril :

L'esprit de brigandage est tel qu'il est moralement impossible de débrouiller le chaos général des affaires. Les quartiers-

---

1. Arch. nat., AF II, 232, à la date.

maîtres font tous des fortunes brillantes en un clin d'œil; les commissaires des guerres sont ignorantissimes et nous craignons que leur nouvelle composition ne vaille pas mieux que l'ancienne. Les volontaires ne veulent s'assujetir à aucune discipline; ils sont le fléau de leurs hôtes et désolent nos campagnes. Dispersés dans des cantonnements où ils ne font que boire et courir, ils s'exposent à être dispersés et taillés en pièces, pour peu que l'ennemi fût entreprenant. Heureusement il n'est pas informé de ce qui se passe...

Les communications sont rigoureusement interdites :

Nous ne savons ce que fait le bureau de la guerre; nos volontaires sont toujours nuds; et il faut convenir que c'est un gouffre. A peine un soldat a-t-il des souliers qu'il va les vendre; il y en a qui vendent jusqu'à leurs habits, leurs fusils, brûlent leur poudre et insultent leurs concitoyens. Les nouvelles recrues sont pourtant beaucoup plus sages, plus belles et mieux tenues que les anciennes.

Prenons-en note pour la réhabilitation des volontaires de 93. Il est vrai que c'est aux dépens de leurs aînés. Carnot, du reste, était plein d'espérances : il avait parcouru une partie de la frontière et fait travailler aux fortifications. Il parle des ouvrages qui avaient été exécutés à Dunkerque, et de l'ardeur des habitants. En vingt-quatre heures on y pouvait réunir 18 000 hommes. Il avait cette certitude morale :

Que les ennemis n'auront pas même le foible avantage de s'emparer d'une ville qui ne compte point parmi les plus fortes et derrière laquelle se trouve la véritable barrière, la ligne cent fois inexpugnable formée par Gravelines, Saint-Omer, Aire, Saint-Venant et Béthune (10 avril)[1].

1. Armée du Nord, aux dates. — Dans la suite de la dernière lettre, Carnot signale les conflits qui naissent des assignats : ils ne sont pas de moins de dix sous; on demande son reste. Les pauvres crient, parce qu'ils meurent de faim. Il faut décréter que 2 sous en monnaie valent 4 sous. — Il ajoute : « Au nom du bien public, défaites-nous des corps belges qui ne sont qu'un tas d'espions vendus à Dumouriez. » — Il conseille de les envoyer sur les frontières d'Espagne. — « Nous sommes bien contents de l'esprit public; vos décrets de force et votre sévérité inflexible rallient singulièrement au système républicain qui n'était rien moins que dominant il y a un mois » : — les décrets de mars et d'avril qui sont l'organisation de la Terreur!

Mais cette ligne de défense était bien étroite, et ce n'était guère la route de l'invasion. On avait plus de raison de s'inquiéter de la droite de l'armée du Nord. Hentz, La Porte et Deville, les trois représentants récemment attachés à l'armée des Ardennes [1], écrivent de Sedan à Dampierre, le 20 avril :

> Nous vous prévenons que nous sommes rendus depuis hier dans les Ardennes pour y exercer près l'armée qui porte ce nom les pouvoirs qui nous sont délégués.
> C'est en vain que nous cherchons une armée des Ardennes dans le pays des Ardennes; il n'existe pas ici d'armée, et nous pensons qu'il doit y en avoir une le plus tôt possible [2].

Et le 22 avril :

> Custine est trop éloigné de nous pour pouvoir établir une communication directe avec lui; il faudrait qu'au moins nos collègues de l'armée de la Moselle fissent leur principal domicile à Metz.
> Si le général Dampierre doit commander les deux armées du Nord et des Ardennes, c'est à lui de disposer ses troupes de manière à garantir le Nord, sans laisser la frontière des Ardennes à découvert.
> S'il ne doit pas demeurer généralissime, il faut, le plus tôt possible, donner un commandant en chef à l'armée des Ardennes et lui ordonner de prendre son poste, avec son armée, dans les Ardennes, pour qu'il puisse, au besoin, prêter secours, soit à l'armée de la Moselle, soit à l'armée du Nord, et en même temps garantir les places de la 2ᵉ division.
> Il est impossible que les choses restent dans l'état où elles sont; nous trouvons même très dangereux de laisser entre les mains d'un seul homme, quel qu'il soit, une force armée trop considérable; la cruelle expérience, etc.

---

1. Par décision du Comité de salut public du 10 avril (AF* II, 45).
2. Ils demandent l'état nominatif : 1° de l'état-major général; 2° de chaque état-major; 3° des troupes. Ils reçurent la réponse de Dampierre le 23; ils la jugent peu satisfaisante (23 avril). Le 24 avril, ils disaient au Ministre sur l'armée des Ardennes : « Le général Beauregard, commandant la 2ᵉ division des Ardennes, avoit écrit à Dampierre pour avoir des cadres; nous vous faisons passer copie de la réponse vague et insignifiante qu'il en a reçue. »

Ils ajoutaient :

Nous ne savons pas pourquoi l'ennemi fait la sottise de ne pas nous attaquer en ce moment où nous sommes sans troupes pour tenir campagne.

Cela nous fait présumer que lui-même n'est pas si fort qu'il voudroit le paroître.

Ils en reviennent à leur armée des Ardennes où ils doivent verser 32 000 recrues :

Il n'y a pas de milieu : ou il faut que les recrues partent d'ici pour aller chercher l'armée des Ardennes, ou que l'armée revienne dans son territoire pour y trouver des recrues.

Les représentants remplissaient donc bien leur rôle ici. Malheureusement il y avait avec eux des commissaires dont l'action pouvait être bien moins avantageuse : les commissaires du Conseil exécutif; non seulement ceux du ministre des Affaires étrangères que nous avons déjà rencontrés et dont il n'y a pas trop de mal à dire, si ce n'est qu'ils ne montrent pas toujours beaucoup d'intelligence [1],

---

1. « *Gadolle*, commissaire du Conseil exécutif, à Lebrun, ministre des Affaires étrangères.

« Le citoyen Gadolle, votre commissaire aux frontières du Nord, y a observé :

« 1° Que les députés de la Convention à Valenciennes avoient sauvé la patrie par des opérations dont la prestesse et le plus heureux à-propos méritent le souvenir éternel de la République;

« 2° Qu'après avoir placé l'âme du général Dampierre dans ces espèces de situations pressantes où il n'y a pas d'alternative entre la dissimulation et la vérité, un abandon continuel m'a prouvé que les racines de la langue de ce général tenoient à son cœur et que leurs mouvements étoient communs;

« 3° Que son patriotisme avoit la teinte romaine;

« 4° Que son état-major, ses officiers et nombre de ses soldats étoient de fermes républicains, mais qu'ils se plaignoient des hommes, quoiqu'ils adorassent leur patrie.

« Observation.

« Puisque la bonté d'une masse dépend de la bonté de ses parties intégrantes, on ne contestera donc pas que l'excellence d'une armée dépend de l'excellence de l'esprit de corps particulier de chacun des régiments qui la composent. Or, si un régiment attache une gloire à conserver son ancien mode vestimental et d'autres signes distinctifs entre lui et d'autres corps qui se sont moins distingués, soit jadis, soit récemment, pourquoi ne pas lui laisser cette chimère ou cette vérité, dès qu'elles deviennent

mais encore ceux du ministre de la Guerre, qui est Bouchotte depuis le 4 avril. Ces agents-là (nous en avons déjà vu aussi ailleurs), choisis parmi les pires des jacobins, ne voyaient que suspects et, par leurs attaques contre les généraux, menaçaient de nous faire plus de mal que l'ennemi même. Nous en trouvons à l'armée du Nord un premier échantillon dans Defrenne. A la suite d'une inspection qu'il vient de faire, il écrit à son Ministre :

Quoique je n'aye séjourné que quelques heures à Cambray, j'ai tâché de les employer pour le bien de la chose publique. Le citoyen Lavalette, commandant actuellement la place [1], et une bonne partie de ses adjoints m'ont paru de chauds patriotes, et si leurs efforts étoient secondés, je suis persuadé que l'on parviendroit à améliorer l'esprit public qui y est des plus mauvais. Tous les corps administratifs y sont gangrenés; le district est composé de prêtres et d'aristocrates.

Arrivé à Valenciennes, je me suis rendu chez le général Dampierre. La manière dont il s'est expliqué me fait augurer qu'il est dans les bons principes; cependant je crois qu'il sera bon de le surveiller, car il est entouré de plusieurs personnes qui m'ont paru ressembler à tout autre chose qu'à des républicains...

Dumouriez s'étoit bien gardé d'exécuter le décret qui assimile en tout les troupes de ligne aux volontaires; il voyoit bien que la majorité de ces derniers étoit saine.

des moteurs utiles à la République? Croira-t-on, par exemple, que des régiments anciens voudront quitter leur habit pour prendre celui des volontaires dont les trois quarts ont fui devant l'ennemi, ont partout laissé des preuves de leur indiscipline, de leur malpropreté, etc.; non, ils n'en feront rien, et l'on risquera tout, en les y forçant.

« D'où il suit :

« 1° Qu'il faut conserver dans chaque élément de l'armée les formes et l'esprit recteur auxquels cet élément est le plus attaché;

« 2° Qu'il faut particulièrement s'attacher à compléter les anciens corps, tant de ligne que des bataillons de la 1re création qui ont déjà combattu. »

3° Il renvoie au mémoire du citoyen Grysperre pour les détails dont il vient de faire lecture et que le temps ne lui permet pas de mettre en ordre; quand on saura qu'il parle six langues, son mémoire acquerra du mérite. — Suit le mémoire du citoyen Grysperre, commissaire aux frontières du Nord, daté du 10 avril.

1. Nous retrouverons ailleurs le citoyen [marquis de] Lavalette et nous verrons qu'il méritait bien tous les éloges de Defrenne.

Il faut hâter l'exécution du décret. Cependant le mode d'élection des officiers est vicieux [1].

Mais voici ce qui manifeste toute sa pensée :

Il faudroit établir auprès de chaque armée un tribunal révolutionnaire, composé de douze républicains bien prononcés, dont la conduite, les talents et les mœurs fussent parfaitement connus. Le trésor de l'armée seroit à leur disposition; ils connoîtroient définitivement de tous les délits militaires, ce qui abrégeroit de beaucoup les procédures; ils veilleroient à l'exécution de la loi sur les émigrés et les prêtres, qui n'ayant, malheureusement pour nous, été que trop éludée, est devenue la cause primitive des maux de l'intérieur. Ils surveilleront les officiers, leurs opérations, les approvisionnements, les prisonniers de marque, tout ce qui regarde le salut public, sauf à rendre compte de leur conduite au tribunal révolutionnaire de Paris, lorsqu'ils en seront requis. Je crois, citoyen ministre, que c'est le seul moyen efficace pour purger nos armées de tous ces cafards et tartuffes qu'elles renferment.

Et il demande qu'on joigne à chacun de ces tribunaux un bataillon de volontaires pour faire respecter leurs décisions [2].

Defrenne n'était pas seul; il y avait toute une commission d'agents et l'un d'eux, Huguenin, ayant à faire aussi au Ministre son rapport sur l'esprit public, nous fait con-

---

1. Ce décret du 21 février 1793 sur l'élection des officiers par le soldat, dont Dubois-Crancé fut le rapporteur, avait été fortement attaqué par Isnard (*Moniteur* du 23 février, t. XV, p. 526). Il provoqua lors de son application des réclamations dans l'armée. Un chef de brigade, nommé Long, écrivait du camp d'Anzin (21 mai) :

« Observation sur la loi du 21 février. — Il est nécessaire que la Convention nationale ajoute à cette loi des dispositions qui empêchent les électeurs de proposer des candidats qui ne soient pas capables de remplir la place pour laquelle ils seroient proposés. » (Arch. nat., AF II, 232, à la date.)

2. Voy. deux autres lettres, l'une du 30 avril, où il joint à un éloge toujours complet de Lavalette (c'est le meilleur républicain que je connoisse) des doutes sur la capacité de Dampierre et de plus sérieux griefs contre l'administration : « On m'a assuré que la République avoit payé jusqu'à quarante fois des rations de fourrage qui n'étoient jamais sorties des magasins »; l'autre du 3 mai, où il accumule des soupçons sur les généraux O'moran, Pascal, Renveyer et Duval, sur Lamarlière, sur Saint-Georges, sur Westermann, et des plaintes sur l'ordonnateur Petit-Jean. (Armée du Nord, aux dates.)

naître dans cette pièce la nature de leurs procédés : Ils ont fait visite à Dampierre, qui a pris connaissance de leurs pouvoirs et leur a exposé les besoins de l'armée en vêtements, etc. Le général les invite à dîner et ils acceptent, y voyant une occasion de connaître l'esprit de son état-major :

Le citoyen Garnerin, continue-t-il, secrétaire de la Commission, proposa comme thermomètre infaillible d'amener la conversation sur Marat. Le citoyen Garnerin, qui s'étoit chargé de faire la chouette, dit que Paris jouissoit de la plus grande tranquillité, qu'elle seroit sûrement de longue durée, puisque Marat venoit d'être décrété d'accusation et traduit devant le tribunal révolutionnaire.

Cette première ouverture produisit l'effet que désiraient les commissaires. L'aide de camp du général déclame contre Marat et d'autres font *chorus* :

Ils dirent qu'il y en avoit bien encore une douzaine dans la Convention, tels que Robespierre et Danton, qu'ils taxèrent d'immoralité, et terminèrent leurs diatribes par l'éloge de Pétion, Brissot, Guadet et vantèrent beaucoup les vertus de Roland. Le général ne prit pas grande part à la conversation.

Surviennent les convives. On cause de nouveau sur Marat et même sur les jacobins. Le citoyen Huguenin ne peut pas rapporter textuellement ce que chaque convive dit à ce sujet... Son collègue et lui remarquèrent avec douleur que les amis du peuple ne trouvèrent qu'un seul défenseur. Il fut convenu que Huguenin resterait à Valenciennes pour connaître nominativement tous les individus suspects qui composaient l'état-major de Dampierre et qu'il ferait part de ses découvertes au citoyen Ministre (30 avril)[1].

Dampierre, qui devait connaître aussi bien que Carnot son armée, n'était pas rassuré sur les résultats de la lutte. Il ne rêvait pas les conquêtes et croyait que si la Belgique pouvait servir à quelque arrangement, il ne fallait point s'y refuser. Il écrit au ministre de la Guerre, le 18 avril :

---

1. Dépôt de la Guerre, armée du Nord, à la date.

Je crois que l'Angleterre, la Hollande et la Prusse seraient satisfaites si elles pouvaient mettre le duc d'York sur le siége ducal de Brabant. Il me semble qu'on pourrait proposer à ces puissances d'appuyer leurs prétentions, et alors l'Autriche serait forcée d'y condescendre très promptement : car quel moyen de défense aurait-elle contre cette foule d'ennemis coalisés ensemble? Allons, citoyen Ministre, allons vite, car l'armée de la République a besoin de relâche; les campagnes d'hiver détruisent et perdent les armées, et la nôtre est dans ce cas.

Il sentait le poids de son fardeau; et il eût voulu l'alléger en faisant donner le commandement particulier de l'armée des Ardennes à Lamarche et celui de l'armée du Nord à Lamarlière. Dans un post-scriptum de sa main, ajouté à sa lettre (22 avril), il dit au Ministre :

Ne soyez pas inquiet pour l'augmentation de dépense que pourra faire au trésor la nomination du général Lamarlière, je partageray avec lui l'augmentation de mes appointements, et cela nous suffira à tous deux.

DAMPIERRE.

Cette nomination me donnera la faculté de pouvoir me porter aux différents points de la frontière où on aurait besoin de ma présence [1].

On voit par là qu'il aurait voulu s'en tenir à la défensive. Mais les agents du Ministre poussaient à l'attaque, comme ce Defrenne qui jugeait une affaire générale indispensable pour rétablir les communications (23 avril) [2]. Dans cette situation allait-on donner des renforts à Dampierre? Loin de là, le 25, le Ministre le prévenait qu'en vertu d'une décision du Conseil exécutif, « trois bataillons de ligne et trois

---

1. Armée du Nord, aux dates.
2. « Il falloit, disait-il, reprendre le camp de Maulde »; et l'ennemi avait une batterie à Anzin aux portes de Valenciennes; et nos artilleurs manquaient de sabres et de pistolets. Dans une lettre écrite le 27 avril, de Lille, à Bouchotte, il dit : « Le général Ferrand, quoique bon patriote et homme de talent, devroit avoir sa retraite. Il est trop vieux, il n'a pas assez de nerf pour une place aussi importante » : — Il en montra pourtant. — Et jetant ses regards partout : « Veillez de près le général Omoran, les patriotes n'en disent pas de bien. » — Voy. encore, au 28 avril, la suite de ses notes sur le personnel de l'armée. (Armée du Nord, aux dates.)

de volontaires seraient retirés de l'armée du Nord pour se rendre à celle des Côtes recevoir dans leurs cadres les recrues qui sont dirigées sur cette dernière armée. »

Dampierre, du reste, avait compris qu'une affaire générale pouvait être difficilement évitée. L'ennemi pressait Condé d'où dépendait le salut même de Valenciennes [1], et dans un conseil de guerre, tenu le 26, où se débattit la question, il se prononça pour l'offensive [2].

Les représentants Dubois-Dubais et Briez, qui étaient sur les lieux, eurent la prudence de ne point peser davantage sur la résolution de Dampierre :

Si ce n'est la ville de Condé, nous ne trouverions pas d'inconvénients à temporiser, car on nous assure que l'ennemi manque absolument de vivres et de fourrages et que, s'il ne comptoit pas bientôt avoir cette place, il se retireroit. Si cependant il persiste, il faudra en venir à l'attaque. Il s'y attend...

Dampierre craint une affaire générale parce qu'en cas de défaite les résultats en seroient bien fâcheux.

Et c'était bien aussi leur sentiment :

Mais nous voudrions au moins qu'il tourmente l'ennemi et qu'il ne le laisse pas s'établir si paisiblement, car depuis le 15

---

[1]. Le 23, il avait écrit au Comité de salut public, que Condé était entouré et qu'on ne pourrait le délivrer que par une bataille. (Arch. nat., AF* II. 45, à la date.)

[2]. Dampierre, dit le procès-verbal, est d'avis d'attaquer le flanc droit des ennemis parce que, malheureusement, nous sommes dans la nécessité d'engager une affaire générale... « Mon opinion serait de faire rassembler une force respectable du camp de Cassel et de celui de Lille; ce corps se renforcerait en passant par Orchies, Marchiennes et Hanon. Il attaquerait Saint-Amand, pendant qu'avec d'autres troupes nous attaquerions Raimes et Vicogne; de là nous tâcherions de le pousser sur l'Escaut, entre Condé et Valenciennes, pour avoir la faculté de ravitailler Condé. Je motivai mon opinion sur ce qu'il faut une affaire générale pour sauver Valenciennes, dans le cas où Condé serait pris, or il le sera aussitôt qu'il n'y aura plus de vivres. » Un général avait émis le vœu que l'on demandât au Conseil exécutif un ordre positif pour l'attaque ou pour la défense; et Dampierre transmet ce vœu avec le procès-verbal. Mais le Ministre répondit (30 avril) que le Conseil laissait aux généraux le soin de décider. — Voy. la communication du ministre au Comité de salut public : « Le général doit éviter toute action décisive », et la copie de la lettre qu'on doit lui écrire. (AF* II, 45, 23 avril.)

l'on croiroit que nous sommes en pleine paix. Il nous faudroit un général, pas entreprenant pour risquer le sort de la République, mais chicaneux et qui tourmente l'ennemi par des ruses et des attaques de postes.

Dampierre était calomnié comme presque tous les généraux. Ils répondaient de sa droiture :

Nous avons reçu la lettre qui contient la dénonciation contre Dampierre. Il est bien difficile d'y croire, après la conduite qu'il a tenue dans la trahison de Dumouriez. Si celui-là étoit un traître, alors il ne faudroit plus se fier à qui que ce soit. Il est simple, sans ambition, son patriotisme nous paroît bien prononcé.

Mais, ajoutaient-ils, a-t-il tous les talents qui conviennent à un général d'armée? C'est ce que l'avenir justifiera. Cependant il nous semble qu'il seroit possible de tirer meilleur parti de sa position qui nous paroît belle et que la crainte et la méfiance lui empêchent de voir telle. Il faut à un général un certain ton d'audace et de confiance qu'il puisse communiquer à son armée.

Au surplus, nous ne pouvons véritablement bien prononcer sur le compte du général, car il est des militaires instruits qui font cas de ses talents...

Et ils disent en finissant :

Nous venons de voir le général Dampierre; il nous paroît presque décidé à attaquer incessamment. Nous vous adressons ci-joint sa profession de foi sur la dénonciation faite contre lui (26 avril)[1].

La bataille se livra selon le plan que Dampierre avait arrêté[2]. Lamarlière arriva par Orchies et aborda la droite

---

[1]. Le 19 avril, il fut arrêté par le Comité de salut public que Dubois-Dubais et Briez seraient rappelés de Valenciennes et remplacés par Bellegarde, Cochon et Lequinio. Le 21, il fut définitivement arrêté que Lesage-Senault serait adjoint à Duhem et à Gasparin dans Lille; que Bellegarde, Cochon, Courtois et Lequinio se rendraient à Valenciennes. Sur les quatre, deux avaient pour mission de visiter les places d'Avesnes, de Landrecies et de Maubeuge (AF* II, 43, aux dates.) On voit qu'à la date du 26, Dubois-Dubais était encore à Valenciennes et y remplissait fort bien ses fonctions.

[2]. Par une lettre du 28, il mandait à Lamarlière de faire venir « trois bons mille hommes de Cassel pour Lille, où leur destination serait indiquée. »

de l'ennemi à Saint-Amand, l'inquiétant pour le camp de Maulde où il était établi depuis le 8 avril, tandis que Dampierre devait marcher sur Saint-Amand par Raismes et Vicoigne, et qu'un autre corps s'avançait sur la gauche de Condé. Mais l'ennemi ne s'était point laissé tromper par de fausses attaques. Il était en force, et Dampierre dut se retirer d'Anzin, où avait eu lieu le principal engagement, sur Valenciennes et le camp de Famars (1er mai)¹. Les munitions, dit-il, lui avaient fait défaut; les hommes aussi malheureusement, ou plutôt, chez les hommes, la discipline qui fait le soldat. Une lettre de Deville, un des trois commissaires de l'armée des Ardennes, envoyé vers Dampierre par ses collègues, est trop bien d'accord avec les lettres de Carnot, citées plus haut, en montrant tout ce qu'il y avait à faire pour réorganiser nos armées.

Après avoir raconté le combat du 1er mai et signalé aussi, pour sa part, l'importance que, des deux côtés, on attachait à Condé², il ajoutait :

Le défaut de discipline rend nos armées nulles ou les empêche de valoir ce que le courage des individus les feroit valoir. Chez nos ennemis, tout le monde est à son poste, personne ne quitte le camp sans une permission bien nécessaire; chez nous, au contraire, on va et on revient du camp à son gré, et cela est tel que, le 1er mai, il y avoit plusieurs officiers généraux qui ne se sont pas trouvés à l'action, sous prétexte qu'ils n'en avoient pas été instruits.

Il n'y a point d'ordre, ni de police dans Valenciennes; les espions ennemis ont la faculté de s'y introduire librement : aussi dit-on qu'ils savent mieux que nos officiers ce qui se passe dans notre camp et dans cette ville.

Les recrues n'arrivent pas; au lieu de 50 000, on en reçoit 10 000 ou 12 000. Dans le camp près de Valenciennes,

---

1. Sur cette bataille du 1er mai, voir les lettres de Dampierre (1er mai); de Lesage-Senault et Duhem (2 mai); de Dubois-Dubais et Briez (même date); de Lamarlière à Bouchotte et au Comité de salut public : il se plaint d'avoir manqué d'artillerie.

2. « L'ennemi est en grande force auprès de Condé. Il s'acharne à prendre cette place parce qu'une fois qu'il en sera maître, il fera facilement de Valenciennes un monceau de cendres. »

Dampierre disait avoir compté 10 000 hommes sans fusils. Notre représentant en compte au moins 6 000 :

> A l'affaire du 1ᵉʳ mai, quinze cents braves gens ont accepté à aller au combat sans armes, avec l'espérance d'avoir celles de leurs camarades qui seroient ou tués ou blessés.

Ce trait relève bien nos soldats de l'impression que peut laisser l'indiscipline d'un trop grand nombre. Deville rend hommage au patriotisme et au courage des généraux de l'armée du Nord et des Ardennes; mais ils ont devant eux des forces innombrables :

> Je vous avoue, ajoute-t-il, que Dampierre, avec son civisme, ne me paroît pas suffisant.

Il y avait un mal qu'il fallait conjurer avant tout :

> De plus en plus la rivalité s'établit entre les ci-devant troupes de ligne et les volontaires;... il y a à craindre que bientôt un soldat de ligne ne rougisse de devenir l'égal d'un volontaire national.

Et il indiquait le remède :

> Faire des demi-brigades de deux bataillons de volontaires et d'un bataillon de ligne et faire prendre à tous les soldats de ligne l'habit national[1].

La bataille d'Anzin n'était pas une de ces journées qui tranchent un débat. Lamarlière pouvait se vanter de l'avantage qu'il avait remporté à Saint-Amand[2], et Dampierre, tout en convenant d'un léger échec, ne demandait que de la poudre et des boulets pour recommencer sa tentative (6 mai)[3].

---

1. Dépôt de la Guerre, armée du Nord (3 mai). Defrenne aussi, dans une lettre du 7 mai au Ministre, insiste pour que tout officier porte l'habit national, et il montre l'importance d'opérer l'amalgame des troupes de ligne avec les volontaires.
2. Lamarlière écrit le 7 mai à Lavalette : « Je voudrois mon cher La Valette pouvoir m'entendre sur le chapitre de notre gloire; mais hélas!... » Il parlait de l'affaire du 1ᵉʳ mai et regrettait qu'on eût arrêté l'ardeur des troupes.
3. Dampierre au Comité de sûreté générale (peut-être, se rappelant le Comité de *défense générale*, voulait-il dire au Comité de *salut public*) :
« Citoyens, vous avez appris le léger échec qu'ont éprouvé les armes de la République. Il était de mon devoir de tâcher de délivrer Condé. J'avais

Nous avions repris nos positions. L'ennemi ne pouvait se faire gloire que de nous avoir forcés d'y rentrer. Defrenne lui-même ne tirait de cette journée qu'un argument défavorable à la capacité du général. Mais il ne se refusait pas à croire qu'il pût se relever le lendemain, et cela même l'inquiétait :

Gardons-nous cependant, disait-il, en cas de réussite de lui accorder une confiance trop aveugle et de lui donner trop d'éloges : ce seroit nous replonger de nouveau dans l'abîme, donner un libre cours à son ambition, s'il en étoit susceptible (Lille, 6 mai).

A Paris on ne s'en gardait que trop. A la veille d'une bataille qui, cette fois, pouvait être décisive, allait-on assurer à Dampierre les renforts dont il avait besoin? C'est tout le contraire. Le Ministre lui donnait ordre, le 5 mai, de faire partir pour la Vendée la légion du Nord (formée par Westermann), qui était à Valenciennes[1]; et le 6, il lui enjoignait de former quinze à vingt bataillons dont les hommes seraient pris, au nombre de six par compagnie, et de les diriger promptement vers la Vendée. C'était le contingent dont on allait faire des bataillons nouveaux, sous le nom de formation d'Orléans, pour combattre les Vendéens[2]. Tout le monde cependant était désormais d'accord sur la nécessité d'un nouveau combat. On le devait livrer le 6, puis le 7. Le 7, les troupes étaient sur pied. Mais le général eut un doute qu'il voulut soumettre aux représentants; les autres généraux furent de son avis et l'on fit encore rentrer les

pris des mesures qui ont été jugées bonnes par tous les militaires, lorsque la cavalerie n'a pas soutenu l'aile à laquelle elle était attachée et m'a forcé à ordonner de reprendre le camp.

« Je vous demande avec instance de la poudre, des boulets, des fusils et des balles; nous manquons de toutes ces choses; il faut absolument nous en envoyer à Cambray, à Douai et à Dunkerque. »

DAMPIERRE (Autographe).

1. Cette légion avait été organisée par Westermann pour aller combattre en Vendée, et l'on eut sujet de se plaindre qu'il l'eût recrutée dans l'armée active, au grand dommage des régiments.
2. Armée du Nord, aux dates, et AF* II, 45, à la date des 2 et 10 mai.

hommes. Le 8 enfin, on attaqua. Mais un coup fatal décida du sort de la journée. Dampierre, qui ne se ménageait point, attaquant du bois de Bonne-Espérance une batterie élevée près de Raisme, eut la cuisse emportée par un boulet. Le lendemain, il était mort [1].

A part cet événement funeste, la journée s'était mieux passée que la semaine précédente, à pareil jour, et Lamarlière, qui avait l'avantage de son côté, aurait voulu le pousser plus avant, mais on craignit l'impression faite sur les troupes par le coup qui venait de frapper Dampierre et l'on s'arrêta [2].

Le 30 avril, la Convention avait remanié toute son organisation militaire :

1. Tous les pouvoirs délégués par la Convention aux commissaires qu'elle a nommés pour se rendre dans les départements, pour le recrutement, près les armées, sur les frontières, côtes et dans les ports, sont révoqués. Tous les députés qui sont en commission, excepté ceux ci-après nommés, reviendront de suite dans le sein de l'Assemblée.

2. Les forces de la République sont réparties en onze armées.

Les quatre qui touchent à notre frontière du Nord étaient :

L'armée du Nord, depuis Dunkerque jusqu'à Maubeuge exclusivement ;

L'armée des Ardennes, depuis Maubeuge inclusivement jusqu'à Longwy exclusivement ;

L'armée de la Moselle, depuis Longwy inclusivement jusqu'à Bitche exclusivement ;

L'armée du Rhin, depuis Bitche inclusivement jusqu'à Porrentrui exclusivement.

L'armée des Vosges, on le voit, s'était fondue, sous Custine, dans l'armée du Rhin.

Quant aux représentants maintenus ou nommés à nouveau, c'étaient :

1. Lettre de Dubois-Dubais et de Briez au Comité de salut public (11 mai).
2. Conseil de Guerre du 9 mai, armée du Nord, à la date.

Près l'armée du Nord, les citoyens Gasparin, Duhem, Delbrel, Carnot, Lesage-Senault, Courtois, Cochon, Lequinio, Sallengros, Bellegarde, Duquesnoy, Cavaignac;

Près l'armée des Ardennes, Sébastien de la Porte, Hentz, Deville et Milhaud;

Près l'armée de la Moselle, Soubrany, Maribon-Montaut, Maignet et Levasseur de la Meurthe);

Près l'armée du Rhin, Reubell, Merlin (de Thionville), Haussmann, Ruamps, Pflieger, Duroy, Louis, Laurent, Ritter et Ferry[1].

Le nombre des représentants en fut-il diminué? Le Comité de salut public s'était ménagé à l'avance des compensations par cet arrêté du 15 avril :

Il sera envoyé incessamment dans les départements des agents secrets, chargés principalement de transmettre au Comité le véritable état de l'esprit public dans les départements, dans les armées, dans les tribunaux, dans les sociétés, dans les campagnes et dans les villes; lesquels commissaires s'occuperont aussi de rechercher et de recueillir tous les renseignements sur l'état des subsistances, de l'agriculture, du commerce, des manufactures et de tout ce qui tient à la prospérité et à la sûreté de la République.

Les agents seront accrédités auprès des corps administratifs et des commandants nationaux, pour montrer leurs lettres de créance dans le cas où ils seraient arrêtés ou suspectés.

Il y aura neuf agents qui se diviseront les départements, suivant la carte des régions du territoire de la République.

---

1. *Moniteur* du 3 mai, t. XVI, p. 281-283. Plusieurs noms sont mal écrits. Par un autre décret, Dubois-Dubais et Briez, qui étaient à Valenciennes, furent maintenus à leur poste (4 mai, *Moniteur* du 6, t. XVI, p. 307) : ils s'étaient plaints vivement d'un décret qui les avait personnellement atteints (armée du Nord, 24 avril); et un peu après, Cavaignac fut envoyé à Brest et Lequinio, malade, remplacé à Valenciennes par Gossuin (10 mai, *Moniteur* du 13, *ibid.*, p. 365). — Le 8 mai, par un arrêté daté de Mézières, Deville, Hentz et Sébastien de la Porte renouvelaient tout le personnel de l'armée des Ardennes :

1° Toutes nominations d'officiers faites par tout général dans les bataillons et escadrons de l'armée des Ardennes, depuis la désertion de Dumouriez, sont nulles, et il est défendu aux généraux d'en faire de semblables;

2° Il sera, le lendemain de la proclamation du présent arrêté, procédé dans tous les bataillons et escadrons, légions et troupes légères, aux élections d'officiers de tous grades, conformément à la loi du mois de février dernier, pour toutes les places vacantes. (Arch. nat., AF II, 232, à la date.)

Ils devaient être payés sur les fonds secrets, et choisis par le Comité[1].

Et le 3 mai, le Conseil exécutif se faisait sa part aussi :

Vu les circonstances critiques et le grand nombre d'ennemis à l'intérieur et à l'extérieur,
1° Il sera formé un établissement général d'observations et de correspondance pour tous les départements de la République ;
2° Pour cet effet, les 84 départements seront divisés en 29 divisions, dont chacune comprendra 3 départements.

Suivaient d'autres articles que je résume :

3° Deux agents seront attachés à chaque division ;
4° Il y en aura 24 dans Paris ;
5° Ils seront nommés sur la proposition du ministre de l'Intérieur ;
6° Ils recevront dans les départements 360 l. par mois ;
7° Il y aura un bureau particulier au ministère de l'Intérieur.

Nous en trouverons les effets pour notre région dans la suite de cette histoire.

II

Perte du camp de Famars. — Retraite au camp de César.

La mort de Dampierre amenait un changement grave dans la direction des quatre armées de la frontière, et suspendait forcément l'exécution de son plan. Custine, appelé du Rhin pour le remplacer dans les armées du Nord et des Ardennes, ne pouvait arriver que dans quelques jours, et Lamarche, qui reçut le commandement par intérim, n'était pas en mesure de rien engager. Mais il fallait se défendre, et ce n'était pas trop des forces dont on disposait pour le moment. Or, malgré les réclamations du conseil de guerre tenu le 9, le décret qui enlevait six hommes par compagnie pour l'armée intérieure s'exécuta. La frontière était entamée,

---

1. Arch. nat., AF* II, 45, à la date.

mais la Vendée était debout : tout contre la Vendée! et d'autres lacunes infiniment plus regrettables se faisaient aussi dans les rangs. On en a le témoignage dans la correspondance d'un des agents du Ministre, Celliez, un agent de dissolution qui commençait déjà sa campagne contre Custine, avant qu'il arrivât, et qui devait le perdre. En attendant, il s'attaque aux officiers, l'aristocratie de l'armée : L'esprit public a besoin d'être ranimé, surtout chez les officiers. Les soldats auraient voulu, comme chef définitif, Lamarche; les officiers sont pour Custine. Et il tonne contre le luxe des états-majors; il y a une femme parmi les adjoints aux adjudants généraux. La désertion est effrayante. Les bataillons sont incomplets et la nouvelle levée de six hommes par compagnie pour la Vendée en a réduit plusieurs au nombre de 50 à 80. « Cette mesure, ajoute-t-il, a produit le plus mauvais effet. » L'armée compte au plus 30 000 hommes, y compris la garnison de Valenciennes. L'ennemi en a 90 000 :

La désertion qui a lieu est effrayante, les chemins sont couverts d'hommes qui quittent leurs drapeaux.

Le soldat est mécontent des officiers; on le laisse dans l'ignorance de ce qui se passe. L'esprit de la cavalerie est généralement mauvais. Le général Lamarche demande que l'on remplace les vieux officiers. Il faut chasser tous les officiers suspects; forcer les officiers qui se disent malades et qui ne le sont pas à rejoindre leur corps. — [Ce sont bien ceux-là qu'il eût fallu chasser!]

Il est temps enfin, si nous voulons vaincre, que l'armée soit purgée de tous les scélérats qui l'infectent et qu'ils soient remplacés dans tous les grades par de vrais sans-culottes (16 mai)[1].

[1]. Armée du Nord, à la date. — Il eût mieux fait de s'occuper un peu plus des fournisseurs. On donnait aux soldats des souliers en semelle de carton; un peu plus, on leur aurait fourni des sabres en fer-blanc. On présenta au Comité de salut public un échantillon de ces sabres en fer, sans rien d'acier. Le Comité rédigea une « instruction sur le touchage des armes blanches à l'acide nitreux » pour découvrir la fraude (AF* II, 16, 17 mai).

Le général Lamarche, auquel Celliez paraissait favorable, en haine de Custine, restait donc dans son camp, et les représentants Cochon, Bellegarde et Courtois admiraient la tranquillité où l'ennemi l'y laissait. « On en profite pour construire des redoutes au camp de Famars », écrivaient-ils le 18. Mais l'ennemi mettait d'une autre manière le temps à profit. Le 22 mai, ayant reçu de Vienne son équipage de siège, il résolut de ne pas attendre davantage; il nous délogea du camp de Famars et de toutes les positions qui couvraient encore Valenciennes.

Le 23 au soir, Ferrand, commandant de la place, avertit les habitants qui ne voulaient pas courir les hasards du siège de sortir de la ville, la route de Bouchain, la seule qui fût encore libre, devant être infailliblement occupée le lendemain [1].

Cette journée fut vraiment désastreuse. Les agents du ministre de la Guerre en prennent occasion de dénigrer à peu près tout le monde à leur manière, même Lamarche, leur favori de la veille. Dans une lettre datée de Cambrai, le 29, Celliez et Varin écrivent à leur Ministre :

Au moment où la bataille fut la plus vive, le général Lamarche étoit à dîner chez les députés et ne paroissoit pas s'en inquiéter.

Ni les députés non plus, sans doute !

Les officiers généraux paroissent avoir mis beaucoup de négligence dans cette affaire qui commença à 2 heures du matin: car beaucoup d'entre eux étoient encore au lit à 5. Le général Lamarche a dit lui-même avoir été obligé d'envoyer ses aides de camp en éveiller plusieurs à cette heure.

[1]. Une lettre, non signée, datée de Douai (25 mai), parlant du quartier général reporté à Bouchain, et des pertes subies dans l'évacuation du camp de Famars, ajoute que l'ennemi envoyait des patrouilles jusqu'à une lieue et demie de Cambrai :
« Les hussards de la Mort ont reçu ordre de partir en découverte; ils le pouvaient d'autant moins que la plupart n'ont pas de sabre... La route d'ici Lille est peut-être interceptée dans ce moment. Quant à Valenciennes, il n'y a plus moyen d'y parvenir. » (Archives du ministère des Affaires étrangères. France, reg. 324, f° 305.)

Le général Lamarche nous avoit dit, avant le départ de Celliez pour Paris, qu'il n'étoit pas capable de commander l'armée pour la faire attaquer, mais que pour la tenir sur la défensive il défioit l'ennemi.

Il soutint bien mal son défi [1] !
Et dans une autre lettre du lendemain :

Les soldats sont généralement mécontents de n'avoir vu aucun ou très peu d'officiers généraux pendant tout le temps qu'a duré le combat.

Mais parmi les soldats, ils distinguent :

Nous vous avons déjà dit plusieurs fois que la ligne étoit généralement mauvaise.

Les généraux demandaient qu'on fondît les gardes nationales dans la ligne ; ils demandaient, eux, que l'on fondît la ligne dans la garde nationale, ce qui n'était pas du tout la même chose :

C'est, disaient-ils, le seul moyen pour tirer avantage des soldats de ligne, et tous seront bons, quand ils seront dispersés et incorporés avec des patriotes (30 mai) [2].

---

1. Le 3 juin, le ministre communique au Comité de salut public une lettre sur la levée du camp de Famars : « La création d'un tribunal révolutionnaire, y disait-on, me paroit indispensable à la suite de l'armée. Il faudroit que ses membres ne fussent pas attachés au service. » — Les cours martiales sont insuffisantes. — « Il est urgent d'y suppléer afin que, si les intérêts de la République sont encore trahis, le châtiment suive immédiatement le crime qui l'appelle. » — La lettre est de Voillot, aide de camp du général Davaine, qui accuse le général Lamarche de trahison, à propos de l'affaire du camp de Famars. Une seule redoute avait été enlevée par surprise. On fit retraite, quand il y en avait encore sept bien armées. — Au contraire, dans les notes de Courtois, transmises par Teissier (chef d'un bureau de la Guerre) à Bouchotte sur les généraux de l'armée du Nord, on lit : « Lamarche, brave homme, incapable d'embrasser une grande sphère de choses. A la dernière affaire, par analogie avec son ancien métier de soldat qu'il a exercé longtemps, il se portoit dans tous les cabarets pour en chasser les volontaires et les forcer à retourner au combat, tandis que ses aides de camp dirigeoient d'eux-mêmes les attaques aux différents postes. Ce bonhomme, la veille de l'attaque du 23, s'imaginoit encore qu'on pouvoit défendre le camp de Famars ouvert de tous côtés contre 100 000 hommes ; qu'il ne sorte pas de la ligne et il sera excellent. Il s'est ainsi jugé lui-même. »

2. Armée du Nord, aux dates. Voy. la note XI, aux Appendices.

L'armée, se repliant du camp de Famars, sous Valenciennes, s'était retirée au camp de César, sous Bouchain. L'Escaut encore, mais avec l'Escaut, la Scarpe et la Sensée lui traçaient une enceinte plus facile à défendre. C'est ce que disait Lamarche au Ministre et les représentants Bellegarde, L. Carnot, Delbrel, Courtois, Lesage-Senault et Gasparin au Comité et à la Convention (25 mai)[1]. Carnot, meilleur juge en ces questions que ses collègues, disait aussi que la nouvelle position était inexpugnable (26 mai)[2]. — A la bonne heure! Mais l'armée au camp de Famars couvrait Valenciennes, et sa retraite laissait la ville exposée à toutes les calamités d'un siège qui, si on ne la secourait pas à temps, devait forcément aboutir à sa perte.

C'est au camp de César que Custine rejoignit les débris de l'armée dont il avait reçu le commandement, et les représentants, venus du camp de Famars avec elle. Avant de l'y suivre, il convient de jeter un coup d'œil sur la frontière nord-est et les armées que le général y laissait.

III

Custine et les représentants en Alsace après la bataille de Bingen.

Les armées du Rhin, des Vosges et de la Moselle se trouvaient, par suite de la perte de la Belgique et du vide que la trahison de Dumouriez avait fait devant l'ennemi sur la frontière du Nord, rejetées sur le second plan. Mayence tenait toujours avec une garnison de 22 000 hommes, plus que ne l'eût voulu Custine, plus qu'il ne le fallait pour défendre la place, et cet excédent, qui ne lui servait pas,

---

1. Voy. aussi plusieurs autres lettres, à cette date, des agents Defrenne, Deschasseaux, au Ministre; du Ministre à Lamarche, et le *Bulletin des opérations des armées combinées.* (Armée du Nord, à la date.)

2. Voy. la lettre fort importante de Carnot (Cambrai, 26 mai). Il croit que l'ennemi pourra être forcé à Famars et il expose sa tactique générale : au lieu de résister de front, agir sur les flancs et par derrière; mais il faut du secret et un homme de tête, etc. (Armée du Nord, à la date.)

devait lui nuire, puisque la durée d'un siège, quand la place est suffisamment défendue, est en raison directe de la quantité des approvisionnements dont elle dispose, en raison inverse du nombre de bouches qui les consomment. Or combien cet excédent inutile, nuisible même dans Mayence, n'aurait-il pas pu servir au dehors, en donnant au général le moyen de former une armée de secours!

L'heure de l'offensive était passée. Après la bataille de Bingen, Custine, rejeté vers Landau, avait dû se retrancher derrière les lignes de Wissembourg. L'Alsace pouvait donc être menacée. Custine y trouvait une population d'un bon esprit : Louis et Pflieger écrivent le 15 avril à la Convention que le recrutement y était facile. Il trouvait dans Strasbourg une ville qu'un siège n'effrayait pas, qui avait des citoyens pour se défendre, des volontaires à envoyer en Vendée [1]; mais il y trouvait aussi des représentants qui lui avaient toujours été défavorables, et dont les dispositions ne pouvaient être qu'aigries par ses revers. Il avait eu avec Ruamps, Maribon-Montaut et Soubrany plusieurs conflits où il s'était senti atteint dans sa dignité de général d'armée devant ses soldats. Il s'en plaignit vivement à la Convention, offrant sa démission [2]; et l'on aurait dû, ou l'accepter, ou

---

1. Lettre des mêmes représentants (17 mai, armée du Rhin). — Le 25 juin, Louis et Ferry rassuraient, du reste, la Convention sur le danger que le départ de ces volontaires pouvait faire courir à l'Alsace. « Il est certain, disaient-ils, que cette prétendue armée n'excède pas 495 à 500 hommes. » (Arch. nat., AF II, 247, à la date.) Voy. la note XII, aux Appendices.

2. Custine au président de la Convention nationale (7 mai) :

Citoyen président,

Je ne puis commander les armées du Rhin et de la Moselle, qui m'ont été confiées, après avoir perdu la confiance des citoyens Ruamps, Montaut et Sobrani, commissaires des représentants du peuple...

Ces trois commissaires, le samedi 27 avril, m'ont traduit en jugement devant eux, en me donnant pour partie le lieutenant-colonel Offenstein, l'un des sujets les moins recommandables de la République. Vous connaissez les moyens qu'il m'a fallu employer pour repousser et imposer silence à ce vil perturbateur.

Aujourd'hui, j'ai été fortement interpellé, en présence de nombre d'officiers de l'armée, par l'un de ces représentants, sur la lettre que j'ai écrite au duc de Brunswick et dont je joins ici une copie... [il demandait la restitution d'un « scélérat »]. Tant que je n'ai été réduit qu'à l'interprétation

rappeler les commissaires, quand la mort de Dampierre donna l'occasion de lui conférer le commandement de l'armée du Nord. Custine ne quitta pas sans regret ces armées des Vosges, de la Moselle et du Rhin qui avaient été sous sa direction au temps de ses conquêtes. Il aurait voulu que cette faveur soutenue, dont il recevait de la Convention un nouveau témoignage, lui assurât les moyens de délivrer Mayence. Ce n'est point par la Belgique, à son avis, que l'on devait opérer :

N'ayant point d'appui en Belgique, ce n'est point en attaquant de front, comme l'a fait Dumouriez, qu'il est possible de se promettre de la conserver.

Laisser les Autrichiens peser sur la Belgique, c'est le plus sûr moyen d'y ruiner leur puissance :

Réfléchissez, citoyen Ministre, ajoutait-il, qu'il faut recouvrer Mayence; que c'est le plus grand mal que nous puissions faire à nos ennemis. Un plan formé par moi pour y parvenir aura beau être développé à qui vous voudrez, il n'aura jamais son exécution, et cela parce qu'il n'est personne qui puisse sentir les combinaisons du plan d'un autre,... qui puisse prévoir ce qu'on peut faire pour le faire échouer et par conséquent préparer d'avance les moyens d'y parer. L'exécution de ce plan est peut-être une de celles qui présente le plus de difficultés, surtout pour obtenir les grands succès dont il peut être susceptible. Au reste les dispositions sont faites ici. Pour le moment, l'on ne

---

de mes expressions, j'ai répondu avec toute la modération qu'on avoit droit d'attendre de moi; mais l'un des trois commissaires auquel les deux autres ont applaudi, m'ayant accusé d'avoir développé dans cette même lettre des sentiments peu dignes d'un républicain, je ne puis plus, après une semblable injure, continuer à commander les armées de la République.

Le caractère que j'avois, même avant l'assemblée des États généraux, les opinions qui, à cette époque, étoient chez moi le résultat d'une longue expérience et de mûres observations faites au milieu des cours, expériences et observations qui donnèrent naissance à mes principes républicains, sont les mêmes aujourd'hui. Chez moi, ils sont le résultat de principes réfléchis depuis longtemps, ils n'ont point produit cette exagération qui fait mépriser tous les Rois, parce qu'ils ont eu le malheur de naître sur le trône.

peut y éprouver de grands échecs et le plan que je vous développerai, dans le peu d'instants que je vous verrai, vous décidera, j'espère, à m'en confier l'exécution.

En appelant Custine à l'armée du Nord, il fallait pourvoir à son remplacement dans cette région nord-est où il avait joué un si grand rôle. Custine avait pendant quelque temps commandé, directement ou par intermédiaire, trois armées, l'armée des Vosges avec laquelle il avait obtenu ses éblouissants succès, l'armée du Rhin, lorsque Biron, son supérieur de la veille, lui fut subordonné, et plus encore lorsque la retraite de Biron en fit remettre le commandement par intérim à Després-Crassier [1]; enfin l'armée de la Moselle qui, depuis la retraite de Beurnonville, avait passé à Ligniville (24 janvier-28 mars), puis à d'Aboville (29 mars-28 avril), deux nobles tolérés à grand'peine par les représentants en raison de cette qualité. Mais cette intolérance qui pesait sur tous les généraux leur suscita pourtant un défenseur dans un représentant qui ne tarda pas à être proscrit lui-même : je parle de Blaux, qui, le 7 avril, écrivait de Saarbruck à ses collègues :

Les généraux m'ont parlé de la motion qui a été faite d'éliminer des armées de la République tous les ci-devant et m'ont dit qu'en attendant qu'elle fût décrétée ils feroient leur devoir.

Je ne dois pas vous dissimuler, mes chers collègues, la consternation que cette motion a répandue dans la division. Le soldat sait distinguer dans ceux qui le commandent la capacité de l'incapacité, le civisme de l'aristocratie; il accorde sa confiance au patriote capable et la refuse à l'incapable; il la refuse à l'aristocrate quelles que soient son habileté et son expérience militaire.

...Il ne suffit pas d'être patriote et soldat courageux pour commander une division, une armée, il faut en avoir appris et exercé l'art.

Si on enlève aux soldats ceux qui les commandent par le seul motif qu'ils étoient nobles, les armées seront désorganisées...

1. Després-Crassier ayant été remis au rang de divisionnaire, c'était Custine qui commandait en chef l'armée du Rhin depuis le 15 mars.

S'il ne se trouvoit des aristocrates que dans la ci-devant noblesse on seroit excusable de la suspecter tout entière; mais...

Il signale, comme naguère Beurnonville [1], l'indiscipline de la « légion de la Moselle, ci-devant Kellermann », composée en partie de Prussiens et d'Autrichiens, indisciplinables, pillards et indomptables, qui déshonorent le nom français :

Si on ajoute aux dégoûts que causent aux généraux l'indiscipline, l'insubordination, la désobéissance, le pillage des soldats, l'incapacité absolue d'un grand nombre d'officiers, les menaces que font les soldats à ceux qui les commandent de les accuser d'aristocratie, parce qu'ils sont sévères sur l'observation de la discipline, et l'impuissance presque absolue de punir promptement les délits militaires, on conviendra qu'il n'y a qu'un amour ardent de la patrie qui puisse engager les généraux et autres officiers à rester à leurs postes [2].

Le commandement de l'armée de la Moselle, dans laquelle l'armée des Vosges était confondue depuis le 30 avril [3], fut donné au général Houchard, que Custine avait élevé lui-

---

1. L'état-major, écrivait Beurnonville au Ministre, ne les apaise qu'aux dépens de la comptabilité des corps. (Armée de la Moselle, 18 janvier 1793.)
2. Armée de la Moselle (7 avril). Le 4 avril, Levasseur et Anthoine sont rappelés à Nancy pour des désordres du 9e hussards, qu'ils rapportent :
1° A une indiscipline complète occasionnée, tant par l'inaptitude de son chef, dénué de la considération que donne l'estime, et reconnu ouvertement pour avoir fait naguère le vil métier de saltimbanque et d'opérateur dans les villes de ce département, que par la mauvaise composition du même corps, formé presque en totalité de déserteurs français et étrangers.
2° Par le défaut de payement aux hommes de ce corps du prix de leur engagement.
Ils ont fait éloigner de Nancy ce régiment (9e hussards) et y ont fait rester le colonel Fabrefond, jusqu'à ce qu'il ait satisfait aux dommages causés par sa troupe.
3. L'armée de la Moselle avait subi le contre-coup de la défaite de Dumouriez en Belgique. Custine s'était plaint que l'abandon du revers des Vosges par cette armée eût fait échouer son plan d'opération (AF* II, 2, 4 avril, lettre au Conseil exécutif). Ligniville dut s'en expliquer devant le Comité de salut public (AF* II, 45, 12 avril). Acquitté par la Convention, le général aurait voulu retourner à son poste, à l'armée de la Moselle. Le ministre de la Guerre fut chargé de lui répondre qu'il était autorisé à retourner chez lui (AF* II, 3, 27 juin).

même, de grade en grade, jusqu'à la première place après lui, séduit par son indomptable bravoure jusqu'à ne pas voir ce qui lui manquait pour commander en chef une armée. L'armée du Rhin fut confiée par intérim, sous l'autorité supérieure de Houchard, à Diettmann, qui n'accepta point (18-29 mai), puis à Beauharnais, nommé, malgré son refus, par les représentants Ruamps, Ritter, Duroy et Haussmann, et confirmé par le Comité de salut public[1] : on compte Beauharnais à la tête de l'armée du Rhin du 30 mai au 17 août.

IV

Custine à l'armée du Nord.

Custine arriva au camp de César le 27 mai ; il y était attendu avec impatience, non pas seulement par les officiers, comme l'avaient annoncé les haineux agents de Bouchotte, mais aussi par les soldats. Ces agents, Celliez et Varin, le déclarent eux-mêmes dans leur lettre du 29 mai :

> Il a passé la revue de l'armée hier, ajoutent-ils. Il s'est arrêté devant chaque bataillon ; il a parlé aux soldats de la nécessité de la subordination et de l'ordre ; ils ont paru contents de le voir et surtout d'entendre parler de discipline.

Quand on a été battu, faute de discipline, on est payé pour en savoir le prix.

Custine ne connaissait que très vaguement encore et son armée et l'ennemi qu'il avait en présence. Il arrêta son plan de campagne sur les données qui lui étaient fournies. Il pouvait compter, croyait-il, 20 000 à 22 000 hommes au camp de César, et l'ennemi avait, disait-on, 18 000 hommes de cavalerie et 80 000 hommes d'infanterie devant Valenciennes, de Marchiennes à Bavai. Dans le plan qu'il soumit, le 28 mai, au Comité de salut public, il projetait de former

---

1. Arrêté des représentants, 24 mai (armée du Rhin, à la date) ; confirmation du Comité, 29 mai (AF* II, 16).

un camp retranché à la tête de la forêt de Mormale et d'inquiéter l'ennemi sur sa gauche par une attaque contre Arlon, en joignant une partie de l'armée de la Moselle à l'armée du Nord. Houchard ne pouvait manquer de répondre à son appel[1]. Mais l'armée principale, l'armée du Nord, dans quel état se trouvait-elle alors? Le général écrit le 30 au Conseil exécutif :

> Il faut nécessairement des troupes aguerries pour redonner de la vigueur et de l'énergie à celles de cette armée qui sont dans l'abattement le plus effrayant.

Et le même jour à Lamarlière, en lui disant combien il était peu satisfait de ce qu'il connaissait de son armée :

> Celle que vous commandez est la seule qui me donne de l'assurance et de la confiance. Sans cesse en présence de l'ennemi, vous le contenez, vous le battez, quoique inférieur en nombre; vous êtes à cet égard bien mieux partagé que moi; car je suis forcé à rester dans ma position, sans pouvoir mettre un seul homme en avant[2].

Le 1er juin, c'est à Kilmaine, le général de l'armée des Ardennes, qu'il s'adresse, et il lui expose la situation. Il lui faut défendre une frontière étendue avec une armée presque anéantie, et sa cavalerie est dans un tel état qu'il la renvoie sur ses derrières pour la refaire. Avant d'avoir réorganisé ses forces, il ne peut songer à attaquer. Mais Kilmaine a moins souffert, il est plus à portée d'agir. Qu'il occupe la tête de la forêt de Mormale pour empêcher l'ennemi de tourner sa position. Sedan, Mézières, Charleville, lui fourniront les moyens de compléter son armement. Tourville qui commande à Maubeuge le secondera. — Vaine espérance! Le lendemain, mieux informé, il écrit au Ministre qu'il renonce à ce plan. L'ennemi est trop en force à Bavai[3].

---

1. Il faut lire cette lettre tout entière. (Dépôt de la Guerre, armée du Nord, à la date.)
2. A la même date, Custine indique à Tourville, commandant de Maubeuge, les mesures à prendre en commun pour s'emparer de la tête de la forêt de Mormale.
3. Dépôt de la Guerre, armée du Nord, aux dates. Dans cette lettre

C'était au Conseil exécutif, c'était aux représentants en mission de lui donner les hommes et de lui fournir les munitions nécessaires pour reprendre une offensive sans laquelle tout système de défense risque d'aboutir à la défaite. Mais dans le Conseil exécutif le ministre de la Guerre était l'homme dont nous avons vu l'esprit et les tendances à propos des autres armées. En fait de tactique, au lendemain de l'attaque où Dampierre avait péri pour sauver Valenciennes en dégageant Condé, il avait imaginé, pour débloquer cette place, de faire une diversion sur Ostende (13 mai)[1]. Quant aux représentants en mission, ils ne négligeaient assurément aucun moyen d'aider à l'action militaire. Lorsqu'on évacua le camp de Famars et qu'on abandonna Valenciennes à elle-même, sur les six qui s'y trouvaient le sort devait en désigner deux pour partager les travaux du siège. Briez voulut en être : c'est celui que ses collègues accusaient d'avoir pesé sur les opérations militaires, du moins prouvait-il qu'il n'en redoutait point les périls ; le sort lui adjoignit Cochon. Les autres ne devaient pas rester inactifs[2]. Mais leur activité ne fut pas toujours bien réglée. Il en était arrivé du cantonnement des missions comme du morcellement des armées, quand une direction supérieure n'entraînait pas les généraux dans une action commune : chacun tirait à soi ; d'où des divergences qui pouvaient nuire au résultat. Parmi les nombreux représentants envoyés à la seule armée du Nord ou dans les départements qui se trouvaient de sa circonscrip-

---

écrite de Cambrai comme la précédente, Custine expose au Ministre ses intentions. Il va conserver le poste qu'il occupe, d'où il impose assez à l'ennemi pour l'empêcher d'agir. — Il est inattaquable en appuyant sa gauche des inondations de l'Escaut. Il attend Leveneur, le seul capable de commander son armée en son absence ; car il importe qu'il visite toute la ligne. Il ajoute que Lamarlière continue à être heureux sur la Lys, et il fait l'éloge de ce général. — Le 24 mai, Lamarlière annonçait au Ministre les succès qu'il avait obtenus à Tourcoing. (Armée du Nord, à la date.)

1. Armée du Nord, à la date.
2. Bellegarde et Courtois se rendirent à Douai pour faire parvenir des approvisionnements au camp de César. (Armée du Nord, 23 mai 1793.)

tion, les uns avaient surtout leur mission vers l'aile droite, les autres vers l'aile gauche. Carnot par exemple appartenait, depuis le commencement, à l'aile gauche, et c'était vers la partie maritime qu'il avait spécialement tourné ses regards. Est-ce lui qui avait suggéré à Bouchotte l'idée d'une campagne sur Ostende, et est-ce Bouchotte qui (assurément contre la pensée de Carnot) y avait rattaché l'idée d'une diversion propre à débloquer Condé? On ne le peut dire. Toujours est-il que le représentant avait depuis longtemps Ostende en vue. Le 22 mai, à la veille de la bataille décisive de Famars, quand toutes les forces de l'armée du Nord devaient être là, il projetait une expédition contre Furnes, première étape pour aller à Ostende :

Il y a trois semaines, écrivait-il, que je prêche cette expédition, mais le général Omoran, qui est très circonspect, a toujours craint de se compromettre, et il faut convenir que nous manquons de beaucoup de choses essentielles [1].

Bien plus, au moment où Custine arrivait, quand il aurait au moins été bon de connaître les intentions du général en chef, Carnot préparait son expédition contre Furnes, et, le 30 mai, il écrit au Comité de salut public, en son nom et au nom de son collègue Duquesnoy, qu'ils opéreront cette nuit même : la première colonne partira du camp de Bergues; la seconde du camp de Ghyvelde. Ils marcheront en tête de la première colonne. C'est, disait-il,

un simple coup de main pour essayer les soldats et les aguerrir. Nous sommes trop faibles pour tenter davantage, nous ne comptons point rester à Furnes, mais faire quelques prisonniers et prendre quelques pièces de canon.

La ville fut prise en effet, mais ce fut un sac abominable. Carnot et son collègue en disent quelque chose dans leur lettre du lendemain au Comité :

Nous ne vous dissimulons pas qu'il y a eu quelque pillage. Nous avons fait restituer (les effets que nous avons pu retrouver) et punir les coupables.

1. Dépôt de la Guerre, armée du Nord, à la date.

C.-M. Carnot ou Carnot le jeune, frère de Lazare, commissaire du Conseil exécutif, qui avait accompagné la première colonne, dit que, si l'on n'avait pas été plus loin, c'est que les soldats étaient accablés de fatigue; mais Carnot l'aîné, le représentant, dans son rapport au Comité, en attribue, sans détour, la cause à l'ivresse dans laquelle les soldats étaient plongés. Mieux vaut cet aveu, qui était une condamnation de ces excès, et il y eut d'autres répudiations de la même sorte dans la troupe même. Un placard daté du camp de Ghyvelde, 1ᵉʳ juin : *Le petit-fils du véritable Père Duchesne à ses frères d'armes du camp de Ghyvelde*, s'élève contre le pillage et se termine par ce post-scriptum :

J'oublions de vous dire que les endroits où nous allons entrer font déjà partie de la République sous le nom de département de Jemmapes.

C'est une ville déclarée française que l'on avait mise à sac! De même les officiers du premier bataillon du Finistère adressèrent aux représentants une protestation indignée, et versèrent une somme de 464 livres en réparation du pillage que les habitants avaient subi.

A l'occasion de ces désordres, les représentants avaient fait une proclamation où ils les réprouvaient avec une grande force, et ils l'envoyaient au Comité (Bergues, 2 juin) :

Nous vous envoyons, dit Carnot, quelques exemplaires de la proclamation que nous avons faite au sujet de tous ces désordres, sans lesquels il paroit certain que nous serions parvenus à Ostende, presque sans résistance.

Ainsi, c'est bien à Ostende qu'il comptait aller.

Nous n'avons pas encore renoncé à ce projet, mais il nous faut des lois infiniment répressives contre le brigandage, lequel, suivant l'expression du feu roi de Prusse, qui pourtant n'étoit pas fort scrupuleux, est à la guerre la source de tous les malheurs [1].

1. Arch. nat., AF II, carton 232, à la date.

Et dans une lettre autographe du 3 :

Les troupes commencent à être honteuses des désordres auxquels elles se sont livrées à Furnes.

Mais cet exemple lui donne des scrupules et des craintes sur les suites que pourrait avoir la prise d'Ostende dont l'idée le possède :

Nous croyons devoir vous consulter sur un point capital. Nous pouvons plus que probablement emporter Ostende de vive force : le ferons-nous, oui ou non ? Avec des troupes sages, il n'y auroit point à hésiter ; mais voici ce que nous avons à craindre des nôtres. C'est qu'elles vont, aussitôt que l'assaut sera donné, se répandre dans les maisons, piller et s'enivrer, au point que, deux heures après, on les égorgera comme des veaux à tous les coins de rue. Un fait certain est que les soldats ont juré de se venger des Belges et notamment des Ostendois, qu'ils prétendent les avoir fusillés lors de l'évacuation de la Belgique. Ils disent tout haut qu'aucun pouvoir ne pourra les arrêter et qu'ils mettront la ville à feu et à sang. Devons-nous, après cela, entreprendre l'expédition ?

Autre scrupule :

Il faut aussi nous dire ce que nous devons faire de l'immense quantité de voleurs et de recéleurs qui ont été mis en état d'arrestation. Il seroit sans doute très à propos d'en faire des exemples, mais il y a tant de coupables qu'on est très embarrassé.

Le 10, il avait renoncé à l'entreprise, mais bien à contre-cœur :

Nous retrouverons difficilement l'occasion de tenter de nouveau l'expédition d'Ostende. Les ennemis se sont renforcés considérablement. On assure qu'ils ont auprès de Loo, entre Furnes et Ypres, 7 000 hommes et 18 pièces de canon. Il faudroit de ce côté une puissante diversion en s'emparant tout à la fois d'Ypres et d'Ostende ; chose très facile, si l'on vouloit s'entendre : mais les généraux ne mettent point d'ensemble dans leurs opérations. L'égoïsme s'en mêle. Lamarlière et Stettenhofen, fort bons chacun en particulier, ne sauroient se souffrir. Il seroit important de les éloigner l'un de l'autre.

L. CARNOT [1].

[1] Dans une autre lettre datée de Bergues, 27 juin (lettre non autographe comme la précédente, mais signée), il dit que Custine a visité les camps

Et le général en chef?

Que devait penser un chef d'armée qui, arrivant à son quartier général, n'y trouvait, si je puis dire, pas un soldat à mettre en avant pour l'exécution de son plan de défense, tandis qu'à côté de lui un représentant disposait d'un de ses généraux pour aller en pays étranger faire une conquête? et c'était le représentant qui se plaignait que les généraux ne missent pas d'ensemble dans leurs opérations!

Voilà un exemple des difficultés que le général en chef d'une armée pouvait trouver de la part du représentant en mission, chargé de le seconder. Mais pour Custine, c'était peu, à côté des entraves qu'allait mettre à son action celui qui avait le devoir spécial d'y concourir. Je veux parler du ministre de la Guerre, Bouchotte.

Il est vrai que Bouchotte était alors dans une situation assez critique. Sur les plaintes qui arrivaient de tous les côtés contre lui, il avait donné sa démission le 30 mai, et la révolution, qui s'accomplit le lendemain au profit des Jacobins, ne suffit pas à le relever. Le 13 juin, la Convention, sur le rapport de Barère, appelait au ministère de la Guerre Beauharnais [1]; mais Beauharnais refusa. Et la révolution

---

de Cassel et de Ghyvelde et qu'il y a laissé une opinion avantageuse de ses talents militaires et de son amour de l'ordre. Le représentant ne partage pas l'idée du général sur l'importance d'Arras. C'est une mauvaise place et on ne peut y arriver qu'en négligeant Douai et Lille; c'est par Béthune que l'ennemi passerait. Il vaudrait mieux porter ses grands moyens sur Maubeuge, Le Quesnoy et Landrecies. Il pense que Custine exagère la force de l'armée qu'il a devant lui : 110 000 hommes, dit-il. Quand il était à l'armée du Rhin, il voyait toutes les forces de l'ennemi contre l'armée du Rhin. — Carnot, qui vient de signaler avec tant de raison l'importance de la région de Maubeuge, exprime encore le regret qu'on paraisse renoncer à la diversion sur la West-Flandre où l'ennemi se fortifie, grâce aux secours qui arrivent par mer à Ostende. — Dans une lettre à Bouchotte, datée le lendemain, du même lieu, C.-M. Carnot, commissaire du Conseil exécutif, frère du représentant, reproduit les mêmes idées : Custine fait des travaux considérables à Arras. Il ajoute qu'il faudrait aussi mettre Péronne en défense (c'est la route de l'invasion), appuyer sa droite à l'Oise et à l'Aisne, en évitant la Somme. (Armée du Nord, aux dates.)

1. Cela rassurait fort peu les agents de Bouchotte. Voy. la lettre de Grou, Mourgoin et Valmont (19 juin), et, pour savoir qui ils étaient, leurs lettres des 20 et 22 juin. (Armée de la Moselle, aux dates.)

du 31 mai s'affermissant, Bouchotte fut conservé; il resta désormais tant que durèrent les Ministères[1].

Pendant cette sorte de provisoire comme après, Bouchotte refusait à Custine les auxiliaires dont il disait avoir le plus besoin : Leveneur, Stengel; c'étaient des suspects, et d'autant plus peut-être que Custine réclamait leur concours[2].

Custine, peu touché de voir un tel ministre à demi renversé, ne lui ménageait pas les reproches les plus vifs et les marques d'un mépris dont Bouchotte pouvait se ressouvenir, s'il était par hasard remis sur pied. Le 6 juin, répondant au ministre qui lui demandait pourquoi il avait subordonné dans Lille Favart à Lamarlière, il lui lançait cette boutade :

Je suis obligé de vous rappeler souvent que vous vous placez toujours au temps des ministres de l'ancien régime. Ils se croyaient infaillibles, mais persuadez-vous enfin que dans une république, avec un ministre aussi peu instruit que vous de tout ce que vous devez savoir, puisque vous êtes chargé de ce ministère, non seulement un général, mais tout citoyen a droit

1. Ce n'est pas Custine seulement, ni Biron avant lui, qui imputaient aux bureaux de la Guerre la détresse des armées. Le 29 mai, Courtois et Delbrel s'élevaient « contre une nuée d'intrigants » qui siégeaient dans ses bureaux et qui venaient de faire destituer l'ordonnateur Petit-Jean. Le 11 juin, ce même Courtois et Belfroy, son collègue, écrivent de Cambrai que tout était perdu si on manquait de subsistances; ils s'indignent contre le ministre de la Guerre, qui ne répond à personne et ne satisfait à rien, n'envoie ni les chevaux, ni les sabres, ni les pistolets, qui lui sont demandés. (Arch. nat., AF II, 232, aux dates.) — Et Gadolle, agent du ministre des Affaires étrangères, lui écrit de Cambrai (2 juillet) : « Je vous répéterai toujours que l'administration de la Guerre perd notre armée. » (Arch. du min. des Affaires étrangères, France, reg. 327, f° 63.)

2. La demande de Custine que Leveneur soit nommé (sous sa direction) général en chef de son armée, porte en marge cette note de Bouchotte : « Écrire au Comité de salut public qu'il ne peut le proposer : Leveneur ayant tenu une conduite négative lors de la trahison de Dumouriez. » Même refus, malgré son acquittement, pour Stengel que Custine demandait pour chef d'état-major. Custine devait donc se contenter de Lamarche, dont il disait dans sa lettre : « Ce général a de la valeur, de l'intelligence, lorsqu'il est dirigé. Il est un excellent citoyen; mais commander en chef est au-dessus de ses forces; il l'a prouvé à Famars et l'avoue lui-même. » (Armée du Nord, 9 juin.) Le 13, Custine exprime au Comité son regret de n'avoir ni Leveneur, ni Stengel.

de vous instruire; et moi, à qui la sûreté de cette armée est confiée, je dois prendre tous les partis qui doivent l'assurer...

Et encore :

Oui, citoyen Ministre, j'ai dû contrarier les dispositions de votre adjoint... Le temps n'est plus où les généraux regardaient un ministre, même imbécile, comme un dieu [1], etc.

Bouchotte ayant voulu passer outre, il lui écrit le 11 :

Une responsabilité immense pèse sur moi. Je suis seul comptable à la nation entière de mes opérations. Je dois tout seul connoître le poste que chacun, dans l'armée que je commande, depuis les généraux jusqu'aux soldats, doit occuper.

... Pourquoi donc déférer sans mon avis au général Favart le commandement en chef des troupes de Lille dont étoit investi le général Lamarlière, homme très méritant et qui a la confiance générale des citoyens et de la troupe?

Citoyen Ministre, le Conseil du pouvoir exécutif, vous et moi, devons tout faire pour sauver la République. Toute autre considération que celle du bien public doit être sévèrement écartée. Il est nécessaire que le général Lamarlière conserve le commandement en chef des troupes qui sont à Lille, le bien du service l'exige et je le demande instamment, et je soutiendrai l'ordre que j'ai exécuté.

Le général en chef des armées du Nord,
Signé : CUSTINE.

Dans cette correspondance, Custine mettait au moins les formes contre lui. Bouchotte ne manque pas d'en profiter auprès du Comité de salut public. Une lettre toute de sa main, non signée, brouillon sans doute de la lettre officielle, dénonce au Comité le refus de Custine d'obtempérer à la décision prise à propos de Lille : une ville comme Lille ne peut rester sans garnison. Lamarlière est autorisé à employer les forces qui s'y trouvent, mais à la condition de laisser au moins 4 000 hommes à Favart qui commande la place :

[1]. Dépôt de la Guerre, armée du Nord, à la date. — J'ai cité des fragments de ces lettres dans le procès de Custine, *Hist. du tribunal révolutionnaire de Paris*, t. I, p. 228-229.

Custine s'élève contre cette décision, au point qu'il refuse d'y souscrire. Ceci vous donnera une idée du relâchement des ressorts du gouvernement et des embarras qui accompagnent tous ses mouvements. Si un général d'armée, qui doit obéissance aux ordres du Conseil de la République, s'y refuse, peut-on prétendre que les agents descendans lui rendent une obéissance plus complète? Je vais lui mander de se conformer aux ordres du Conseil exécutif provisoire, et je suis bien persuadé que vous prendrez une mesure pour assurer l'exercice de l'autorité que le Conseil exerce au nom de la nation. J'en attends les résultats avec confiance (13 juin).

Bouchotte ne disait pas au Comité les moyens qu'il employait lui-même pour ruiner l'autorité du général. J'ai signalé ailleurs les agents qu'il entretenait partout auprès des armées et j'ai nommé plusieurs de ceux qu'il avait à l'armée du Nord. A l'armée du Rhin, Gâteau et Garnerin s'étaient déjà prononcés contre Custine au sein des Sociétés populaires, à propos d'un échec subi le 17 mai et rapporté comme toujours à la trahison : ils appuyaient une dénonciation qui l'en chargeait, l'accusant eux-mêmes et s'étonnant que sa tête fût encore sur ses épaules [1]; et on l'envoyait alors à l'armée du Nord! A l'armée du Nord, Custine avait trouvé Celliez et Varin qui ne tardèrent pas à reprendre l'attaque. Ils avaient entre les mains une arme que le Ministre leur fournissait à discrétion : la presse.

Le Ministre, persuadé que le moyen de vaincre était de sans-culottiser l'armée, envoyait, par ballots, le *Père Duchesne*, le *Journal de la Montagne*, etc., pour être répandus parmi les soldats; et ses agents en étaient les grands distributeurs. Or ces journaux ne cessaient point d'attaquer les généraux et les états-majors, notamment les généraux les plus en vue et au premier rang Custine. Le 12 juin, Celliez et Varin écrivaient au Ministre qu'ils avaient ainsi distribué

1. Armée du Rhin, 21 et 31 mai 1793. Le 29 juin, Gâteau écrivait encore au ministre de la Guerre : « Turenne disait qu'il avait peine à concevoir ce qu'un général pourrait faire de 40 000 hommes, et cet imprudent Custine, dont il n'aurait pas voulu pour aide de camp, a la prétention de diriger seul les mouvements de 200 000! » (Armée du Rhin, à la date.)

le *Journal de la Montagne* et le *Père Duchesne* et que les soldats en avaient eu grande joie ; le 20, que Bouchain manquait de beaucoup de choses, — et ils réclamaient un plus grand nombre d'exemplaires du *Père Duchesne*, ajoutant que ce journal faisait le meilleur effet sur les troupes [1].

Custine, le 1ᵉʳ juillet, crut devoir faire un ordre du jour pour prévenir les bataillons contre les calomnies insérées dans les journaux, notamment par Laveau dans le *Journal de la Montagne* (1ᵉʳ juillet).

Les journaux de cette espèce en effet ne manquaient pas de flatter les soldats en attaquant surtout les sévérités du général. Custine, voyant combien son armée avait besoin d'une forte discipline, avait pris un arrêté portant peine de mort contre les déserteurs et contre quiconque travaillerait à la désorganisation de l'armée. Beau thème pour le *Père Duchesne*! et le Ministre, se mettant de la partie, rappela, tout en douceur, le général à l'observation d'un arrêté du Comité de salut public, conçu dans un esprit plus tolérant (1ᵉʳ juillet) :

La connoissance que vous avez du caractère national qui accorde beaucoup aux bonnes façons, qui se roidit contre la grande sévérité, notre attachement au sistème populaire qui n'est pas autre chose qu'une pratique constante d'humanité, qui est un devoir rigoureux envers ceux qui font partie de l'association, vous fera reconnoître la vérité des vues de l'arrêté [2].

Custine n'y tint pas, et ménageant d'autant moins Bouchotte qu'il le voyait désormais raffermi au pouvoir, il écrivit au Comité :

La peine de mort contre les traîtres et les désorganisateurs doit, il est vrai, alarmer Bouchotte, car de tous les êtres malfaisants et ennemis du bonheur de leurs concitoyens, il n'en est pas un seul, je ne crains pas de l'assurer, qui mérite plus que

---

1. Dépôt de la Guerre, armée du Nord, aux dates. — Le 27, ils disent à Vincent : « Des fonds et des journaux! »
2. Dépôt de la Guerre, armée du Nord, minute autographe non signée, à la date.

lui de fixer l'animadversion de la loi, et par sa stupide méchanceté et par toutes les misères que lui et son collègue Deforgues, ci-devant son adjoint et maintenant ministre des Affaires étrangères, emploient pour obstaculer la marche des succès que l'esprit français permet d'espérer.

Et, en post-scriptum, il annonçait l'arrestation de deux individus, soi-disant commissaires du Pouvoir exécutif, qui répandaient dans l'armée le n° 28 du *Journal de la Montagne* [1].

Ces deux individus étaient Celliez et Compère, son secrétaire. Les deux représentants qui étaient alors à Cambrai, Beffroy et Bollet, les avaient effectivement fait arrêter et conduire à la citadelle; mais ce Beffroy devait être assez suspect, car dans une lettre du 11 juin il avait défendu Custine :

Observe relativement à Custine, sur lequel on veut jeter des soupçons, que c'est un homme prudent, sage, très habile, que cependant il surveillera de près; mais qu'il est dangereux d'écouter les ignorants et les intrigants qui occupent les places en très grand nombre et qui portent envie à quiconque s'élève au-dessus d'eux [2].

Et il ne pensait guère mieux de Bouchotte que Custine lui-même; il écrivait au Comité de salut public :

L'ineptie des bureaux de la Guerre et l'inaptitude du Ministre paralysent tout.

Celliez fut mis en liberté, avec son secrétaire, au bout de quatre jours : mais cela ne le satisfit pas. Il envoya au Ministre l'arrêté des deux représentants avec des annotations marginales [3] où s'exhalent son dédain et sa colère :

Considérant...
Que s'ils ont commis l'imprudence de chercher à propager par eux-mêmes des soupçons odieux sur le compte d'un

---

1. Dépôt de la Guerre, armée du Nord, à la date, et *Hist. du tribunal révolutionnaire de Paris*, t. I, p. 250.
2. Arch. nat., AF II, 232, à la date; et dépôt de la Guerre, armée du Nord, à la date.
3. Je les reproduis en italique.

général dont les opérations, sans la confiance de l'armée, pourroient devenir extrèmement préjudiciables aux troupes et à la République,... il ne faut en attribuer la cause qu'aux ordres supérieurs qu'ils en avoient reçus.

J'ai fait ce que tout bon républicain eût fait à ma place. J'ai dit des vérités que je défie de démentir.

Considérant que si ces citoyens se sont permis de donner quelquefois avec trop de légèreté leur opinion personnelle... pour le résultat de l'opinion publique...

Je défie que l'on me cite une seule phrase qui ne soit le résultat de l'opinion publique; le reproche porte sur ce que j'ai dit : « Plus de nobles, plus de nobles et plus de nobles. »

Arrêtons que le commissaire auditeur fera, dès aujourd'hui, mettre en liberté les citoyens Celliez et Compère et que copie du présent arrêt [leur] sera remis pour leur propre justification.

Je n'en avais pas besoin.

Les deux représentants à la fin de leur arrêté ajoutant en leur nom :

Qu'ils doivent être regardés par tous les citoyens comme de vrais amis de la liberté qui ne peuvent s'être écartés des principes et de la dignité de leur mission qu'autant que des ordres supérieurs les auroient induits en erreur...

Celliez les en remercie, en écrivant en marge :

Bêtise qui ne mérite pas de réponse [1].

Ce que Celliez faisait à Cambrai, Defrenne, un autre agent qui nous est connu, le faisait à Maubeuge. On s'était permis de l'en incriminer, il répond par une affiche :

On m'inculpe d'avoir distribué dans l'armée des journaux désorganisateurs, et cela parce que ces journaux inculpaient Custine...

Que Custine agisse en républicain; qu'il expulse de notre territoire tous les vils esclaves des tyrans qui le dévastent, c'est la meilleure réponse qu'il pourra faire à ceux par qui il est inculpé; mais qu'il se donne bien de garde d'empêcher dans

---

1. Dépôt de la Guerre, armée du Nord, à la date.

son armée la libre circulation des journaux, tels que le PÈRE DUCHESNE, le RÉPUBLICAIN et surtout la MONTAGNE. Il est plus que temps que nos frères d'armes soient instruits de ce qui se passe, afin de ne plus servir d'instrument à ceux qui auraient l'audace de vouloir les égarer encore.

Et à l'appui il cite l'ordre qu'il a reçu du ministre de la Guerre :

L'adjoint de la 4e division du ministre (sic) de la Guerre aux commissaires du Conseil exécutif près l'armée du Nord et des Ardennes.

Je vous invite, citoyens, à distribuer vous-mêmes dans tous les bataillons les différents journaux et adresses qui nous parviennent chaque jour du département de la Guerre ; cette mesure est d'autant plus utile et urgente que vous n'ignorez pas que la plupart des états-majors sont encore infectés d'aristocratie ; c'est à nous, bons républicains, à fortifier l'esprit public et à terrasser tous les scélérats qui veulent nous replonger dans les fers.

Salut et fraternité,
PROSPER SIJAS.

Pour copie conforme,
J. DEFRENNE.

Il ajoute :

Je déclare une guerre éternelle aux états-majors perfides, aux dilapidateurs, enfin à tous les ennemis du bien public que je jure de dénoncer impitoyablement.

J. DEFRENNE.

Et pour commencer, dans une lettre du 7, il insinue au Ministre que Tourville, commandant de Maubeuge, pouvait bien trahir :

Le dernier officier envoyé par l'ennemi à Tourville est celui qui a dernièrement dîné avec le général.

A la même date, Tourville avait la simplicité de représenter au Ministre le danger qu'il y avait à laisser Defrenne distribuer aux troupes des écrits incendiaires, contenant des dénonciations contre Custine et les états-majors. Il lui demandait de rappeler ce commissaire dont la conduite amènerait, disait-il, une désorganisation totale et faciliterait l'entrée des ennemis en France. Mais ce même jour encore, Defrenne écrivait de son côté à Bouchotte :

J'ai éprouvé beaucoup de désagrément ici depuis huit jours. Je n'ai point été faire visite à Custine lorsqu'il est passé à Maubeuge, parce que je n'aime pas ces platitudes. J'ai distribué avec exactitude et par moi-même l'excellent *Père Duchesne*. — Tourville lui a dit de ne pas le faire. — Toute la ville disoit que je répandois des journaux incendiaires. Des particuliers d'Avesnes s'en sont même plaints au député de la Convention; tout cela ne m'épouvante pas, et j'irai en avant. Voici en conséquence l'affiche que j'ai fait faire et que je répands avec profusion. Veuillez me dire si vous approuvez ma conduite.

Et prenant l'offensive :

Custine a eu l'audace de se présenter ici avec un chapeau à la Dumouriez. Je prévois que nous serons encore trahis, si nous ne prenons des mesures vigoureuses et spontanées, telles que celles de licencier tous les états-majors et de les recréer dans les 24 heures; mais il faut préalablement un envoi de bons commissaires pour connoître à fond tous les individus qui les composent.

J'ai tant de choses à dire qu'une journée d'écriture n'y suffiroit pas; aussi je vais me rendre à Paris pour quelques instants, et vous verrez que ma présence n'y sera pas inutile.

J. DEFRENNE.

Celliez, comme on le peut croire, n'avait pas été corrigé par ses quatre jours de citadelle. Il se plaignait au Ministre, le 10 juillet, de Custine qui l'avait fait arrêter pour des journaux, ajoutant :

J'ai recommencé à en distribuer depuis mon élargissement... Si Custine s'en fâche encore, tant pis pour lui, cela prouvera davantage que les scélérats craignent toujours la vérité[1].

Et le lendemain, ayant su (il n'eut pas de peine à le croire) que Bouchotte n'avait pas nui à sa prompte libération :

---

1. Dépôt de la Guerre, armée du Nord, à la date.

Je viens de recevoir une lettre de mon collègue Varin qui me fait part des démarches que vous avez bien voulu faire relativement à mon arrestation. Vous avez dû recevoir ma lettre par laquelle je vous annonçois mon arrestation et une copie de l'arrêté des représentants qui est dicté avec le même esprit que la réponse de Custine à l'armée.

Bouchotte écrit en tête :

Répondre à Celliez que j'ai vu avec peine son arrestation et surtout l'abus de pouvoir dont elle étoit la preuve, etc.

Dans cette même lettre, rapportant un bruit qui courait sur une heureuse sortie de la garnison de Valenciennes, Celliez en prenait occasion de lancer un trait mortel contre Custine :

Tout le monde paroit surpris que Custine laisse aussi longtemps cette place aux prises (avec l'ennemi). L'armée qui se trouve au camp de César pourroit faire une diversion utile et forcer l'ennemi battu de son côté à se replier[1].

Mais la veille avait lieu un événement dont le contre-coup devait bien plus sûrement atteindre le général : Condé, vaincu par la famine, ouvrait ses portes aux assiégeants (10 juillet)[2].

C'était le présage de la chute de Valenciennes; et l'une des deux choses aurait dû être aussi bien prévue que l'autre.

Valenciennes, entièrement bloquée depuis l'évacuation du camp de Famars, était depuis le 14 juin livrée aux horreurs d'un impitoyable bombardement[3]. Deux représen-

---

1. Armée du Nord, aux dates.
2. « Observation sur la suite de la prise de Condé, tant par rapport au siège de Valenciennes, qu'à son effet sur l'esprit public et le reste de la campagne. » (Arch. du ministère des Affaires étrangères, France, reg. 327, f° 96.)
3. L'ennemi ne méconnaissait pas le tort que lui faisait la résistance de Valenciennes et de Condé. On lisait dans une lettre de Bruxelles (27 juin) : « Valenciennes est en feu... Le général Custine profite de la résistance de Valenciennes et de Condé pour compléter et organiser son armée. »

tants qui n'étaient pas hommes de guerre et qui, du reste, se signalèrent surtout à la guerre par les atrocités de la Terreur, Hentz, l'un des bourreaux de la Vendée, La Porte, un des bourreaux de Lyon, sont peut-être les seuls qui aient vu clair dans la situation d'alors. Ils écrivaient le 16 juin au Comité de salut public :

Voilà bientôt cinq mois que nous parcourons la frontière, depuis le Bas-Rhin jusqu'à Givet et Philippeville; nous avons vu les places, nous avons vu les armées, nous avons vu les généraux. Il ne nous reste à voir qu'un plan de campagne, ou du moins l'unité d'action qui en suppose un, et cette unité n'existe pas.

Nous considérons la France comme une grande place de guerre investie, mais une place de guerre investie n'est jamais attaquée que sur quelques points principaux...

Aujourd'hui la principale attaque est au Nord. L'ennemi veut prendre Condé et Valenciennes, mais chaque général s'isole et cependant il y a assez de forces pour défendre les points menacés. A quoi sert maintenant l'armée de la Moselle dans la Moselle? Il faut refaire l'armée du Nord fatiguée, réduite encore par les emprunts qu'on lui fait pour la Vendée :

C'est donc là où se portent les grands coups que nous devons aussi déployer nos grands moyens de résistance.

Quand Valenciennes et Condé seront au pouvoir de l'ennemi, aurons-nous aussi beau jeu pour lui faire lâcher prise? Faites marcher 40 000 ou 50 000 hommes tirés de la Moselle et du Rhin...

Il faut les porter sur Charleroi, occuper les rivières et ainsi couper les vivres à l'ennemi.

Mais, dira le général de l'armée de la Moselle, vous désorganisez la frontière que je commande. Nos places resteront à découvert.

— Tant mieux, c'est une diversion qui affaiblira nos adversaires; un sacrifice bien douloureux exigé par un intérêt supérieur. — Et ici, abordant la partie politique de leur projet, ils présentent un plan qui porte bien la marque du terrorisme :

Établir un conseil; qu'il ne soit pas trop nombreux. Si quelqu'un en trahit les résolutions, qu'il soit puni de mort. On le composera de un ou deux généraux, pris dans chacune des armées du Rhin, de la Moselle, des Ardennes et du Nord. C'est ce conseil qui arrêtera le plan de défense général. Il sera surveillé par un ou deux députés, envoyés près chaque armée, *qui n'auront pas voix délibérative*, et par deux membres du Comité de salut public.

Les deux commissaires allaient se rendre à Paris pour y exposer leurs idées.

Mayence et Condé, et avec Condé Valenciennes, tel était le double objectif de ce plan de défense pour lequel ils demandaient l'unité d'action, c'est-à-dire un général en pleine possession du pouvoir.

V

Capitulation de Mayence et de Valenciennes.

Mayence était toujours à nous; mais nos deux armées de la Moselle et du Rhin étaient aussi impuissantes à la secourir que les Prussiens étaient incapables de la prendre de vive force sur une garnison aussi aguerrie. L'ennemi ne pouvait compter pour cela que sur un auxiliaire qui ne lui manque jamais, quand le temps ne lui fait point défaut : la faim. Deux représentants, Reubell et Merlin (de Thionville), étaient renfermés dans la place, partageant les périls de la garnison. Pour les autres, au dehors, la besogne ne leur manquait pas : visiter les fortifications sur la frontière, faire arriver des approvisionnements aux villes, des munitions et des vivres aux armées, aider les généraux dans leurs plans de campagne, c'est à quoi nous trouvons occupés pendant les mois de juin et de juillet les représentants Levasseur, Gentil, Soubrany, Maignet, Maribon-Montaut, à l'armée de la Moselle, Pflieger, Louis, à l'armée du Rhin¹. Leur vigilance devait s'étendre à tous les employés de l'administration, aux ordonnateurs, aux fournisseurs qui, avec la complicité de l'administration, faisaient souvent une si scandaleuse fortune aux dépens du trésor et aussi de l'armée. Ils prétendaient, et c'était leur droit, s'occuper aussi des généraux, des officiers de l'armée, et ils allaient jusqu'à contrecarrer les actes de l'administration supérieure. Le 7 juillet, Gentil, Soubrany, Maignet et Maribon-Montaut écrivent :

C'est avec la plus vive douleur que nous avons lu la composition de l'état-major de l'armée de la Moselle. Qui donc a pu appeler parmi ses chefs de brigade un homme émigré, un Dumas, frère d'un ex-législateur dont toute la république connoît l'incivisme, un Travanet que la voix publique accuse d'avoir aussi émigré? Pourquoi au moment où il faut agir... avoir déplacé le citoyen Hédouville pour le porter dans une autre armée?

Ce sont ces changements qui paralysent tout : aussi nous vous déclarons que nous avons maintenu le citoyen d'Hédouville, à l'activité duquel nous n'avons que des éloges à donner et contre le civisme duquel nous n'avons reçu aucune plainte. Et nous aussi, citoyens nos collègues, nous prenons des renseignements sur le compte de chaque officier; mais nous les prenons auprès du soldat, et ceux-là, ils n'ont pas intérêt à nous tromper. Nous ne sommes pas entourés d'intrigants ni de coureurs de places. Depuis deux mois que nous sommes dans cette armée, nous n'avons nommé qu'à deux, et nous les avons données à des hommes dont nous connoissions personnellement les talents. Nous vous dirons tout aussi franchement que si Dumas et Travanet ont l'audace de se présenter pour remplir les postes qu'on leur a si imprudemment confiés, nous les suspendrons, nous les livrerons à la justice. La Convention nous a ordonné de purger nos armées des traîtres qui peuvent y être encore; nous ne souffrirons pas que, sous nos yeux, il s'y en introduise d'aussi reconnus.

C'est au Nord qu'était le plus grand péril, et là on était bien près d'avoir cette unité de commandement réclamée

---

1. Voy. la note XIII, aux Appendices.

par Hentz et La Porte. Custine, qui commandait l'armée du Nord avec l'armée des Ardennes pour annexe, avait eu sous ses ordres les armées des Vosges, du Rhin et même, jusqu'à un certain point, l'armée de la Moselle. Il lui était facile d'obtenir leur concours, surtout quand son fidèle Houchard venait d'y recueillir sa succession. Mais c'est dans sa propre armée qu'il trouvait le plus de difficultés, et c'est là qu'il se voyait déjà miné par les agents de Bouchotte, quand Condé succomba. A Lille, nos forces étaient paralysées par l'opposition que faisait à Lamarlière, commandant de l'armée active, le commandant de place Favart avec l'appui de deux intrigants, Calandini et Dufraisse. A l'ouest de Lille, le général O'moran était jeté, contre ses désirs, dans cette aventure de la West-Flandre par les représentants Carnot et Duquesnoy. Disons Carnot, car Duquesnoy était resté malade à Béthune, et c'est ce qu'il avait de mieux à faire. Au temps où il était à Dunkerque, il y faisait dire de lui (30 mai) :

Duquesnoi, député, est ici : il ne se comporte pas comme un père de la patrie, mais bien comme Noé donnant un mauvais exemple à ses enfants [1].

D'ailleurs Furnes et Ostende, c'est ce que Carnot n'avait cessé d'avoir en vue dans sa mission. Il y persévérait plus que jamais [2]; et pourtant Lille, après Valenciennes, était

---

1. Arch. du ministère des Affaires étrangères, France, reg. 324, f° 317.
2. « Je presse en vain le général Omoran de nous porter sur Furnes et Nieuport où il n'y a personne depuis notre expédition, où nous serions en mesure de tomber à l'improviste sur Ostende, Bruges et Dixmude, où nous vivrions aux dépens de l'ennemi, d'où nous pourrions enfin tirer des contributions, des bestiaux, des fourrages, du bois de chauffage, choses qui sont pour nous de la première nécessité. Il est d'une prudence qui me désespère et que je nommerois pusillanimité si je ne respectois ses talents militaires; mais j'espère que Custine sera plus entreprenant : on l'attend au premier jour. » — On aurait pu souhaiter que Carnot le fût un peu moins alors.

« Je reviens en ce moment de Dunkerque, où nos corsaires ont fait plusieurs prises très importantes. Je ne cesserai de vous parler de l'armement que je vous ai proposé pour la Baltique, etc. » (Bergues, 16 juin 1793.)

menacée d'être cernée par l'ennemi : Carnot lui-même le dit en tête de sa lettre [1].

Custine fut appelé à Paris.

Ce n'était guère le moyen de faire sortir du camp de César ces restes de l'armée du Nord en qui Valenciennes, plus exposée depuis la prise de Condé, mettait ses dernières espérances. On en donnait le commandement à un général de second ordre, Kilmaine, qui n'inspirait aucune confiance aux soldats et qui avait lui-même tout à apprendre : il fallut que Custine différât de quelques jours son départ pour mettre son successeur au courant de la situation [2]; et cela paraissait trop long à ses ennemis; et leur ardeur redoublait en raison de ce commencement de succès. Le 18, Celliez écrit au Ministre :

Les patriotes ont applaudi aux reproches que le *Père Duchesne* fait à Custine.

Et pour sa part, il espère bien que Custine ne reviendra plus. Le 19, il dit à Hébert :

Depuis longtemps je me proposois de t'écrire pour t'apprendre quelques faits sur le général *Moustache*.

C'est sa manière de désigner Custine, et il s'abandonne à la joie que lui cause une telle chute [3].

---

1. Les agents que le ministre des Affaires étrangères entretenait à la frontière du Nord lui rendent compte du mouvement des opérations pendant toute cette campagne, 25 et 30 mai, etc. (Arch. du ministère des Affaires étrangères, France, reg. 324, f° 305, 347.) Ils lui font passer aussi des numéros du Journal général de la guerre, que l'ennemi faisait paraître à Bruxelles. (*Ibid.*, reg. 326 et 327.) On peut signaler en particulier la correspondance de Gadolle qui écrit de Dunkerque, le 29 juillet, à un des hauts employés du ministère :
« J'ai dans la Belgique huit émissaires et deux chefs de station; j'ai quatre rôdeurs *intra limites* pour observer et recevoir les avis de ceux de l'intérieur de la Belgique. La machine est très bien montée, elle va de même; et j'ai la douleur de la voir, au premier jour, s'arrêter faute de fonds. » (Registre 327, f° 280.)
2. Lettre de Custine à Bouchotte, armée du Nord, 16 juillet.
3. Même ardeur pour le perdre à l'armée du Rhin. L'agent Gâteau, enfermé dans Mayence, écrit le 19 juillet, à Vincent, secrétaire général de la Guerre, pour lui recommander d'envoyer promptement à un cer-

A la même date, annonçant à Bouchotte la prise de Condé, il dit :

Les patriotes espèrent que Custine sera destitué. Ses partisans travaillent l'esprit des soldats et disent : « Point de Custine, point d'armée. »

Le 24, il a appris son arrestation et il adresse au ministre ses applaudissements. Le 25, ce sont les représentants Levasseur, Delbrel et Letourneur qui, à Cambrai, propagent cette nouvelle et ils ajoutent :

Ne voyez que la chose publique. S'il est innocent, ses ennemis seront confondus. Dans une république, plus un général a de talents militaires, plus on doit surveiller sa conduite [1].

En même temps, les accusations et les intrigues redoublent à Lille contre Lamarlière, le seul homme dans l'armée du Nord qui eût pu alors remplacer Custine, si l'on commettait la faute de le remplacer [2]. C'est au point que Duhem, un montagnard assez prononcé pourtant, qui con-

---

tain Misobasile Sorel, séide de Marat, auteur, dit-il, de la lettre du 18 mai (contre les Girondins) à la Convention, tout ce qui a rapport à l'armée du Nord, afin que ce misérable soit complètement démasqué. « C'est de lui, ajoute-t-il, que j'attends sous peu le développement des 47 chefs d'accusation contre notre scélérat. » (Armée du Rhin, à la date.)

1. Armée du Nord, aux dates.
2. Le 12 juillet, Bouchotte adressait au Comité de salut public la correspondance des généraux Custine, Favart, Lamarlière et Songis. Il disait que Lille était dépouillée de 76 bouches à feu et que les opérations de Lamarlière tendaient à laisser la ville presque sans garnison. Il invitait le Comité à prononcer sur la conduite de Lamarlière, qu'il accusait encore d'avoir fait arrêter arbitrairement les commissaires du Pouvoir exécutif et donné l'ordre tyrannique de fusiller des soldats pour des fautes légères. — Les accusations ne se bornèrent pas là. — Le 13, Favart se plaint au Ministre des inconvénients qui résultent du droit que le général Lamarlière conserve de disposer des troupes de la garnison de Lille et de faire entrer les trompettes ennemis dans la ville. A la même date, Calandini adresse la même plainte à la société des Jacobins. Le 17, Favart insiste encore auprès de Bouchotte; Lavalette dit au Ministre que Lamarlière a la même ambition que Lafayette, et il adresse au Comité de salut public toutes les dénonciations qu'il a pu recueillir. J'ai cité plusieurs de ces pièces et d'autres encore dans le procès de Lamarlière. (*Hist. du tribunal révolutionnaire de Paris*, t. II, p. 102 et suivantes.)

naissait bien Lille, son pays, en a le cœur soulevé et qu'il écrit au Comité de salut public, demandant qu'on mette un terme à sa mission :

> J'ai vu dans les papiers publics qu'un décret défend aux membres de la Convention nationale d'être commissaire dans leur département, qu'un autre décret fixe à quatre les membres des commissaires près des armées, tandis que nous sommes douze ici. Je suis donc doublement [rappelé] dans le sein de la Convention, et certes il y a longtemps que je le désire; mais par quelle fatalité avez-vous plus de confiance en quelques aventuriers brouillons, comme Lavalette et son adjudant général, le comédien Dufraisse... plutôt que dans ceux de vos collègues qui ont fait leurs preuves depuis longtemps? Vous êtes circonvenus, citoyens, et voici comment. Les bureaux de la Guerre, qui renferment maintenant ce qu'il y a de plus corrompu dans la République, veulent perdre la France; ils n'accueillent et ne voient que les fripons. Ces fripons savent très bien que la Commission du Nord commence à voir clair dans leurs brigandages. Le fameux Ronsin, actuellement général, Huguenin, Bridet et autres coquins ne nous pardonneront jamais d'avoir saisi pour deux millions d'effets qu'ils ont volés à la République; ils craignent de rendre compte des sommes qui leur ont été données par le ministre de la Guerre et de celles qu'ils ont extorquées en Belgique.
>
> Je vous prie donc, chers collègues, de motiver mon rappel, *qui est décidé dans les bureaux de la Guerre*, sur ma demande et sur les lois.

Il resta pourtant, et tandis que le Comité, sous l'influence des Jacobins, amis de Lavalette, de Calandini et de Dufresse, destituait Lamarlière (22 juillet), Duhem et son collègue à Lille suspendaient Lavalette et mettaient en arrestation Dufresse (23 juillet). Nous aurons à dire qui l'emportera à la fin. Pour le moment, il s'agissait moins de Lamarlière que de Custine. Deux terribles nouvelles arrivaient coup sur coup. Mayence capitulait le 23 juillet, Valenciennes le 28, le jour même où l'on apprenait la capitulation de Mayence. — Ce même jour, 28, Delbrel, Levasseur et Letourneur écrivaient à la Convention pour lui remontrer l'état critique de l'armée du Nord et solliciter des secours pour Valenciennes[1]. Il était bien temps !

L'impression de cet événement fut profonde, car les suites en pouvaient être incalculables. Carnot, qui (le 16 juin) reméditait une attaque sur Furnes, écrit à un collègue qui l'en informait (31 juillet) :

> Je suis abasourdi, mon cher collègue, par l'affreuse nouvelle que vous me donnez de la prise de Valenciennes. Quels sont les lâches qui ont défendu cette place et à quels hommes, grand Dieu ! sommes-nous livrés...?
>
> On nous disoit hier que les ennemis avoient été repoussés...

Pourquoi ne s'était-il pas fait mieux renseigner et pourquoi n'avait-il pas agi ?

> J'en reviens à la prise de Valenciennes, c'est le comble de la lâcheté et de la trahison, et je n'y crois pas. Si l'on eût marché sur Ostende quand je le voulois, l'état des choses seroit bien différent.

Toujours cette incroyable lubie de prendre Ostende pour débloquer Condé, de prendre Ostende pour sauver Valenciennes !

Le 2 août, nouvelle lettre où l'indignation déborde. Capituler, sans la moindre brèche !

> On ajoute même, dit-il, que le siège n'étoit pas encore commencé, c'est-à-dire que les ennemis n'avoient pas encore mis le

---

[1]. Armée du Nord, à la date. — Rappelons, comme un signe de bonne volonté, le dessein des habitants de Lille, transmis le 17 juillet par Duhem et Lesage-Senault à la Convention : c'était de se concerter avec les quatre départements voisins pour se lever tous à la voix du tocsin et du canon : « La générale serait battue, le canon d'alarme serait tiré, le tocsin sonnerait partout à la fois pour faire lever en un instant 300 000 hommes libres, et, guidés par l'intrépide armée du Nord qui leur ouvrirait le chemin de la victoire et de l'honneur, de tomber en masse, à la manière des anciens Gaulois, sur ces hordes de brigands, de les exterminer et de porter ainsi, dans l'Europe étonnée, la terreur et la consternation. » (Séance du 20 juillet, *Moniteur* du 22, t. XVII, p. 186.) — Projet trop magnifique ! et les deux représentants le transmettaient sérieusement à la Convention. Mais, à ce moment même, Custine était rappelé (12 juillet).

pied sur les parties internes de la fortification qui sont les glacis. Il est impossible que nos collègues Cochon et Briez ayent donné les mains à cette ignominieuse capitulation.

Et le 4 août :

On prétend maintenant que Valenciennes s'est bien défendue. Je n'en crois pas un mot [1].

Ce qui pourrait excuser ce langage de Carnot, c'est la parfaite ignorance où il semble être de la situation. *Le siège n'était pas encore commencé!* Mais la ville était bloquée depuis le 23 mai; elle était bombardée depuis le 14 juin : du 14 juin au 27 ou 28 juillet, 43 jours de bombardement jour et nuit! Le canon s'entendait du quartier général sous Bouchain; et durant ces quarante-trois jours Carnot y était venu parfois, sans doute; et c'est alors qu'il faisait cette campagne de Furnes dont le déplorable résultat lui inspira la résolution, d'ailleurs fort honnête, de ne pas aller plus loin! *Le siège n'était pas commencé!* mais la ville était à moitié détruite. *Les ennemis n'avaient pas encore mis le pied sur les parties externes de la fortification qui sont les glacis.* Ils venaient au contraire d'enlever deux ouvrages où ils n'étaient plus séparés de la courtine que par la largeur du fossé! Le mur d'enceinte était entamé et des batteries, récemment construites avec les canons amenés de Condé à Anzin, balayaient le rempart de la porte de Mons, de manière à en rendre le séjour impossible.

Si nous eussions marché sur Ostende quand je le voulois! dit-il encore. Si Custine avait fait tout son devoir, — c'est la seule chose dont on puisse le reprendre, — il aurait fait marcher les généraux de son armée là où était l'intérêt capital, à la délivrance de Valenciennes, et n'aurait pas souffert qu'ils fussent distraits de ce but, pour des expéditions de fantaisie, par un représentant du peuple, fût-il Carnot!

1. Arch. nat., AF II, 233, pièce 131. Cf. Armée du Nord, aux dates.

Valenciennes était écrasée, mais elle avait retenu trois mois les Autrichiens devant ses murs, trois mois qui avaient donné à la Convention le temps de se reconnaître. Quand, après quarante-trois jours et quarante-trois nuits de bombardement, elle ouvrit ses portes à l'ennemi, elle avait sauvé la France [1].

1. Sur le siège de Valenciennes, voir la note XIV, aux Appendices.

CHAPITRE XXIX

FIN DE LA CAMPAGNE DE 1793

I

Houchard. — Bataille de Hondschoote.

Les capitulations de Mayence et de Valenciennes que l'on apprenait coup sur coup étaient deux événements considérables. La grande entrée de l'Allemagne nous était fermée et l'on voyait une des principales portes de la France ouverte à l'ennemi. Rien ne semblait l'empêcher, s'il avait quelque audace, de reprendre le chemin de Paris. L'émotion fut donc profonde au sein de la Convention. Elle décréta la levée en masse, l'enrôlement immédiat des jeunes gens de dix-huit à vingt-cinq ans (23 août), et ce fut aussi sous cette impression qu'elle ordonna le procès de Custine, rendu responsable de la perte de Mayence, qu'il avait conquise autrefois, et de Valenciennes, qu'il n'avait pas pu secourir. Ce fut un des grands procès du tribunal révolutionnaire de Paris : procès qui sembla dégager la responsabilité des représentants en mission, et qui fut le triomphe des commissaires du Pouvoir exécutif sur les généraux. Ces agents en effet y fournissent les accusateurs et les témoins; les représentants y figurent pour quelque chose aussi, sans doute, mais leur plus grand tort fut d'avoir laissé faire, au lieu de témoigner en faveur d'un général qu'ils avaient, en si grand nombre, vu tour à tour favorisé et trahi par la fortune, mais qui, assurément, à leur connaissance, n'avait jamais trahi [1]. Le jugement de Custine eut des conséquences dont les représentants près les armées furent les premiers à souffrir. Il découragea les meilleurs généraux dans une carrière où ils risquaient non pas seulement la vie, mais l'honneur : la vie qu'un soldat sacrifie volontiers, l'honneur qu'il entend garder intact au milieu même des revers de la fortune. Il pouvait donc enlever aux représentants en mission les auxiliaires dont ils avaient besoin pour que leur mission réussît. Mais quoi! ce furent souvent ces représentants eux-mêmes qui poursuivirent de ces soupçons odieux et sacrifièrent quelquefois à leur amour-propre ces braves soldats dont le dévouement méritait une autre récompense; nous en avons vu maint exemple dans les autres armées. Custine ici n'allait avoir que de trop nombreux successeurs!

Déjà le décret qui destituait Custine avait jeté un grand trouble dans l'organisation de nos armées sur la frontière du Nord. Diettmann, qui en avait reçu le commandement par intérim, refusait, et demandait à rester divisionnaire; des dénonciations avaient prévenu son refus [2]. Ce fut Houchard qui fut nommé, sur la recommandation des représentants près l'armée du Rhin [3]. Exclure les nobles

---

1. On regrette de trouver à la date du 2 août, au moment où Custine était renvoyé devant le tribunal révolutionnaire (29 juillet), cette lettre de Carnot au directeur de l'arsenal de Douai, lettre qui, heureusement, n'a pas été produite dans son procès :

« La plupart de nos bataillons sont sans canons...

« Le général Custine m'avoit promis de lever la ridicule défense qu'il vous avoit faite de nous armer, mais il paroît qu'il nous avoit oubliés ou qu'il entroit dans son plan que nous n'en eussions pas. » (Cassel, 2 août. Arch. nat., AF II, 233, pièce 161.) — On accumulait alors de toutes parts les accusations contre ce général, naguère si vanté. On peut voir combien de haines étaient conjurées contre lui dans son procès. (*Hist. du tribunal révolutionnaire de Paris*, t. I, p. 226 et suiv.)

2. Celliez et Varin, dans une lettre au Ministre (28 juillet), l'accusaient d'être complice de Dumouriez. L'armée, disaient-ils, préfère Houchard ou Ferrand (Jacques Ferrand, et non Jean-Henry Bécays-Ferrand, le défenseur de Valenciennes).

3. Armée du Rhin et armée de la Moselle (26 juillet).

CH. XXIX. — FIN DE LA CAMPAGNE DE 1793

de tous les grades de l'armée était une règle généralement recommandée par les représentants au Comité qui n'y était que trop porté. Le général La Bourdonnaye, qui déguisait, autant que possible, son origine en signant *Bourdonnay*, en indiquait pourtant les inconvénients. Il écrivait le 3 août au ministre Bouchotte :

> J'ai écrit au citoyen Pache sur le danger de donner de la suite aux opinions d'Henriot et d'Hébert sur les cy-devant que l'on veut chasser des états-majors — (impossibilité de les remplacer passablement). — Je vous avoue que je dois le succès réel du 23 à un ci-devant, commandant mon avant-garde [1].

Les agents de Bouchotte, fiers de leurs succès sur Custine, tombaient maintenant sur ses lieutenants. Celliez et Varin écrivaient de Cambrai à leur ministre, le 3 août, contre le général Paillot de Beauregard :

> Nous avons vu ici le général Beauregard qui commandoit cy-devant à Sedan. Il nous a dit qu'il partoit aujourd'hui pour Paris. Nous croyons aussi devoir vous dire ce que nous savons sur cet homme...

Ils l'ont vu dans la campagne dernière, particulièrement à Châlons où il a commandé :

> Nous avons remarqué en lui un incivisme bien caractérisé et très peu de talent militaire. Sa société à Châlons fut toujours ce qu'il y avoit de plus infecté d'aristocratie [2].

Le fameux Ronsin, adjoint maintenant au ministre de la Guerre, envoyé par le Conseil exécutif à l'armée du Nord, lui transmettait cette note sur les généraux :

> *Leveneur*, ami de Custine, professe les mêmes principes;
> *Lamarche* passe pour ivrogne et a perdu la confiance de la troupe;
> *Dangest*, lieutenant général d'artillerie, passe pour aristocrate;

---

1. Dépôt de la Guerre, armée du Nord, à la date.
2. Dépôt de la Guerre, armée du Nord, à la date.

Champmorin, un de ceux qui se sont plaints le plus de l'arrestation de Custine;

Dardennes, créature de Dumouriez;

Devrigny, ancien émigré, etc.

Et quinze autres avec cette note :

Tous ces officiers, nobles ou étrangers, ont été, pour la plupart, attachés au parti de Dumouriez et, depuis, à celui de Custine.

Si l'on ne joint, ajoutait-il, à la force militaire celle de l'opinion, il y a tout à craindre pour la campagne prochaine. C'est l'affaire des représentants du peuple d'y pourvoir. Il faut porter l'instruction dans les campagnes; avoir un journal particulier pour le Nord et le Pas-de-Calais [1], etc.

Et les arrestations de généraux recommençaient. Le 11 août, Duquesnoy et Le Bas écrivaient au Comité de salut public qu'ils avaient fait arrêter O'moran et Richardot :

Omoran, d'accord avec Richardot, a constamment refusé l'expédition de Furnes, sous le prétexte que l'ennemi étoit en force; il avoit cependant reçu l'avis contraire et ne l'a pas communiqué aux représentants, etc.

Arrestation contre laquelle O'moran protesta en faisant l'exposé de ses services (17 août) [2]. Carnot, qui venait d'entrer au Comité de salut public, l'avait excusé naguère [3] et devait bien savoir ce qu'il en était.

Houchard ne pouvait point passer pour noble, et le Ministre écrivait en tête de la lettre par laquelle, nommé à l'armée du Nord, il protestait de son dévouement (3 août) :

Le Conseil, en vous nommant, n'a suivi que sa conviction que vous étiez attaché au système populaire. Montrés aux autres

---

1. Dépôt de la Guerre, armée du Nord, 2ᵉ quinzaine d'août 1793.
2. Armée du Nord, à la date. — Le 12 août, Lecointre justifie le général Stettenhofen et demande sa réhabilitation. C'est un étranger d'origine; mais il a trente ans de service et a passé par tous les grades jusqu'à général de brigade.
3. Voy. ci-dessus, p. 77, note 3, et 122, note 2.

peuples que les sans-culottes qui ont eu le désir bien naturel d'un meilleur gouvernement ont aussi en eux les moïens de l'affermir.

Mais déjà il était calomnié. Il voulait aller au-devant de ses calomniateurs, et, dans une lettre datée de Reims (7 août), il demandait à être jugé. Tout en obéissant aux ordres du Ministre, il insistait pour qu'on le remplaçât. Il ne voulait plus être général d'armée ; une division lui suffisait, et il exprimait le désir d'avoir auprès de lui Berthelmy, un officier qui avait sa confiance. Et Bouchotte écrivait encore en tête de la lettre :

> La République vous a nommé parce qu'elle a eu confiance dans votre patriotisme ; continuez à la servir avec dévouement, c'est le moyen de désespérer vos détracteurs. Dans ce moment, chacun s'oublie pour ne penser qu'à la République. Ainsi, j'espère que vous oublierez les incidents qui ont pu vous tourmenter... J'entretiendrai brièvement le Comité de salut public de vos plaintes, et j'espère que vous m'approuverez dans un moment où il est aussi surchargé. J'engagerai Barthélemy (sic) à vous aller joindre ; il est nommé général de brigade, ce sera le chef d'état-major [1].

Chargé d'une aussi redoutable responsabilité, il voulait au moins avoir sous ses ordres des généraux en qui il pût se fier, nobles ou non. Mais Bouchotte ne connaissait d'autres titres à la confiance que la sans-culotterie.

Houchard lui mandait le 10 août :

> Je vous demande avec instance que le général Kilmaine me soit rendu tout de suite. J'en ai le besoin le plus pressant ; il connoît bien la frontière et a la confiance des troupes. Je le chargerai de l'avant-garde, n'ayant aucun officier général à mettre à ce poste.

Et Bouchotte, recevant la lettre, écrivait, en marge, de sa main :

> Je suis bien fâché de ne pouvoir condescendre à sa demande ; mais il sentira que dans ce moment les graves intérêts publics

---

1. Armée de la Moselle, à la date.

ferment l'oreille à toute autre considération, et ce motif-là seul a déterminé à ne plus employer Kilmaine.

Il disait au Ministre :

J'ai trouvé l'état-major dans un si grand état de délabrement que nous devons nous estimer heureux que l'ennemi l'ignore et n'en profite pas.

Et le Ministre, en marge :

Les circonstances ont forcé à faire ce changement, et la conduite de ceux qui jusqu'à ce moment, tout en paroissant servir la République, avoient l'air de penser à autre chose, en nécessitera encore de plus considérables...

Son activité réparera le *déficit* des circonstances.

Houchard :

Je vous demande le général de division Schauwenbourg, qui est à l'armée de la Moselle.

Le Ministre, en marge :

Les circonstances ne permettent pas de l'employer [1].

Le 19 juillet, on avait remanié les délégations des représentants près les armées [2]. Carnot y figurait toujours avec Charlier, Delbrel et Servière à l'armée du Nord. Le 13 août, il entra au Comité de salut public, et, quoique rééligible chaque mois comme les autres, il y resta constamment

1. Armée du Nord, aux dates.
2. Voici le tableau de ces délégations pour la frontière du Nord :
Armée du Nord : les citoyens Carnot, Charlier, Delbrel, Servière ; — Briez, Cochon, enfermés dans Valenciennes.
Armée des Ardennes : Massieu, Calès, Perrin.
Armée de la Moselle : Richaud, Soubrany, Gentil (du Mont-Blanc).
Armée du Rhin : Montaut, Ruamps, Borie, Milhaud ; — Merlin, Reubell, enfermés dans Mayence.
Les capitulations de Mayence et de Valenciennes avaient rendu à la Convention Briez, Cochon, Merlin (de Thionville) et Reubell. Un peu plus tard (27 août), Dunkerque étant assiégée, on y envoya Trullard et Berlier, députés de la Côte-d'Or (et non Treilhard et Bernier, comme le porte le *Moniteur*, t. XVII, p. 508). Dans la *Collection des décrets de la Convention* on lit aussi Treilhard au lieu de Trullard. Mais dans la séance du 11 septembre, leurs vrais noms reparaissent au bas d'une lettre du 9 septembre, datée de Dunkerque, dont ils annoncent la délivrance à la suite de la bataille de Hondschoote (*Moniteur* du 13 septembre, t. XVII, p. 634).

CH. XXIX. — FIN DE LA CAMPAGNE DE 1793

jusqu'après le 9 thermidor, jusqu'au mois de germinal an III inclusivement, pendant près de vingt mois : il figure, sauf les cas d'absence, en tête du procès-verbal des séances depuis le 14 août [1] jusqu'au 7 germinal [2]. Il y était spécialement chargé de la direction des opérations militaires. On peut donc le regarder comme un représentant en mission permanente auprès des armées; et cela nous autorise à puiser plus largement dans sa correspondance : correspondance soit avec les généraux, soit avec les autres représentants dont les lettres y trouvent d'ailleurs leur complément indispensable.

Les représentants en mission avaient beaucoup à faire auprès du général en chef pour seconder son action; et leurs nombreux arrêtés en juillet, en août, en septembre montrent qu'ils ne négligeaient aucun détail du service : recrutement, levée de chevaux, approvisionnements ou réquisitions de toute sorte en vivres, en fourrages, armes, vêtements, munitions [3], etc.

Le 4 août, Lacoste et Peyssard, devançant le fameux décret du 23, ordonnaient la levée en masse des hommes de seize à cinquante ans dans les départements situés à la frontière du Nord [4]. On comprend que, dans cette situation, les commissions aient eu besoin de renforts. Delbrel, Letourneur et Levasseur écrivent de Cambrai, le 26 juillet, au Comité de salut public :

---

1. AF II, 46, p. 216.
2. A partir du 7 germinal jusqu'au 30 (fin du registre AF*II, 49), les noms des membres présents cessent d'être donnés en tête des procès-verbaux des séances. Au registre suivant, quand les noms reparaissent (1ᵉʳ floréal an III), on en compte dix-sept, et Carnot a cessé d'y figurer. — Le 10 juillet 1793, la Convention nationale avait déclaré que le Comité de salut public ne serait composé que de neuf membres, que ses pouvoirs seraient ceux qui lui furent donnés lors de sa formation. Les membres nommés ou confirmés alors furent : *Jean-Bon Saint-André, Barère, Gasparin, Couthon, Hérault, Thuriot, Prieur* (de la Marne), *Saint-Just, Robert Lindet.* (Arch. nat., AF*II, 46.)
3. Voy. diverses pièces sur ces matières. Arch. nat., AF II, 233, 9 et 30 juillet, 26 et 27 août 1793, etc.; Dépôt de la Guerre, armée du Nord, 8 août, et la note XV, aux Appendices.
4. Douai, 4 août (armée du Nord, à la date).

Vous avez réduit au nombre de quatre les représentants auprès de chaque armée. Ce nombre peut être suffisant auprès de quelques-unes, mais il est bien au-dessous de ce qu'il faudroit dans l'armée du Nord.

Cette armée est divisée en quatre : une à Cambrai, une à Maubeuge, une à Lille, l'autre à Dunkerque.

Faudroit-il qu'il n'y ait qu'un de nous dans chaque division? mais seul pourra-t-il y suffire; mais aux termes de vos décrets, un seul ne peut rien délibérer, rien arrêter, rien ordonner.

Le travail est immense pour prévenir, connoître et arrêter tous les abus qui se présentent et surtout pour assurer la subsistance, l'habillement et l'équipement des armées.

Il est des hommes que notre présence importune, ils doivent rugir, les tygres, qui voyent enlever leur proie...

Oui, nous osons le dire, oui, l'armée du Nord auroit péri sans les représentants du peuple. N'ont-ils pas suppléé par des moyens prompts et efficaces à la lenteur, à la nullité même des moyens ordinaires?

Rendez-nous au moins pour un mois un de nos collègues de la division de Lille, un de la division de Cambrai et celui de la division de Maubeuge.

Le succès de notre mission, peut-être même le salut de l'armée, en dépendent [1].

Mais eux-mêmes ils avaient des détracteurs. Pour un peu, certains patriotes les eussent fait mettre en accusation. Le citoyen Lefetz écrivait d'Arras, le 31 juillet, aux citoyens Guffroy et Le Bon :

Mes amis, nos places de guerre ne sont pas approvisionnées et nous avons près les armées des représentants du peuple. Qu'y font-ils? rien pour le bien public, mais tout pour la perte de la liberté. Nous les avons vus de près et nous pouvons vous assurer que le salut public ne les occupe point. Promener, discourir, discuter, faire les proconsuls et les Verrès, voilà ce qu'ils ont fait et ce qu'ils font; aussi sçait-on les apprécier et l'on ne compte pas sur eux pour sauver la patrie, leur bureau n'est point monté, ils ne savent rien, ils ignorent la situation de nos magasins, de nos armées, ils ignorent nos ressources et

1. Arch. nat., AF II, 233, à la date. — Carnot (Cassel, 30 juillet) insistait aussi sur la nécessité d'augmenter le nombre des représentants du peuple dans le Nord.

CH. XXIX. — FIN DE LA CAMPAGNE DE 1793

ne marchent qu'à tâtons et menés par le premier qui s'empare d'eux. Ils sont douze ou quatorze; trois, bien intègres et aimant le travail et l'ordre, suffiroient et les choses iroient bien mieux et ne seroient point entravées. Pour moi, je déteste Duhem, je crains Carnault depuis qu'il est toujours avec son frère Feulints[1] et je gémis de voir le sort de la République, des armées par conséquent, confié à des mains aussi inhabiles que celles de Duquesnoy et Bollet, tous deux braves citoyens et excellents pour voter dans la Convention, et d'autres de la même trempe[2].

C'est que, depuis la chute de Valenciennes, on avait de sérieuses inquiétudes pour les places les plus fortes : Lille, Douai, Cambrai, Arras[3]. On craignait même pour les places de troisième ligne, comme Saint-Quentin, Péronne. Teissier avait écrit sur Péronne, le 28 mai, au Comité de salut public :

Cobourg n'ignore sûrement pas que cette place est sans défense; sa garnison est composée d'un bataillon délabré, premier de la Manche, douze hussards, sans armes, mal montés et point vêtus; pas une pièce de canon à mettre en batterie, les fortifications dans un état de délabrement qui ne se conçoit pas.

Le général Bécourt avait, dès cette époque, vivement réclamé, et le 8 août il écrivait encore :

Les ponts, les barrières manquent ici, et la force armée... manque d'armes, les chasseurs n'ont que des sabres.

Et le 11 août :

On a commencé à s'apercevoir que des barrières, des ponts, des parapets, des chemins couverts, des palissades, de l'artillerie et des canoniers surtout (et il n'en existe pas un) étoient nécessaires. Onze cents livres de poudres et point de gargousses, point de boulets de calibre, étoit tout notre avoir.

1. Carnot-Feulins.
2. A F II, 233, pièces 107-112.
3. 9 août, Bentabole et Levasseur au Comité de salut public : L'ennemi veut empêcher les approvisionnements de Lille et de Douai. Remplacer la garnison de Lille par la garde nationale et faire une armée de 20 000 hommes au camp de la Madeleine. — Les mêmes au Comité de salut public : Mouvement rétrograde de l'armée; le quartier général est à Arras. (Armée du Nord, à la date.)

Le général V. Beaurgard (dit Woirgard)[1], qui, depuis la capitulation de Valenciennes, avait un commandement à Laon, opérait bien avec quelque succès contre des détachements de l'ennemi qui osaient venir, comme en éclaireurs, jusque devant Saint-Quentin. Il n'aurait rien pu faire contre une attaque à fond et il y avait lieu de la craindre. Heureusement une diversion la fit ajourner.

Les Autrichiens avaient eu Valenciennes où ils s'installaient en souverains; les Anglais voulaient Dunkerque.

Houchard, à qui le Ministre recommandait de protéger Saint-Quentin, lui écrivait le 17 août :

L'ennemi concentre ses forces vers Tournai : ce qui fait redouter que les Anglois ne combinent les attaques par mer et par terre et ne veuillent s'emparer de Dunkerque.

Le même jour, le représentant Châles mandait au Ministre et au Comité :

Il est presque certain que l'ennemi se porte vers la Flandre maritime.

Et le 22, Houchard :

L'ennemi porte ses forces vers Dunkerque.

Le 23, en effet, le duc d'York adressait au commandant de la place, O'méara, une sommation qui fut dignement rejetée. O'méara, dénoncé par quelques misérables, fut suspendu et remplacé par le général Souham (27 août)[2].

Carnot était entré, nous l'avons dit, le 13 août au Comité de salut public. Dunkerque, la Flandre maritime, c'est ce

1. Ne pas le confondre avec le général Paillot de Beauregard, qui avait commandé une division de l'armée des Ardennes.
2. Armée du Nord, aux dates. Hoche était alors à Dunkerque en qualité d'adjudant général. Le 27 août, Berthelmy, chef de l'état-major, lui écrit qu'O'méara est suspendu. Il faut que Souham rentre sur-le-champ en activité. Le 30, Souham, devenu commandant à Dunkerque, adresse une proclamation aux habitants. Le même jour, le Ministre écrit à Houchard de secourir Dunkerque : Il faut empêcher l'ennemi d'hiverner sur notre territoire; et, d'autre part, Hoche fait savoir au Comité de salut public que la garnison de Dunkerque n'est que de 8000 hommes, c'est insuffisant; il réclame des secours : la perte de Dunkerque entraînerait celle de Bergues et de Gravelines. (Armée du Nord, aux dates.)

CH. XXIX. — FIN DE LA CAMPAGNE DE 1793

qui avait fait le principal objet de sa sollicitude dans sa mission de représentant[1]. Il devait donc, du sein du Comité, veiller tout particulièrement à la défense de cette région. Il avait écrit à Houchard le 28 août :

Il faut sauver avant tout Bergues et Dunkerque, parce qu'il faut sauver avant tout l'honneur de la nation qui est là. Portez-y des forces immenses ; que l'ennemi soit chassé de la Flandre maritime ; qu'il en soit chassé, à quelque prix que ce puisse être[2].

Houchard avait fait savoir au Ministre qu'il avait abandonné le projet d'une diversion sur Menin, pour agir directement en vue de délivrer Dunkerque, sans se dissimuler les dangers de l'entreprise « dans ce pays coupé de hayes et de canaux, dont tous les postes sont occupés par l'ennemi ». Carnot lui répond, le 5 septembre, au nom du Comité (la lettre est autographe) :

... Nous ne voyons pas sans peine que vous ayez abandonné le projet d'envelopper les ennemis qui sont devant Bergues et Dunkerque. En frappant ce grand coup, la guerre eût peut-être été terminée. Si vous avez pensé que le succès fût douteux, nous ne pouvons qu'approuver la résolution que vous avez prise.

Il lui trace un plan pour le cas où l'ennemi eût levé le siège :

Nous pensons qu'après vous être emparé du cours de la Lys, vous pourriez, au lieu de tourner à gauche pour vous porter sur la Flandre maritime, comme les ennemis s'y attendent, vous pourriez au contraire après avoir attiré leurs forces de ce côté tourner brusquement sur votre gauche (*lire* droite) pour atta-

---

1. C'est peut-être déjà pour s'entendre avec Houchard sur ce sujet, que Carnot lui fut envoyé, dès l'arrivée du général à l'armée du Nord. On trouve sur le registre des délibérations du Comité, à la date du 11 août : « Sur la communication donnée par Carnot de vues importantes sur la situation de l'armée du Nord, le Comité arrête qu'il se rendra sur-le-champ à cette armée auprès du général Houchard pour conférer avec lui. Carnot partira avec un courrier qui rapportera, dans le plus bref délai, au Comité le résultat de cette conférence. » (AF*II, 16, p. 210.)

2. Le Gros, *Corresp. inédite du Comité du salut public*, t. II, p. 190 et *Hist. du tribunal révolutionnaire de Paris*, t. II, p. 83.

quer Tournay et dégager le Quesnoy duquel il est temps que vous vous occupiez très sérieusement. Au reste, citoyen général, c'est à vous de juger. Plein de confiance dans vos talents militaires, votre civisme et votre expérience, nous ne voulons gêner aucun de vos mouvements et nous vous laissons la libre et entière disposition de vos troupes. Évitez le morcellement qui vous paralyse et tâchez de porter à l'ennemi un coup terrible, sans cependant risquer aucune action décisive, pour peu qu'elle soit douteuse[1].

Cette réserve du Comité était sage ; mais la situation des généraux, — suspects de plein droit — n'en était pas moins très tendue. S'ils triomphaient, rien de mieux ; s'ils étaient battus, ils avaient donc été bien téméraires, et s'ils ne combattaient pas, bien timides, traîtres sans doute. Houchard écrit au Ministre à la même date (5 septembre) :

Je voudrois, citoyen Ministre, vous voir ici pour que vous puissiez vous-même juger des généraux et vous convaincre de l'espèce d'inanition [d'impuissance] dans laquelle ils se trouvent par la crainte de leur responsabilité. Vous sentiriez véritablement notre misère et notre embarras sur ce point. Rarement il se donne un ordre qui ne soit suivi de refus d'accepter un commandement trop étendu, ou d'observations minutieuses sur le détail des opérations. Je voudrois bien pouvoir vous indiquer dans l'armée trois ou quatre bons généraux de division et le double de généraux de brigade ; ceux annoncés n'arrivent pas ou n'arrivent que pour dire qu'ils ne sont bons à rien[2].

Ce sentiment qui paralysait les généraux soumis à ses ordres, il l'exprimait d'autant plus vivement qu'il l'éprouvait lui-même. Depuis l'exécution de Custine, il voyait se dresser devant lui la mort, non la mort d'un brave, la mort du champ de bataille, mais la mort infamante, la mort de l'échafaud. « C'est donc un parti pris de guillotiner les généraux! s'était-il écrié. — Et toi aussi, dit

1. Dépôt de la Guerre, armée du Nord, aux dates.
2. Armée du Nord, à la date.

Levasseur, on te guillotinera si tu nous trahis! » Houchard savait bien que Custine n'était pas un traître.

Houchard attaqua et battit les Anglais à Hondschoote (8 septembre), bataille qui dégagea Bergues et amena la levée du siège de Dunkerque[1]. C'est bien ce que Carnot lui avait demandé par-dessus tout. Delbrel et Levasseur avaient pris part au combat[2], et tous se félicitaient du succès de la journée. Carnot aussi adressa au général les félicitations du Comité de salut public, non sans y joindre l'expression de quelques regrets (13 septembre) :

Nous avons reçu avec la plus grande satisfaction, disait-il, la nouvelle de vos brillants succès. Nous ne pouvons cependant nous empêcher de regretter infiniment que le grand projet qui avoit été formé d'abord pour envelopper entièrement l'armée angloise et l'écraser en marchant directement sur Furnes, Ostende et Nieuport n'ait pas eu lieu. Quoi qu'il en soit, il faut profiter du moment d'enthousiasme et vous hâter de faire lever le siège du Quesnoy. Nous recevons les nouvelles les plus alarmantes de cette partie de la frontière. On nous assure que la garnison de Cambray a été taillée en pièces...

Elle avait essuyé un grave échec à Avesnes-le-Sec et y avait perdu ses canons[3].

C'est à vous à voir... s'il convient mieux de marcher directement sur le Quesnoy que de l'enfermer (l'ennemi), en emportant ses magasins et enveloppant les villes de Valenciennes et de Condé. Tombez en masse sur les ennemis et profitez de l'énergie françoise et de la juste confiance que vous avez inspirée aux troupes que vous commandez[4].

Houchard, dans sa lettre du 10 septembre, avait exposé au Ministre pourquoi il n'avait point marché sur Furnes.

1. Voy. la note XVI, aux Appendices.
2. Berthelmy, chef d'état-major de Houchard, faisait l'éloge de la bravoure qu'ils avaient montrée dans la bataille (armée du Nord, 8 septembre, lettre autographe). Il signe : *Berthelmy* et non Berthelemy.
3. Voy. la lettre d'Élie Lacoste et de Peyssard au Comité de salut public (13 septembre). Le général Delelaye, qui commandait, fut traduit devant un conseil de guerre. (Armée du Nord, à la date.)
4. Armée du Nord, à la date.

Il était allé à Dunkerque qu'il voulait maintenir sur une forte défensive. Sauver Dunkerque à tout prix, c'est l'ordre qu'il avait reçu; et il pouvait perdre les fruits de sa journée, s'il s'engageait, à la suite de l'ennemi, dans cette plaine entrecoupée de canaux où un retour offensif, en un moment opportun, était possible. Il se proposait de se porter sur la Lys pour battre les Hollandais à leur tour, couper leurs communications avec les Anglais et se replier à la tête de 30 000 hommes vers le Quesnoy pour en faire lever le siège.

Son plan était agréé et, le 15, le Ministre, en lui adressant des félicitations sur sa victoire, ne faisait, comme Carnot, qu'exprimer le regret qu'elle n'eût pas été plus complète [1].

L'armée du Nord avait encore remporté quelques succès. Le 13 septembre, Levasseur annonçait au Comité la prise de Menin et de Werwick par Béru, qui commandait le camp de la Madeleine sous Lille, secondé par Macdonald et par Dupont. Le même jour, Houchard écrivait au Ministre qu'il marchait sur Tournai pour prendre Cobourg à revers [2]. Mais l'attaque de la forêt de Mormale, où les Autrichiens étaient en force, avait échoué avant qu'il y pût rien faire, et, le 14, le Quesnoy avait capitulé. L'ennemi, déjà maître de Valenciennes, voyait, dès ce moment, devant lui, surtout après la défaite de la garnison de Cambrai, un chemin presque entièrement ouvert sur Saint-Quentin.

Les petits succès qui avaient suivi la bataille de Hondschoote avaient eu, auprès de ces échecs, une importance médiocre et d'ailleurs peu de durée. Les représentants, qui se mêlaient de plus en plus aux opérations militaires,

---

1. « On a bien regretté ici que les Anglois n'aient pas été réduits à se rendre ou à un total anéantissement. La connoissance du local (sic) auroit pu le faire espérer, mais nous devons croire que vous avez trouvé une meilleure combinaison. » (Armée du Nord, à la date.)

2. Armée du Nord, aux dates. Voy. aussi la lettre de Béru à la Convention (12 septembre).

CH. XXIX. — FIN DE LA CAMPAGNE DE 1793   143

revendiquaient bien le succès pour eux, mais rejetaient la responsabilité des échecs sur autrui. Tantôt ils s'en prenaient aux soldats. Bentabole et Levasseur écrivaient (6 septembre) :

Pour attaquer, rien n'égale la valeur de nos troupes, mais dès que nos soldats sont entrés dans un village, les plus lâches se portent au pillage, au meurtre, au viol, comme à Menin, tandis que les bons et les braves soldats restent à leurs corps et poursuivent l'ennemi au péril de leur vie. Le butin que les pillards ont fait excite parmi les autres le goût du pillage, et si l'ennemi vouloit nous attaquer une heure après être entrés dans un village, il auroit bon marché de nous [1].

Tantôt ils s'attaquaient aux officiers [2]. Ainsi, de la bataille de Hondschoote, ils prenaient volontiers pour eux ce qu'elle avait eu de décisif, laissant à la charge du général ce qu'elle avait eu d'incomplet. Lavalette écrivait à Bouchotte, le 11 septembre, qu'il pensait que la chute de Custine « avait contribué au succès de nos armes ». Pourquoi ne pas persévérer, aux dépens de Houchard, dans ce système? Houchard se voyait successivement privé de ceux qui avaient sa confiance. Le 19 septembre, il écrit au Ministre qu'il regrette le rappel de Gay-Vernon (adjudant général), « dont le secours lui était si nécessaire qu'il ne peut sans lui se charger plus longtemps du commande-

1. Armée du Nord, à la date. — Levasseur, qui a écrit la lettre, ajoute : « Je crois que si après l'affaire d'Hondschoote, nous eussions de suite marché sur le chemin de Furnes, nous aurions coupé la retraite aux Anglois. On m'a répondu que nous n'étions pas en force. » — La raison était bien suffisante. Si les Anglais, en effet, coupés dans leur retraite, eussent passé sur le corps de nos troupes, que serait devenu Dunkerque qu'il s'agissait, avant tout, de sauver? — Les deux représentants se plaignent d'Hédouville à Werwick, à Menin. Le soldat, ne sachant pas qu'on évacuait la ville par ordre, a cru à une défaite. — Il a été retenu à grand'peine par Levasseur et Bentabole. Ils demandent la confirmation du grade de général de division donné à Béru, à la demande de Houchard.
2. Hentz et Duquesnoy écrivaient aussi le 13 septembre :
« Nous allons nous occuper de la réforme de bien des abus qui règnent et de la suspension d'une foule d'officiers lâches et même royalistes. C'est à la valeur seule des soldats que nous devons nos succès. » (Armée du Nord, à la date.)

ment ». Qu'allait-il dire quand un arrêté du Comité fit rafle de tous ses aides de camp? Le 21, en effet, Carnot écrivait, au nom du Comité, à Trullard et à Berlier :

> Les plaintes graves qui nous sont parvenues contre l'état-major de l'armée du Nord nous ont déterminés à prononcer la destitution de la plupart des officiers qui le composoient; nous vous envoyons la nouvelle liste que nous avons arrêtée de concert avec le ministre de la Guerre.
>
> La multitude des traîtres auxquels le sort de nos armées a été confié jusqu'à ce moment doit nous rendre attentifs à connoître mieux le caractère des hommes que nous pouvons employer[1].

Carnot avait bien vite pris le ton et l'accent de Bouchotte!

Mais déjà la destitution du vainqueur de Hondschoote était résolue. Le 20 septembre, il était suspendu[2], et Jour-

---

1. C'est trois jours auparavant, 18 septembre, que l'on trouve sur le registre des délibérations du Comité de salut public, cet arrêté :
« Le Comité de salut public arrête que le citoyen Rouget surnommé de Lille, ci-devant officier du génie et retiré à Saint-Germain, sera mis, sans délai, en arrestation; charge le ministre de la Guerre de l'exécution du présent arrêté. » (AF*II, 46, à la date).
L'ordre, qui ne put être exécuté alors, fut renouvelé le 17 nivôse (6 janvier), neuf jours après l'exécution de Dietrich, l'ancien maire de Strasbourg (8 nivôse), chez qui Rouget de Lisle avait composé la *Marseillaise*, et cet ordre, cette fois, avec ses corrections et ses ratures est de la main de Carnot lui-même : « Le Comité de salut public arrête que le ministre de la Guerre fera mettre sans délai le citoyen Rouget dit de Lille, ci-devant officier du génie, en état d'arrestation. 18 (*corrigé* en 17) nivôse, deuxième année républicaine. » (Arch. nat.), AF II, 203, et Musée des Archives, n° 1396.)

2. 20 septembre. « Le Comité de salut public, sur le compte qui lui a été rendu des dernières opérations sur la frontière du Nord et des causes qui ont empêché l'armée du Nord de profiter de sa victoire, arrête que Houchard, Ducaus, Landrieu, Dumesnil, Demars, Dhédouville, Barthélemy et Vernon seront, sur-le-champ, mis en état d'arrestation et amenés à Paris; charge les représentants du peuple Hentz et Duquesnoy de mettre à exécution le présent arrêté (AF*II, 46, p. 356). — Le 18 septembre, le Comité avait rédigé son instruction en neuf articles pour les généraux d'armée : otages, contributions; — subsistances; — faire passer sur les derrières les vivres, etc., dans les pays occupés; — saisir l'argenterie des églises; — raser les forteresses et combler les fossés; — dresser l'état des objets saisis; — mêmes prescriptions au commandant des forces navales; — lever régulièrement les contributions et empêcher le pillage des soldats. »
(AF*II, 46, à la date.)

CH. XXIX. — FIN DE LA CAMPAGNE DE 1793

dan, le 22, nommé à sa place. Ce n'était plus seulement un incapable, ce n'était pas seulement un lâche (Levasseur lui reprocha d'avoir eu peur!), c'était un traître que l'on frappait. Les trois représentants, Hentz, Peyssard et Duquesnoy, dénoncèrent, le 26, Houchard et son état-major comme ayant « tout combiné pour une déroute » à Hondschoote [1]; et ce général, sorti incontestablement du peuple, adressait au Ministre cette simple protestation :

Je suis aussi un général sans-culotte et qui ai combattu depuis la révolution en vrai sans-culotte. Jamais je n'ai intrigué; jamais je n'ai désiré autre chose qu'un [grade de] capitaine de dragons que trente-huit ans de services m'ont valu. On m'a forcé de prendre les emplois que j'ai exercés; je n'en voulois point, parce que je n'ai pas d'ambition, que je ne veux être qu'un citoyen françois. Et ce titre, le seul qui me flatte, ne peut m'être refusé, par mon éternel dévouement pour la cause de la liberté.

HOUCHARD [2].

---

1. « Le général Houchard et son état-major sont coupables, aux yeux de l'homme le moins pénétrant, de n'avoir pas profité des victoires que les braves soldats de nos armées ont remportées malgré les ordres perfides de l'état-major, qui ne s'est pas même conformé au plan arrêté et qui avait tout combiné pour une déroute...

« L'armée est républicaine; elle voit avec plaisir qu'un traître soit livré à la justice et que les représentants veillent sur ses généraux. » (*Moniteur* du 30 septembre, t. XVII, p. 773.)

Les représentants ne voyaient plus que des traîtres autour d'eux; le moindre échec était l'effet d'une trahison. A la même date, deux autres commissaires, Bentabole et Levasseur, dénonçaient une conspiration qui, disaient-ils, devait livrer Armentières à l'ennemi; la preuve, c'était un papier contenant les noms d'habitants désignés comme royalistes, papier trouvé sur un officier ennemi qui avait péri dans une rencontre; douze furent envoyés au tribunal révolutionnaire. (*Moniteur, ibid.*, p. 774.) Ils protestèrent vainement qu'ils étaient républicains. Quatre furent condamnés à mort et huit retenus en prison jusqu'à la paix [27 brumaire, 18 octobre]. (*Hist. du tribunal révolutionnaire de Paris*, t. II, p. 146.)

Ajoutons pour l'armée des Ardennes cet arrêté de Perrin, approuvé par ses deux collègues Massieu et Calès :

« A dater du jour du présent arrêté, tous les ci-devant nobles qui se trouvent servir dans la seconde division de l'armée des Ardennes, quels que soient leurs grades, seront provisoirement suspendus de leurs fonctions, et obligés de se retirer à 20 lieues dans l'intérieur de la République, jusqu'à ce que la Convention nationale en ait autrement ordonné. » [Sedan, 24 septembre 1793.] (Arch. nat., AF II, 242, à la date.)

2. Armée du Nord, à la date. Le 27 septembre, Houchard et son chef d'état-major Berthelmy sont à l'Abbaye. (*Ibid.*)

II

Jourdan. — Bataille de Wattignies.

L'ennemi avait renoncé à Dunkerque et, à ce qu'il paraît, se souciait peu de Béthune; mais il se portait en force vers l'est du département, et, après Condé, Valenciennes et le Quesnoy, il voulait prendre Maubeuge. Marchant méthodiquement, il ne pouvait mieux faire pour s'avancer vers le cœur de la France par la trouée de la Sambre et de l'Oise[1].

Jourdan, qui arrivait au quartier général de l'armée du Nord, venait d'avoir la preuve que l'ennemi se dirigeait de ce côté-là :

L'ennemi, écrit-il le 1er octobre, a forcé nos avant-postes et menace d'investir Maubeuge, Landrecies et Avesnes.

Il annonçait qu'il prenait des mesures pour réunir 40 000 hommes, et le lendemain il pouvait reconnaître que ce n'était pas sans raison : on lui faisait savoir que le 29 septembre Maubeuge était cernée par 30 000 hommes dont 20 000 à cheval. Le 3 octobre, Berlier et Trullard sont à Dunkerque, d'où l'on a fait partir 10 000 hommes pour Maubeuge; Jourdan va marcher avec ses 40 000 hommes et demande au Ministre de porter sur Avesnes une partie de l'armée des Ardennes; et le 4, il annonce que le 12 ou le 13 il attaquera l'ennemi devant la place assiégée. Le 5, les Autrichiens ont enlevé les représentants du peuple qui sortaient de la ville, notamment Drouet, — petite perte que celle-là! — Le 6, le Ministre, répondant à l'appel du général, lui dit qu'il pourra disposer de l'armée des Ardennes comme il voudra pour couvrir son flanc droit. Toutes les forces existantes, depuis Dunkerque jusqu'à Carignan,

---

1. Un arrêté du 30 septembre confirma ou renouvela les pouvoirs des agents envoyés aux armées. A l'armée du Nord : Celliez, Varin, Châles (le frère du représentant), Berton; — à l'armée de la Moselle : Mourgoin, Deltreil; — à l'armée du Rhin : Berger, Reukin; — à l'armée des Alpes : Chevrillon, Prière; à l'armée d'Italie : Brulé, Verjade.

CH. XXIX. — FIN DE LA CAMPAGNE DE 1793

concourront à son entreprise. En cachant ces mouvements aux ennemis, il devra faire en sorte que, pendant qu'il les battra sur la Sambre, ils soient attaqués sur tous les points à la fois [1]. — A ces mesures énergiques, à ce plan d'opérations, on reconnaît l'inspiration de Carnot.

Carnot voulut être à l'œuvre autrement que par ses conseils. Le 9, il est à Guise ou, comme on disait alors, à Réunion-sur-Oise, et il put juger par lui-même combien, là aussi, nos braves soldats étaient mal outillés pour combattre. Il écrit au Comité de salut public :

Nous sommes tellement pressés, citoyens collègues, par le besoin des choses les plus essentielles que nous prenons le parti de vous envoyer un courrier extraordinaire, pour vous les demander. Il nous faudroit au moins quinze mille baïonnettes. Nous ne pouvons pas charger les ennemis à la françoise, si nous n'en avons point; envoyez-nous donc tout ce qui en existe de disponible. Vous connoissez aussi notre pénurie de souliers. On a ramassé dans les environs tout ce qu'on a pu s'en procurer, mais les trois quarts des soldats sont encore pieds nus. Heureusement qu'il fait encore assez beau. Le besoin d'habits est un peu moins pressant; mais il y a quelque chose de fâcheux à cet égard et qui indispose les vieux soldats : c'est que des bataillons de nouvelle levée sont supérieurement vêtus, tandis que ceux qui viennent de faire la guerre et qui vont encore marcher à l'ennemi sont tout délabrés. Cependant les premiers sont parfaitement inutiles, car ils n'ont pas même de bâtons à la main; ils sont d'ailleurs de la plus grande beauté, mais ils ne font que consommer des subsistances qu'on a bien de la peine à se procurer; nous venons de faire la revue des camps avec le général; les soldats ont confiance en lui et ne demandent qu'à se battre; nous espérons ne pas les faire languir. Nous attendons le reste de la colonne. L'ennemi fait de grands mouvements, l'affaire sera chaude, mais nous vaincrons et la patrie sera sauvée. Envoyez-nous en toute diligence des souliers, des habits et surtout des baïonnettes et des fusils, s'il est possible.

Signé : CARNOT.

Et le 10, déplorant le vide opéré dans les armes savantes :

---

1. Armée du Nord, aux dates.

Nous ne pouvons vous dissimuler qu'un de nos malheurs est de manquer d'officiers d'artillerie et de génie. On nous donne pour adjoints dans ce dernier corps des jeunes gens qui savent à peine lire [1].

La bataille se livra non le 12 ou le 13, comme l'avait annoncé Jourdan, mais le 15 et le 16, au voisinage de Maubeuge, vers le village de Wattignies. Le premier jour, le résultat fut douteux. La droite et le centre avaient obtenu quelques avantages, mais la gauche avait été moins heureuse. Le second jour fut décisif : l'ennemi dut abandonner le champ de bataille. Carnot et Duquesnoy son collègue, qui prirent part à l'action, firent dans leur rapport un grand éloge du général Duquesnoy, frère du représentant, qui commandait une des ailes [2]. Les agents du Ministre qui assistaient à la bataille, Celliez et Berton, en rabattent un peu, sinon dans le récit de ces journées, au moins dans le jugement qu'ils portèrent quelques jours plus tard sur les rapports du général avec les représentants.

Carnot, comme membre du Comité de salut public, et Duquesnoy, comme collègue de Carnot, avaient pris dans le camp un air de supériorité qui déplut aux agents de Bouchotte. Ils les dénoncent, et si quelque sentiment d'envie les inspire, on peut bien dire qu'au fond ils n'ont pas tort :

Nous savons que Jourdan est tellement entravé dans ses opérations que déjà il auroit donné sa démission, sans quelques patriotes qui l'en ont détourné; mais cela n'empêche pas que

1. Arch. nat., AF II, 233, à la date.
2. Lettre de Jourdan au président de la Convention (16 octobre); de Carnot et Duquesnoy, 17 octobre. — Jourdan loue les deux représentants (quartier général d'Avesne, 17 octobre); il signale le général Duquesnoy comme ayant forcé « le camp et le poste de Wattignies, que sa position rendait imprenable; mais rien n'a résisté à la baïonnette des républicains ». (*Moniteur* du 28 du 1er mois, 19 octobre 1793, t. XVIII, p. 152.) Carnot, Duquesnoy et Bar, dans leur lettre datée de Maubeuge, à la même date (6 de la 3e décade du 1er mois, 17 octobre), font à leur tour l'éloge de Jourdan (*ibid.*, p. 165). — Hentz voulait qu'au moins on mit auprès de Jourdan un homme pour s'occuper de la partie secrète : « Il n'y a personne ici de propre », écrivait-il au Comité de salut public, le 8 du 2e mois, 29 octobre. (Arch. nat., AF II, 129, dossier 29, pièce 4.)

souvent il a beaucoup de chagrin de voir que des hommes couverts de l'inviolabilité nationale sont tout à l'armée, excepté ce qu'ils doivent être. Nous sommes cependant forcés de dire que Jourdan a montré de la foiblesse envers les représentants, en souffrant que, lors de la bataille des 15 et 16 de ce mois, ils ayent donné impunément des ordres à des officiers généraux. Nous voyons d'ailleurs que Jourdan a porté la complaisance ou la foiblesse jusqu'à faire un éloge pompeux du général Duquesnoy, frère du représentant, et qu'à peine a-t-il parlé des autres qui ne se sont pas moins bien montrés que lui. Pourquoi donc, le 15, Jourdan témoigna-t-il hautement son étonnement de ce que la colonne de Duquesnoy ne donnoit pas, lorsque le centre et la gauche se battoient depuis deux heures? Si Jourdan eût eu plus de fermeté, il n'eût pas souffert que le représentant Duquesnoy logeât avec lui, ne le quittât pas, et que, de concert avec son collègue Carnot, ils eussent, pour ainsi dire, été les généraux de l'armée; mais il a craint de déplaire à la représentation nationale; il a craint peut-être d'être dénoncé par les représentants, et c'est ainsi que, par une condescendance qui a toujours existé entre les généraux et les représentants, ils ont réciproquement fait l'éloge les uns des autres. Quoi qu'il en soit, Jourdan est pur, et nous espérons qu'enfin il sçaura déployer l'énergie d'un républicain, qui, fier de la cause qu'il défend, ne doit pas souffrir que des hommes fassent ce qu'il doit faire, mais doit les rappeler à leurs devoirs, lorsqu'ils s'en écartent[1].

CELLIEZ, BERTON.

La victoire n'eût pas été parfaite sans quelque immolation de général. Ce ne fut pas le général en chef, il est vrai, mais la quantité tint lieu de la qualité. Le 18, le représentant Duquesnoy écrivait au bureau central des représentants du peuple à Arras :

Citoyens collègues, je vous envoye quatre jeanfoutres à raccourcir : le général Gratien; le commandant du 25e régiment de cavalerie qui a refusé d'obéir à Fromentin; le commandant temporaire de Maubeuge (Chancel), qui a eu trop d'égards pour Cobourg. Le 4e est un Irlandais nommé Mandeville que j'ai entendu nommer ce matin M. le marquis. Comme je n'aime pas les marquis, je vous l'envoye.

1. Armée du Nord, 15 et 26 octobre.

Et les agents du Ministre pour ne pas rester en arrière dénonçaient le général de Beauregard, l'ancien commandant d'une division de l'armée des Ardennes, comme ayant passé à l'ennemi. Le surlendemain, ils reconnaissaient qu'ils s'étaient trompés; mais ils n'en demandaient pas moins son arrestation et ils l'obtinrent. On le trouve, le 26 octobre, détenu à la citadelle d'Arras [1]. Duquesnoy, on vient de le voir, espérait bien qu'il n'y serait pas longtemps, et le 9 décembre il écrivait :

Les ci-devant généraux de brigade *Gratien* et *Richardot*, les ci-devant généraux divisionnaires *Omoran*, *Beauregard*, *Chancel*, *Davaine*, *Merancu*, seront jugés par la commission révolutionnaire établie à Arras.

Il n'en fut pas ainsi. Par un arrêté du Comité de salut public (9 nivôse, 29 décembre), O'moran, Chancel, Richardot et Davaine, mis en arrestation à Arras, furent transférés à Paris et, le 16 (5 janvier 1794), conduits dans des maisons d'arrêt [2]. Mais O'moran, Chancel et Davaine furent un peu plus tard (16 ventôse, 6 mars 1794) traduits devant le tribunal révolutionnaire et ils périrent sur l'échafaud [3].

Une plus illustre victime les avait précédés, je veux parler de Houchard; il subit en quelque sorte le contre-coup de la bataille de Wattignies. Quand sa victoire de Hondschoote sur les Anglais n'avait pas eu plus de résultat, comment admettre qu'il ne fût pas un traître? Les représentants

---

1. Chancel, ancien commandant de Condé, prisonnier de guerre avec la garnison, libéré par échange et nommé alors général de division, commandant de Maubeuge. Jourdan, sans l'accuser de trahison, s'était plaint de l'inaction où il était resté en entendant le canon de Wattignies (Jourdan au Ministre, 21 octobre), et le général allégua vainement qu'en sortant de la ville, il eût craint de tomber dans un piège et de livrer, sans défense, la place qu'il avait mission de garder.

Paillot de Beauregard, bien qu'aristocrate, fut heureusement oublié dans sa prison; il en sortit pour aller, un peu après, à l'armée de l'Ouest (25 prairial an III, 13 juin 1795, et fut réformé le 1er vendémiaire an V, septembre 1797, à l'âge de soixante-trois ans).

2. Arch. nat., AF+ II, 47, aux dates.

3. *Hist. du tribunal révolutionnaire de Paris*, t. II, p. 462. — Nous reparlerons plus loin de Davaine, p. 162 et suiv.

près l'armée du Nord le criaient sur tous les tons et ils ne voulaient pas en avoir le démenti. Une chose pouvait entraver son procès. La loi du 5 avril portait que les généraux de la République ne pourraient être livrés au tribunal révolutionnaire que sur un décret de la Convention [1] : « Que ce décret soit rapporté, dit à la Convention Billaud-Varenne, organe du Comité de salut public, et Houchard payera bientôt de sa tête le sang qu'il a fait verser par ses trahisons »; et la Convention rendit, sur l'heure, le décret, renvoyant en même temps le général au tribunal révolutionnaire. Comme on ne pouvait lui reprocher d'avoir été battu, le juge lui posa cette question :

Pourquoi n'avez-vous pas fait prisonnière toute l'armée anglaise et hollandaise?

Et Levasseur, le poursuivant de sa haine jusque devant le tribunal, osa dire qu'il s'était caché derrière une haie pendant la bataille, qu'il l'y avait vu!

J'ai fait dix campagnes, s'écria Houchard; j'ai reçu un coup de fusil à la figure qui m'a traversé de part en part; j'en ai reçu un autre à la cuisse et un à la jambe. Certainement quand on se cache derrière les haies, on n'est pas exposé ainsi.

Faire périr un général vainqueur, c'était une forte gageure. Mais la victoire, on en faisait honneur aux soldats; et on imputait à Houchard tous les échecs subis par les garnisons de sa circonscription. Le président Dumas osa, dit-on, résumer les débats en le traitant de lâche. Cette injure fit oublier au vieux soldat la sentence de mort qui suivit. « Le misérable! il m'a traité de lâche! » s'écria-t-il; et lorsque, ramené dans la prison, on lui demandait l'issue de son procès : « Il m'a traité de lâche! » Cet outrage était pour lui pire que la mort [2].

1. *Moniteur* du 8, t. XVIII, p. 69.
2. Voy. *Hist. du tribunal révolutionnaire de Paris*, t. II, p. 82-90.

III

Perte des lignes de Wissembourg.

Au moment où les batailles de Hondschoote et de Wattignies dégageaient notre frontière au Nord-Ouest, le Nord-Est inspirait les plus vives inquiétudes. Les lignes de Wissembourg étaient forcées et l'Alsace en péril. Reprenons les choses de plus haut.

Les capitulations de Mayence et de Valenciennes, se succédant coup sur coup, avaient jeté, nous l'avons dit, l'alarme dans la France entière. Elles avaient pourtant offert à la Convention des ressources inattendues pour les deux choses qu'elle avait le plus à cœur. Les garnisons des deux places avaient montré tant d'énergie qu'elles s'étaient fait accorder, avec les honneurs de la guerre, le droit de rester libres : elles n'étaient engagées qu'à ne point servir d'un an contre les mêmes ennemis. On les pouvait donc employer à l'intérieur contre Lyon et contre la Vendée. La Convention décréta que la garnison de Mayence serait dirigée contre la Vendée; celle de Valenciennes, partie contre la Vendée et partie contre Lyon. La perte de Mayence et de Valenciennes offrait pourtant des différences : celle de Mayence, c'était l'abandon des projets de conquête sur l'Allemagne; celle de Valenciennes, le péril de l'invasion à l'intérieur. Ce péril devait très justement inquiéter la Convention avant tout. Elle résolut d'emprunter 30 000 hommes aux armées de la Moselle et du Rhin pour couvrir, derrière l'armée du Nord, Saint-Quentin et Péronne [1], et deux membres du Comité de salut public, Prieur (de la Marne) et Jean-Bon Saint-André, reçurent mission d'aller se concerter à cet égard avec les représentants attachés aux deux premières de ces armées (2 août) [2].

---

1. Dépôt de la Guerre, armée du Rhin. Ordre du Comité de salut public, 8 août.
2. Voy. les lettres de Jean-Bon Saint-André et Prieur (de la Marne), 4, 9, 11 et 12 août, AF II, 216, et armée de la Moselle; et le rapport qu'ils ont publié sur leur mission (Bibliothèque nationale, Le 39 34).

Les généraux de ces armées, en effet, et même les représentants délégués pouvaient avoir des objections contre l'emprunt qu'on leur voulait faire. Mayence, le grand pont du Rhin que nous perdions, était rouverte à l'ennemi qui y retrouvait plus de facilité pour nous menacer dans nos frontières; et cette perte avait ébranlé toute confiance dans nos propres forces. Le cri de trahison retentissait partout. Nos généraux étaient des traîtres, pour le moins des suspects. Le 7 août, les Jacobins de Strasbourg enveloppaient dans la même accusation Custine, Houchard, Ferrier et Beauharnais. Le 2 août déjà, Lacoste et Guyardin, représentants en mission près l'armée de la Moselle, écrivaient de Metz au Comité de salut public :

Que les armées du Rhin et de la Moselle étoient supérieurement organisées, et que, si Mayence étoit tombée au pouvoir des ennemis, il ne falloit s'en prendre qu'aux généraux et à leurs états-majors.

Ils sont coalisés avec nos hommes d'État et presque tous sont des contre-révolutionnaires avérés.

Il est assuré que nos armées de la Moselle et du Rhin étoient en état de marcher, il y a deux mois; qu'il est bien criminel qu'elles n'ayent pas volé plus tôt au secours de Mayence. Que dis-je volé! quand elles ont tenté cette expédition, elles ont mis dix jours pour faire quinze lieues (1 lieue 1/2 par jour) et pour faire une retraite qui est une véritable trahison.

Ils ont vu Houchard, ils doivent dire :

Que s'il est patriote, il est le plus froid des patriotes; qu'il a la réputation d'être un bon soldat, même de bien conduire une division, mais incapable de bien commander une grande armée ou de prendre de grandes mesures; qu'il ne fait rien d'ailleurs sans son aide de camp Barthélemy qui est connu pour afficher le patriotisme le plus chaud, mais n'être dans le fond qu'un intrigant.

Malgré cette médiocre recommandation, malgré cette plainte adressée par les *Amis, etc.*, de Strasbourg aux Jacobins de Paris contre la créature de Custine que l'on destituait, Houchard avait été investi du commandement de l'armée du Nord. Il fallait le remplacer lui-même à l'armée de la Moselle. Ferrier, chargé de l'intérim, avait prévenu sa dénonciation en refusant le commandement. Les représentants Richaud, Soubrany, Ehrmann et Harmand le donnèrent à Schauenbourg qui n'en voulait pas davantage [1], et eux-mêmes ne le faisaient qu'à contre-cœur pour la même raison :

> Nous vous prévenons que, sur l'avis de ce général (Houchard), nous avons, malgré notre répugnance naturelle pour la caste des ci-devant nobles, cru devoir conférer le commandement provisoire au citoyen Schauenbourg, général de division de cette armée.
> Nous devons, pour rendre justice à la vérité, vous dire aussi que ce général n'a accepté qu'avec la plus grande difficulté, nous observant avec justice que son origine était un grand obstacle qui pourroit bientôt le faire environner de soupçons et lui faire perdre la confiance sans laquelle il est impossible de remplir ces importantes fonctions.
> D'après ces considérations, nous vous prions de faire procéder le plus tôt possible à un choix et à une nomination définitive [2].

L'armée du Rhin allait aussi changer de général en chef. Beauharnais, effrayé de la disgrâce de Custine et reculant devant la responsabilité plus lourde que la chute de Mayence faisait retomber sur lui, courut au-devant de la destitution suspendue sur sa tête. Le 3 août, il envoya au Comité de salut public sa démission, offrant de servir comme volontaire. Le 6, il revint à la charge, disant qu'en sa qualité de noble il demandait d'être remplacé. Le 11, il insistait encore ; le 19, il adressait aux administrateurs de Strasbourg cette lettre découragée :

1. Armée de la Moselle, 4, 5 et 13 août.
2. Arch. nat., AF II, 246 (5 août). — Il paraît du reste que le général d'Aboville, qui avait commandé par intérim cette armée, avant Houchard, pendant un mois (29 mars-28 avril), y gardait encore un commandement, car le ministre l'ayant suspendu, les mêmes représentants lui écrivent qu'ils l'ont conservé provisoirement, parce que son successeur n'est pas nommé et qu'il n'a contre lui que d'être sorti d'une caste justement suspecte. Ils demandent que le ministre, lorsqu'il prononce de pareilles suspensions, soit tenu d'envoyer en même temps celui qui doit succéder, afin de ne pas laisser languir le service. (*Ibid.*, 26 août.)

L'anéantissement absolu de mes forces morales et physiques ajoute chaque jour à ma détermination à ne plus occuper un poste que je ne puis remplir d'une manière utile à la République. Il ne suffit pas qu'un bon officier commande à ma place à l'armée active; il faut que la sanction des représentants du peuple consolide son existence, étende son autorité sur toutes les parties de la ci-devant province d'Alsace, lui donne de la force pour la discipline, enfin l'investisse de cette confiance plus nécessaire que jamais, et qui, on ne peut l'ignorer, fait vraiment la force des armées françoises. L'Alsace est menacée, et certes ce n'est pas le moment où l'on peut laisser les armées sans chefs, quand il est bien avéré que je ne peux ni ne veux plus commander, quand il est constant que, malade en ce moment, je ne saurois diriger cette grande machine qui exige, de la part de celui qui la gouverne, santé, activité, confiance, et cet état de l'âme qui permet à l'esprit l'exercice de toutes ses facultés.

Il les prie d'exposer ces raisons aux représentants[1]. Les représentants durent bien céder :

Considérant que le général en chef de l'armée, Beauharnais, réitère à chaque instant l'offre de sa démission de vive voix et par écrit;

Considérant que, d'après ses aveux multipliés, il n'a ni la force ni l'énergie morale nécessaires à un général en chef d'une armée républicaine...

Ils acceptent donc sa démission et nomment provisoirement à sa place le général Landremont[2], ce qui fut approuvé par le Comité de salut public. Comme général suspendu, on l'exilait à 20 lieues de Paris et des frontières.

Exclure les nobles de tous les grades de l'armée, c'est ce que Hentz, commissaire de la Convention dans la même région, recommandait vers le même temps au Comité de salut public[3]. Le Ministre, on l'a vu, abondait dans ce sens; mais certains généraux qui, n'étant pas nobles, avaient

---

1. *Pièces jointes au rapport des citoyens Borie, Ruamps, Niou, Guyardin, Lacoste et Mallarmé, représentants du peuple près l'armée du Rhin, du 29 juillet au 27 brumaire.* (Bibliothèque nationale, Le ^{39} 44.)

2. Wissembourg, 23 août. (Arch. nat., AF II, 247, à la date.)

3. Lettre sans date, reçue le 8 septembre 1793. (Arch. nat., AF II, 239, à la date.)

leur franc parler, ne laissaient pas de lui faire des remontrances sur les qualités de ceux qu'il mettait à leur place. Le général de brigade Krieg, commandant à Metz, dit le 9 août à Bouchotte :

Me voilà enfin parvenu à mon poste. La jalousie, la vile envie ont fait tout ce qu'elles pouvoient pour mettre des entraves à mon arrivée ici...

Tant que je verrai à la tête des troupes des hommes qui, tout le long de leur vie, ne se sont appliqués qu'à quelque art mécanique, au commerce ou à la chicane, alors je plaindrai le sort des administrateurs et des armées de la République.

Votre mode d'avancement, citoyen Ministre, ne peut rester tel qu'il est, si la République doit exister... Quelle confiance voulez-vous que le soldat ait dans des chefs de cette espèce?

Bouchotte griffonne quelques excuses en marge :

Quand tous ceux qui ont le talent se montrent contre le sistème populaire, il est forcé de prendre d'autres hommes pour le faire aller, etc. — Enfin il faut décidément appeler les sans-culottes à toutes les places, sans aucune exception, si l'on veut que la révolution des sans-culottes réussisse [1].

Le malheureux Bouchotte aurait bien pu dire qu'il ne savait auquel entendre :

C'est avec douleur, écrivait Bô (Sedan, 9 novembre), que nous voyons opérer dans l'armée, par le ministre de la Guerre, des destitutions portant presque toutes sur des officiers dont le civisme, le courage et les talents sont solennellement avoués et par les soldats et par les Sociétés populaires; mais il n'en est pas moins vrai qu'il est trompé, et qu'au lieu de purger l'armée des muscadins qui y sont encore en grand nombre, il enlève à l'armée ses vrais défenseurs... Il devroit consulter la voix des Sociétés populaires et des représentants.

1. Armée de la Moselle, à la date. — Le 11 août, un certain Martin, volontaire à Belfort, se plaignait lui aussi, au Ministre, des dénonciateurs : « Ce sont des gens méprisables, qui veulent avoir des places. » (Armée du Rhin, à la date.)
Le 31 août, le même général Krieg signalait au général en chef « trois généraux d'un nouveau genre, le procureur syndic de Thionville, le commissaire des guerres, Paris, et le représentant Cusset, à Thionville, comme ayant provoqué, par des pillages, une attaque de l'ennemi, où nous avons perdu 10 hommes ».

Les représentants en mission croyaient aussi qu'il fallait agir révolutionnairement; et cependant ils faisaient quelques réserves sur un système de destitution dont ils pouvaient voir les effets désastreux. Lacoste écrit de Colmar (19 août) à Barère, président alors du Comité de salut public :

> Quand vous m'avez proposé pour m'envoyer en commission avec le brave Guyardin, vous m'avez témoigné combien vous étiez pénétré de la nécessité d'abandonner l'absurde système de moralité que nous avions adopté,... pour exciter un mouvement révolutionnaire comme moyen infaillible de porter la terreur chez tous nos ennemis.

Une conférence avait eu lieu à Bitche, le 8 août, entre représentants et généraux, et Lacoste ne se montre pas content des généraux. Les représentants avaient mis en avant un projet d'envahir le Palatinat, et il avait été rejeté par cinq généraux, ci-devant nobles, qui seuls formaient ce conseil, fort occupés d'eux-mêmes, peu de la chose publique. Mais tout en dénonçant ainsi les nobles, Lacoste et ses collègues sentaient bien qu'on ne pouvait pas toujours se passer d'eux. Il pouvait y avoir dans leur exclusion une cause de désorganisation des armées et un cas de responsabilité pour les représentants eux-mêmes :

> Nous avons vu les généraux Dandremont et Darlande [1] dont les talents militaires sont soutenus par beaucoup de courage, de bravoure et la confiance des armées. Il est malheureux qu'ils soient des ci-devant, mais il serait peut-être plus malheureux encore qu'une loi générale, dictée par les circonstances où nous nous trouvons, les forçât à la retraite.

Ils disent aussi de Beauharnais, dont la démission était acceptée ce jour-là même :

> Quant au général en chef Beauharnais, s'il faut s'en rapporter à la manifestation de ses principes, ils sont purs, ses talents politiques sont connus et ses talents militaires très étendus, et, en lui rendant la justice qui lui est due, c'est le premier géné-

---

1. Landremont (?) et d'Arlande.

ral de la République; mais il est dans un tel abattement que toutes ses facultés, morales et physique, sont absorbées. Son sort qui est réellement fâcheux nous a affectés [1].

A qui la faute?

Au cours de cette conférence tenue à Bitche où les généraux s'étaient montrés si peu disposés à faire campagne dans le Palatinat, les représentants, instruits des périls que faisait courir à la France la chute de Valenciennes, avaient souscrit à l'envoi des 30 000 hommes demandés par le Comité de salut public pour servir d'arrière-garde à l'armée du Nord et protéger Paris. Mais le danger était sérieux aussi pour l'Alsace. Borie d'une part, Lacoste et Guyardin de l'autre, avaient devancé la promulgation du décret de la levée en masse (23 août) par des arrêtés presque du même jour (22, 24 août). Schauenbourg, le général en chef malgré lui, en faisant connaître au Ministre l'état des forces de l'armée, lui déclarait qu'il lui était impossible de rien fournir au Nord, et les représentants, Richaud, Soubrany et Ehrmann, à l'armée de la Moselle, prirent sur eux de suspendre le départ des carabiniers qu'on leur demandait (27 août) [2]; les représentants envoyés le 27 juillet à l'armée du Rhin, Borie, Milhaud et Ruamps, ne pouvaient pas non plus accepter qu'on réduisît cette armée. Chose curieuse :

---

1. Armée de la Moselle, 19 août. — Ils sont allés de Wissembourg à Haguenau, à Strasbourg, à Schelestadt et sont à Colmar. Les autorités constituées et les Sociétés populaires sont pleines de zèle. Mais, disent-ils : « En exceptant Wissembourg, nous avons trouvé les habitants indifférents à la Constitution, bien peu attachés à la République et totalement fanatisés. » — Nouvelle trame de nos ennemis : le discrédit des assignats. Ils perdent 3/4 de leur valeur, le soldat ne peut plus vivre. La République doit dépenser 100 à 150 millions par mois, au lieu de 500 000 livres. Il faut prohiber le numéraire. Ils ne renoncent pas à l'invasion du Palatinat (même lettre).

2. Armées du Rhin et de la Moselle, aux dates. La correspondance de Schauenbourg avec le ministre de la Guerre est fort active : il lui parle de ses opérations, et même le consulte plus que ne le faisaient assurément Custine et Houchard (19, 20, 21, 22, 23, 24 août 1793). Le Ministre finit par lui répondre qu'il ne peut lui donner de nouveaux ordres : le général, sur les lieux, peut en juger mieux que personne, et, s'il a besoin de consulter, il a également sur les lieux les représentants du peuple qui,

CH. XXIX. — FIN DE LA CAMPAGNE DE 1793

ils auraient pu y avoir Bonaparte. Napoléon Bonaparte, sans doute après la prise de Marseille (25 août), sollicita une place de lieutenant-colonel d'artillerie à l'armée du Rhin. Une note autographe de Bouchotte sur le résumé de cette demande porte :

Voyez le citoyen Buonaparte, sa proposition est celle d'un patriote. S'il a des moyens, profitez-en pour l'avancer [1].

Au commencement de septembre, à l'Est comme à l'Ouest, on est sur la défensive. On aura moins de sièges à faire qu'à soutenir, et le Ministre adresse cette circulaire aux commandants de places (2 septembre) :

Nos villes ne doivent être prises que quand elles sont détruites par l'ennemi, et la porte ne doit leur en être ouverte que lorsqu'il y est entré par la brèche [2].

Milhaud, Borie et Ruamps prenaient à la même date cet arrêté :

Les officiers et soldats qui parleront avec les vedettes ou tous autres individus venant de l'ennemi seront fusillés dans les vingt-quatre heures.

Les généraux en chef, deux nobles, portés à ce rang fort à contre-cœur, étaient rendus responsables des progrès que l'on ne faisait pas. Qu'est-ce donc si leurs armées éprouvaient quelque défaite, s'ils venaient à être battus ? Or, le 14 septembre, l'armée de la Moselle était battue à Pirmasens [3].

---

revêtus de pouvoirs assez vastes, sont à même, plus que tous les autres, de l'aider et d'augmenter ses moyens et ses ressources. (Armée de la Moselle, 28 août 1793.)

1. Dépôt de la Guerre, armée du Rhin, août 1793 (sans autre date, ni désignation de lieu). — Cette demande, un peu plus tard, aurait pu être d'autant mieux accueillie, que l'on manquait d'officiers d'artillerie à l'armée du Rhin. Le général Delaunay, intercédant auprès du ministre en faveur de Tholosan, suspendu, lui dit : « qu'il n'est pas né noble, qu'il a toujours servi avec distinction, enfin que c'est le seul officier d'artillerie qui lui reste. » (Armée du Rhin, 7 octobre 1793.)

2. Lettre au commandant de Schelestadt, imprimée. Dépôt de la Guerre, armée du Rhin, à la date.

3. Sur le combat de Pirmasens, voyez une relation de Berlin (c'est la

Schauenbourg fut destitué. Il était depuis le 1er septembre provisoirement suspendu. Cette suspension aurait dû l'excuser de l'échec. L'échec au contraire détermina sa perte [1]. A l'armée du Rhin, Landremont, successeur de Beauharnais, avait été plus heureux. Dans une lettre au Comité (20 septembre), il se félicitait, il est vrai, d'avoir, avec le peu de troupes qu'il commandait, gardé les lignes de Wissembourg, quand Maurice de Saxe avait dit que pour les défendre il fallait 40 000 hommes; mais il ne répondait pas de tenir toujours contre un ennemi fort supérieur en nombre [2]. De plus, Milhaud, Guyardin et Lacoste avaient

version allemande) et les relations du général Guillaume, du général Moreaux et des représentants Ehrmann, Richaud et Soubrany. (Armée de la Moselle, 14 et 15 septembre.) Les trois représentants, la veille de la bataille, avaient conçu de meilleures espérances. Ils écrivaient le 13 au Comité de salut public :

« Notre armée a attaqué hier l'armée ennemie sur plusieurs points et l'a fait rétrograder. Le marquis de Mony a été pris et va être fusillé.

« Que 14 000 hommes détachés de l'armée du Rhin, lui soient rendus et le territoire sera bientôt évacué. » Ils se plaignent de Bernard et de Bassal, leurs collègues, délégués dans le Mont-Terrible, qui ont retenu à Besançon des chevaux et des approvisionnements destinés à l'armée du Rhin ; et ils y voient une conséquence de ces missions multipliées au hasard : « C'est ainsi qu'en nommant une multitude de commissaires chargés de missions particulières, des mesures incohérentes sont prises et que la chose publique est souvent exposée au plus grand péril. » (*Ibid.*, à la date.)

1. Le 10 octobre, le ministre adresse au Comité une lettre de Moreaux qui attribue au général Guillaume l'échec de la journée du 14. Ainsi c'est le Comité qui, sans information, avait fait arrêter le général en chef. Disons toutefois que les représentants Richaud, Ehrmann et Soubrany prirent à leur tour la défense de Guillaume : « Ayant appris par le citoyen Guillaume, général de brigade, qu'il a été mis en état d'arrestation par ordre du Comité de salut public, par rapport à sa conduite dans l'affaire de Pirmazens, le 14 septembre dernier », ils lui soumettent les détails de cette affaire qui ne sont qu'à la justification de ce citoyen. (Arch. nat., AF II, 246, 28 du 1er mois, 19 octobre 1793.) — Le 10 octobre, Moreaux refusant la place, et Delaunay demandant à en être déchargé, Richaud et Ehrmann prient le Comité de désigner un général de mérite. (Procès-verbal de la séance tenue à Saarbruck par laquelle il est décidé que l'armée du Haut-Rhin livrera bataille à l'armée ennemie, pour faire lever le siège de Landau, 14 octobre, signé *Ehrmann, Lacoste, Mallarmé, Richaud*.) — Le 24, Delaunay écrit au Ministre qu'il n'était pas à la conférence du 14. Ainsi, c'étaient les représentants qui, en l'absence des principaux généraux, décidaient des opérations.

2. « Une armée supposée, qui n'existe que dans l'idée ou dans les projets, ne bat pas l'ennemi. Je ne resserai de vous parler, citoyens représentants, de l'armée réelle, effective, combattante, qui est sous mes

voulu qu'il passât le Rhin, et le projet avait manqué faute de pontons (18 septembre). Landremont aussi avait donc cessé de plaire, et il en fut de l'armée de la Moselle comme de l'armée du Rhin. Landremont fut arrêté (1er octobre) et le commandement donné pour un jour à Meunier, puis provisoirement à Carlene (2-26 octobre). Mais, durant ce provisoire, un échec, tout autrement grave que la bataille de Pirmasens, vint nous punir de ce bouleversement dans la direction des armées. Les lignes de Wissembourg, que Landremont s'était fait gloire d'avoir su défendre, furent forcées (13 octobre)[1], et ce fut l'ancien général qu'on en rendit encore responsable[2].

Ce double échec des deux armées allait faire paraître d'autres représentants et d'autres généraux.

ordres. Je sais aussi enfler mes forces pour donner le change à l'ennemi; mais quand il s'agit de l'attaquer ou de lui faire face lorsqu'il attaque, les chimères et les ombres disparoissent, le plus fort l'emporte. Je ne vous dissimule pas que tout homme, qui connoît les lignes de Wissembourg et les gorges, regarde comme un prodige, et comme autant de victoires gagnées, toutes les attaques où l'ennemi aura été repoussé. Maurice de Saxe, qui nous valoit bien tous pour les connoissances militaires, a soutenu qu'il falloit 40 000 hommes dans les lignes et autant dans les gorges, pour en défendre l'accès. Il n'auroit pas pris sur lui de les garder avec moins de forces. Je n'en ai pas la moitié depuis que je commande l'armée et je ne me suis point laissé entamer. » — Il en fait honneur à ses soldats, à ses lieutenants; mais il ne peut répondre qu'il réussira toujours : « Il est impossible que je chasse l'ennemi, tant qu'il m'opposera 45 000 hommes à 31 000 dont je ne peux employer que la moitié », etc. (Bibl. nat., Le39 44, pièce 238, et armée du Rhin, à la date.)

1. Voy. la lettre de Meynier à Clarke, directeur du cabinet topographique (13 octobre), et les rapports officiels du général ennemi Wurmser (13 octobre), du général français Carlene (14 octobre). (Armée du Rhin, aux dates.)

2. Voy. le rapport de Borie, Milhaud, Guyardin, etc. (Bibliothèque nat., Le39 43 et 44.) Les généraux Schauenbourg et Landremont, dans leur disgrâce, occupèrent encore le Comité de salut public et les représentants en mission. Schauenbourg, né en 1745, demanda une pension de retraite, en envoyant ses états de service depuis 1759 (4 octobre). Le Ministre lui répondit en lui adressant l'arrêté du Comité de salut public qui le mettait en arrestation et chargeait Delaunay (général en chef du jour) de le faire conduire à Paris. On a un mémoire justificatif de Schauenbourg, daté de l'Abbaye. (Armée de la Moselle, aux dates.) Le général Landremont se défendit aussi lui-même, et les représentants Borie et Ruamps, qui l'avaient fait arrêter, eurent à répondre à ses récriminations. C'est à son inaction qu'ils rapportaient la perte des lignes de Wissembourg. (Armée du Rhin.)

IV

Suites de la bataille de Wattignies sur la frontière du Nord.

Vers le milieu d'octobre, la situation des armées à l'Est et à l'Ouest de la frontière du Nord était fort différente. A l'Ouest, la bataille de Wattignies rendait possible l'offensive dans toute l'étendue de la circonscription des armées du Nord et des Ardennes, depuis Dunkerque jusqu'à Charleville; à l'Est, le combat de Pirmasens et la perte des lignes de Wissembourg laissaient Landau isolé et l'Alsace ouverte devant l'ennemi.

Revenons au Nord-Ouest. Carnot, de retour au Comité de salut public, espérait que les opérations allaient marcher au gré de ses désirs : que l'aile gauche de l'armée du Nord se porterait vers Ostende; que l'aile droite, descendant la Sambre, atteindrait Charleroi et Namur.

Le vainqueur de Wattignies, Jourdan, avait le commandement supérieur de ces troupes, disposant tout à la fois, et de l'armée des Ardennes qu'il avait laissée au général Ferrand, en passant à l'armée du Nord[1], et de l'armée du Nord où il avait pour lieutenants : Souham, le défenseur de Dunkerque, Davaine, et, sous eux, des généraux de brigade dont plusieurs devaient bientôt se faire un nom, Moreau[2], Mac-Donald, Dupont, Hoche : Hoche le plus nouveau de tous, dont le génie militaire s'était révélé au siège de Dunkerque et qui allait devancer tous les autres[3]. Quant aux représentants, ils ne manquaient

---

1. Ferrand étant resté malade à Maubeuge, l'armée des Ardennes, réduite alors au camp d'Ivoy-Carignan, fut successivement commandée par les généraux Maisonneuve et Debrun.

2. Ne pas le confondre avec Moreaux, de l'armée de la Moselle.

3. Les représentants Trullard et Berlier le nommèrent général de brigade : « sur les excellents témoignages qui ont été rendus au civisme et à l'intelligence du citoyen Hoche, adjudant général en cette place, et d'après sa bonne conduite pendant la durée du siège dont nous avons été témoins nous-mêmes », disent-ils. (Armée du Nord, 15 septembre).

pas non plus, les uns secondant, les autres contrariant plutôt l'action du général en chef : Isoré et Châles à Lille [1], Trullard et Berlier à Dunkerque, Laurent et Florent Guyot à Arras, toujours avec des pouvoirs illimités et dans des circonscriptions qui n'étaient pas assez définies. Mais les résultats ne répondirent pas aux espérances de Carnot. A l'aile gauche, les succès furent balancés, et le 28 octobre on en revint à la défensive [2]; à l'aile droite,

Sur Hoche voyez la *Vie de Lazare Hoche* par Alexandre Rousselin (2 vol. in-8, Paris, an VI), à laquelle nous renverrons pour les pièces de sa correspondance qui y sont données; — Hippolyte Durand, *le Général Hoche*, Paris, Versailles, 1832; — Duchatellier, *Hoche, sa vie, sa correspondance*, Paris, 1874; et la chaleureuse notice de M. Maze.

1. Isoré avait été nommé avec Drouet et Bar, le 9 septembre, pour remplacer à l'armée du Nord, Delbrel, Colombel et Letourneur. (*Moniteur* du 12, t. XVII, p. 625.) C'est lui qui envoya de Lille à Paris les cinq patriotes lillois dont le tribunal révolutionnaire prononça l'acquittement le 19 frimaire, 9 décembre 1793. (*Hist. du tribunal révolutionnaire de Paris*, t. II, p. 532.) Il est vrai que, dans la séance de la Convention de ce même jour, Bourdon (de l'Oise) imputa surtout le fait à Lavalette, commandant de Lille, qu'il traita fort mal, comme il le méritait, ainsi que son aide de camp Dufresse, le général de la nouvelle armée révolutionnaire. (*Moniteur* du 21 frimaire, 11 décembre, t. XVIII, p. 631.) Isoré se disculpa aussi de cette arrestation, Cassel, 21 frimaire. (Arch. nat., AF II, 152, 2ᵉ partie de frimaire, pièce 166.)

2. Les succès avaient été rapides dans les premiers jours. Le 22 octobre, Moreau mande au général Davaine la prise de Poperingue; et Davaine aux représentants Trullard et Berlier que ses troupes ont forcé toutes les positions depuis Marchiennes jusqu'à Furnes; Vandamme annonce la prise de Furnes, et Hoche le siège de Nieuport. Le représentant Isoré fait une proclamation à l'armée du Nord : « L'ennemi est forcé partout », et il publiait une lettre du général Souham : Comines, Warneton, Werwick ont été enlevés. Voy. aussi le Journal de cette campagne par Souham, du 20 au 25 octobre, et la lettre de Jourdan au Ministre (du 25 octobre), constatant ces résultats. Le 26, Souham donne des instructions à Davaine pour l'expédition d'Ostende. — Mais la situation changea bien vite de face. Le 27, Souham ordonne à Mac-Donald d'évacuer Menin la nuit et sans bruit, et, le 28, les lettres d'Isoré constatent l'échec de la campagne de la West-Flandre. On va se remettre sur la défensive. Le 28, Carnot écrit à Davaine, tout en le félicitant de ses premiers succès, que ses forces lui paraissent trop morcelées, et, le même jour, Duquesnoy adresse au Comité l'arrêté qui suspendait Davaine pour inexécution d'un ordre du général en chef. Le 29, Jourdan en avertit Bouchotte. — Depuis quelque temps il y avait mésintelligence entre Souham et Davaine. Le 30 octobre, Souham donne ordre à Mac-Donald de prendre le commandement des troupes depuis Bailleul jusqu'à Dunkerque, en remplacement de Davaine. (Armée du Nord, aux dates.) — Les habitants de la frontière avaient montré, sur plus d'un point, une grande énergie au milieu de

on se trouva aussi arrêté. Carnot avait bien dit d'aller en avant[1]. Mais la chose n'était pas facile. Le 30 octobre, le représentant Duquesnoy, naguère le compagnon de Carnot à Wattignies, lui écrivait :

> Nous sommes ici à la barbe de l'ennemi, et notre position pour aller l'attaquer n'est pas favorable, ayant la rivière de Sambre devant nous.

Et en post-scriptum :

> Si notre collègue Carnot peut s'absenter quelques jours du Comité, qu'il vienne de suite [2].

La route était parfaitement tracée sur la carte; seulement les chemins étaient impraticables. Jourdan écrit à Bouchotte, le 1er novembre, qu'il venait de faire passer une colonne à Florenne, pour se conformer aux ordres du Comité de salut public, et que, le 3, il devait attaquer Charles-sur-Sambre (Charleroi); il ajoutait toutefois :

> Je ne dois pas vous cacher que dans le cas de réussite, si je passe la Sambre, je cours le risque d'être tourné par Beaumont et par Namur et qu'en outre je ne pourrai recevoir des subsistances qu'avec les plus grandes difficultés à cause des routes [3].

Carnot ne se rend pas volontiers. Il faut faire quelque chose : s'il ne peut marcher sur Bruxelles et Liége sans s'exposer à être pris en flanc ou sur les derrières par les

---

cette lutte dont leurs villages étaient le théâtre. « Les villageois, dit Isoré, vont au combat, à la première affaire, la fourche à la main » (Cassel, 23 frimaire, 13 décembre. Arch. nat., AF II, 234, pièce 197). Le 30 octobre, le curé de Verlinghien faisait un rapport sur la défense du passage de la Lys par les habitants de la contrée : « La Convention, disait-il, a déclaré que Lille a bien mérité de la patrie. Elle pourrait décréter le même honneur à Verlinghien. » (Arch. nat., D, XL, 22, pièce 62.)

1. Le 22 octobre, Carnot adresse à Jourdan l'arrêté du Comité de salut public concernant la manière de finir la campagne. Il ne faut pas souffrir que l'ennemi passe l'hiver en France; il faut le repousser au delà de la frontière, mais on ne demande pas de pénétrer dans l'intérieur de la Belgique; et, le 26, il le félicite des dispositions prises pour exécuter son plan de campagne.
2. Arch. nat., AF II, 234, à la date.
3. Dépôt de la Guerre, armée du Nord, 1er novembre 1793.

ennemis qui sont devant Maubeuge (— et bien au delà!), il doit au moins se rendre maître de tout le pays entre Sambre et Meuse; cependant il s'en remet à sa sagesse [1].

Marcher sur Bruxelles ou sur Liége, quand il ne pouvait, sans risquer de s'embourber, faire un premier pas vers Charleroi! Jourdan, malgré l'appui qu'il trouvait dans le représentant Isoré [2], pouvait craindre qu'on ne jugeât sa sagesse bien timide, et il offrit sa démission (4 novembre).

La lettre de Carnot ne pouvait que confirmer le général dans les dispositions qu'il exprimait au Ministre à la même date :

> Quartier général de Beaumont, le 14° jour du 2°.mois... (4 novembre).
>
> Je ne vous dissimule pas, citoyen Ministre, que si le Comité de salut public insistoit absolument à l'exécution de l'expédition entre Sambre et Meuse, je me verrois contraint à donner ma démission. Je ne pourrois soutenir le spectacle déchirant de voir une armée être détruite sans combattre. Je rends justice aux braves soldats qui la composent, il ne leur a pas échappé le moindre murmure, quoiqu'ils soyent à demi nuds et sans souliers, exposés à toutes les injures du temps, puisqu'il est de toute impossibilité de voiturer les équipages.
>
> Je vous prie de me faire la réponse la plus prompte, l'inquiétude et le chagrin que j'éprouve ne me laissent aucun repos.
>
> Salut et fraternité,
> JOURDAN [3].

La réponse de Carnot ne se fit pas attendre en effet. Par une lettre du 6, il lui disait qu'il avait dû recevoir l'arrêté du Comité de salut public. Cet arrêté l'autorisait à modifier un plan fait sur des hypothèses qui ne s'étaient pas réalisées : il eût été souhaitable d'expulser l'ennemi du territoire, il était bon de ne pas se réduire à la défensive; mais si la chose paraissait impossible, on s'en rapportait à lui [4]. Jourdan était donc invité à ne pas donner sa

---

1. 4 novembre, lettre autographe de Carnot. (Dépôt de la Guerre, *ibid.*, à la date.)
2. Lettre du 4, attestant que les pluies avaient rendu les chemins impraticables.
3. Dépôt de la Guerre, *ibid.*, lettre autographe.
4. *Ibid.*, lettre autographe, comme les précédentes.

démission, à laisser momentanément le commandement à Duquesnoy et à venir conférer avec le Comité à Paris [1].

Remplacer Jourdan alors! mais qui mettre à sa place? L'agent Berton écrivait, le même jour que le général, à Bouchotte (4 novembre) :

> L'armée du Nord est dans une position inquiétante. Le général en chef Jourdan, dégoûté du commandement par les entraves continuelles dont il est environné, demande un congé sous prétexte d'aller rétablir sa santé à Avesne. Je crois Jourdan pur et bien intentionné; il n'en seroit peut-être pas ainsi de celui qu'on se propose de mettre à sa place. Vous jugerez si vous ne devez pas lui refuser sa demande.

Il ajoutait que Celliez allait à Paris pour lui donner des explications.

Que faisaient en ces conjectures les représentants pour aider à l'action des généraux? Châles et Isoré créaient dans le département du Nord une armée nouvelle, — une armée révolutionnaire. L'arrêté qui l'institue a des considérants retentissants comme des coups de grosse caisse :

> Au nom du Salut public.
>
> Les représentants du peuple envoyés près l'armée du Nord, convaincus qu'il existe au mépris des volontés de la nature des cœurs vils et noirs de corruption, sageant dans un sang impur et palpitant du désir de démentir la raison et les lois humaines que les préjugés inventés par le charlatanisme d'une légion d'hommes ambitieux cachés dans les ténèbres de l'hypocrisie, qui prêchant la chasteté et la sobriété, cultivent en secret des passions pour semer dans l'ignorance la superstition et faire germer dans les cœurs foibles une terreur à la honte du ciel même [2];
>
> Voulant que la déclaration des droits de l'homme, fondement de la République françoise, soit le seul livre révolutionnaire de la religion et du gouvernement, et que nul individu résident

---

1. Autre lettre du Comité, non de la main de Carnot, mais signée par lui en même temps que par Billaud-Varenne, Barère, C.-A. Prieur et R. Lindet. (Armée du Nord, à la date.)

2. Dans cette phrase, les représentants ont négligé plus que les virgules.

en France ne conserve la hardiesse d'insulter aux lois du pays sans être puni à l'heure même où son infidélité sera reconnue :

Arrêtons qu'il y aura dans le département du Nord une armée révolutionnaire commandée par le citoyen Dufresse; que cette armée, habillée à la demi-hussard et coiffée du bonnet de la Liberté, se transportera dans tous les lieux où les ennemis intérieurs attaqueront l'égalité, la liberté, l'humanité, les mœurs et la vertu.

Cette armée sera suivie d'un tribunal pour juger les ennemis des Sociétés populaires, les faux patriotes, les fanatiques, les accapareurs et les banqueroutiers.

Ses règlements organisatoires seront publiés et affichés dans le plus bref délai (13 brumaire, 3 novembre 1793) [1].

C'est à peu près sur le même ton que nos deux représentants en donnaient la nouvelle au Ministre :

Citoyen sans-culotte Ministre,

Une nouvelle colonne vient de s'élever à Lille à l'extrême hauteur des circonstances. Elle est composée de 1000 hommes sans-culottes, dévoués à l'extermination des conspirateurs. Le citoyen Dufresse commande cette fameuse colonne avec le titre de général de l'armée révolutionnaire du Nord. Les cœurs enveloppés des préjugés de l'esclavage vont reconnoître pour les seules déesses du monde l'égalité et la liberté. Cette armée est celle qui doit clore la révolution. Tout au peuple, rien aux hommes en particulier; pourvu que nous restions propriétaires de nos bras et de nos bonnets rouges, nul tiran ne sera sûr de sa vie. Seconde-nous, sans-culotte Ministre. La république sera bientôt universelle.

CHALES, ISORÉ [2].

Et le Ministre écrit en marge la minute de sa réponse :

Les sans-culottes voient avec un plaisir indicible vos opérations révolutionnaires dans un pays où la richesse avoit établi sa domination, où les préjugés empêchoient la masse de saisir la vérité et d'apercevoir les moyens qui pouvoient améliorer son sort malgré qu'elle en eût la volonté. Il falloit l'heureux concours de la sans-culotterie, de l'instruction et du pouvoir

---

1. Arch. nat., AF II, 129, dossier 16, pièce 2.
2. Lille, 11 brumaire (1 novembre). Armée du Nord, à la date.

pour rompre ces malheureuses chaînes, et ces circonstances se sont heureusement réunies.

Vous avez bien raison, citoyens, il ne nous faut que nos bras et un bonnet rouge, c'est-à-dire le travail et la liberté. Celui qui veut davantage n'est pas régénéré.

Les fonctions publiques ne sont et ne doivent être qu'accidentelles pour l'avantage de la société ; la seule fonction constante de l'homme, c'est le travail.

Je m'unis d'intention à vos vœux et je seconderai, dans ce qui dépendra de moi, vos travaux.

Salut et fraternité.

L'armée révolutionnaire se mit donc en campagne contre les aristocrates. Un arrêté d'Isoré, en date du 18 novembre, portait :

L'armée révolutionnaire aux ordres du général Dufraisse se transportera à Douai centre de la partie menacée, pour déjouer les projets contre-révolutionnaires qui s'y trament. La Commission militaire établie à Lille suivra l'armée révolutionnaire, et l'état-major de la dite armée s'occupera de la recherche des complots de trahison et livrera les coupables à la Commission militaire pour être jugés militairement.

Et le lendemain, le général Dufresse écrit à Bouchotte :

· Un tribunal révolutionnaire nous suit ; que les scélérats tremblent, la guillotine est là et les amis du peuple seront debout tant qu'il respirera un ennemi des droits de l'homme.

Le 25, il adresse au ministre son premier bulletin de victoire : cinquante prisonniers ! Il est venu à Douai, il a fait arrêter cinquante personnes, de concert avec Isoré [1].

---

[1]. Le 28 novembre, la Société populaire et révolutionnaire de Douai délivrait un certificat de bonne conduite à l'armée révolutionnaire dans Douai, avec éloge de son chef ; — et, le 30, la Société populaire de Lille écrit à la société-mère de Paris :

« L'armée révolutionnaire du département du Nord, formée dans notre sein et par nos soins, a volé à Douai à la voix du brave Isoré. Cette ancienne cité parlementaire, le réceptable de toutes les aristocraties chicanière, nobiliaire, sacerdotale et mercantile, gémissoit sous le joug de la plus affreuse servitude. La Société populaire étoit dominée par les accapareurs ; les prêtres étoient à la tête de tout », etc. — Il y avait une conspiration pour livrer les places frontières. Plus de cinquante scélérats

CH. XXIX. — FIN DE LA CAMPAGNE DE 1793

De Douai, l'armée révolutionnaire poursuivit le cours de ses exploits jusqu'à Dunkerque, où Dufresse se promettait bien de détruire par ses harangues le mal produit par l'or de Pitt [1]. Châles, retenu à Lille par une blessure reçue à l'affaire de Werwick, n'avait d'autre arme à sa disposition que la presse, et il réclamait du ministre ce qui était, sur ce terrain aussi, le nerf de la guerre : il lui demande s'il a des fonds pour des impressions civiques.

Ne pouvant plus servir la République dans mon lit de douleur, où je suis cloué pour plusieurs mois encore, autrement que par le résultat de mes réflexions et par des écrits patriotiques....

En marge de la main de Bouchotte :

J'en ferai passer à ton frère.

Et il tint parole. Le 21 novembre, Châles le remercie pour 1000 francs qu'il a reçus, et il le paye de retour :

Je t'adresse deux numéros d'un journal qui fait, outre la sensation, quelque bien... [2].

Mais les vraies armées que faisaient-elles? Elles se trouvaient, par le dénuement de toutes choses et par les

---

expieront le crime qu'ils ont voulu commettre... « Malheur aux traîtres! Malheur aux modérés qui sont cause qu'il y a des traîtres. La guillotine est là, et l'armée révolutionnaire ne s'endormira jamais. » (Armée du Nord, à la date.)

1. Lettre au Ministre de la guerre (1er décembre). — Il aurait eu une autre occasion de se montrer, car Berlier écrivait le 19 novembre à Prieur (de la Marne), président alors du Comité de salut public, que l'ennemi rôdait toujours autour de Dunkerque. (Arch. nat., AF II, 234.) Mais l'armée révolutionnaire se réservait pour autre chose! Cela n'empêchait pas Régulus Leclerc, agent du ministre des Affaires étrangères, d'écrire à son Ministre (Bergues, 25 frimaire, 5 décembre) : « Le représentant du peuple Isoré est venu faire un voyage républicain, et, semblable à un torrent, il a entraîné tout l'impur de trois villes modérantistes (Cassel, Bergues et Dunkerque). » Lui-même y a aidé. (Ministère des Affaires étrangères, France, registre 328, f° 283.)

2. Dans une lettre du 2 décembre il désabuse le ministre sur l'accueil que l'on attend de la Belgique et lui donne ce conseil : Se défaire des prêtres et des avocats, si l'on veut conserver les Pays-Bas. (Armée du Nord, à la date.)

maladies, suite de ces misères, dans la nécessité de rétrograder. Le 13 novembre, Souham écrit à Jourdan que lui aussi il avait dû opérer un mouvement rétrograde, l'ennemi occupant une très forte position derrière l'Escaut. Jourdan lui-même était disposé à étendre ce mouvement. Il écrit, le 8 novembre, au Comité pour lui exposer l'avantage d'établir des camps retranchés à Réunion-sur-Oise (Guise), à Saint-Quentin et à Péronne. Grâce à ce recueillement, disait-il, on pouvait espérer des succès au commencement de la campagne suivante[1]. — On n'aurait guère fait que d'abandonner à l'ennemi des plaines qu'il parcourait en maître. Le 9 novembre, le représentant Laurent faisait savoir au Comité de salut public que les communications entre Cambrai et Saint-Quentin étaient encore interceptées. Les représentants Lejeune et Roux, en mission dans l'Aisne et les départements voisins, constataient cette situation périlleuse et ils proposaient un bien étrange moyen d'y remédier :

Il paroît que le projet de l'ennemi est de couper la route de Guise à la Capelle et de là à Avesne, et de là intercepter toute espèce de communication avec l'armée commandée par Jourdan...

Jugez, si ces projets étoient suivis de succès, quels malheurs et quels inconvénients pourroient en résulter! Les succès de Jourdan ne peuvent être favorables à la République qu'autant que les communications avec son armée seront libres et assurées; dans l'hypothèse contraire, la chance est en faveur de l'ennemi, et la fin de cette campagne peut devenir désastreuse et compromettre sur ce point le salut de l'État.

L'ennemi enlève journellement les subsistances dans les villages de cette frontière. Nous désirerions avoir les moyens de le priver de cette ressource; il n'en est qu'un : c'est de faire refluer dans l'intérieur les blés que la force ou la cupidité des fermiers leur procure. Lequinio et Lejeune avoient pris un

---

1. Armée du Nord, aux dates. — Le général Belair dit au Ministre, le 11, que l'ennemi était toujours menaçant du côté de Guise. — Cf. sa lettre du 7 novembre et celle d'un commissaire des subsistances à la même date : « L'ennemi n'est plus qu'à trois lieues de Saint-Quentin. »

arrêté sur cet objet intéressant, il y a plus de deux mois et demi; mais la malveillance des administrateurs l'a laissé sans exécution; il faudroit donc que nous pussions disposer de quelques compagnies de cavalerie, afin de parcourir les villages qui servent à alimenter l'ennemi, nous emparer des subsistances et les transporter dans nos magasins.

Et les habitants?

A quoi avait donc servi la bataille de Wattignies? Un capitaine du 2ᵉ bataillon, frère du général Cordelier (ce qui n'est pas une recommandation à l'appui de son témoignage) osait adresser au Comité de salut public une critique des représentants et des généraux à cet égard (10 novembre). On avait trompé le peuple sur cette bataille :

Ce peuple franc et encore trop crédule, emporté à ses jouissances patriotiques par la nouvelle agréable de la prétendue défaite de l'ennemi, ne songe plus à examiner si on lui dit la vérité, si on lui en impose; il suffit qu'on lui annonce que Maubeuge est libre, pour qu'il prodigue des louanges et à ses représentants et au général en chef.

La victoire est due aux soldats. — Il continue :

La conduite tenue depuis les journées des 15, 16 et 17 est en quelque sorte le flambeau qui vous éclairera sur la justice de mes observations. Voyez : tandis que plusieurs divisions de l'armée sont enfouies du côté de Beaumont pour, disait-on, passer la Sambre,... l'ennemi s'étendoit sur notre gauche, égorgeoit nos républicains à Marchiennes et présentement est en présence de Cambray et peut-être encore plus avancé. Il faut avoir joué à colin-maillard pour ne pas avoir vu sa marche, ou que des intérêts particuliers ayent occupé chez l'étranger (*sic*).

Aujourd'hui on nous dit que la division qui étoit passée la Sambre et qui a été aux portes de Villeroi (Charleroi ¹) a été obligée de revenir, parce que les chemins sont impraticables; je le crois bien, mais il ne falloit pas [il n'était pas besoin d'] y aller pour le savoir.

1. Il a le sentiment que le nom a été changé; mais au lieu de faire porter le changement sur le mot *roi* (Charle-sur-Sambre), il le fait porter sur le mot *Charle* (Villeroi)!

Pauvres soldats de la Patrie, comme vous êtes promenés! aussi arrivez-vous aux hôpitaux par légions.

La mauvaise manœuvre du général en chef, qui me paroit même concertée avec les représentants[1] du peuple, puisqu'ils lui ont prodigué des éloges ainsi qu'à Duquesnoy, général de division qui, sûrement, n'est pas plus républicain que son frère....

Selon lui, on aurait dû fermer les passages de la Sambre à l'ennemi pour l'écraser :

On a semblé lui dire : Pour m'attirer la confiance, il faut que je débloque Maubeuge. Fais le sacrifice de te retirer, tu as trois passages : celui de Hautmont, celui de Pont-sur-Sambre et celui de Berlaimont; je les laisse libres pour mes opérations, ne t'inquiète pas; au surplus, voilà le mauvais temps, tu ne peux guère compter sur le succès d'un siège qui est presque impossible actuellement...[2].

Carnot prit si peu de souci de cette lettre, en ce qui le concernait, qu'il paraît l'avoir renvoyée à Bouchotte, puisqu'elle se trouve aux archives de la Guerre; mais il devait être vivement touché de la situation. Il avait, le 17 novembre, mandé à Jourdan qu'il était autorisé à suivre les opérations dont il avait envoyé le plan, le 6 du mois présent. Il s'étonnait que l'ennemi pût pénétrer jusqu'à Saint-Quentin et invitait le général à y envoyer des forces suffisantes. D'autre part, on lui mandait que l'ennemi se portait de nouveau en force sur la Flandre maritime, que Dunkerque et le camp de Cassel étaient menacés. Il pressait Jourdan de rassurer le Comité; et la lettre écrite de sa main porte quatre signatures : L. CARNOT, R. LINDET, B. BARÈRE et BILLAUD-VARENNE (20 novembre). Un procureur de la commune de Montreuil-sur-Mer adressait de son côté au général une sommation qui portait bien l'empreinte de la peur. Notre homme se plaint qu'avec une

---

[1]. Réfléchissant que l'un des représentants était Carnot, membre du Comité de salut public auquel il s'adressait, il a corrigé *les représentants* en *le représentant* Duquesnoy. — Il aurait eu plus raison d'écrire le représentant *Carnot*, car on a vu que la lettre est de la main de Carnot. Même correction un peu plus loin.

[2]. Armée du Nord, à la date.

armée victorieuse et républicaine il n'a rien fait, tandis qu'en quinze jours il pouvait envahir le Brabant. — Est-ce l'or de Pitt? Veut-il finir comme Dumouriez ou Custine et porter sa tête sur l'échafaud? — Il le dénoncera et le fera mander à la barre, si, dans quinze jours, il n'a pas chassé l'ennemi du territoire français [1].

La situation reste la même en décembre. Le 3 décembre, Carnot dit à Jourdan :

> Toujours de nouvelles plaintes des communes que, d'après les premières lettres, nous croyions hors d'insulte. Écris au Comité que nous sachions à quoi nous en tenir.

Et l'on demande encore à l'armée du Nord 10 000 hommes pour la Vendée! Le 23 novembre, Jourdan annonçait à Bouchotte qu'ils partiraient pour Caen le lendemain. Seulement, comme l'ennemi se portait sur Cassel et Dunkerque, il suspendait le départ des 5 000 hommes que devait fournir Souham; et Souham, le 24, protestait contre une mesure qui lui laissait à peine le moyen de se défendre, sa petite armée, déjà réduite, se fondant entre ses mains par les désertions ou, si l'on veut, les départs sans aucune forme de congé. Il écrit, le 29, au Ministre :

> Les volontaires disent hautement qu'ils ne sont obligés de rester que jusqu'au 1er décembre prochain et que passé cette époque ils retourneront dans leurs foyers.

Les autres 5 000 hommes au moins allaient partir, et le représentant Duquesnoy s'apitoyait sur leur dénuement (7 décembre). Il s'en consolait en frappant les généraux. J'ai cité sa lettre du 9 décembre [2]. Ce n'est pas sa faute si son vœu homicide ne fut pas plus vite accompli.

L'armée du Nord, l'armée des Ardennes et les divisions de seconde ligne que l'on appela l'armée intermédiaire avaient fourni un contingent au futur sacrifice. C'est ce

---

1. Armée du Nord, 23 novembre.
2. Voy. ci-dessus, p. 150.

qu'on appelait renouveler les états-majors. Mais par qui les renouveler? Ici les représentants n'étaient pas toujours d'accord avec le Ministre. Duquesnoy remplaçait quelquefois, de son autorité propre, les officiers que le ministre envoyait. Il écrit d'Amiens le 26 frimaire (16 décembre), avec sa brutalité ordinaire, au Comité de salut public :

Je vous fait passer copie de la nomination que j'ai faite, sur la demande du chef de l'état-major, d'un adjudant général pour remplacer le monstre Emoinot que le bureau de la Guerre venoit d'envoyer à l'état-major de l'armée du Nord.

Je vous engage, citoyens mes collègues, à faire confirmer sa nomination, tant pour ses talents que son patriotisme et sa bravoure. Je vous engage, en outre, à faire épurer les bureaux de la Guerre où il se trouve encore une infinité de *Jeans-fo...* [1] qui tous les jours empoisonnent nos armées d'un tas de gredins de leurs espèces...

Et le 17 (27 frimaire), à Bouchotte :

Je t'ai écrit que tu étoit un honête homme, mais que tu étoit encore entouré de Jean f... Eh bien je te le répète encore et si tu ne chasse tous ces intrigants qui sont encore dans tes bureaux, ils finiront par te perdre.

Et Bouchotte lui répond humblement (18 décembre) :

Tu te plains de certains de mes adjoints et de la méchante qualité des gens qui m'entourent, quoi que je sois l'homme du monde le moins entouré, mais tu ne me cites aucun nom, tu ne produis ni faits ni pièces.

Il le presse d'être plus explicite. Bô, de son côté, en mission avec Hentz près les armées du Nord et des Ardennes, se plaignait, le 28 décembre, que les choix faits par les représentants ne fussent pas encore approuvés par le Comité de salut public :

Les préventions du Ministre sur ce point ne peuvent s'excuser que sur son aveugle confiance dans ceux qui l'entourent. Il semble vouloir lutter de pouvoirs avec les représentants et les contrarier en tout [2].

1. Les deux mots sont effacés et remplacés d'une autre main par les mots *d'hommes*. (Arch. nat., AF II, 242, pièce 255, autographe.
2. Armée du Nord, aux dates.)

CH. XXIX. — FIN DE LA CAMPAGNE DE 1793

Il y avait un général que l'on avait enlevé à l'armée du Nord, mais ce n'était pas encore pour le jeter en prison, c'était pour l'envoyer où le péril était le plus menaçant après la perte des lignes de Wissembourg : je veux parler de Lazare Hoche. Pour celui-là, son choix avait été vite approuvé, et il l'avait justifié au moment où Bô faisait sa plainte. Nous allons le suivre à l'armée de la Moselle dont il reçut le commandement en chef à la fin d'octobre.

V

Pichegru et Hoche. — Saint-Just et Le Bas.

La perte des lignes de Wissembourg avait causé en Alsace une émotion dont le retentissement se fit sentir à Paris. Il y avait sur les lieux un général fort prisé du Ministre, c'était Pichegru[1]. On avait voulu lui donner le commandement de l'armée du Rhin, après la disgrâce de Landremont, et il l'avait refusé; son refus ne devait pas être fort difficile à vaincre. Mais ce n'était point assez, et une armée voisine restait à pourvoir. Au cri d'alarme des représentants en mission dans ces parages[2], la Convention choisit Hoche pour commander l'armée de la Moselle. De

---

1. Pichegru, né à Arbois (Jura), en 1761, élevé par les Pères Minimes; il professait les mathématiques à l'école de Brienne où Bonaparte dit avoir reçu des leçons de *l'abbé* Pichegru. Il s'engagea comme artilleur et fit les dernières campagnes d'Amérique. Révolutionnaire ardent, président du club de Besançon, il commanda un bataillon de volontaires dans l'armée du Rhin (1792) et devint rapidement général de brigade et général de division. (Nouvelle Biogr. des Contemporains, 1821.) — Il y a toute une correspondance qui précède l'arrivée de Pichegru. Le 5 septembre, le Ministre écrit à Landremont : « Je vous ai annoncé, le 3, un brave soldat, le citoyen Pichegru, qui mérite toute votre confiance pour la défense du Haut-Rhin. » Le 6, il écrit à Pichegru lui-même, qu'il compte sur lui pour déjouer les vues de l'Autriche sur Porrentruy. Le 8, Bassal et Bernard font savoir à Landremont que Pichegru leur est absolument nécessaire à Porrentruy; — ils le retiennent provisoirement. (Armée du Rhin, aux dates.)

2. Voy. la lettre de Niou, Guyardin, Milhaud, Mallarmé, Lacoste, Borie, au Comité de salut public (18 octobre 1793) : « Envoyez un bon général ! » (Armée du Rhin, à la date.)

plus, elle envoya Saint-Just et Le Bas en qualité de commissaires extraordinaires près l'armée du Rhin (17 octobre)[1].

C'était peut-être plus que ne voulaient les représentants déjà attachés à cette armée. Lacoste et Mallarmé, son collègue, n'entendaient pas qu'on les crût au-dessous de la tâche dont ils étaient chargés. Ils écrivirent, le 21 octobre, au Comité que les soldats étaient enflammés du désir de se venger et qu'ils sauraient soutenir le courage de la ville de Strasbourg. « Il faut pour cela, disaient-ils, employer une fermeté républicaine, une énergie révolutionnaire et s'entourer de patriotes prononcés », et ils parlaient des discours patriotiques qu'ils avaient tenus à la Société populaire[2]. Quant aux deux nouveaux représentants, ils se présentaient comme si tout était à refaire avec eux. Nul compte des collègues qu'ils trouvaient là et dont les pouvoirs n'étaient pourtant pas révoqués. Dès leur arrivée, ils lancent cette proclamation :

Saverne, le 2ᵉ jour du 2ᵉ mois... (23 octobre 1793).

Nous arrivons et nous jurons au nom de l'armée que l'ennemi sera vaincu. S'il est dans son sein des traîtres et des indifférents même à la cause du peuple, nous apportons le glaive qui doit les frapper.

Soldats, nous venons vous venger et vous donner des chefs qui vous mènent à la victoire. Nous avons résolu de chercher, de récompenser, d'avancer le mérite et de poursuivre tous les crimes, quels que soient ceux qui les aient commis. Courage, brave armée du Rhin, tu seras désormais heureuse et triomphante avec la liberté!

Il est ordonné à tous les chefs, officiers et agents quelconques du gouvernement de satisfaire dans trois jours aux justes plaintes des soldats. Après ces délais, nous entendrons nous-mêmes ces plaintes et nous donnerons des exemples de justice et de sévérité que l'armée n'a point encore vus[3].

---

1. « Chargés de prendre connaissance des événements qui ont eu lieu à Wissembourg et à Lauterbourg. » (AF* II, 47, à la date.)
2. Dépôt de la Guerre, armée du Rhin, à la date.
3. Arch. nat., AF II, 247, pièce 150.

Le même jour ils établissaient à Saverne une Commission révolutionnaire « contre ceux qui seront dénoncés comme agents et partisans de l'ennemi » :

Elle fera fusiller ceux qui seront convaincus de ces crimes et enverra à Mirecourt en arrestation ceux qui n'en seront que soupçonnés [1].

Et le lendemain ils exécutent, en quelque sorte, les collègues qu'ils viennent supplanter, dans cette lettre où ils exposent au Comité de salut public la position qu'ils voulaient prendre :

Nous sommes arrivés hier ici, nous y avons trouvé nos collègues Ruamps, Milhaud, Lacoste, Mallarmé et Borie. Quelle que soit la cause du mécontentement qui a lieu entre la plupart d'entre eux, le bien leur est devenu presque impossible à faire, et ils le sentent. Peut-être faudroit-il les employer ailleurs et, au bout d'un certain temps, leur donner une retraite honorable en les rappelant au sein de la Convention. Deux représentants actifs suffisent pour cette armée.

D'après la nature de notre mission, nous avons cru devoir agir isolément...

Ils ont conféré avec le général Carlene :

L'échec de Wissembourg tient au défaut d'ordre et de discipline qui a permis à l'ennemi de surprendre notre armée.

Il manque surtout à cette armée un chef vraiment républicain et qui croie à la victoire; nous espérons [le] trouver [dans] Pichegru : il est à Huningue; nous lui avons dépêché un courrier, nous l'attendons...

Ils approvisionnent Strasbourg; ils réorganisent l'armée :

Les jeunes gens de la première réquisition ne peuvent servir utilement qu'au moyen de l'incorporation dans les corps actuels.

Il faut renforcer cette armée, lui donner des armes, reprendre le terrain perdu jusqu'à Landau. L'ennemi vou-

---

[1]. Arch. nat., AF II, 247, pièce 151. Presque à la même date, 5 du deuxième mois (26 octobre), Ehrmann, Soubrany et Richaud publiaient à Saarbruck un arrêté portant : « Quiconque aura passé à l'ennemi pour implorer sa protection, sera puni de mort, et sa maison rasée. » (AF II. 242, à la date.)

drait se fortifier dans les gorges de manière à dominer la Lorraine et l'Alsace :

> Déployez dans ce moment-ci toute l'énergie dont vous êtes capable; il n'y aura pas de seconde campagne, et l'Alsace est sauvée.
>
> P.-S. (de la main de Saint-Just) :
>
> La mission extraordinaire que vous nous avez donnée rend notre présence partout nécessaire, ce qui exige qu'en rappelant nos collègues, vous envoyiez incessamment deux représentants qui se tiendront à Strasbourg.
>
> Saint-Juste[1].

Ils ne peuvent pas faire tout par eux-mêmes; mais ils veulent des collègues nouveaux qui ne fassent rien que d'après eux. En même temps ils écrivaient aux administrateurs des départements du Haut-Rhin et du Bas-Rhin, Mont-Terrible, Meurthe, Vosges, Haute-Saône, Haute-Marne et Côte-d'Or, pour leur enjoindre de fournir, dans douze jours, les blés, seigles, etc., demandés par les représentants le 20 août pour être versés à Strasbourg. Et ils font cet ordre du jour pour l'armée :

> Nul ne pourra sortir du camp sans permission. Les chefs des différents corps dont les soldats s'éloigneront du camp seront destitués, s'ils sont coupables de négligence, et mis en état d'arrestation[2].

Le Comité ne pouvait qu'applaudir à cette énergie. Carnot écrit aux deux jeunes représentants (27 octobre) :

> Nous voyons, chers collègues, avec satisfaction, les mesures de sagesse et de vigueur que vous prenez pour mettre l'armée du Rhin en état de chasser l'ennemi. Il paroît que ce qu'il y a de plus urgent est de renouveler les états-majors. Carlan nous a paru très mauvais, il est destitué. Frappez avec votre énergie ordinaire les aristocrates.

---

1. C'est ainsi qu'il signe.
2. Dépôt de la Guerre, armée du Rhin, aux dates.

Il faut faire l'incorporation dont ils parlent, des secours leur sont promis :

> Nous avons arrêté qu'il seroit formé un corps de troupes de 30 000 à 40 000 hommes près de Sarverden et Bouquenom pour marcher sur Bitche et de là sur Landau, ce qui délivreroit cette ville et bloqueroit l'ennemi qui vous presse vers Strasbourg. Nous comptons, chers collègues, sur votre grande énergie et nous vous seconderons de toutes nos forces.

Deux jours après (29 octobre), Carnot leur écrit encore en leur suggérant sa tactique :

> Vos dépêches nous font espérer de grands succès à l'armée du Rhin... On travaille à vous procurer les secours que vous sollicitez.
>
> D'après le rapport du ministre de la Guerre, la force de l'armée du Rhin est au moins de 100 000 hommes. Il est inconcevable qu'avec cette force prodigieuse, dans un pays que l'art et la nature se sont réunis pour rendre inexpugnable, on ait à craindre de succomber sous les coups de l'ennemi. Si les soldats sont bons, comme nous avons lieu de le croire,... il faut qu'il y ait peu de capacité dans les chefs. La vraie manière de se défaire des ennemis n'est pas de les attaquer de front, mais sur les flancs et sur les derrières. Landau est bloqué, c'est là qu'il faut porter les secours, parce que, si vous vous rendez maîtres de cette partie de l'extrême frontière, l'ennemi ne pourroit rester auprès de Strasbourg sans se trouver bloqué lui-même et sans communication avec son propre pays...

Il revient au projet de rassemblement dont il a parlé. Landau une fois dégagé, l'ennemi qui est devant Strasbourg devrait se hâter de battre en retraite :

> Mais s'il étoit poursuivi avec vigueur, cette retraite deviendroit pour lui très difficile.

Où prendre les 30 000 ou 40 000 hommes du rassemblement ? — Dans l'armée de Moselle ;

> En attendant, contenez l'ennemi, gardez les gorges de Saverne.

Il annonce l'envoi d'un mémoire ; — secret et rapidité. Dès leur arrivée, Saint-Just et Le Bas multiplient leurs arrêtés pour l'approvisionnement des troupes : il faut qu'on leur fournisse 15 000 chemises, 5000 paires de souliers. Ils veulent aussi mettre dans l'armée la terreur à l'ordre du jour. Ils ont fait arrêter un nommé Grieu, colonel du 9ᵉ régiment de cavalerie, ci-devant page, et dont toute la famille a émigré. Le 3 novembre, 13 brumaire, ils mandent au Comité de salut public qu'ils ont déjà fait juger trois ou quatre chefs de brigade dont l'un doit être fusillé ce jour même [1], et, une quinzaine de jours plus tard, leur collègue Lémane écrit au même Comité :

> Je suis arrivé hier ici; j'y ai trouvé mes braves collègues Saint-Just et Lebas, faisant des prodiges. Ils sont partis aujourd'hui pour donner suite aux travaux d'une mission qu'ils remplissent si bien [2].

Le 2 novembre, le Comité ou Carnot (en ces matières, c'est tout un) veut donner aux deux jeunes commissaires une leçon de tactique dont ils avaient assurément grand besoin, mais qui pouvait les induire à dépasser les justes limites de leur rôle à l'armée. Il leur développe les motifs du rassemblement à Bouquenom et Saarwerden, dont il leur a parlé précédemment et, leur marquant le but proposé, discute avec eux les moyens d'y atteindre. Pour secourir Landau, il faut ou passer sur le corps de l'ennemi qui est devant Strasbourg, ou partir d'un autre point. Le premier parti est impossible; pour le deuxième, il convient de faire un rassemblement aux environs de Bouquenom : 1° parce qu'on y est séparé de l'ennemi par les Vosges; 2° parce qu'on est à portée de faire lever le siège de Bitche; 3° parce que, Bitche étant dégagé, on pourrait secourir Landau et mettre l'ennemi, qui est devant Strasbourg, entre deux feux. Tel est le plan, sauf à le modifier au besoin [3] :

---

1. Arch. nat., AF II, 247, à la date.
2. Ibid., ni lieu, ni date, reçu 3 frimaire (probablement de Strasbourg, 27 brumaire, 17 novembre).
3. Dans une lettre du 4 décembre, le Ministre, à son tour, dit aux deux représentants que le Comité persiste dans l'idée d'un rassemblement à Bouquenom. (Dépôt de la Guerre, armée du Rhin, à la date.)

CH. XXIX. — FIN DE LA CAMPAGNE DE 1793

Il faut que votre génie se crée des ressources nouvelles, il faut que votre énergie double vos forces. Vos arrêtés sont parfaitement révolutionnaires, nous attendons tout de votre sagesse et de la fermeté de vos mesures. Si vous croyez que notre collègue Carnot puisse être utile au succès de l'expédition, il ira vous joindre.

CARNOT [1].

J'indiquais les dangers possibles d'un plan de campagne débattu, non pas avec le général, mais avec de jeunes représentants. Or, vers le même temps, le 3 décembre, et avant d'avoir reçu cette lettre, nos deux jeunes gens, écrivant à leurs collègues de l'armée de la Moselle, parlaient déjà comme de vrais généraux de l'armée du Rhin. Après quelques détails sur la composition des corps, sur leur dispersion de Huningue à Landau et sur les actes révolutionnaires dont ils se vantent (car en cela ils se rappelaient qu'ils étaient représentants) : mise en jugement et exécution de trois ou quatre chefs de brigade, destitution des militaires suspects, arrestation des modérés, ils ajoutent :

Tandis que vous prendrez l'ennemi à dos vers Bitche, nous le prendrons en flanc vers Saverne en tête de Strasbourg, et aussitôt qu'il sera repoussé nous pourrons, si vous le jugez nécessaire, jeter pendant sa fuite 7 000 hommes dans le Brisgau par Kehl. Alors les forces ennemies qui sont à Huningue seront forcées de se replier vers Kehl, nous en serons plus forts dans le Haut-Rhin; alors nous marcherons de tous côtés comme le tonnerre, sans nous arrêter, sans laisser respirer l'ennemi, nous nous fortifierons des garnisons de Bitche.... de Landau, nous dévorerons le Palatinat. Alors nous aurons retrouvé nos 100 000 hommes qui sont nuls maintenant par la bassesse de ceux qui ont régi les affaires [2].

C'était Pichegru, un homme selon leur cœur et le cœur de Bouchotte, qui était, depuis le 27 octobre, général

---

1. Armée du Rhin, à la date. Notons que c'est Carnot qui signe et qui a écrit. Le 3 novembre (13 brumaire), les représentants Cusset, Ruamps et Soubrany furent rappelés par un décret qui envoyait près les armées du Rhin et de la Moselle, Lémane, Hermann, Lacoste et Baudot. (*Moniteur* du 15 brumaire, 5 novembre, t. XVIII, p. 335.)

2. Armée du Rhin, à la date.

en chef de l'armée du Rhin, et c'était Hoche qui, depuis le 31, avait pris possession du commandement de l'armée de la Moselle [1].

Le 31, jour de son installation, Hoche fait connaître au Ministre sa situation stratégique [2]. Il a 28 000 à 30 000 hommes devant lui; il ne peut faire aucun mouvement, s'il n'est secondé par l'armée du Rhin. Il importe de repousser au plus tôt l'ennemi. Il faut que l'armée du Rhin agisse avant que les chemins soient impraticables. Qu'elle frappe tout entière : elle sera soutenue par l'armée de la Moselle. Il va visiter les positions; le surlendemain, il aura une conférence avec le général en chef de l'armée du Rhin. — Et, ne se désintéressant pas de l'armée du Nord qu'il vient de quitter, il recommande au Ministre de surveiller Vandamme qui parle plus qu'il n'agit [3].

Le 3 novembre, il a parcouru ses cantonnements et il fait savoir au Ministre que l'armée de la Moselle est répandue sur une frontière de 25 lieues, sans force ni consistance. Il faut y remédier. Il est urgent de délivrer Landau. L'ennemi veut réduire la place par la famine pour hiverner sur notre territoire et commencer la campagne prochaine. Pichegru ne s'est pas rendu au rendez-vous indiqué à Phalsbourg. Il ne peut, lui, se porter en avant s'il n'a des secours :

---

1. Le 31, Delaunay, nommé général en chef, sur le refus de Moreaux, en remplacement de Schauenbourg (30 septembre), écrit au Ministre qu'il a remis le commandement à Hoche.
2. La correspondance de Hoche a été publiée par Alexandre Rousselin : *Vie de LAZARE HOCHE, général des armées de la République française, suivie de sa correspondance publique et privée avec le gouvernement, les ministres, les généraux, etc.* (2e édition, Paris, an VI de la République.) Ce recueil, fort précieux d'ailleurs, jusqu'à meilleure publication, a des lacunes. Les lettres n'y sont pas toujours données textuellement ou intégralement, et nous en citerons plus d'une qui n'y est pas. Une édition complète de cette correspondance serait le meilleur hommage à rendre à la mémoire du grand général.
3. Cette lettre, que je résume, n'est pas dans le recueil de Rousselin. On la trouvera, avec toutes les autres que je citerai, chacune à sa date, au dépôt de la Guerre, armée de la Moselle (quelques-unes, à l'armée du Rhin).

CH. XXIX. — FIN DE LA CAMPAGNE DE 1793.

J'ai le plus grand besoin de souliers et de chemises...

Je suis si peu secondé que je vous prierois de me rendre à mes anciennes fonctions, si je n'espérois rétablir l'ordre sous très peu de temps. Je désirerois que vous puissiez me procurer quelques obusiers; les ennemis se servent avec succès de cette arme trop négligée chez nous [1].

Hoche, arrivant à une armée nouvelle, ne prétendait pas, comme Saint-Just, tout refaire par lui-même. Il accepta avec empressement ceux qui, plus anciens, pouvaient lui rendre de bons services. Le Comité de salut public avait suspendu un excellent officier, chef d'état-major, Hédouville, comme noble. Delaunay, le dernier commandant en chef, avait fait des observations à Richaud et à Soubrany. Hoche les avait renouvelées, et les deux représentants semblaient portés à les accueillir. Le 6 novembre, ils écrivent au Comité :

Le général Hoche nous observe qu'arrivant à une armée qu'il ne connoissoit pas, il avoit au moins autant de besoin d'un bon chef d'état-major que ses prédécesseurs; qu'il avoit été fort content de Hédouville dans la tournée qu'il venoit de faire pour reconnoître l'armée et qu'il alloit écrire au Ministre à ce sujet...

Ils ont reçu la lettre de suspension comme dépôt.

Mais voici la réplique du Comité, écrite en marge de leur lettre :

---

1. Cette dernière phrase n'est pas donnée par Rousselin. Dans une autre lettre du 3, omise par le même auteur, Hoche dit au Comité qu'il verra Pichegru et qu'il espère le déterminer à marcher au secours de Landau : la chose est des plus importantes. Il s'étonne de la position fâcheuse de l'armée du Rhin. Il envoie son ordre de bataille, ajoutant qu'il y fera peut-être quelques changements (armée de la Moselle, à la date). A la même date (Rousselin, t. II, p. 21), il transmet au ministre des nouvelles alarmantes de Landau. — Baudot et Lacoste, et avec eux soit Mallarmé, soit Lémane, travaillent, comme Saint-Just et Lebas, à procurer aux armées les approvisionnements dont elles ont besoin : Metz, 20 brumaire (10 novembre), construction de moulins; Strasbourg, 2 frimaire (22 novembre), 1500 paires de souliers; 7 frimaire (27 novembre), 176 chemises; 21 frimaire (11 décembre), tableau des quantités de grains et fourrages à fournir par divers départements; 2 nivôse (22 décembre), pouvoirs donnés au commandant de la place de Strasbourg pour obtenir la plus grande quantité de souliers, par tout moyen, réquisitions, visites domiciliaires. (Arch. nat., AF II, 245, aux dates.)

Répondre que dans une République l'obéissance à la loi ou à ce qui a force de loi est le premier des devoirs; que le général qui néglige d'exécuter un ordre de suspension se rend coupable, et que les représentants du peuple, qui autorisent cette négligence ou le refus d'obéir, compromettent la patrie, en dérangeant toutes les mesures de salut public. Rappeler aux citoyens Richaud et Soubrany que toutes les suspensions ordonnées par le ministre de la Guerre sont concertées avec le Comité de salut public, et que ne pas les mettre à exécution, c'est laisser dans des fonctions importantes un homme que le gouvernement a jugé indigne de la confiance publique. Certes la recommandation d'un général, souvent suspect lui-même, ne doit pas l'emporter sur la décision impartiale d'hommes qui ne jugent que sur des renseignements positifs [1].

C'est ce qui eût été à démontrer. — Et un autre représentant, Hentz, écrit au Comité, 9 novembre :

Les dispositions sont bonnes, mais on paroît engoué d'Hédouville, chef de l'état-major et je vous garantis que c'est un homme de l'ancien régime; et je suis si convaincu qu'il n'aime pas le nouveau, que je crois que, tout en se rendant apparemment utile par de bonnes vues et de bonnes dispositions, il en fait part à nos ennemis [2].

Voilà à quelles injures étaient exposés les nobles qui n'avaient pas renoncé à servir leur patrie.

---

1. Armée de la Moselle, à la date. La lettre officielle, faite sur ce brouillon, est aux Archives nationales, AF II, 246, pièce 320.
2. Il exécute de la même sorte un autre général :
« Le général de division Le Quoi est inepte et je l'ai vu pendant l'hiver à Metz à côté des intrigants. »
Du reste il ne ménage pas davantage ses collègues :
« Nos collègues ici sont purs et dévoués, mais ils ne sont plus à la hauteur de la Convention et des circonstances, qu'ils ont perdues de vue depuis trop longtemps.
« Je doute que notre collègue Duquesnoy fasse du bien à l'armée. Il a pris un despotisme, un empire qui est insupportable, et je vous déclare ingénuement qu'il oublie trop souvent la dignité du caractère de représentant, même envers ses collègues. » (Armée de la Moselle, à la date, et Arch. nat., AF II, 246.) — Hentz étendait son action jusque sur le département du Nord, et, là aussi, il n'épargnait guère plus ses collègues que les généraux. Il écrit de Maubert-Fontaine, 22 brumaire (12 novembre 1793) :
« Je viens de découvrir une conspiration. Un tas de fédéralistes, qui avoient vendu la ville de Maubeuge à l'ennemi, qui ne veulent pas man-

CH. XXIX. — FIN DE LA CAMPAGNE DE 1793

Hoche lui-même abandonna Hédouville. Dans une lettre du 14 novembre au Ministre, il s'excuse presque de l'avoir défendu et annonce plusieurs suspensions prononcées par les représentants :

Je n'ai pas plus que toi confiance en d'Hédouville ; je déteste la caste. Crois bien fermement que ni lui ni d'autres ne connoissent mes intentions. Chaque officier général a son instruction en poche et sera tenu de s'y conformer. Je tiens si peu à celui-ci, que si j'eusse eu sa lettre de suspension, je la lui aurois remise...

Et pourtant il ajoute :

Deux généraux de brigade ont refusé d'être généraux de division, ils en feront le service et la république y gagnera. Je t'assure qu'il y a pénurie. Ceux qui ont pour deux sous de talent sont suspects et dénoncés par ceux qui sont totalement incapables. Comment diable faire [1] ?

quer leur coup si Cobourg se présente de nouveau et lui livrer la ville, ce tas de fédéralistes, effrayé de voir que Duquesnoy a destitué deux de leurs chefs, savoir Brouart et Isnard, vient de présenter une pétition à la Convention en lui demandant pour représentant Dubois-Dubais, cet appellant au peuple, homme d'État et fédéraliste juré, comme je lui prouverai. S'il y vient, je vous prédis que cette ville est perdue ; quant à moi, je vais destituer tous les signataires de la pétition, si je les trouve ! »

Il ajoute :

« Je crois qu'Hoche, général de la Moselle, ira bien, il inspire de la confiance ; il a du courage, des vues, et ce n'est rien moins qu'un intrigant. »

Et enfin, revenant sur Le Quoi :

« J'ai suspendu dans l'armée de la Moselle le général Le Kuoi ; c'est un imbécile, indigne de commander à de braves soldats. » (AF II, 246.)

Le 13 novembre, les Jacobins de Sarrelibre (Sarrelouis), sacrifiant, comme toujours, les considérations vraiment patriotiques à leurs passions de sectaires, écrivent encore au Comité pour qu'on renvoie de l'armée tous les anciens nobles. (Armée de la Moselle, à la date.) Le 7 frimaire (27 novembre), Hédouville suspendu, comme on l'a vu, fut mis en arrestation.

1. *Ibid.*, à la date. Rousselin (t. II, p. 24) ne cite qu'un trait de cette lettre du 14 novembre (24 brumaire). Hoche a demandé aux sans-culottes un chef d'état-major ; trois se sont présentés. Rousselin omet de dire que Hoche ne paraît pas être trop porté à en prendre aucun. À la même date du 14 novembre (24 brumaire), Bouchotte écrivait au Comité de salut public :

« J'ai reçu, citoyens, votre lettre du 22 brumaire et celle du procureur de la commune de Sarreguemines, y jointe, concernant les officiers ci-devant nobles qui s'agitent en tout sens pour désorganiser l'armée de la Moselle. Je les ai communiquées au Conseil qui a senti la nécessité de couper pied à ces abus. J'ai ordonné en conséquence au général Hoche de suspendre,

Hoche avait envoyé au Comité et au Ministre son plan d'opérations pour faire lever le siège de Landau¹. Landau était son point de mire, comme l'avait été Dunkerque pour Houchard à Hondschoote, Maubeuge pour Jourdan à Wattignies, comme ne l'avait été pour personne, hélas! Valenciennes. Son plan consistait dans une forte diversion sur Deux-Ponts, en s'emparant des gorges des Vosges. L'ennemi, craignant d'être pris en flanc, quitterait son camp devant Saarbruck. Aussitôt le corps français, marchant sur Kaiserslautern, attaquerait vigoureusement son adversaire qui serait obligé d'appeler des renforts en dégarnissant Landau. Ce serait alors à l'armée du Rhin d'agir de son côté². Hoche s'était concerté à cet égard avec Pichegru³; mais Pichegru tardait à agir. Hoche lui écrit le 21 brumaire (11 novembre), de Sarreguemines :

« As-tu été attaqué, ou ne veux-tu plus m'envoyer de troupes? Quelle est donc la cause qui empêche tes bataillons de me joindre? Tu me demandes si tu dois m'envoyer des officiers généraux; mais, mon cher ami, veux-tu que 15 000 hommes marchent sans chef? Il faut qu'ils soient proportionnés en tout. Ton général Burcy, s'il n'a pas été attaqué, est un homme bien cou-

au nom du Conseil, tous les officiers de la caste nobiliaire, en prenant les précautions nécessaires pour que le service n'en souffre pas, et de se concerter avec les représentants du peuple pour les remplacer par des vrais sans-culottes. » Mais lui-même, dans une lettre du 19 octobre adressée à Saint-Just, témoignait que souvent les sans-culottes n'acceptaient pas :

« Je remarque aussi que plusieurs sans-culottes, nommés généraux de brigade, n'acceptent pas; avec cette feinte modestie, ils laisseront les places aux aristocrates. » (Armée du Rhin, aux dates.)

Un sans-culotte devenu général, s'il était bon, passait si vite pour un aristocrate! Houchard en était un exemple, et cet exemple faisait réfléchir.

1. Le 5 novembre, il avait adressé une proclamation à l'armée :
« De toutes parts, nos armes sont triomphantes; nous sommes les derniers à vaincre, mais nous vaincrons. » — Aux officiers, il rappelle leurs engagements; à tous, il exprime le désir d'être aidé par leurs conseils; il expose la règle qu'il suivra et les pratiques qu'il recommande : faire de fréquentes reconnaissances, envoyer des officiers à la découverte; que les troupes, une fois lancées, ne s'arrêtent plus qu'après la victoire; faire le plus possible usage de la baïonnette.

2. Armée de la Moselle (7 novembre). — La lettre n'est pas dans Rousselin, non plus qu'un autre plan arrêté définitivement le 13.

3. Pichegru en avertit Saint-Just et Le Bas le 10 novembre. (Armée du Rhin, à la date.)

pable ou bien ignorant. Je dois te dire que mes troupes sont prêtes à attaquer aujourd'hui même. Envoie-moi les tiennes en poste ! »

Et le 23 brumaire (13 novembre) au Ministre :

« Je ne puis te dire autre chose dans ce moment. J'attaque le 26 et frapperai ferme. Je reçois ta lettre du 20.

L. Hoche[2]. »

La correspondance de Hoche donne de la vie au récit de ses opérations, marquées d'abord par certains tâtonnements, et qui bientôt décidèrent la retraite de l'ennemi sur Kaiserslautern[3]. Le 28 brumaire (18 novembre),

1. Armée du Rhin, à la date. — Cette lettre n'est reproduite qu'incomplètement dans Rousselin, t. II, p. 21.
2. Billet autographe omis par Rousselin.
3. Voy. pour la critique de cette campagne, Jomini, *Histoire critique et militaire des guerres de la Révolution*, t. IV, p. 149 et suiv. — Le 13 novembre, Pichegru annonce au Ministre que le rassemblement de 30 000 hommes à Bouquenom est effectué; il a eu une correspondance active avec Hoche et combiné ses mouvements avec lui. A la même date, le Ministre écrit à Saint-Just qu'il lui envoie 15 000 hommes. Le Conseil s'en rapporte pour l'emploi des troupes aux généraux. Le 14, c'est Carnot qui écrit à Saint-Just et à Le Bas au nom du Comité :
« Nous voyons avec une vive satisfaction le succès des soins que vous prenez pour ranimer le bon esprit dans l'armée du Rhin, la purger de ses modérés et y rétablir la discipline; c'est par de pareils moyens qu'on se prépare des victoires. Nous concevons les plus grandes espérances. Vous avez parfaitement saisi notre plan, et il nous paroît que les généraux Pichegru et Hoche vous seconderont bien par leurs talents et leur bonne volonté. C'est vers les bords du Rhin et vers Toulon que se portent en ce moment tous les regards. Chassés de ces deux points, les ennemis sont abattus et la France est sauvée. »
Le Comité ne peut leur envoyer que 15 000 hommes :
« Vous tenez l'ennemi en échec près de Strasbourg; il est à présumer qu'il comptoit sur la trahison de cette ville où il avoit des intelligences. »
Il leur conseille d'avoir un corps bien ramassé et toujours prêt, puis de tomber sur l'ennemi dans sa retraite; il approuve l'attaque en flanc par Saverne; l'entreprise sur le Brisgau par le fort de Kehl est hardie; — elle aura un grand avantage, si elle est possible; — se défier des retraites simulées. (Armée du Rhin, aux dates.)
Le 16 novembre, Hoche annonce au Ministre qu'il commence son mouvement; Pichegru et lui agissent dans le plus parfait accord: le 18, que l'ennemi, chassé par l'avant-garde, se porte sur les hauteurs. Il se rend le lendemain à Bliescastel pour le poursuivre. (Armée du Rhin, aux dates.) Voy. d'autres lettres, écrites dans ces mêmes journées au général Ambert, à Pichegru, etc. (Rousselin, t. II, p. 21-31.)

les représentants Lacoste, Soubrany et Richaud annoncent, de Bliescastel, la victoire qui venait de nous en rendre maîtres :

> La colonne de droite s'est portée près la hauteur où étaient les esclaves des rois; là, deux charges ont été exécutées par les hommes libres sur vingt-cinq pièces d'artillerie.

Et le 1ᵉʳ frimaire (21 novembre), par une lettre datée de Deux-Ponts, ils racontent comment l'ennemi avait dû s'en retirer. On allait livrer un combat décisif[1]. A la même date, Saint-Just et Le Bas faisaient savoir au Comité que l'armée était victorieuse sur toute la ligne depuis Saarbruck jusqu'aux bords du Rhin[2]; et Baudot allait jusqu'à dire :

> Les ennemis n'auroient eu que les eaux du Rhin pour retraite, sans la trahison qui, à ce qu'on nous assure, vient de leur livrer le fort Vauban. C'est une suite de la conspiration qui devoit les rendre maîtres de Strasbourg[3].

Il regrettait à son tour qu'on n'eût pas tué assez d'Allemands et cherchait, comme Levasseur après Hondschoote, quelques victimes expiatoires. Que dis-je ! n'étaient-elles pas toutes trouvées? Lacoste, le collègue de Baudot, s'en prenait aux habitants du pays et ne parlait que de leur extermination. Il écrivait de Bouxvillers (4 frimaire, 24 novembre) :

> La seule mesure à prendre est de faire guillotiner le quart des habitants de cette contrée et ne conserver que ceux qui ont pris une part active à la révolution. Chasser le surplus et séquestrer leurs biens[4].

---

1. *Moniteur* des 2 et 5 frimaire (22 et 25 novembre 1793), t. XVIII, p. 480 et 501. — Voir les rapports de Strasbourg du 14 au 17 novembre sur les mouvements de l'ennemi, et du 18 au 20 sur sa retraite. Le 19, Pichegru annonça au ministre le succès de l'attaque générale qui a eu lieu la veille. Voir encore la lettre de l'agent Berger au Ministre (21 novembre), de Pichegru à Hoche (26 novembre), du Ministre au Comité (29 novembre). (Armée du Rhin, aux dates.)
2. Arch. nat., AF II, 247, et Dépôt de la Guerre, armée de la Moselle, à la date.
3. Armée du Rhin, à la date.
4. Arch. nat., AF II, 247, à la date.

Saint-Just et Le Bas n'eussent pas mieux dit ; et vers le même temps on lisait dans un rapport de Strasbourg, du 30 brumaire au 3 frimaire (20-23 novembre) :

La perfidie des habitants de l'Alsace, surtout du pays envahi, est atroce. Ils n'avaient rien pour les réquisitions faites au nom de la République, mais ils ont porté avec empressement tout ce qu'ils avaient aux ennemis... Nous ne devons avoir aucune confiance en ces monstres... il faut que toute cette Alsace soit régénérée par une colonie de patriotes, et que les plus coupables périssent. Sans cela nous ne ferons jamais rien de cette maudite race.

Il était assez peu raisonnable de compter sur l'assistance du pays envahi, et ces accusations portées contre l'Alsace, qui avait pris si généreusement sa part dans la défense commune, étaient odieuses. Ce n'était pas ainsi que l'on pouvait seconder les efforts de l'armée. Les avantages que l'on avait obtenus d'abord n'aboutirent pas où l'on espérait. Le duc de Brunswick n'avait replié ses troupes que pour les établir dans la forte position de Kaiserslautern ; trois jours de suite, il y fut attaqué (28, 29 et 30 novembre, 8, 9 et 10 frimaire), et le dernier jour Hoche estima prudent de renoncer à de nouveaux efforts ; mais la vigueur de son attaque avait fait une telle impression sur l'ennemi qu'il put rentrer sans être inquiété dans les positions de Pirmasens, Hornbach et Deux-Ponts [1].

Cet échec aurait pu perdre un vieux général. Carnot eut la sagesse de soutenir le jeune chef en qui on avait mis tant d'espérances. Il écrivit (de sa main, comme presque toujours), le 5 décembre (15 frimaire), aux représentants près l'armée de la Moselle :

Le Comité... aux représentants près l'armée de la Moselle.
Nous partageons votre peine, chers collègues, en apprenant

[1]. 1er décembre, Hoche au Ministre, et Soubrany à la Convention, 28 novembre (armée de la Moselle, à la date), et les lettres des jours qui suivirent. Le 1er décembre, Soubrany et Richaud écrivent à la Convention que l'armée a battu en retraite, que ce n'est point un échec. Ils annoncent que Baudot et Lacoste, destinés à les remplacer, sont arrivés la veille. (Arch. nat., AF II, 247, à la date.)

la retraite de nos troupes, au moment où tout semblait nous promettre une victoire certaine et décisive. Le courage que montre le général Hoche soutient cependant notre espoir. Peut-être eût-il mieux valu marcher plus directement sur Landau, ainsi que l'avoit proposé le Comité de salut public, que de se porter si fort sur la gauche : il eût été plus à portée de donner la main à Pichegru et de tomber sur les derrières de l'armée qui bloque celui-ci ; mais rien n'est perdu, pourvu que Landau se soutienne. Nous vous faisons passer 10 000 hommes de l'armée des Ardennes. Vous verrez avec Hoche s'il convient de les attendre ou s'il vaut mieux attaquer de nouveau sans eux. Que Hoche examine s'il faut absolument qu'il force l'ennemi dans son poste de Kaiserslautern [1] pour dégager Landau, ou si, en le tenant en respect et dans cette position par un détachement, il seroit possible d'arriver au même but par une marche plus serrée et plus directe. Qu'il examine encore si, par une marche rapide, il ne seroit pas possible qu'il attaquât en flanc et par derrière l'armée ennemie du Rhin qui tient Pichegru en échec. C'est la nature des chemins et des localités qui doit résoudre ces diverses questions. Mais, quelle qu'en soit la solution, il faut un secret impénétrable, des mesures promptes et beaucoup d'ensemble. Nous comptons, chers collègues, sur votre fermeté et les talents du général que nous persistons, malgré l'échec qu'il a essuyé, [à regarder] comme digne de notre confiance. Hâtez-vous de purger l'armée des traîtres, des lâches et des intrigants qui peuvent s'y trouver. Que leur punition soit terrible et que de braves sans-culottes les remplacent promptement.

CARNOT [2].

VI

Reprise des lignes de Wissembourg. — Déblocus de Landau.

L'échec de Kaiserslautern que Carnot avait appris avec tant de sang-froid et de calme semblait avoir jeté le trouble dans l'esprit des représentants qui étaient sur les lieux. Plus que jamais ils se défiaient des habitants qui pourtant

---

1. Il écrit Keysserlautern.
2. Un arrêté du Comité de salut public ordonna que 10 000 hommes de l'armée des Ardennes passeraient immédiatement à l'armée de la Moselle sous les ordres du général Hoche.

avaient fait preuve de tant de dévouement dans le péril, et ils se suspectaient eux-mêmes. La dissidence s'accusait de plus en plus entre la première mission, celle de Baudot et Lacoste, et la seconde, celle de Saint-Just et Le Bas, qu'on y avait superposée. Lacoste écrivait de Strasbourg le 28 frimaire (18 décembre) au Comité de salut public :

> Le Comité de salut public n'ignore pas que depuis longtemps l'Alsace étoit vendue aux Autrichiens comme Toulon aux Anglois, et que, si la ville de Strasbourg n'a pas subi le même sort, il doit considérer sa conservation comme un grand bonheur pour la république.
>
> Le Comité n'ignore pas que dans la ville de Strasbourg il n'y a pas quatre patriotes; que les trois quarts des habitants du département du Bas-Rhin ne sont pas François, mais plutôt Autrichiens et détestant la révolution françoise.

On peut juger de la vérité de cette odieuse imputation par ce qu'il va dire de notre propre armée :

> Le Comité de salut public n'ignore pas que jusqu'à la funeste journée du 13 octobre (v. st.) que les lignes de Wissembourg ont été livrées par une trahison insigne, les généraux des armées du Rhin et de la Moselle et les états-majors n'étoient composés que de ci-devant et de traîtres; et que, quelques efforts qu'aient faits les représentants montagnards, ils n'ont pu parer à toute l'étendue des abominables complots d'une si grande masse de contre-révolutionnaires.

Depuis cette époque, disait-il encore, les choses semblaient avoir pris une face nouvelle; mais on avait fait pour la délivrance de Landau les plus mauvaises dispositions; on attaquait par « petits paquets ». On en fit l'observation au général en chef (Pichegru), et il donna des ordres, mais ils furent mal exécutés; et le représentant ajoutait que, malgré les mesures les plus terribles prises par lui-même pour rétablir la discipline, il n'y avait pas réussi : de mauvais citoyens étaient entrés dans les armées à l'époque du recrutement des 300 000 hommes et ils se sont livrés à d'affreux brigandages.

Notre représentant était revenu de l'armée à Strasbourg ;

Quelle a été ma surprise, continue-t-il, de trouver que dans une si courte absence, il s'étoit formé un levain de contre-révolution, que le supplice infâme qu'avoit subi Schneider, accusateur public, avoit consterné les patriotes et rendu les aristocrates plus dangereux, plus insolents que jamais ; que notre collègue Lemane, pris de vin, avoit été à la Société populaire y jeter une pomme de discorde ; que nos collègues Saint-Just et Le Bas étoient de retour de Paris et qu'ils persistoient à se qualifier d'envoyés extraordinaires et à ne point communiquer avec nous.

Saint-Just et Le Bas sont arrivés à Strasbourg dans un moment où les créatures des généraux traîtres, notamment de Landremont, avoient égaré quelques régiments sur le compte des représentants... et bien loin de venir se réunir avec leurs collègues, de leur donner un degré de force de plus et de les protéger contre de si infernales persécutions, qu'ont-ils fait ? Ils se sont refusés à toutes les communications fraternelles, ils ont affiché des avis insultants pour leurs collègues, ils se sont qualifiés de députés extraordinaires et se sont érigés en véritables censeurs.

A Saarbruck, ils ont fait de même vis-à-vis de leurs collègues Richaud et Soubrany. A Nancy, ils ont été à la porte de Faure, sans le voir. Il insiste sur l'effet pernicieux d'une pareille manière d'agir, et se plaint notamment de leur conduite à l'égard d'une invention jacobine sur laquelle nous aurons à revenir, la *Propagande* :

Je ne saurois trop vous le répéter... cette forteresse et le département se trouvent totalement stériles en républicains. Il avoit été considéré qu'une grande mesure consistoit à y appeler des patriotes courageux et instruits des différentes sociétés de la République ; un grand nombre s'y étoient déjà réunis ; ils professoient la doctrine de la liberté avec le plus grand succès, quand un décret de la Convention nationale a frappé ces propagandistes.

Il étoit entré dans nos vues que nous employerions le plus grand nombre de ces bons sans-culottes au renouvellement des autorités constituées de ce département... Saint-Just et Le Bas n'ont pas partagé cette opinion ; ils ont au contraire assuré à ces républicains qu'ils ne pouvoient rester ici...

Ces braves frères vont donc se séparer.

Pour Lacoste, c'est l'abandon du pays :

Si, sans retard, il n'est point jeté dans la ville de Strasbourg une garnison de quatre mille sans-culottes, pris en dehors du département; si toutes les autorités constituées, les fonctionnaires publics ne sont point renouvelés par de bons Jacobins, aussi pris au delà des limites de ce département; si l'on ne chasse point de cette forteresse au moins six mille aristocrates, feuillants ou intrigants, qu'elle recèle dans l'enceinte de ses remparts; si la langue allemande n'est proscrite et des institutions établies pour apprendre celle de la Révolution, on ne peut répondre de lui conserver ce principal boulevard.

Le remède, comme on le voit, est radical. Mais voici autre chose :

J'apprends à l'instant que Saint-Just et Le Bas viennent de renouveler le département, que le plus grand nombre des membres sont des tailleurs, perruquiers, etc. Si ces sans-culottes étoient patriotes et en état de remplir des fonctions si importantes... j'approuverois infiniment un pareil choix, mais il est fort à craindre qu'il n'amène une désorganisation[1].

J.-B. LACOSTE.

Baudot, le collègue de Lacoste, écrit à son tour le lendemain :

1° Le soldat souffre et combat, mais ceux qui commandent ne l'encouragent point assez par leurs discours. Le silence et le défaut de communication entre les chefs et les subordonnés rappellent l'ancienne morgue nobiliaire.

2° Il n'y a pas d'accord entre les chefs... J'avois cru gagner quelque chose sur leur insouciance commune; mais j'ai bientôt été instruit qu'ils sçavoient que Saint-Just et Le Bas ne communiquoient pas avec nous, et que c'étoit à leur organe qu'ils reconnoissoient plus particulièrement la voix de la nation.

Et il dit combien cette disposition des esprits est funeste :

Enfin un grand nombre de citoyens des Sociétés populaires voisines du Rhin, venus à Strasbourg pour vivifier l'esprit public, se trouvent obligés de se retirer par un décret infiniment sage de la Convention; mais je pensois qu'ils pouvoient

---

1. Arch. nat., AF II, 247, à la date.

rester comme simples citoyens et concourir à la rénovation des autorités constituées. L'avis contraire de quelques-uns de nos collègues les force à partir [1].

Que devenaient les armées au milieu de ces conflits des commissaires chargés d'y représenter la Convention? Hoche, forcé de battre en retraite, ne s'était pas découragé. Privé par d'injustes soupçons des aides dont il avait besoin, il redoublait de vigueur, mais ne laissait pas de faire entendre quelque plainte. Il indiquait au Ministre d'où venait tout le mal :

Bliscastel 12 frimaire... (2 décembre 1793).

D'Hédouville est en arrestation et part pour Paris : les représentants, sentant la difficulté de le remplacer, n'avoient pas jugé à propos de le faire partir au moment où j'étois en train de marcher à grands pas...

Des généraux qui m'ont été envoyés l'un, Dubois, est mis en arrestation pour fait d'incivisme, un autre est aristo-modéré, un 3ᵉ est imbécile (le patriote!)...

Demain toute l'armée est en mouvement et 12 000 hommes s'acheminent vers Bitche pour forcer les gorges de Wissembourg. Je travaille à établir une barrière insurmontable ou plutôt un désert entre les frontières de la République et les tyrans. Bois, maisons, tout sera abattu, après quoi, je ferai mon possible pour aller commander la division agissante.

Les troupes [ennemies] d'Alsace avoient reflué à Kayserslautern, il y avoit 50 000 hommes et depuis dix mois on travailloit à y élever des retranchements.

Je vais occuper Pirmasens, Hornbach, Bliscastel et Forbach, et lorsque mes travaux seront finis, je pourrai envoyer 6000 hommes au Rhin. Je ferai mon possible pour les conduire moi-même [2].

1. Arch. nat., AF II, 247, 29 frimaire (19 décembre 1793).
2. Armée de la Moselle, à la date. — Le 5, il dit au Ministre qu'il conduit à Bitche la division de 12 000 hommes, destinée à manœuvrer de concert avec Pichegru; le 9, autres indications sur ses mouvements : il laissera 6000 hommes à Pirmasens et se portera en avant avec le reste pour empêcher l'ennemi de détacher des forces vers Landau. (*Ibid.*, aux dates. Aucune de ces lettres n'est dans Rousselin.) — Desaix faillit être arrêté au début de sa carrière. Pichegru écrit au Ministre qu'il avait été suspendu : « Il s'est fort bien comporté; à moins que tu n'aies de fortes préventions

CH. XXIX. — FIN DE LA CAMPAGNE DE 1793 195

La lettre reçue de Carnot sur son échec, en lui montrant qu'il y avait au Comité de salut public quelqu'un qui ne l'en rendait pas responsable, lui donna plus de courage à parler. Il écrit le 10 décembre (20 frimaire) au Comité :

Si mon zèle avoit pu s'atiédir, la lettre du Comité est bien faite pour le porter au plus haut degré ; il n'en étoit pas besoin. Je ne puis le dissimuler, l'armée du Rhin n'agit pas assez vigoureusement ; ou, si les divisions se battent bien, elles le font particulièrement ; c'est le moyen d'être battu en détail. Une des lettres de Taponier que je joins ici convaincra le Comité que quelque secousse générale suffiroit pour nous avancer beaucoup.

... Je verse chaque jour des larmes de sang de me voir arrêter par le défaut de munitions. Cependant je vais faire un grand appareil pour me porter de nouveau sur Kayserslautern, où les Prussiens sont toujours campés et occupés à faire de nouveaux retranchements[1].

Et dans les lettres suivantes, tout en se plaignant de son dénuement, il expose la suite de ses opérations, rendant témoignage des bons services de quelques généraux qui pouvaient être encore compromis[2].

Hoche marchait donc et il tâchait d'entraîner Pichegru après lui, tout en se plaignant que l'armée du Rhin prît plus sur les ressources de l'armée de la Moselle qu'elle ne lui donnait d'aide. Il écrit le 19 décembre (29 frimaire) au Ministre :

Le lendemain de mon entrevue avec Pichegru, les représentants du peuple Saint-Just et Le Bas prirent un arrêté pour que

---

contre lui, je l'engage à retirer sa suspension. » — En marge de la main de Bouchotte : « Rechercher la dénonciation contre Desaix. — On le fit et on lui rendit son commandement. (Armée du Rhin, 3 décembre.)

1. Armée de la Moselle, à la date, et Rousselin, t. II, p. 35.

2. Le 11, il écrit au Ministre : « Taponier se comporte bravement, il a pris quatre drapeaux. C'est un officier sur lequel je compte. La perte du trésor ne sauroit pas être son ouvrage » (le trésor avait été enlevé par l'ennemi). — Le 12, les Jacobins de Paris transmettent au Comité une lettre de Sarreguemines qui attribue à d'Hédouville la défaite de Kaiserslautern ; — c'est lui, au contraire, qui couvrit la retraite par une charge brillante de cavalerie. — Le 14, Hoche parle au Ministre d'un effort général concerté avec Pichegru ; les trois divisions de gauche sont confiées par eux à Taponier. — Le 15, au Ministre : « Taponier et Grangeret marchent dans la direction de Werdt et Limbach » ; et il parle de leurs succès.

nous avons à nous concerter sur les mesures à prendre pour délivrer promptement Landau. Nous nous battons tous les jours pour cela, et je suis aussi intéressé qu'un autre à faire beaucoup de chemin. Tu observeras que j'ai transporté le quartier général à l'extrémité de mon aile droite et que, de ma personne, je suis tous les jours sur le Bas-Rhin.

En post-scriptum :

Je n'ai point de souliers, l'armée du Rhin me dévore. Elle vient encore de m'en prendre 3000 paires dans la place de Phalsbourg. Cette manière de faire la guerre est assez ridicule ; je ne puis compter sur ce que j'ai dans les places de mon arrondissement. L'armée du Rhin fait des réquisitions partout ; forte de 18 000 hommes, elle engloutit tout. J'en ai 42 000 sous mon commandement et ne peux rien avoir[1].

Lacoste et Baudot étaient disposés à prendre plus mal les procédés de Pichegru. Dans une lettre du 1ᵉʳ nivôse (21 décembre), ils blâment la conduite des généraux de l'armée du Rhin et attribuent à leur impéritie l'inaction de cette armée, inaction qui perdra Landau. Pichegru n'a ni l'activité, ni l'audace, ni la prépondérance d'un général. Il commande, sans s'inquiéter de l'obéissance ; nul moyen pour faire un plan, nulle force pour faire exécuter celui d'un autre :

D'après cela, nous vous proposons de destituer Pichegru. Comme il est patriote, on lui donnera une place inférieure qui conviendra à lui et à la chose.

Le général de l'armée de la Moselle qui a réuni une partie de son armée à celle du Rhin, étant plus particulièrement chargé de l'expédition de Landau, doit avoir le commandement de l'une et l'autre armée, tant que durera l'affaire... Le ressort qui doit la diriger ne sauroit agir par deux mains, sans s'affoiblir ou se briser. Ainsi on ne sauroit trop tôt prendre cette mesure.

D'ailleurs Hoche est un homme qui a une tête propre à embrasser de grandes vues et à les exécuter. L'armée qu'il commande est parfaitement bien conduite. Il sait se faire obéir en se faisant aimer.

1. Armée de la Moselle, à la date. La lettre n'est pas dans Rousselin.

Ils insistent sur l'urgence de la mesure :

Nous aurions pris sur nous de l'exécuter à l'heure même, sans la discordance de nos pouvoirs avec ceux que prennent nos collègues; nous nous sommes déjà expliqués sur ce point, nous en attendons le résultat.

Ils restent à l'armée, en face de l'ennemi. Demain, disent-ils, on attaque les hauteurs de Reichshoffen. Si on les emporte, toute la ligne de l'ennemi est obligée de déloger.

Le lendemain et le surlendemain en effet, par deux attaques successives, Hoche rejetait l'ennemi de Wœrth et de Reichshoffen, deux noms qui nous rappellent aujourd'hui une journée si glorieuse pour nos soldats, mais si fatale à nos armes[1].

Lacoste et Baudot n'hésitèrent plus. Saint-Just et Le Bas avaient bien ordonné à Hoche et à Pichegru de se concerter; et ce concert avait même fait défaut dans les deux dernières journées. Lacoste et Baudot estimèrent que l'unité d'action, lorsqu'il y avait un même but à atteindre, exigeait l'unité de commandement, et, par un arrêté du 4 nivôse (24 décembre) pour lequel ils ne prirent même pas

---

1. Le 22 décembre, Hoche écrit de Wœrth au Comité : « Je m'empresse de vous faire savoir que les trois divisions de l'armée de la Moselle que j'ai fait passer vers le Rhin, ont battu aujourd'hui les esclaves des rois : — 16 canons, 20 ou 25 caissons; 300 prisonniers de sa main. » Et il ajoute : « Je continue demain. »
Le 23, il apprend au Ministre le succès de la veille : « J'attaque à la pointe du jour, les troupes se montrent sans culottes. [Sic; mais c'est une copie. Hoche avait autre chose à faire que de se lire et de mettre un trait d'union où il en fallait.] Le général Dubois (blessé malheureusement) s'est comporté, j'ose le dire, comme un héros, ou plutôt comme un vrai républicain. » (Armée de la Moselle, aux dates. La dernière n'est pas dans Rousselin.)
Le 22 décembre, Lacoste et Baudot font connaître à la Convention la victoire remportée sur les Autrichiens en avant de Haguenau; le 23, Pichegru et Lémane, représentant du peuple, parlent au Comité et au Ministre de cette victoire; et les deux agents Reubin et Berger annoncent à Bouchotte les succès obtenus à Wœrth et à Reichshoffen. A la même date, Pichegru prie Hoche de faire cesser la rivalité des deux armées; le général Lefebvre, que Hoche a substitué à Jacobi, méconnaît le commandement de Pichegru; Pichegru demande qu'il soit remplacé par Blondeau. (Armée du Rhin, aux dates.)

l'avis de leurs deux collègues aux pouvoirs extraordinaires, ils donnèrent à Hoche le commandement supérieur des deux armées[1]. Hoche s'en défendit d'abord. Pour éteindre non pas la rivalité (il la provoquait comme une noble émulation), mais la jalousie entre les deux armées, il pria les représentants de le donner à Pichegru (5 nivôse, 25 décembre). Mais Lacoste et Baudot tinrent bon, et Hoche le même jour l'annonça lui-même au Ministre[2].

L'arrêté qui donnait à Hoche ce commandement supérieur fut annoncé au Comité de salut public par Lacoste et Baudot et en même temps par Saint-Just et Le Bas (5 nivôse, 25 décembre) sur un ton assez différent, comme on le peut croire. Lacoste et Baudot disaient :

Nous avons eu deux objets en vue dans cette nomination : le premier d'assurer un cours rapide à l'entreprise et l'audace ; le second de fixer la confiance des troupes, qui étoit décidée en faveur de Hoche et au moins vacillante sur Pichegru. D'ailleurs, ce dernier dans l'affaire du 2, si glorieuse pour la République, n'étoit pas au combat.

... La bataille de Reichshoffen a été d'autant plus heureuse pour la République que l'armée se décomposoit elle-même, fatiguée de son inaction accablante[3].

Saint-Just et Le Bas ne cachent guère leur désappointement :

Nous espérions beaucoup de bien de l'accord qui sembloit régner entre les généraux, disent-ils au Comité de salut public. Hoche étoit ardent et jeune ; Pichegru plus mûr, plus expé-

---

1. Armée du Rhin, à la date.
2. Ingelsheim, 5 nivôse : « Je m'empresse de t'instruire que les représentants du peuple viennent de me donner le commandement des deux armées pour marcher au secours de Landau.
« Aucune prière, supplique ou instance de ma part n'a pu les faire changer de résolution... Je ferai pourtant mon possible pour bien servir la République. Je ne crains que de succomber à la peine. » — Il vient de donner à 6000 hommes l'ordre de passer le Rhin à Neuf-Brisach : « Cette diversion, dit-il, qu'on auroit dû effectuer depuis huit jours, pourroit encore produire un bon effet. Une forte brigade est en observation à Pirmasens. »
3. Arch. nat., AF II, 246, pièce 401.

rimenté; ses premiers ordres nous avoient valu un succès décisif. Hier nous arrivons à Haguenau. Pichegru nous fait part d'un arrêté de Lacoste et Baudot, qui donne le commandement en chef des deux armées de la Moselle et du Rhin à Hoche qui l'a accepté. Pourquoi, lorsque vous envoyez de vos membres pour surveiller l'exécution de vos plans, pourquoi, quand vous et nous sommes responsables, abandonnez-vous la patrie à l'exercice imprudent et léger du pouvoir?... Faites connoître au plus tôt l'intention du Comité... Il est impossible que ce coup ne vienne pas d'une intrigue pour diviser et décourager des armées triomphantes !.

Ce qui rendait la décision difficilement révocable, c'était la victoire et les suites si désirées de la victoire. Le 26 décembre (6 nivôse), Hoche obtenait un nouveau succès au Geisberg. « Il n'y a plus qu'à descendre à Wissembourg », écrivaient Lacoste et Baudot en ce même jour au Comité :

Nous avons oublié, ajoutaient-ils, de vous faire parvenir dans notre dernière dépêche copie de l'arrêté que nous avons pris pour lui conférer le commandement des armées du Rhin et de la Moselle.

Nous venons d'avoir à ce sujet une conférence avec Saint-Just et Le Bas. S'ils avoient fraternisé avec nous plus promptement, nos mesures ne se seroient pas contrariées et nous aurions moins eu à nous plaindre. Notre conférence s'est terminée par un concours de bonne volonté pour la défense de Landau.

Nous avons été d'accord sur les vertus patriotiques de Pichegru, mais pas du tout sur ses talents militaires que nous persistons à regarder comme absolument impropres au commandement d'une armée.

Les talents que Hoche a déployés aujourd'hui nous confirment de plus en plus dans l'idée avantageuse que nous avions de lui et nous ne pouvons que nous féliciter jusqu'à présent de la préférence que nous lui avons donnée sur Pichegru.

Au reste, si nous avions eu quelque connoissance des plans ou des arrêtés du Comité de salut public, nous nous y serions conformés. N'en ayant absolument aucune, nous n'avons suivi que notre impulsion.

Saint-Just et Le Bas ayant gardé un profond silence avec

1. Arch. nat., AF II, 247, à la date. — Voy. la lettre entière dans l'Histoire de Saint-Just par M. Hamel, t. II, p. 68.

nous, à l'exemple du Comité, nous avons agi ; que Landau soit délivré, nous nous féliciterons tous. Dans tous les cas, la force des circonstances commandoit une action unique dans le commandement ; nous l'avons donné à Hoche, ignorant qu'un autre en fût investi, et nous l'avons placé selon notre extrême désir d'obtenir un succès complet pour le salut de Landau.

J.-B. LACOSTE, M.-A. BAUDOT.

Le Ministre, à la réception de l'arrêté, avait fait ses réserves, y joignant un éloge de Pichegru. Il écrivait le 8 nivôse (28 décembre) au Comité :

Nos deux armées sont réunies. Il ne paroît pas que l'arrêté des représentants de l'armée de la Moselle, qui les met sous le seul commandement de Hoche, ait été concerté avec les représentants de l'armée du Rhin ; et, au moment de terminer les plus importantes opérations de la campagne, on ne peut mettre trop d'ensemble et d'accord dans les opérations. Le dévouement de Pichegru égale son républicanisme, ses talents et sa modestie.

Mais ce jour même, 8 nivôse, Landau était débloqué. C'est de Landau qu'était daté ce nouvel arrêté au bas duquel Saint-Just et Le Bas mettent leur signature auprès de celles de Lacoste, de Baudot et de Dentzel :

Le général Hoche poursuivra les opérations militaires jusqu'à nouvel ordre du Comité de salut public [1].

Rousselin a publié plusieurs lettres écrites par Hoche après la journée de Reichshoffen et après la délivrance de Landau [2]. Donnons à notre tour cette proclamation qu'il a omise :

---

[1]. Armée de la Moselle, à la date. — Nous retrouverons ailleurs le représentant Dentzel, qui avait été envoyé avec mission spéciale à Landau. Il fut particulièrement très attaqué après la délivrance de Landau. Bien des choses furent connues alors, probablement aussi exagérées. Lacoste et Baudot écrivent le 17 nivôse (8 janvier 1794) : « Il a renouvelé à Landau un supplice de longtemps oublié par les plus cruels tyrans, celui d'enfermer dans une cage de fer, sans boire et sans manger, un patriote ardent qui lui disait des vérités ; — Il a protégé les riches, les agioteurs ; il a correspondu avec l'ennemi. » (Arch. nat., AF II, 247, à la date.)

[2]. T. II, p. 38-42.

CH. XXIX. — FIN DE LA CAMPAGNE DE 1793 201

Landau, 10 nivôse.

Le citoyen L. Hoche... à ses frères d'armes blessés.

Vos efforts n'ont pas été vains, mes chers camarades. Landau est libre et les esclaves des tirans fuyent à toutes jambes. Si, moins heureux que vos frères d'armes, vous avez été blessés, voyez devant vous la liberté et l'égalité, voyez vos pères, vos mères... vous rendre grâces du bienfait que vous leur aurez assuré...

Guérissez vite, mes camarades, et nous retournerons ensemble exterminer jusqu'au dernier qui ne criera pas avec nous : Vive la République une et indivisible.

L. Hoche [1].

[1]. Dépôt de la Guerre, armée de la Moselle, à la date (affiche).

CHAPITRE XXX

CAMPAGNE DE 1794

I

Mésintelligence de Hoche et de Pichegru

La campagne de 1793 se terminait d'une façon triomphante pour la République sur presque toutes les frontières; dans les Alpes et dans les Pyrénées comme sur le Rhin. Toulon venait d'être reconquis, la Vendée abattue; qui aurait pu croire qu'elle se relevât de l'extermination de Savenay? Il fallut la politique impitoyable du Comité et les colonnes infernales de Turreau pour faire ce miracle. Sur le Rhin, le Comité de salut public ne voulait pas s'arrêter dans le succès. Le 1ᵉʳ janvier 1794 (12 nivôse), il écrivait à Pichegru :

10 000 hommes de l'armée du Rhin resteront devant le fort Vauban [qui avait été pris par l'ennemi].

Un détachement de l'armée de la Moselle, renforcé de 10 000 hommes détachés de l'armée des Ardennes, prendra poste à Kaiserslautern et couvrira le reste de l'armée.

Le reste des deux armées suivra vivement l'ennemi, tentera de s'emparer de Manheim, détruira les ponts sur le Rhin, lèvera des contributions de toute espèce, évacuera tout sur l'intérieur, et l'armée ne prendra de cantonnement qu'après l'entière évacuation du territoire de la république.

Les opérations seront concertées entre les généraux en chef et les représentants [1].

[1]. Dépôt de la Guerre, armée du Rhin, à la date.

Hoche d'ailleurs n'avait pas posé les armes. Il avait écrit le 31 décembre au Ministre :

N'ayant vu l'ordre du Comité, ni le lieu pour cantonner les troupes, je ne puis le faire, et puis elles souffriront infiniment davantage en restant inactives qu'étant en marche; elle [l'armée] voit l'ennemi et par là se délasse de ses fatigues; et puis j'ai l'infâme Keyserslautern à détruire[1].

Il prenait fort au sérieux son commandement supérieur et se montrait entièrement résolu à le faire respecter. Ce n'était pas sans quelque témérité qu'il disait à Bouchotte :

Il est bon de porter les regards sur l'intrigue des armées; des petites cabales naissent de grandes dissensions. J'ignore pourquoi tel homme, qui étoit à Haguenau d'où il m'a écrit quand je me battois à Luxembourg, répand le bruit qu'il a rallié les troupes qui ne se sont jamais débandées et envoie à Paris des courriers extraordinaires, des officiers enfin, sans l'approbation des représentants du peuple ou la mienne. En fait de guerre, je ne connois qu'une chose, c'est que chacun doit être continuellement à son poste[2].

Les représentants y veillaient eux-mêmes. Lacoste et Baudot, qui continuaient d'être mal disposés pour Pichegru, trouvaient qu'il n'était pas toujours là où son commandement l'appelait. Ils écrivaient le 14 nivôse (3 janvier 1794) au Comité :

Vous dites, citoyens collègues, que le général Pichegru est actif et intelligent.

On n'est pas actif, quand on ne connoit pas les positions de l'armée que l'on commande. Pichegru n'étoit connu que dans son quartier général qui étoit toujours à quatre lieues au moins du corps d'armée.

---

1. Il ajoute qu'il a commandé 1500 à 2000 voitures : « Elles serviront à enlever tout ce qui nous sera utile et que nous trouverons dans le Palatinat. D'ailleurs, je veux essayer quelques contributions. Il n'est pas mauvais de faire une tournée dans les petites chapelles. » (Armée du Rhin, à la date.)

2. Armée du Rhin, à la date. Il publia à la même date l'ordre du jour qui annonçait la réunion des deux armées sous la dénomination d'armée d'Entre-Rhin-et-Moselle et la réunion des deux états-majors. Mais cela n'a jamais été reconnu par un acte officiel.

On n'est pas intelligent quand on est de l'avis de tout le monde, et quand on donne dans le même jour et au même instant des ordres contradictoires.

Pichegru est patriote, mais patriote froid et inanimé. Sa présence éteint l'ardeur des soldats, au lieu de l'enflammer.

Hoche a du mérite; avec moins d'amour de la gloire, il en auroit davantage encore. Il sera un jour un grand général, si l'amour-propre des autres lui en donne le temps et s'il vient lui-même à mieux connoître la mesure [les limites] du gouvernement.

En ce moment, il continue ses opérations...

Quant à nous, notre occupation, exclusive à toute autre, est de pourvoir à l'approvisionnement de Landau, et cela aux dépens de l'ennemi.

Les généraux donnaient au jeune chef des embarras de plus d'une sorte :

J'ai toutes les peines du monde, écrivait-il au Ministre, avec certains généraux; ils ne peuvent se persuader qu'il faut vivre sur le pays; ils ont le diable pour traîner après eux des bagages de convois [des convois de bagages][1]. Moreaux pour sa seule division avait plus d'artillerie de position que je n'en avois à Weissembourg. Ils ne peuvent croire à la manière leste et révolutionnaire dont les François doivent faire la guerre. Je les tance quelquefois; ils le diront peut-être que je suis peu poli. J'exige qu'ils exécutent les ordres, sans permettre les discussions...

Mais s'il tenait encore ses troupes en haleine, il songeait pourtant à leur donner, le plus tôt possible, un repos si bien mérité :

[1]. Certains représentants, si l'on en croit le représentant Lémane, imitaient bien en cela la conduite de ces généraux. Il écrit de Strasbourg, 30 frimaire (20 décembre), au Comité de salut public, qu'il désire son rappel, en voyant le train que fait Baudot : « Cinq hussards, quinze chevaux, sa femme et tout l'attirail de férie, et par-dessus tout le défaut de tranquillité si nécessaire à une commission aussi importante que la nôtre, bien du bruit et peu de travail de sa part. Je vous dirai le reste quand je serai à la Convention, ou, si vous m'ordonnez de rester ici, je vous dirai que Baudot ne fut jamais fait pour ce pays. Ah! quelle différence entre lui et Saint-Just et Le Bas! Débarrassez-moi donc, ou de ma mission, ou de lui. Il commence déjà, ainsi que Lacoste, de prendre à gripe Pichegru. Si on désorganise tout, tout sera perdu... Il est ici un brave homme, c'est Duroy... » (Arch. nat., AF II, 247, à la date.)

Je dois te dire que les troupes sont bien fatiguées. Il faut les faire reposer. Lorsque j'aurai été à Worms, je m'en tiendrai là pour cette fois, à moins d'un ordre de me porter plus loin [1].

Et en post-scriptum :

J'entre dans Worms. Il ne nous en a rien coûté. — Jamais nous ne viendrons à bout d'opérer une révolution dans cet imbécile de pays. Tous les principaux habitants se sont retirés à Manheim... Les sans-culottes seuls restent, encore ne sont-ils pas nos amis. Dernièrement ils ont fait une adresse aux Prussiens dans laquelle ils les traitent de sauveurs et nous de rapaces Gaulois. Je t'enverrai ce beau morceau.

Mais il avait juré de supprimer, avant tout, l'obstacle devant lequel il avait échoué une première fois. Cela ne se fit pas attendre. Lacoste et Baudot, avant de clore leur lettre du 15 nivôse (4 janvier), pouvaient y écrire :

À l'instant, chers collègues, nous recevons une nouvelle de la plus grande importance. Le fameux poste de Kayserslautern est en notre pouvoir. Vive la République.

M.-A. BAUDOT, J.-B. LACOSTE [2].

Hoche commandait assez sèchement, et les termes mêmes dans lesquels il avait parlé de Pichegru au Comité de salut public pouvaient très justement faire croire aux amis de

---

1. Il ajoutait : « Il existe dans l'armée un corps qu'on nomme partisans ; il paroît qu'ils sont pillards de profession. » — Ils se répandaient dans les villages et y commettaient des excès. — « Ils sont moins ardents en face de l'ennemi », ajoutait le général ; et il disait qu'il avait failli être pris en les ralliant. — Il demande d'en être débarrassé.
2. Armée de la Moselle, 4 janvier (15 nivôse). — Renkin et Berger, agents du Conseil exécutif, écrivent au ministre Bouchotte : « A Spire, beaucoup d'habitants ont suivi volontairement l'ennemi ce qui en est en partie cause, c'est que des habitants de Haguenau et de Wissembourg, en passant par cette ville, leur ont dit que les François massacreroient impitoyablement. — Les François n'usent cependant pas de représailles. » — Cette fuite n'avait pourtant rien qui dût surprendre. Ce qui était plus affligeant, c'était la désertion d'un grand nombre de volontaires de la première réquisition, incorporés dans la division de gauche de l'armée du Rhin, qui retournaient dans leurs foyers et dont quelques-uns même passaient à l'ennemi. Le Comité de salut public invite le Ministre à lui proposer de les attacher aux armées éloignées. (AF² II, 3, 25 nivôse, 14 janvier 1794.)

Pichegru que les deux généraux ne marcheraient pas longtemps d'accord. Pichegru protestait bien officiellement de ses bonnes dispositions, tout en exprimant le vœu que Hoche y mît un peu du sien; mais, dans ses confidences à Bouchotte, il manifestait le désir d'être placé dans une situation moins dépendante. Après avoir témoigné de son empressement à servir, sans aucune passion personnelle :

Je désire bien sincèrement, disait-il, que le général Hoche en fasse autant de son côté, malgré la froideur qu'il m'a témoignée dans l'entrevue que nous venons d'avoir.

Et en post-scriptum, de sa main :

Je ne te dissimule pas que j'aurois préféré passer à la destination que je t'avois demandée. Mais tous mes désirs se taisent devant mes devoirs. Je te demande la continuation de ta bienveillance, je ferai tout pour m'en rendre digne (11 janvier 1794)[1].

L'armée du Nord offrit à Bouchotte une occasion de répondre à ses vœux[2].

II

Disgrâce de Jourdan; arrestation de Hoche.

Le Comité de salut public avait enjoint de ne point poser les armes que l'ennemi n'eût évacué le territoire. On était loin d'avoir atteint ce but à l'armée du Nord. La bataille de Wattignies avait débloqué Maubeuge; elle n'avait pas donné les moyens de reprendre Valenciennes et Condé; elle n'avait pas empêché que l'ennemi fît des courses fort avant dans l'intérieur. Saint-Quentin réclamait des munitions, de la cavalerie; les Autrichiens étaient presque aux portes de la

---

1. Armée du Rhin, à la date.
2. Pichegru fut nommé à l'armée du Nord, le 9 février. Le 13, il cesse de commander. Michaud lui succède à partir du 11 janvier, tout en disant qu'il n'a ni les talents, ni les connaissances nécessaires pour commander l'armée du Rhin. — Voy. sur Hoche et Pichegru la note XVIII, aux Appendices.

ville (1ᵉʳ janvier), et les deux représentants Hentz et Prieur, qui s'y étaient transportés, mettaient en réquisition tous les ouvriers propres à la fabrication des armes (même date). Celliez écrivait que l'ennemi avait tenté en vain de s'emparer de la route de Guise à Landrecies; il l'avait pu tenter néanmoins, et l'on avait des nouvelles inquiétantes de Maubeuge. Le même Celliez faisait connaître le dénuement de la ville et parlait du mauvais esprit des habitants (3 janvier).

Le 6 janvier, Bouchotte écrivait à Jourdan qu'il ne concevait pas qu'avec 150 000 hommes il ne pouvait repousser les courses dont avait à souffrir tout le pays entre Cambrai et Landrecies : à quoi Jourdan put répondre qu'il avait 15 000 hommes et non 150 000 hommes, — ce que Bouchotte aurait bien dû savoir, — et qu'avec cette petite armée il était impossible d'empêcher l'ennemi de fourrager (10 janvier). Sans attendre cette explication, le Ministre, à la même date, lui exprimait ses regrets sur l'insuccès de ses efforts; et, tout en l'approuvant de n'avoir pas rétrogradé, il l'invitait à venir conférer avec lui à Paris. Or, le même jour, un arrêté portait que Jourdan et Ernouf, son chef d'état-major, seraient « destitués et mis en état d'arrestation ».

Cet arrêté, dont la minute, avec ses surcharges et ses ratures, est de la main de Carnot, porte les signatures : *Collot d'Herbois, Billaud-Varenne, Carnot, B. Barère, Robespierre*[2].

Jourdan ne fut pourtant pas mis en prison : l'on se borna à le reléguer à Limoges, et il reçut une lettre qui, en l'informant de cette décision, atténuait ce qu'il y avait de révoltant dans sa révocation : c'est une lettre non de Carnot, son compagnon de gloire à Wattignies, mais de Bouchotte (30 nivôse, 19 janvier 1794) :

1. Voy. ci-dessus p. 170.
2. Armée du Nord, aux dates. Les mots *destitués et* sont en surcharge. Le vainqueur de Wattignies destitué par une surcharge de la main de Carnot!

L'intention du Conseil exécutif provisoire, citoyen, est que tu te rendes sans délai au lieu de ton domicile, il ne pense pas que ton séjour soit nécessaire en ce moment à Paris. Si, par la suite, les circonstances le permettent, tu seras encore employé au service de la République. C'est avec peine qu'il se voit réduit, par l'effet de la stagnation où est restée l'armée du Nord, à ne pouvoir t'employer en ce moment. Le Conseil sait que tu es sans fortune. Il le rappellera au Comité de salut public. L'intention de la nation et de la Convention n'est pas que celui qui a mené nos frères d'armes de l'armée du Nord à la délivrance de Maubeuge éprouve des besoins[1].

Le même arrêté du Comité de salut public qui destituait Jourdan portait que Pichegru serait proposé à la Convention pour le remplacer (17 nivôse, 6 janvier 1794).

C'est Ferrand (non le défenseur de Valenciennes) qui fut chargé du commandement, en attendant l'arrivée du nouveau chef; quant à l'armée du Rhin que Pichegru quittait, elle ne fut pas donnée à Hoche (c'eût été lui faire trop belle part!), mais confiée à un général, très brave sans doute, et toutefois à cette époque assez obscur, Michaud. Les armées étaient plus que jamais sous la main du Comité et des représentants; on pourrait ajouter des commissaires du Conseil exécutif, qui ne commandaient pas sans doute aux généraux, mais les minaient sourdement, comme le faisait Celliez, et préparaient leur chute.

Le Comité de salut public pour la guerre, nous l'avons dit, c'est Carnot. Dans la correspondance du Comité avec les représentants en mission ou les généraux, la plupart des minutes sont de sa main, et quand la lettre est d'un copiste, sa main s'y fait sentir encore. Le 17 janvier (28 nivôse), il écrit à Hoche que Brunswick, dit-on, se porte sur Trèves :

Cette annonce prouve la justesse de la mesure par laquelle nous avons arrêté que tu marcheras toi-même sur cette ville pour te saisir de ses magasins.

1. Dépôt de la Guerre, armée du Nord, aux dates. — Suit une attestation que Jourdan est arrivé à Limoges, le 8 pluviôse (27 janvier 1794). Comme il était sans fortune, le Comité de salut public voulut bien lui attribuer une pension de 3000 livres, 18 pluviôse, 6 février. (AF* II. 37, à la date.)

CH. XXX. — CAMPAGNE DE 1794.

Il faut le gagner de vitesse, — suivre l'ennemi parallèlement et l'observer, — le combattre si l'occasion se présente de le défaire complètement, sans compromettre le salut de l'armée¹, etc., etc.

Il eût été fort avantageux en effet d'enlever Trèves et les magasins de l'ennemi. Mais Hoche répond le 25 (6 pluviôse) que la chose n'était pas si facile : les chemins étaient défoncés, les troupes éprouvées par les maladies, et il présentait un état des généraux blessés, malades ou en arrestation. Le 28 (9 pluviôse), il écrit au Ministre que l'armée du Rhin, dont le concours lui était nécessaire, n'était pas arrivée, que les subsistances manquaient; il y avait un pied de neige dans la campagne; néanmoins, il se déclarait prêt à exécuter les ordres du Comité².

En même temps qu'il écrivait à Hoche, le Comité (toujours Carnot) disait à Michaud :

Le général Hoche, citoyen, ayant ordre de faire un mouvement qui l'éloigne des départements du Rhin, c'est à toi maintenant qu'est confiée la garde de ce fleuve dans toute son étendue, notamment le poste de Germersheim, ainsi que l'attaque de Manheim, si elle est possible, et celle du fort Vauban³.

Le 18 (29 nivôse), Michaud et le représentant Lémane annoncent l'évacuation du fort Vauban⁴.

Et le 19 les deux agents Reukin et Berger, en rapportant la même nouvelle, disent que la mésintelligence entre les Autrichiens et les Prussiens est certaine. — Mais le Comité n'était pas satisfait : il aurait voulu que l'armée du Rhin franchît le fleuve et s'emparât de Kehl, et Michaud fait des

---

1. Autographe de Carnot. Signé : Barère, Carnot, Billaud-Varenne, Collot d'Herbois.
2. Armée de la Moselle, aux dates. — Dans sa lettre du 23, il parle d'une chute qui lui avait mis un bras et une épaule hors de service; il avait remis le commandement à Moreaux.
3. Autographe de Carnot. Signé : Carnot, Saint-Just, Barère, Collot d'Herbois.
4. Michaud priait aussi le Comité de fixer la démarcation des armées du Rhin et de la Moselle.

IV. — 14

objections à cette entreprise. Carnot contrarié lui répond sur un ton extrêmement dur (29 janvier) :

Prends tes cantonnements ! !

Les représentants en mission étaient des agents du Comité de salut public auprès des armées, et, en vertu de leurs pouvoirs, ils agissaient bien aussi d'eux-mêmes. Pour donner plus de continuité à leur action, Lémane, délégué près les armées du Rhin et de la Moselle, demandait au Comité qu'il y eût des représentants, à poste fixe, dans les départements voisins des armées, regardant les déplacements continuels comme nuisibles au service (8 janvier, 19 nivôse)[1]. Il y avait deux jeunes représentants qui ne se fussent pas facilement résignés à cette sorte d'immobilisation à l'armée du Nord ; c'étaient les deux représentants, l'un du Comité de salut public, l'autre du Comité de sûreté générale, que nous avons vus tout récemment aux armées du Rhin et de la Moselle, Saint-Just et Le Bas. A peine revenus à Paris des bords du Rhin, ils avaient reçu une mission nouvelle près l'armée du Nord (7-24 pluviôse, 26 janvier-13 février 1794)[3]. On les trouve à Lille, à Réunion-sur-Oise (Guise), à Maubeuge, à Saint-Pol, à Arras, déployant leur activité ordinaire pour la garde des places, les

1. Armée du Rhin, aux dates.
2. Armée du Rhin, à la date.
3. Leur mission officielle est du 7 pluviôse (26 janvier 1794), et ils paraissent l'avoir devancée, car le 4 (23 janvier), Bouchotte écrit à Saint-Just : « Tu es parti sans dire gare pour le Nord, je t'envoie les renseignements que j'avois préparés pour toi. » Il compte sur les deux représentants pour être renseigné lui-même : « Il est, dit-il, fort difficile de savoir ce qui se passe sur cette frontière. Perrin et Calès y ont été. Je ne les regarde pas comme de grands révolutionnaires. Il y a des gens qui les accusent. Ceux qui les accusent trouvent bien ce qu'ont fait Massieu, Bô et Hentz, et cependant ces trois citoyens ont été trompés dans plusieurs de leurs choix, dans celui de Systrières à qui ils ont remis le commandement de l'armée et que je regarde comme un intrigant d'autant plus dangereux qu'il est cy-devant. » (Armée du Nord, à la date.) Le 27 janvier, le général Ferrand annonce au Ministre son retour à Guise, motivé par l'arrivée des représentants Saint-Just et Le Bas et du général en chef Pichegru. (Armée du Nord, à la date.)

approvisionnements des garnisons et des troupes en campagne [1], mais partout marquant leur passage par des arrêtés qui ont le tranchant du glaive :

L'emprunt forcé sera double pour les riches de Lille qui n'auront pas satisfait dans les dix jours; il sera triple dix jours après.

Sachons-leur gré de s'en tenir à la progression arithmétique. Je résume les arrêtés suivants :

Réunion-sur-Oise, 12 pluviôse : Destitution de chefs de brigade; ordre aux troupes de cerner Valenciennes, d'attaquer la forêt de Mormale; — les généraux verront comment.

Arques, 13 pluviôse, à un comptable de l'armée du Nord :
« Que faut-il penser de l'homme qui, chargé du soin de l'armée, a laissé, depuis quatre jours, la division d'Arques sans fourrages? Cet homme est toi. Nous nous informerons sous trois jours de ta conduite; et tu dois t'attendre à être puni rigoureusement, si tu es coupable. »

Maubeuge, 15 pluviôse : Les sans-culottes de Maubeuge sont invités à faire passer à un scrutin préparatoire tous les agents coupables du gouvernement. — 16 pluviôse : Prétendue conspiration pour livrer la ville; la commission populaire de la place jugera les coupables.

Arras, 16 pluviôse : Tous les ci-devant nobles qui se trouvent dans les départements du Pas-de-Calais, du Nord, de la Somme et de l'Aisne seront mis en arrestation.

Les comités de surveillance desdits départements sont chargés de l'exécution du présent arrêté et en rendront compte au Comité de salut public.

Et cet article d'un arrêté sur les mesures de sûreté générale :

Art. 8. — Il est ordonné au tribunal criminel du Nord de faire raser les maisons de quiconque sera convaincu d'agiotage, des marchands qui ne se seront pas conformés à la loi du *maximum*.

Je laisse de côté les mots à effet, par exemple à Guise, comme il se plaignait qu'on n'arrêtât pas assez de monde

---

1. Voy. Hamel, *Hist. de Saint-Just*, t. II, p. 91 et suiv.

et qu'on lui répondait que les prisons étaient pleines : « Il faut que les cimetières et non les prisons regorgent de traîtres[1]. »

On voit que les deux jeunes représentants en mission près l'armée du Nord ne se bornaient pas aux choses de l'armée. Là, comme en Alsace, il y avait d'autres représentants qui, chargés d'autres soins, ne laissaient pas de s'occuper aussi de l'armée en matière de subsistances, et leurs procédés n'étaient pas toujours aussi rudes. Ainsi le 17 février (29 pluviôse), Florent Guiot, qui était à Lille, prenait un arrêté pour que les bestiaux fussent payés comptant :

Si les cultivateurs du Nord, disait-il, ne sont plus aussi affectionnés à la révolution qu'ils devraient l'être, il faut en chercher la cause dans les insouciances et les injustices dont ils ont été l'objet.

Mais il faut dire qu'en cette matière ils se sont servis d'un procédé tant soit peu radical :

A l'égard des moyens de fournir par la suite aux besoins de l'armée, ils sont très simples, et je suis étonné qu'on ne les ait point encore adoptés : il ne s'agit que de faire filer les bestiaux de l'intérieur sur la frontière[2].

Mais il y avait aussi un autre aliment qu'il voulait assurer au soldat : le 22 février (4 ventôse), il renouvelait ses instances auprès du Ministre pour avoir un plus grand nom-

[1]. Parole consignée sur les registres de la Société populaire de Guise et citée par M. de Barante, *Hist. de la Convention*, t. IV, p. 351 ; et par M. A.-J. Paris, *Hist. de Jos. Lebon*, t. II, p. 51. — Pour les arrêtés, Dépôt de la Guerre, armée du Nord, aux dates, et Arch. nat., AF II, 234.

[2]. Armée du Nord, à la date. Il dit qu'à Lille, depuis dix à dix-huit jours, la plupart sont privés de viande et qu'on ne s'en plaint pas. Les représentants en mission dans le Nord sont assez mal disposés envers les habitants du pays. Le 18 février, Gillet écrit de Mézières au Comité de salut public : « L'esprit de la frontière est mauvais. » — Les députés spécialement en mission pour les subsistances militaires ne se renfermaient pas volontiers dans ces fonctions. Le 21 février, Laurent écrit : « J'ai reçu depuis peu, deux de vos lettres. La première, du 30 pluviôse, borne ma mission aux subsistances. Je vous suis bien obligé du cercle que vous me tracez ; mais, avec la meilleure envie du monde de n'en pas sortir, l'indignation m'en tirera quelquefois. »

bre de feuilles publiques[1], Duquesnoy, qui est toujours à l'armée du Nord, mais qui n'a plus à côté de lui Carnot pour le dominer et le contenir, se signale aussi par plusieurs arrêtés qu'il ne faut peut-être pas, vu son esprit naturellement soupçonneux, prendre à la lettre; quand par exemple il dénonce trois corps de chasseurs « dont les hommes, dit-il, sont de la plus mauvaise espèce, peu instruits, toujours disposés à passer à l'ennemi, ne soignant leurs chevaux qu'avec regret, en un mot faisant tout ce qui est en eux pour les tuer et ne réussissant malheureusement que trop bien[2]. »

Duquesnoy avait si bien la réputation de frapper à tort et à travers, que des militaires, compris dans son arrêté contre les nobles, furent mis en liberté par Saint-Just et Le Bas; témoin le chef d'escadron d'Hautpoul, dont la libération fut confirmée par les représentants Laurent, Richard et Choudieu, au grand déplaisir de l'agent Celliez : « J'avoue, écrit ce dernier à Bouchotte, que jamais je n'eusse sollicité en sa faveur parce que je suis convaincu qu'aucun noble n'est patriote de bonne foi[3]. »

Le 30 janvier (11 pluviôse), Carnot avait adressé aux généraux des armées qui défendaient notre grande frontière du Nord et du Nord-Est, le système général d'opérations, adopté par le Comité pour la campagne prochaine :

« Porter les grands coups par le Nord;

« Les armées du Rhin et de la Moselle doivent y coordonner leurs mouvements;

---

1. C'est ce que réclamaient aussi Baudot, Bar et Lacoste, par une lettre de Nancy, 26 pluviôse (14 février 1794) : « Instruits que les armées du Rhin et de la Moselle désirent, pour récompense de leurs travaux, un journal qui leur communique toutes les grandes opérations de la Révolution et leur présente, chaque jour, le tableau des progrès de l'esprit public et de la prospérité nationale, sous le point de vue révolutionnaire qui convient à des Français qui combattent pour la Patrie... »
Le ministre de la Guerre et le conseil de Salut public sont invités de faire passer 6000 exemplaires du *Journal des hommes libres* ou le *Républicain* aux armées du Rhin et de la Moselle. (Arch. nat. AF II, 245, pièce 107.)
2. Arch. nat. AF II, 234, à la date.
3. Armée du Nord, 26 février.

« Règle générale : agir en masse et offensivement ;
« Engager en toute occasion le combat à la baïonnette ;
« Livrer de grandes batailles et poursuivre l'ennemi jusqu'à entière destruction... »

Inutile d'aller plus loin sans doute ; mais il était bien possible qu'on fût arrêté en chemin ; car les armées manquaient toujours des choses les plus nécessaires. Le 21 février (3 ventôse), Baudot et Lacoste écrivent au Comité :

Depuis plus de quatre mois nos braves frères d'armes sont pieds nus... Les magasins sont sans souliers et nous ne pouvons leur en donner. Cependant les généraux nous en demandent chaque jour : des souliers, des souliers, disent-ils, et comptez sur le succès des armées de la République. La Convention nationale, pénétrée de ces motifs, a fait des lois pour enjoindre à tous les cordonniers de la République de ne travailler pendant deux mois que pour les armées...

Il faut inviter à faire les derniers efforts, sinon recourir aux moyens plus rigoureux[1].

Hoche s'était pourtant mis en mesure d'accomplir la tâche qui lui était prescrite. Il devait agir avec l'armée du Rhin, s'accorder avec celles du Nord et des Ardennes. On lui disait qu'il pouvait prendre une position très inquiétante pour l'ennemi en tombant sur le pays de Liège ou sur le Palatinat, selon l'occasion. Le 3 février (15 pluviôse), il annonce qu'il a sommé Manheim et que ses postes ayant été relevés par l'armée du Rhin, il part dans quatre jours pour Trèves ; le 8 (20 pluviôse), pourquoi sa marche sur Trèves a été suspendue : il a reçu la lettre de Lacoste qui lui transmet l'arrêté du 12 (24 pluviôse) sur les cantonnements ; suspension fort souhaitée par l'armée après tant de fatigues. Le 9, Lacoste et Baudot font connaître au Comité

---

1. Il y a de nombreux arrêtés de Baudot et Lacoste pour les besoins de l'armée au commencement de cette campagne : grains et fourrages ; chaussures et habits ; selles et brides, armes, etc.; 2, 6 et 27 pluviôse, 11, 13, 16 et 26 ventôse, 12 et 19 germinal, 30 floréal ; et de même de Laurent dans le Nord, du 19 nivôse au 5 pluviôse, de Massieu dans les Ardennes, 3, 4, 18 germinal, de Florent Guiot, de Vidalin dans le Nord et dans les Ardennes, 17, 25 floréal. (AF II, 234, 235, 212 et 215, aux dates.)

la joie que cet arrêté a causée aux soldats. Ils ne doutent pas qu'après un court repos ils ne marchent à de nouvelles victoires... Hoche l'espérait bien comme eux, et les deux représentants en témoignent dans le post-scriptum de cette lettre :

Le général Hoche s'occupe du projet dont nous vous avons parlé, qui, dans quinze jours, doit nous conduire à Trèves.

Mais dans le corps de la lettre, parlant de l'entrevue qu'ils ont eue avec lui, l'avant-veille, à Thionville, ils disent :

Nous ne lui avons point lu votre opinion sur son compte [1]...

Qu'est-ce à dire? C'est que les ressentiments de Saint-Just contre Hoche commençaient à prévaloir dans le Comité. Hoche, après avoir signalé les difficultés d'une expédition sur Trèves en cette saison, ne s'en était pas moins mis en mesure de l'accomplir. Les représentants l'attestaient dans cette lettre : « Hoche, disaient-ils, ne songe qu'à exécuter vos arrêtés. » Mais maintenant Carnot trouvait que c'était trop tard. Le 25 février (7 ventôse), il écrit, au nom du Comité, à Baudot et à Lacoste :

Il n'est plus temps, citoyens collègues, de songer à l'expédition de Trèves; le moment est manqué. L'ennemi fait marcher des corps considérables de troupes pour prévenir le coup qu'il étoit si facile de leur porter après la victoire. Nos soldats ont à peine pris leur cantonnement, et il faudroit le faire lever sur-le-champ. L'organisation des nouvelles levées ne pourroit se faire; on ne pourroit cacher à l'ennemi nos préparatifs; il vous attendroit à la Montagne verte qui a paru si effrayante, lorsqu'elle étoit presque sans moyens de défense; il vous attend déjà à Grevenmaker où les gazettes mêmes annoncent qu'il a des forces considérables; votre artillerie de siège seroit fort compromise... Hoche lui-même nous représente son entreprise comme hazardeuse; il nous paroît donc préférable au bien de la République d'employer le peu de temps qui reste avant l'ouverture de la campagne à organiser le mieux possible tous les corps de

---

1. Armée de la Moselle, aux dates.

troupes, à les reposer et à les équiper. Vous voudrez bien, citoyens collègues, donner tous vos soins à cette opération importante.

Et après un salut et une signature biffés :

Les besoins des armées du Rhin et de la Moselle n'existeroient pas, si l'on eût opéré dans le Palatinat conformément aux arrêtés du Comité. Mais il a été bien déçu à cet égard, puisqu'il résulte des derniers tableaux qui nous ont été adressés qu'on n'a presque rien tiré de ce pays, quoique les états fournis d'abord officiellement par le général offrissent des ressources immenses.

CARNOT, COLLOT D'HERBOIS, SAINT-JUST [1].

Hoche d'ailleurs faisait des remontrances qui ne devaient pas plaire au ministre de la Guerre, car il ne ménageait pas ses agents :

Je sais, lui écrivait-il de Hornbach, le 26 février (8 ventôse), qu'il ne faut pas nationaliser la guerre [2]. Que ne peux-tu te transporter à Deux-Ponts!... Je connois trop les membres du Comité pour penser que leur intention est d'arracher à la mère la farine destinée à nourrir l'enfant. Il se fait pis encore. La terreur est dans ces contrées. Le cœur humain se soulève au récit de ce qu'ont fait des commissaires qui disent avoir des pouvoirs illimités, et qui en usent. Le tableau du plus horrible combat n'est point aussi déchirant. Pourquoi n'envoie-t-on pas des hommes? La république y gagneroit infiniment; les habitants des campagnes ne fusilleroient pas nos ordonnances...

L. HOCHE.

Et le 28 février, au Comité de salut public :

L'armée occupe les cantonnements prescrits par l'arrêté du Comité; elle en sortira lorsqu'il en donnera l'ordre. Pour vaincre, il leur manque seulement des souliers; elle a le reste [3].

Il lui allait manquer son général. Le 7 mars (17 ventôse), après avoir été si vivement pressé d'agir, il s'étonnait de ne

1. La lettre est de la main de Carnot.
2. Provoquer une résistance nationale.
3. Armée de la Moselle, aux dates.

CH. XXX. — CAMPAGNE DE 1794

pas recevoir l'ordre d'entrer en campagne. Il écrivait au ministre de la Guerre :

Le beau temps arrive et à peine sais-je plus ce que j'ai à faire. Suis-je le maître de faire camper, ou dois-je attendre les ordres du Comité? Puis-je entreprendre sur l'ennemi, ou faut-il qu'il vienne m'attaquer pour que j'ouvre la campagne? De bonne foi, après ce qu'on m'a dit et fait connoître, je n'y suis plus et je n'ose pas agir, craignant d'être réprimandé; et d'un autre côté, je crains d'être attaqué. Dois-je rendre compte tous les jours de mes opérations au Comité, et à toi toutes les décades? C'est ainsi que je l'ai conçu...

En marge, de la main de Bouchotte : *Demander au Comité de prendre ceci en considération*.

Le Comité allait y couper court. Le 10 mars (20 ventôse), Bouchotte écrivait à Jourdan :

Le Comité de salut public, n'ayant cessé de compter sur ton patriotisme et ton dévouement à la cause du peuple, a arrêté que tu commanderois en chef l'armée de la Moselle.

Et que devenait Hoche? On l'envoyait comme général en chef à l'armée d'Italie. Était-ce pour lui demander de nouveaux services à l'armée d'Italie? C'était, nous l'avons dit en parlant de cette armée, un piège qu'on lui tendait pour l'arrêter; car on voulait l'arrêter, et on n'osait le faire au sein de cette armée de la Moselle qu'il avait conduite, qu'il allait conduire encore à la victoire. La lettre du Ministre aux représentants de l'armée d'Italie pour lui annoncer l'envoi de Hoche est du 10 mars, comme la lettre à Jourdan; elle contenait un pli cacheté à lui remettre à son arrivée [1]; et dans les jours suivants la correspondance se continue entre le général et le Comité : il fallait que Jourdan eût le temps d'arriver et que Hoche lui transmît les renseignements dont il avait besoin pour prendre le commandement de l'armée. Son arrivée à l'armée d'Italie fut précédée de cet arrêté dont la teneur n'avait pas transpiré :

1. Voy. ci-dessus, t. III, p. 51.

Le Comité de salut public arrête que l'expédition d'Oneille, qui devait être faite par le général Hoche, sera confiée au citoyen Guillaume Petit, général à l'armée des Alpes, auquel il a été donné des ordres à cet effet. Les représentants du peuple près l'armée d'Italie feront mettre, sans délai, le général Hoche en état d'arrestation et l'enverront à Paris sous bonne et sûre garde.

CARNOT, COLLOT D'HERBOIS [1].

Ordre que les représentants près l'armée d'Italie transmirent, le 30 mars, au général Dumerbion et qui fut accompli le lendemain [2]. Quand le libérateur de Landau arriva ainsi escorté à Paris son logement était prêt :

22 germinal an II (11 avril).

Le Comité de salut public
ARRÊTE :
Que le général Hoche sera mis en arrestation et conduit dans la maison d'arrêt dite des Carmes pour y être détenu jusqu'à nouvel ordre.
COLLOT D'HERBOIS, SAINT-JUST, C.-A PRIEUR, BILLAUD-VARENNE,
B. BARÈRE [3].

Le « nouvel ordre » (sauf changement de prison) n'arriva qu'après le 9 thermidor.

C'est ainsi que Hoche, au moment décisif, fut enlevé aux grandes opérations qui devaient nous assurer la victoire : victoire qui aurait été bien plus prompte et plus complète, comme on en pourra juger par la suite, si, en donnant à Jourdan l'armée de la Moselle à défaut de l'armée du Nord dont il n'aurait pas dû être éloigné, on eût au moins donné à Hoche cette armée du Rhin dont il avait eu le commandement supérieur au jour de son triomphe. Mais Saint-Just avait voulu et Carnot s'inclina.

---

1. Bonnal, *Carnot*, p. 171.
2. Voy. ci-dessus, t. III, p. 55.
3. Bonnal, *Carnot*, p. 192, et registre des séances du Comité de salut public, AF* II, 48, à la date.

III

Campagne du printemps 1794.

Ce n'était pas trop cependant de Hoche, de Jourdan et de Pichegru pour faire face aux ennemis qui nous menaçaient sur toute la frontière. Eux aussi avaient leur plan de campagne et des forces considérables à mettre en mouvement. L'Angleterre et la Hollande ajoutaient leurs contingents aux troupes que tiraient de l'Allemagne l'Autriche et la Prusse. De notre côté, il y avait du mécompte. Le 4 mars, le Comité de salut public transmettait à Bouchotte une lettre où l'on disait que la désertion était effrayante parmi les hommes incorporés dans les anciens cadres[1]. On sentait qu'il fallait redoubler d'efforts. Les représentants en mission étaient à leur poste. Le Conseil exécutif qui tenait à garder, près d'eux ses commissaires en fit une nouvelle revue et leur donna, en vertu du décret du 11 septembre et de la loi du 14 frimaire, un supplément d'instructions[2]. Les rapports de ces derniers n'étaient pas tous rassurants. L'un d'eux, Celliez, que nous connaissons d'ancienne date à l'armée du Nord, exprime le 10 mars (20 ventôse) au Ministre la crainte que l'ennemi ne commence bientôt l'attaque, si le beau temps continue. Il invoque la pluie, il en voudrait quelques bons jours

---

1. Le fléau des réfractaires était toujours le souci des représentants. Le 6 février (18 pluviôse), Laurent prenait cet arrêté :
« Considérant que l'article 17 de la loi du 2 frimaire est insuffisant ;
« Arrêtons que les pères, mères et parents des citoyens compris dans la loi du 2 frimaire, qui n'auraient pas fait leur déclaration, à la municipalité, des citoyens de la réquisition qui seraient revenus chez eux, seront incontinent mis en état d'arrestation, leurs biens confisqués au profit de la République, conformément à l'article 17 de la loi du 2 frimaire. » (Armée du Nord, aux dates.) Et les représentants Gillet et Duquesnoy, le 26 floréal (15 avril) : « Tous citoyens qui auront ou recevront chez eux des soldats de la 1re réquisition seront arrêtés comme suspects, mis sur-le-champ en arrestation pour être ensuite déportés à la Guyane française. » (Arch. nat., AF II, 242, pièce 113, affiche.)
2. Voy. la note XVIII, aux Appendices.

pour rendre les chemins difficiles. Notre armée n'est pas prête; la cavalerie n'a pas ses chevaux, les troupes manquent d'armes, etc. Le 11, le Comité ordonne à Pichegru de faire passer 12 000 à 15 000 hommes à l'armée des Ardennes; mais, le même jour, Pichegru écrivait à Carnot qu'il n'avait que 14 500 hommes de cavalerie et qu'il lui en faudrait 30 000[1]. Le 11 encore, le ministre Bouchotte écrit à Jourdan qu'au 1ᵉʳ mars (11 ventôse) l'armée de la Moselle avait un effectif de 100 000 hommes, dont 66 000 présents sous les armes; et le 19 mars, Jourdan répondait au Ministre que Hoche lui avait remis son état de situation, qu'il n'y trouvait que 48 164 hommes présents, y compris les garnisons, au lieu des 66 000 que le Ministre lui avait annoncés[2]. Il lui dit encore le 28 mars :

L'armée de la Moselle est bien de 48 164 hommes dont plusieurs ne sont pas armés.

C'est dans ces circonstances que Carnot écrivait le 18 mars, aux représentants Richard et Choudieu :

Pressez donc Pichegru de commencer la campagne; qu'il ne se laisse pas prévenir par l'ennemi. Il paroît que les coalisés veulent décidément cerner Maubeuge, Landrecies et s'emparer de tout le pays d'Entre-Sambre-et-Meuse. Il faut jeter dans ces villes de bonnes garnisons et force subsistances, les laisser s'enfourner, tomber pendant ce temps-là sur leurs derrières, enlever leurs magasins, porter l'effroi jusque dans leur capitale. Pichegru a dû recevoir par vous une longue lettre de moi où je lui explique les vues du Comité qui sont de livrer de grandes batailles à l'ennemi dans son propre pays et défendre pied à pied, au contraire, notre propre terrain; c'est de l'enfermer dans la trouée qu'il a faite, de le cerner, de lui couper ses communications.

Nous sommes dans l'attente des grands événements; frappez de grands coups. Nous péririons par des succès médiocres.
Salut et fraternité,
CARNOT[3].

1. Armée du Nord, aux dates.
2. Armée de la Moselle, aux dates.
3. Armée du Nord, à la date.

CH. XXX. — CAMPAGNE DE 1794

Mêmes excitations à l'armée des Ardennes. Il écrit à Charbonié (31 mars, 11 germinal) :

Il est temps, citoyen, que tout s'ébranle pour marcher contre les satellites de la tyrannie, l'heure de la victoire sonne, et retentit dans toutes les parties de la République.

Qu'il réduise les garnisons au strict nécessaire ;

Fais camper tout le reste en masse, afin de tomber sur le premier point qui sera attaqué.

La position à prendre est en avant de Charlemont pour te porter à volonté soit sur Dinant, soit sur Marche-en-Famine, soit dans le pays d'Entre-Sambre-et-Meuse, suivant les vues ultérieures qui te seront communiquées. Fais amas d'artillerie et de tout ce qui est nécessaire pour l'attaque de Namur et médite dans le plus grand secret les moyens d'enlever cette place. Livre de fréquents combats, aguerris tes troupes...

Harcelle l'ennemi, vis à ses dépens, grossis tes forces dans l'opinion pour enfler le courage de nos soldats et intimider les ennemis;... frappe les esclaves de stupeur. La guerre doit être offensive sur la frontière [1], etc.

Et la veille, le Comité écrivait à Michaud, général en chef de l'armée du Rhin :

Tu demandes un plan d'opérations; nous ne pouvons te donner que des bases de détail. Nous ne nous proposons pas de conquêtes sur les frontières du Rhin.

Mais il faut harceler les ennemis et vivre à leurs dépens ; c'est de principe dans toutes les lettres; il faut une vigilance continuelle, une activité infatigable; camper de bonne heure et loin des villes; faire relever très fréquemment les garnisons, changer de même souvent les états-majors.

— Toujours de la défiance [2].

---

[1] Armée du Nord, à la date.

[2] Cet esprit de défiance fit plus de mal qu'il n'en évita; mais il faut reconnaître qu'il fut motivé par des tentatives de corruption. Vandamme livra à Moreau et Moreau transmit au Comité de salut public (Steenworde, 11 germinal, 31 mars), deux lettres où on lui assurait une sauvegarde, sa sûreté personnelle, 210 000 livres et le prix de toute l'artillerie qu'il pourrait passer avec lui et son armée :

« Vous avez mis la vertu et la probité à l'ordre du jour, dit Moreau, et

Il faut morceler les forces le moins possible, avoir deux ou trois bons corps de troupes de 15 000 à 18 000 hommes en différents points de la frontière, toujours prêts à marcher pour se porter dans un moment au point qui pourroit être attaqué.

Il faut sans cesse déranger les combinaisons de l'ennemi par des changements de position.

Il faut que tu t'attaches à grossir les forces dans l'opinion, au lieu de te plaindre sans cesse, comme font la plupart des généraux...

Fatiguer les ennemis par des simulacres d'attaques,... jeter des ponts pour l'attirer, puis en jeter un autre loin de là pour lui faire faire des marches et des contremarches qui ennuient leurs soldats ;

Observer soigneusement la neutralité de la Suisse ; attaquer sans cesse et toujours avec des troupes supérieures...

Nous n'aimons point qu'on nous dise que tel poste foible a résisté à l'attaque d'une force beaucoup plus considérable... L'art du général est de faire en sorte que partout où l'ennemi se présente, il trouve toujours une force trois fois plus considérable que la sienne.

Harcelle l'ennemi sans lui laisser de repos,... prends le système d'une défensive active ; vis aux dépens de l'ennemi, jette la terreur dans son pays pour l'écarter du nôtre. C'est en te tenant toujours prêt, en épiant les fautes de l'ennemi, en saisissant habilement les occasions, que tu rempliras le vœu du Comité et ce qu'il a droit d'attendre d'un citoyen revêtu de sa confiance.

CARNOT [1].

il n'existe pas un républicain dans l'armée qui, guidé par ces principes, ne saisisse avec empressement l'occasion de prouver aux esclaves qui nous combattent, que la liberté est préférable à tous leurs trésors. »

Vandamme écrit à la même date au Comité de salut public, protestant avec indignation contre cette injure que l'ennemi lui a faite ; et Robespierre écrit en marge de sa lettre : « Accuser au général Vandamme la réception de sa lettre et de celles que lui ont fait passer les ennemis ; lui témoigner la satisfaction du Comité pour son courage et son incorruptibilité ; lui dire qu'on attend de lui, dans le cours de cette campagne, l'effet des espérances qu'il a données par sa conduite jusqu'à ce jour, et que la gloire d'avoir bien mérité de sa patrie est préférable aux lâches récompenses qui lui sont offertes pour la lâche trahison qu'on lui propose. » (Arch. nat., AF II, 235, pièce 29-31).

1. Armée du Rhin, à la date (autographe). — Les représentants chargés du recrutement ou de l'organisation des corps de cavalerie et d'infanterie n'a

Cette vive et incessante impulsion, quoique souvent un peu banale dans ses conclusions [1] et parfois un peu démesurée dans ses termes, devait produire des résultats. Ce n'était pas malheureusement le seul souci des représentants de la République aux armées : agents du conseil exécutif et commissaires de la Convention faisaient du zèle patriotique, sous l'influence du rapport de Saint-Just qui, de retour à Paris, venait de marquer enragés et modérés pour l'échafaud. A l'armée du Rhin, l'agent Reukin, le 12 germinal (1ᵉʳ avril), écrivait au Ministre qu'il attendait la réponse à ses lettres :

Afin, disait-il, d'être à même de parcourir les cantonnements pour... voir par moi-même si les scélérats dont le tribunal révolutionnaire vient de purger la république [Hébert et consorts] n'ont point de partisans dans notre armée [2].

Le 7, Lacoste envoyait au Comité des pièces à la charge de Westermann, un des amis de Danton : une lettre du 3 octobre 1792, où il se vante d'avoir dîné avec le roi de Prusse et finit en disant qu'il assure ainsi l'établissement de la République, et une autre à l'ancien ministre Lebrun, autre suspect, récemment guillotiné [3]. — Mais le général poursuivait ses opérations : il recommandait à ses lieutenants, selon le précepte de Carnot, de harceler l'ennemi, et il avait parmi eux un jeune officier qui ne s'en faisait pas faute : Desaix, qui venait de pousser une pointe jusqu'à Frankenthal (11 avril, 22 germinal) [4].

A l'armée de la Moselle, Jourdan, arrivé à Longwy où

restaient pas inactifs. Le 14 mars, Gillet prenait trois arrêtés, relatifs à l'objet de sa mission, pour la cavalerie. (Armée de la Moselle, à la date.) Le 28 mars, Goupilleau de Fontenai, chargé de l'embrigadement de l'infanterie à l'armée du Nord, sans trop s'en tenir aux termes de sa mission, prenait un arrêté contre l'échange des chevaux. (Armée du Nord, à la date.)

1. Livrer bataille, quand on est sûr de vaincre ; s'abstenir, si on a chance d'être battu, etc.
2. Armée du Rhin, aux dates.
3. 7 nivôse an II, 27 décembre 1793. Voy. *Hist. du tribunal révolutionnaire de Paris*, t. II, p. 291.
4. Armée du Rhin, à la date.

s'était fait le rassemblement des troupes (11 germinal, 31 mars), informait le Ministre que l'on manquait de fusils et de baïonnettes, et la pluie que Celliez avait invoquée pour arrêter les ennemis, ayant tombé pendant quatre jours, avait fait obstacle à sa marche (2 et 11 avril, 13 et 22 germinal); mais enfin il s'était avancé et avait pris Arlon, refoulant son adversaire jusqu'aux portes de Luxembourg : 30 000 hommes, écrivait-il à Bouchotte le 18 avril, avaient été chassés de positions formidables [1].

Pichegru, à l'armée du Nord, avait reçu l'ordre de soutenir Jourdan, et sur sa gauche il obtint quelques succès. Une division de son armée s'était emparée de Courtray (27 avril, 8 floréal); mais la droite, qui devait soutenir l'armée de la Moselle, avait grand'peine à défendre son propre territoire. Le 19 (30 germinal), Pichegru annonçait par deux lettres au Comité et au Ministre que l'ennemi préparait une attaque sur Landrecies, qu'il avait pris Catillon, passé la Sambre, et que l'armée se repliait sur le camp de Guise; le 25 (6 floréal), que les 20 000 hommes, qui se trouvaient entre Cambrai et Bouchain, avaient dû se retirer au camp de César. D'autres lettres des généraux Ferrand et Charbonié, des représentants Choudieu et Richard confirmaient ces fâcheuses nouvelles [2].

La Convention pourtant ne voulut voir que le succès et, le 27 (8 floréal), elle décréta que l'armée du Nord avait bien mérité de la patrie.

---

1. Armée de la Moselle, aux dates. Gillet donne la même nouvelle au Ministre, à la même date. Il faisait d'autre part son office de représentant aux pouvoirs illimités, en destituant un capitaine en présence de troupes, 5 avril. (Armée de la Moselle, à la date.) — De son côté, Laurent écrivait de Maubeuge (27 germinal, 16 avril) : « Veut-on donc livrer Maubeuge?... toutes les ressources s'écoulent vers l'armée des Ardennes, et celle-ci prive encore l'armée du Nord des voitures qui pouvoient lui transporter des secours. » (Arch. nat., AF II, 247, à la date.)

2. Armée du Nord, 21 et 29 avril 1794. La lettre de Pichegru du 30 germinal ne trouva plus Bouchotte au ministère. A cette date, il signe avec les autres ministres la clôture du registre des délibérations du Conseil exécutif, supprimé en vertu du décret du 12 germinal, 1er avril 1794. (Arch. nat., AF II, 1, à la date.)

C'était un encouragement à redoubler d'efforts pour défendre le territoire sur le point où il était le plus menacé. Malheureusement l'esprit de parti reléguait au second rang les considérations purement nationales ; représentants et ministres étaient partagés entre la répugnance que les nobles inspiraient et le besoin que l'on avait de leurs services. Gillet demandait au Comité de salut public quelle conduite on devait tenir à leur égard, lorsqu'ils étaient dans l'armée. Il ne se croyait pas autorisé à les renvoyer s'ils étaient irréprochables (7 avril, 18 germinal); mais Bouchotte mandait à Charbonié de se garder des aristocrates avant tout (11 avril, 22 germinal) :

J'ai pensé, disait-il, que la composition de Sedan étoit telle qu'il falloit encore plus qu'ailleurs se garantir du langage des riches[1].

Les complots n'étaient pourtant pas uniquement l'œuvre des aristocrates. Le représentant Gillet en signalait un dans la 173º demi-brigade. Sergents et caporaux avaient formé le projet de déserter, en raison de la loi qui refusait l'avancement à ceux qui ne savaient ni lire ni écrire (13 avril, 24 germinal). — Tel était donc le cas de ces caporaux et de ces sergents.

Dans ces circonstances le Comité jugea utile de concentrer davantage son action militaire et prit cet arrêté (8 floréal, 27 avril) :

Le Comité de salut public arrête que toutes les dépêches relatives aux événements de la guerre dans toutes les armées de la République, soit de terre, soit de mer, seront adressées directement, exclusivement et avec la plus grande célérité, au Comité de salut public. Tous les généraux des armées de terre et de mer rendront compte sur-le-champ de tous les événements militaires au Comité de salut public.

Signé : R. Lindet, Carnot, Saint-Just, C.-A. Prieur, B. Barère, Collot d'Herbois, Robespierre, Billaud-Varenne[2].

---

1. Armée du Nord, aux dates.
2. Armée du Nord, à la date.

Ce fut une fâcheuse nouvelle qui arriva tout d'abord au Comité : la prise de Landrecies, place petite, mais d'une grande importance pour l'attaque dirigée par l'ennemi au cœur de la France, puisqu'elle lui livrait un nouveau passage de la Sambre au-dessus de Maubeuge. Dans une lettre du 30 avril (11 floréal), Richard et Choudieu cherchaient à dissiper les alarmes que le Comité avait conçues dès le commencement du siège [1] :

L'effet naturel de nos succès dans la Flandre maritime et aux Ardennes, disaient-ils, doit être de diviser les forces ennemies et de les diriger en partie sur ces deux points, et nous sommes sûrs alors de les chasser de notre territoire et de les battre sur le leur.

Et ils niaient que Landrecies fût prise ; — mais le même jour la ville capitulait [2]. Le 2 mai (13 floréal), Laurent faisait connaître au Comité les murmures de l'armée contre le général Balland qu'on en rendait responsable. Il faut le changer, si on ne le fait passer devant un conseil de guerre; on s'attend à voir Avesnes et Maubeuge incessamment assiégées [3]. Le 3, lettre de Saint-Just et de Le Bas qu'on venait d'envoyer de nouveau à l'armée du Nord (30 avril, 11 floréal) et qui apprenaient l'événement en arrivant à Guise :

Ce malheur vient du désordre extrême qui règne dans cette partie de l'armée du Nord, depuis Maubeuge jusqu'à Cambrai.

... Nous avons trouvé de l'abattement parmi les généraux. Aucun plan n'existait, il faut à tout un but déterminé ; l'on n'en a point ici. Hâtez-vous de nous envoyer un plan de mouvement depuis Cambrai jusqu'à Beaumont.

L'ennemi n'est point en force. Nous pourrions en même temps

---

1. Lettre autographe de Carnot à Saint-Just et Le Bas, de la même date. On avait suivi, disait-il, une mauvaise tactique pour dégager Landrecies. On a attaqué par le Cateau et Solesmes, au lieu de le faire par la rive droite de la Sambre; on a morcelé les forces, tandis qu'on aurait dû agir en masse. (Armée du Nord, à la date.)
2. Armée du Nord, à la date.
3. Arch. nat., AF* II, 48.

avancer dans la Flandre maritime, cerner Valenciennes, le Quesnoy, Landrecies et marcher sur Bavay¹.

A la suite de la prise d'Arlon, le Comité de salut public avait écrit à Jourdan de couvrir ce poste important, soit de sa gauche, soit de troupes empruntées à l'armée du Rhin. Dans le plan général du Comité, l'armée de la Moselle avait, lui disait-on, deux opérations majeures à exécuter : la prise de Trèves et la prise de Liége ; la dernière était la plus pressée (27 avril, 8 floréal)². La prise de Landrecies dérangeait singulièrement ce plan. Bien plus, l'ennemi, revenant en forces, avait repris Arlon et contraint l'armée de Jourdan à se replier sur Longwy³, en sorte que, de ce

---

1. Dans sa lettre du 30, Carnot disait à Saint-Just : « Je vous envoie les lois militaires, les cartes, ainsi que le sabre qui vous manque. » — Pour faire tout cela, Saint-Just avait en effet grand besoin du sabre qui lui manquait.

2. Lettre signée de Billaud-Varenne, Carnot, B. Barère et Collot d'Herbois. Voici sur ces opérations à faire l'arrêté du Comité, daté du 30 :

Le Comité de salut public arrête :

ARTICLE Iᵉʳ

Le général en chef de l'armée de la Moselle fera marcher, sans aucun délai, toutes les forces disponibles sur les pays de Liége et de Namur.

ARTICLE II

Il ne conservera sur les frontières de la Moselle que les forces strictement nécessaires pour garder les places fortes, les places d'Arlon et de Kayserslautern, et une position entre la Sarre et la Moselle, de manière que le détachement formant la division qui doit marcher sur la Belgique soit au moins de 20 000 à 25 000 hommes.

ARTICLE III

Le général en chef de l'armée de la Moselle exécutera cette opération dans le plus grand secret et fera courir le bruit d'une autre expédition soit sur Trèves, soit sur le Palatinat.

CARNOT, ROBESPIERRE, SAINT-JUST, COLLOT D'HERBOIS, B. BARÈRE, R. LINDET.

3. Lettre de Gillet (1ᵉʳ mai), de Jourdan (2 mai), de Florent Guiot (4 mai). Le représentant Gillet, se consolant de la perte d'Arlon, disait au Comité qu'il était impossible de le garder avec peu de monde et qu'on y rentrerait quand on voudrait (1ᵉʳ mai). Jourdan prenait moins facilement son parti de cet échec (2 mai), et Carnot de même. Carnot mandait au général, à la date du 3 mai, qu'il avait écrit à Michaud de mettre 10 000 hommes à sa disposition. Il faut, disait-il, se hâter de reprendre Arlon. Gillet changeait de ton, lorsqu'il se joignait à Duquesnoy pour

côté, tout le début de la campagne semblait manqué¹. Mais Carnot n'en est pas déconcerté; il a pour ces deux échecs une double revanche toute préparée, si l'on s'y prête. Il écrit à Saint-Just et à Le Bas sur Landrecies une première lettre (2 mai) où il se demande si Cambrai ne pourrait pas être en péril? Mais il ne le craint pas. Cambrai ne pourrait être menacé qu'à l'intérieur, et il compte sur eux à cet égard². Dans une seconde lettre (4 mai), il revient sur la perte de la place : elle ne peut être que l'effet ou de la trahison ou de l'ignorance au moins de plusieurs chefs; il faut les remplacer et remettre l'ordre dans cette partie de l'armée;

Vous demandez un plan d'opérations; jusqu'ici il n'a pas dû en manquer. Le plan général étoit d'empêcher le progrès dans la trouée, et le passage de la Sambre; de le forcer (l'ennemi) à lever le siège ou le blocus des places qu'il voudroit attaquer, de le chasser du Cateau, de Solesmes et de tous ses postes successivement.

Et reprenant le plan de Saint-Just (avancer dans la Flandre maritime, cerner Valenciennes, le Quesnoy, Landrecies et marcher sur Bavay) :

Mais pourrez-vous exécuter cette dernière opération à côté de la forêt de Mormale d'où l'ennemi peut sortir en force pour

écrire au Comité qu'il serait imprudent d'attaquer Arlon avant que toute l'armée fût réunie, c'est-à-dire avant quinze jours (4 mai). (Armée de la Moselle, aux dates.)

1. Pichegru convenait du trouble que la prise de la place jetait dans le plan d'opération projeté (même date) : « Cet événement, disait-il au Comité, diminue nos moyens de défense vers le centre et nous oblige à opérer offensivement sur nos ailes. » — Les forces de l'ennemi, depuis la mer jusqu'à la Meuse, étaient, selon lui, évaluées à environ 200 000 hommes.

2. « Nous ne craignons pour cette place que la trahison, mais nous espérons que votre présence saura la déjouer. Nous ne pensons pas que vous ayez besoin d'appeler au secours de vos forces, qui doivent être considérables, celles qui se trouvent à Beaumont et sur les bords de la Sambre. Ce seroit vous réduire à la défensive...

« Défendez donc âprement les passages de la petite Elpe et de la Sambre et poursuivez invariablement le projet de cerner l'ennemi et de l'enfermer dans la trouée qu'il a faite. » — Un coup de main ne serait-il pas possible pour reprendre Landrecies? La brèche est encore ouverte, l'ennemi en s'éloignant aura emmené ses canons, etc.

vous cerner vous-même, lorsque l'opération si simple de la levée du siège de Landrecy n'a pu être exécutée? Comment parviendrez-vous au quartier général de l'armée ennemie, si vous n'enlevez d'abord les postes avancés? Commencez donc par ceux-ci; mettez les Autrichiens en déroute et poussez-les ensuite, aussi loin que vous pourrez. Il est certain que ce n'est pas à nous d'attendre l'ennemi; que c'est à vous à l'attaquer sans cesse.

Pour cela il faut agir avec l'armée des Ardennes, mais d'abord la renforcer :

Nous avons donné l'ordre à Jourdan de marcher sur Namur avec toutes ses forces disponibles. Si le général de l'armée des Ardennes avoit des forces suffisantes, il iroit au-devant de l'armée ennemie que Jourdan chassera devant lui, et cette armée ennemie se trouveroit entre deux feux. Vous sentez donc de quelle importance il seroit que l'armée des Ardennes fût renforcée par 25 000 ou 30 000 hommes [1].

A la même date il écrit à Charbonié, général de l'armée des Ardennes, en le complimentant de sa jonction avec la droite de l'armée du Nord :

Il faut se hâter de mettre à profit ce premier avantage pour empêcher l'ennemi d'approcher de Maubeuge et le chasser entièrement de tout le pays d'Entre-Sambre-et-Meuse. Tes mouvements ont été favorisés par l'armée de la Moselle qui, en s'emparant d'Arlon, avoit pour objet d'attirer à elle une partie des forces ennemies du pays de Namur. Nous apprenons en effet que Beaulieu est parti de ce pays avec une colonne très forte pour reprendre Arlon. Il a malheureusement réussi... Mais Jourdan, général en chef de l'armée de la Moselle, se propose à le débusquer au plus tôt de ce poste important; et bientôt, sans doute, Beaulieu va reprendre le chemin de Namur. C'est à toi de lui couper la retraite. Rassemble au plus vite tout ce que tu as de forces disponibles sur la rive droite de la Meuse, réunis-les en avant de Givet et marche à la rencontre de l'ennemi, en le prenant sur son flanc gauche, près de Marche-en-Famine ou ailleurs. Si ton entreprise est bien combinée avec celle de Jourdan, la division de Beaulieu doit être entière-

[1] Armée du Nord, aux dates.

ment exterminée. Cette opération est décisive. Tire des garnisons tout ce qui n'est pas d'absolue nécessité, fais-en une masse et tombe sur cette division qui probablement ne s'attend pas à ce mouvement¹, etc.

Et pourtant il conseille la prudence. Le 6 mai, il écrit à Jourdan :

Il ne faut pas s'exposer à être une 2ᵉ fois repoussé d'Arlon, et tu penses avec raison qu'il convient d'attendre la réunion de toutes les forces pour débusquer l'ennemi. C'étoit aussi l'intention du Comité, en prenant l'arrêté de faire marcher sur les pays de Liège et de Namur toutes les troupes disponibles de la Moselle. La première attaque d'Arlon a toujours produit un très bon effet, celui d'attirer Beaulieu de ce côté, ce qui a un peu dégagé les Ardennes et a laissé à Charbonnié la faculté d'opérer sa réunion avec la gauche de l'armée du Nord. Si Charbonnié se trouvoit un peu plus en forces, il sortiroit par Givet pour aller à la rencontre de Beaulieu, pendant que tu le chasserois par derrière; il ne faut pas compter sur cette manœuvre qui seroit pourtant d'une grande importance, parce que nous ne savons si nous pourrons procurer à Charbonnié les troupes qui lui seront nécessaires. Nous ferons nos efforts pour cela....

Mais en attendant?

Marche toujours et poursuis l'ennemi l'épée dans les reins jusqu'aux bords de la Meuse. Ne compte pas sur d'autres secours; s'il t'en vient, tu en profiteras pour achever sa déroute complète.

Et il lui annonce les victoires remportées dans le Midi : à l'armée d'Italie, à l'armée des Pyrénées-Orientales. — Qu'il se mette lui-même à la tête de l'armée qui doit marcher sur Namur².

1. Le 6, Charbonié répond au Comité qu'il ne peut rien tenter avec de pareilles forces, qu'il va se concerter avec Desjardins, commandant de la division placée sous Maubeuge. Le 8, Carnot insiste. Il faut passer la Sambre et se porter sur Mons, afin de se rattacher au plan de Pichegru; dans tous les cas, il doit garder sa droite et maintenir ses communications avec Beaumont et Vedette-Républicaine (Philippeville). (Armée du Nord, aux dates.)
2. La haute direction de Carnot dominait et éclipsait même celle des représentants près les armées, sans l'annuler d'ailleurs. Lacoste, le 8 mai

La correspondance des généraux ou des représentants avec le Comité marque bien qu'il n'y avait pas accord entre ce qu'on souhaitait à Paris et ce que, sur les lieux, on croyait possible de faire, et il en résultait un certain désarroi dans la suite des opérations. Saint-Just et Le Bas, on l'a vu, étaient revenus à l'armée du Nord. Pichegru avait combiné un plan avec eux. Mais voici qu'au moment de l'exécuter arrive un contre-ordre. Saint-Just et Le Bas, mécontents, disent au Comité qu'il est trop tard : toutes les troupes sont rassemblées; Thuin sera attaqué le lendemain¹. — Thuin, à trois lieues de Charleroi!

Mais on avait trop présumé en voulant prendre Charleroi, quand Landrecies était aux alliés. Il fallut y renoncer pour l'heure. Au moins, l'abbaye de Lobbes et celle d'Aulnes furent-elles brûlées pendant la retraite par ordre des deux représentants.

Levasseur parle assez mal de Saint-Just dans son rapport²; mais c'est après le 9 thermidor et, partant, son témoignage est suspect. Saint-Just, dit-il, avait mis l'armée des Ardennes et les trois divisions de celle du Nord

---

(17 floréal), donnait de Metz de bonnes nouvelles sur les subsistances, l'habillement, etc. Le même représentant et ses collègues, Gillet et Duquesnoy, informaient le Comité que Michaud leur annonçait l'arrivée prochaine des 16,000 hommes de l'armée du Rhin, et ils insistaient sur les motifs de réunir toute l'armée avant de reprendre l'attaque d'Arlon, sur l'avantage qu'il y aurait à faire filer, au moment de cette attaque, 20 000 hommes des environs de Thionville pour s'emparer de la route de Luxembourg et forcer Beaulieu à accepter la bataille ou à se retirer sur Namur (9 mai). — A la même date, Jourdan écrit au Comité : il a reçu sa lettre qui lui prescrit d'attendre : il attendra; il a bien l'intention de se mettre à la tête des troupes contre Namur. Le 12, il lui annonce que l'armée du Rhin a commencé son mouvement; il espère pouvoir, dans les premiers jours de prairial (fin de mai), faire son expédition sur Liège et Namur. (Armée de la Moselle, aux dates.)

1. Ils demandent à Pichegru ce que doivent faire les troupes du camp de Guise pendant ce mouvement (9 mai). (Armée du Nord, à la date.) — De son côté, Carnot écrit à Charbonnié pourquoi le Comité a préféré le passage de la Sambre par Beaumont et Thuin au passage par Charleroi... Il y avait nécessité à débusquer l'ennemi de Thuin, et on trouvait plus de facilité pour venir au secours d'Avesnes ou de Maubeuge, si ces places étaient attaquées (10 mai).

2. Bibl. nat., Le ³⁰,113.

sous le commandement de quatre généraux qui, dans un conseil, devaient décider de tous les mouvements de l'armée. — « On alloit au jour le jour. Je voyois bien d'autres inconvénients que je voulois faire sentir à Saint-Just mais il ne daigna pas m'écouter. Nous fûmes attaqués et forcés de repasser la Sambre. » — La position fut reprise quinze jours plus tard. Et après l'occupation de Thuin : « Saint-Just fut sur la hauteur du couvent des capucins à Thuin d'où l'on voyoit le combat qui se livroit à l'abbaye de Lobbe. Je fus l'y trouver et lui dit que ce n'étoit pas de si loin que des représentants du peuple devoient se battre. — « Que veux-tu que nous allions faire là », me répondit Saint-Just. Je n'étois pas de bonne humeur, aussi je lui dis : Cette réponse est celle d'un homme qui a peur. Je montai à cheval et courus à l'abbaye de Lobbe. »

Les deux jeunes proconsuls se donnaient beaucoup de mouvement depuis cette entrée en campagne, et c'était toujours avec des manières de despotes, pratiquant la maxime : la liberté ou la mort, — la liberté pour eux ;

Ordre d'arrêter tous les chirurgiens qui paroîtront dans Noyon sans permission. — Pichegru, en raison de l'assassinat des magistrats de Landrecy par les Autrichiens, est autorisé d'arrêter sur l'heure, par représailles, les nobles et magistrats de Menin, Courtrai et banlieue (19 floréal an 2°...).

La discipline ou la mort ;

Les représentants du peuple près l'armée du Nord, voulant fortifier la discipline qui fait vaincre, interdisent jusqu'à nouvel ordre, sous peine de mort, à tout militaire qui n'est point de la garnison ou de l'état-major, l'entrée des quartiers généraux après la publication du présent arrêté.

Les tribunaux militaires répondent de l'impunité de tous ceux, quels qu'ils soient, chefs ou soldats, qui auroient violé la discipline, et seront poursuivis eux-mêmes.

Réunion-sur-Oise le 14 floréal an 2°...

Ce n'était pas assez !

Il y aura dans Maubeuge et dans Avesnes une commission militaire qui jurera de s'ensevelir sous la place et sera chargée

CH. XXX. — CAMPAGNE DE 1794.

de faire fusiller, en cas de siège, ceux qui parleroient de se rendre avant d'avoir soutenu les assauts.

Réunion-sur-Oise, 20 floréal (9 mai [1]).

La fortune allait nous revenir. Jourdan n'avait pas perdu un jour pour refaire son armée. Le 14 mai (25 floréal), il annonçait au Comité qu'avant cinq jours il aurait 42 000 hommes; le 16, qu'il partait pour Thionville, afin d'y organiser ses troupes. Il comptait se mettre en mouvement le 21 mai (2 prairial) et marcher sur Arlon. L'ennemi ne l'attendit pas dans Arlon. Ce même jour, 21 mai, il évacuait la place et se retirait, partie sur Neufchâteau, partie sur Luxembourg : les trois représentants qui étaient sur les lieux, Gillet, Duquesnoy et Pflieger en avertirent le Comité. Jourdan le suivit dans son mouvement, marchant sur Neufchâteau : il en informe à cette même date le Comité, et le Comité l'approuve. Le 24 mai, Duquesnoy et Jourdan annoncent que l'ennemi est chassé de Neufchâteau [2].

Même succès aux deux ailes de l'armée du Nord. D'une part, le 12 mai (23 floréal), Levasseur écrit que l'armée est à Fontaine-l'Évêque et que Charbonié se propose d'attaquer Charleroi, si l'ennemi n'est pas trop en force; d'autre part, le 13 (24 floréal), Choudieu et Richard donnent la nouvelle que les Autrichiens, au nombre de 30 000, ont été complètement battus devant Courtray. Kléber et Marceau viennent d'arriver à l'armée du Nord, et bien que les représentants rapportent tout le succès à la bravoure de l'infanterie, ils serviront à montrer, pour leur part, que les bons généraux y sont bien aussi pour quelque chose. Enfin Souham apprend à Moreau, son lieutenant, l'entrée de nos troupes à Tourcoing (17 et 18 mai, 28 et 29 floréal [3]).

Le 19 mai (30 floréal), Carnot traçait un nouveau plan. Il

---

1. Arch. nat., AF II, 235, aux dates.
2. Armée de la Moselle, aux dates.
3. Armée du Nord, aux dates.

rangeait toute l'armée du Nord en bataille. Un camp de 60 000 hommes dont 10 000 cavaliers, de la Lys, près de Deulémont, à la Scarpe, près de Marchiennes ; un autre corps de 40 000 hommes, entre Landrecies et Solesmes, appuyé à gauche par 10 000 chevaux ; 25 000 hommes entre Sambre et Meuse ; 50 000 tirés des armées des Ardennes et de la Moselle vers Marche-en-Famine ; toute cette masse était mise en mouvement et le résultat devait être la prise d'Ypres et la reprise de nos places. De Marche-en-Famine on s'avancerait sur Namur ou sur Liège, et après la reprise de Valenciennes, on irait, à travers le Hainaut et le Brabant, jusqu'à Anvers. — Mais le 21 (2 prairial), Carnot se voyait obligé d'écrire au général commandant les forces du camp de Réunion-sur-Oise :

Une députation de la commune de Bohain nous informe que les satellites des despotes ont l'audace de venir faire des réquisitions et donner des ordres jusqu'aux portes de la place où tu as 25 000 hommes à tes ordres. Cette députation nous a remis une de ces insolentes réquisitions à laquelle cette commune s'est généreusement refusée ; mais convient-il que les braves gens qui l'habitent soient victimes de leur patriotisme et ne peux-tu, avec la somme des forces qui sont à ta disposition, empêcher les brigands d'exercer leur ravage pour ainsi dire sous ton canon ?

Il lui prescrit d'y aviser, de communiquer ces observations aux représentants et de prendre leurs ordres. Ainsi, même à l'armée du Nord, il y avait, entre les corps d'armée, des fissures par où l'ennemi que nous menacions nous rappelait qu'il pouvait nous attaquer chez nous.

Du côté de la Moselle et du Rhin, la situation était de beaucoup moins favorable. Michaud, à qui le Comité de salut public avait donné ordre de faire partir 16 000 hommes pour l'armée de la Moselle, répondait que cet envoi affaiblirait trop son armée (10 mai, 21 floréal)[2] ; on lui

---

1. Armée du Nord, aux dates.
2. Le 16 mai (27 floréal), le représentant Duroy, sur l'ordre d'envoyer de

avait déjà fait bien des emprunts; Carnot, en répondant au général (21 mai, 2 prairial), les justifie :

Cette extraction a été nécessitée par l'importance des opérations que les autres armées de la République ont eu à exécuter. L'armée du Rhin, devant se borner à une défense active, a dû être réduite à ce qui lui étoit strictement nécessaire.

Tout compte fait, il doit avoir 80 000 hommes à mettre en ligne :

Quand tu aurois 30 000 hommes de moins encore, couvert comme tu l'es par le Rhin, par des montagnes et par les meilleures forteresses de la République, il nous paroît que tu pourrois plutôt songer à un plan offensif qu'à la crainte d'un ennemi qui ne peut sûrement pas rassembler la moitié de tes forces sur cette partie de la frontière.

Il lui recommande de ne point disséminer ses troupes, d'en former deux ou trois bons corps, toujours prêts à s'entre-aider. Cependant, pour augmenter encore sa sécurité, huit bataillons partent de la Charente pour Colmar [1].

Malheureusement pour l'armée du Rhin, comme pour l'armée de la Moselle, le Comité de salut public et les bureaux de la Guerre étaient mal renseignés. Michaud répondait à Carnot que sur les 85 000 hommes de sa force active il n'en avait que 30 000 disponibles; et ce n'était pas trop alors. Tandis que la gauche de l'armée de la Moselle, avec Jourdan, allait concourir aux opérations sur la Sambre, la droite, commandée par Moreaux, avait été fortement éprouvée par l'ennemi. Kaiserslautern, Frankenstein, Wiedenthal, avaient été emportés. Le général Ambert s'était retiré sur Pirmasens [2]. Michaud, qui venait de faire une reconnaissance générale depuis les Vosges jus-

---

la cavalerie à Grenoble, écrivait aussi à la Commission de l'organisation et des mouvements des armées, que l'armée du Rhin était déjà très affaiblie.

1. Armée du Rhin, aux dates. — Voy. la lettre tout entière dans Bonnal, *Carnot*, p. 257.

2. Voy. aussi sur la perte de Kaiserslautern la lettre du général Moreaux (28 mai). (Armée du Rhin et armée de la Moselle, aux dates.)

qu'au Rhin, annonçait ces tristes événements au Comité (24 mai, 5 prairial). Attaqué la veille, il avait repoussé les assaillants; mais il montrait combien les échecs de l'armée voisine le mettaient lui-même en péril. Landau était compromis; l'armée du Rhin pouvait être tournée par sa gauche; avec plus de forces, il pourrait tenter de garder l'entrée des gorges; — et on lui demandait 16,000 hommes! — il réclamait avec instances des renforts, surtout de la cavalerie. Et les représentants en mission près son armée, Rougemont et Duroy, confirmaient ce qu'il disait de sa détresse[1].

Cela dérangeait singulièrement les projets de Carnot. Il voulait diriger tout son effort sur un point : la Belgique. Il y employait les armées du Nord et des Ardennes et la droite de l'armée de la Moselle, sous Pichegru et Jourdan. Le reste de l'armée de la Moselle et l'armée du Rhin devaient se contenter de se maintenir dans leurs positions, garder une défensive active : et voici que la défensive même était entravée, que l'aile de l'armée de la Moselle était battue, que Michaud exprimait même des craintes pour Landau, comme pour le territoire de l'armée du Rhin! Rougemont et son collègue Duroy, qui appuyaient les remontrances de Michaud, ne pouvaient plus avoir la confiance du Comité. Au reçu de leur lettre, Carnot écrit à un autre représentant, le terrible Mentz, qui était à Strasbourg :

L'échec de Keysserlautern, cher collègue, n'est rien en comparaison des malheurs que nous donne à prévoir le ton d'alarmes avec lequel nous écrit le général Michaud. Ce désespoir feroit naître tous les désastres imaginables : car il est impossible que le général, saisi d'un pareil effroi, ne le communique pas à toute son armée. Michaud paroît s'occuper beaucoup moins de tirer parti de ses ressources que de crier qu'il n'en a aucune. Cependant il résulte des derniers états de situation qu'il nous a envoyés pour nous convaincre de sa pénurie, que,

---

1. Dépôt de la Guerre, armée du Rhin, aux dates.

s'il rassembloit ses moyens, il seroit très en état de tenir tête aux ennemis et de les faire repentir de leur audace. Mais on s'obstine à voir double quand on regarde l'ennemi et à n'appercevoir au contraire jamais que la moitié de ses propres moyens. D'après ces états de situation, il y a 41 mille hommes de la force effective qui sont, soit aux hôpitaux, soit dans les prisons, soit ailleurs sans activité. C'est une chose inconcevable que sur 80 mille hommes à peu près il s'en trouve la moitié d'inactifs. Michaud croit-il que les ennemis, qu'il dit avoir 100 000 combattants, en aient cent autre mille aux hôpitaux ou prisonniers? Il est très présumable que de ces 41 mille hommes on en pourroit tirer 15 au moins qui, au lieu de ne faire que consommer des subsistances, se joindroient à la force active, et qu'ils ne restent là que parce qu'on ne veut pas se donner la peine de les employer et qu'on trouve plus commode d'en demander d'autres...

On dit que beaucoup sont sans armes :

Que sont devenues les armes des 41 mille hommes qui sont aux hôpitaux ou en prison?... Mais il est à croire qu'on ne fait aucune attention à cela et qu'on laisse les volontaires vendre leurs fusils à des hommes de la campagne qui nous feront la guerre avec, qu'en un mot la désorganisation, la dissémination et le gaspillage sont à leur comble à l'armée du Rhin et la véritable cause de sa foiblesse.

C'étoit la même chose l'année dernière, lorsque Le Bas et Saint-Just y furent envoyés; c'est donc à toi, cher collègue, à lui rendre de nouveau le nerf qu'elle a perdu depuis la levée du siège de Landau.

Autrement dit : Depuis que Hoche n'est plus là. Carnot ne le dit pas, et pour cause!

Tâche de donner un peu de caractère à Michaud, brave militaire ! à ce qu'il paroît, mais peu propre à faire contenance dans les circonstances difficiles.

Et on maintenait ce brave homme, comme l'avait écrit Carnot, à la tête de l'armée et l'on maintenait le libérateur de Landau, Hoche, en prison [2] !

---

1. Il avait écrit brave *homme*.
2. Duroy, dans un rapport au Comité de salut public sur l'inspection qu'il a faite du dépôt de cavalerie, dit aussi : « Michaud, général en chef,

Carnot, du reste, promettait à Hentz de lui envoyer, pour occuper les gorges et les interdire à l'ennemi, des secours tirés de la Moselle, de l'armée des Alpes et de l'armée de l'Ouest, et il ajoutait :

Vois le mal que nous fait le défaut de nerf dans l'armée du Rhin ; non seulement il compromet la sûreté de cette frontière, mais il paralyse trois autres armées, en en pompant tous les moyens qui les rendaient menaçantes et offensives. Rétablis promptement les affaires. Notre confiance repose tout entier sur ton énergie.

Cette lettre se croisait avec une lettre de Lacoste, qui disait au Comité (2 juin) :

Si vous avez été frappés de la perte du poste important de Kaiserslautern, je ne l'ai pas été moins, et bien plus encore, de trouver les trois divisions formant l'aile droite de l'armée de la Moselle repliées jusque sur les derrières de la Sarre, et d'avoir dépassé le fameux camp de Pirmasens, Hornbach et Bliescastel, sans être poursuivies par l'ennemi.

Par cette marche rétrograde de près de vingt lieues, la place de Sarrelibre se trouve à découvert, le sort de Bitche est abandonné à ses propres forces, l'ennemi se trouve maître de toutes les gorges, et la place de Landau, la ligne de la Quieselle, le poste de Guermesheim, exposés à être pris par derrière, l'armée du Rhin à avoir ses communications coupées avec celles de la Moselle, et ses transports par la route de Strasbourg interceptés.

Il n'y a pas un moment à perdre.

Il reproduit l'explication du général Moreaux, à savoir qu'il ne pouvait, avec quinze bataillons, défendre la ligne de Sarrelibre à Frankenstein et qu'il avait reçu de Jourdan l'ordre de se retirer derrière la Sarre.

Lacoste ajoute qu'il a fait arrêter plusieurs officiers. Il donne son opinion sur les officiers généraux : Moreaux, bon patriote, mais incapable de commander en chef ; Offenstein, Alsacien, sans talents politiques ni militaires ;

est un *brave homme*, plein de bonne volonté, ne se donnant aucun repos ; c'est bien dommage que ses talents comme général ne soient pas en proportion de ses bonnes qualités. » (Armée du Rhin, 5 juin 1794.)

Desbureux, intrigant; Ambert, bon sans-culotte, s'est bien battu à Kaiserslautern. — Il faut remplacer Offenstein par Saint-Cyr, adjudant général. — L'armée du Rhin a 73 000 hommes contre 85 000, mais elle manque de cavalerie.

IV

Nouvelle invasion de la Belgique : Ypres et Charleroi. Bataille de Fleurus.

Les échecs subis par Moreaux et Michaud dans la région du Rhin demandaient assurément qu'on y pourvût. Il fallait fortifier la défensive; mais cela ne détourna point Carnot de son plan général. Le principal effort était toujours porté vers la Belgique en deux directions parallèles, vers la Flandre maritime, et vers la Meuse par la Sambre, sous Pichegru et Jourdan : Pichegru à la tête de l'armée du Nord, avec le commandement supérieur sur l'armée des Ardennes; Jourdan qui réunissait à l'armée des Ardennes, pour l'action préparée, la droite de l'armée du Nord et la gauche de l'armée de la Moselle, rassemblement qui va se fondre par la victoire en une armée nouvelle et conquérir un nom glorieux entre tous : l'armée de Sambre-et-Meuse !

Vers la fin de mai, on se disposait à l'action. La Convention qui aimait à frapper les esprits de terreur avait décrété le 8 prairial (27 mai) qu'il ne serait fait aucun prisonnier anglais et hanovrien. — C'était à l'adresse des garnisons de la Flandre maritime. Carnot, à la même date, faisait une chose plus utile en envoyant des instructions aux représentants près les armées. Après les avoir félicités des ordres qu'ils ont donnés partout pour empêcher le pillage[1], il leur trace la marche à suivre en pays ennemi : empêchez la guerre de se nationaliser contre nous; ménagez partout les objets du culte; faites respecter les chaumières, les malheureux, les

---

1. Sur l'armée de la Moselle en particulier, voyez une proclamation de Gillet, Lacoste et Duquesnoy, 17 floréal. (AF II, 246, à la date.)

femmes, les enfants, les vieillards ; présentez-vous comme bienfaiteurs des peuples, en même temps que vous serez le fléau des grands, des riches, des ennemis particuliers du nom français !

Il faut cependant, ajoute-t-il, éviter de faire la guerre en dupes : nous devons vivre aux dépens de l'ennemi. Nous n'entrons pas chez lui pour lui porter nos trésors (27 mai, 8 prairial).

Sur tous les points l'action commence et les représentants sont là pour y veiller. Sur la Sambre, Le Bas (qui tient la plume) et Saint-Just écrivent (24 mai, 5 prairial) que l'on a passé la Sambre et que l'on marche sur Binche. Mais on dut repasser la rivière avec une perte de 1 200 prisonniers (c'est un chiffre donné, il est vrai, par le bulletin de l'ennemi), et une lettre du 25, écrite à Carnot, lui donne l'avis de ne pas attaquer Charleroi que l'on ne pourrait prendre en deux jours, et de commencer par délivrer entièrement Maubeuge. Richard et Choudieu étaient à l'armée du Nord. A la même date (25 mai), Carnot leur écrivait qu'il fallait passer sur la rive droite de l'Escaut entre Tournay et Courtray ; cela, disait-il, isolerait la Flandre maritime, assurerait nos positions de Menin et de Courtray et entraînerait peut-être la prise tant souhaitée d'Ypres et de Nieuport. Deux jours après, il leur annonçait l'arrivée de Jourdan sur la Meuse. Que Pichegru se concerte avec lui et enlève Audenarde (en profitant de sa diversion, sans doute)[1].

L'armée de Jourdan ne se serait assurément pas détournée de ce côté, avant d'avoir atteint son but. A cette même date (27 mai), Desjardins écrit à son chef que ses avant-postes sont à Marchiennes-au-Pont, qu'il est en mesure de marcher sur Charleroi ; alors il se concertera avec Ferraud, qui est à Maubeuge, pour exécuter le plan présenté par Saint-Just ; et le même jour, Saint-Just écrit à Jourdan :

---

1. Armée du Nord, aux dates.

Nous occupons le camp de la Tombes; nous tâcherons de nous emparer de Charleroi. Tu prendras sans doute Dinant; puis, un corps d'armée que nous formons à Maubeuge marchera sur Mons et un autre sur Bruxelles.

C'est probablement ce que Desjardins appelait « le plan de Saint-Just »; il ne pouvait pas être moins hardi que le plan de Carnot. Le 30, le même Desjardins annonce à Jourdan qu'il est devant Charleroi; qu'il va le bombarder; — et à la même date, Pichegru écrivait encore au Comité que l'ennemi avait intercepté les communications de Cambrai à Saint-Quentin par le Catelet[1]!

Ces insultes de l'ennemi ne devaient plus durer longtemps.

A l'armée du Nord où étaient les représentants Richard et Choudieu, Levasseur et Guyton, on préparait tout pour le siège d'Ypres. Moreau commandait l'armée de siège; Souham, l'armée d'observation. Le général autrichien Clairfayt réussit, le 13 juin, à faire occuper le poste de Rousselaere qui dominait la ville; mais il fut battu le lendemain à Hooglegen et la position de Rousselaere reprise (14 juin)[2]. Dès ce moment, la ville devait capituler. Cette capitulation pouvait amener à une première application du décret qui défendait de faire des prisonniers anglais ou hanovriens. Cela ne voulait pas dire à coup sûr qu'on les renverrait libres, mais bien plutôt qu'on les passerait par les armes. Carnot fit prévaloir une interprétation plus favorable et rédigea la dépêche suivante (16 juin, 28 prairial):

Le Comité de salut public aux représentants près l'armée du Nord, sur la capitulation d'Ypres, si elle n'a pas encore eu lieu.

Le décret qui porte qu'on ne fera point de prisonniers anglois ni hanovriens ne regarde pas les Hessois; il faut donc garder ceux-ci et renvoyer les autres par échange pour un nombre égal de nos soldats ou matelots. Quant aux émigrés, il ne peut y avoir de grâce pour eux d'aucune manière.

---

1. Armée du Nord, aux dates.
2. Voy. le rapport de Richard et Choudieu sur cette affaire. (Armée du Nord, 15 juin.)

Ypres capitula le lendemain (17 juin, 29 prairial)[1].

Ypres avait toujours été l'objectif de Carnot, avec Ostende en perspective et toute la Flandre maritime. Il exprime sa joie et toutes ses espérances dans cette lettre adressée le 18 juin (30 prairial) aux représentants près l'armée du Nord :

Recevez, chers collègues, et partagez, avec le digne général en chef Pichegru, nos sincères félicitations sur l'importante conquête de la ville d'Ypres qui doit avoir une si grande influence sur le sort de toute la campagne. Vive l'excelente armée du Nord! Chacun de ses pas est marqué par une nouvelle victoire. Les ennemis doivent être confondus, il faut les poursuivre sans leur laisser l'instant de respirer. Il est temps de couper le fil qui unit l'Angleterre à l'Autriche en prenant Ostende. Assurez par cette place votre gauche et vos derrières; assurez-vous de toute la West-Flandre et procurez-vous un point d'où nous puissions partir pour aller faire notre visite aux Anglois dans leurs propres foyers...

Notons ce point nouveau.

Il est juste que vous établissiez des contributions dans le pays où vous entrez... Cependant, comme nous pouvons et que nous voudrons probablement le conserver pour la sûreté de nos propres frontières, il est essentiel que vous préveniez les excès, que vous fassiez maintenir la plus exacte discipline parmi les troupes, que les mœurs et le culte soient respectés.

Il ajoute quelques recommandations : Lever des contributions surtout sur les riches; désarmer tout le monde dans les campagnes et les villes; prévenir les rassemblements; défendre, sous peine de mort, que les habitants puissent se réunir au-dessus du nombre de trois; leur ordonner de rentrer chez eux avant la nuit; mettre Ypres en défense; établir la ligne de défense de la mer à Menin; y transporter les ateliers de Saint-Omer; faire une pointe

1. Sur la capitulation d'Ypres, voyez la lettre de Richard, 17 juin (Choudieu, son collègue, était depuis quelque temps malade); les lettres de Pichegru au Comité (18 juin), de Richard à Gillet et à Guyton, ses collègues (même date), et le journal du siège d'Ypres : On a fait cinq à six mille prisonniers et pris cent pièces de canons. (Armée du Nord, aux dates.)

sur Bruges pour y saisir les magasins; attirer l'ennemi vers la mer, fort loin de notre aile droite, c'est-à-dire de Maubeuge et de Charleroi, afin qu'il ne puisse porter de secours d'un point à l'autre qu'avec beaucoup de temps, de peine et de fatigues :

Nous n'avons point du tout abandonné notre projet de descente. Nous faisons armer dans tous les ports un grand nombre de frégates, et des vaisseaux de transport vont se rendre à Dunkerque où *elles* doivent arriver vers le 20 du mois messidor où nous entrons. Nous nous proposons d'en partir avec environ quinze mille hommes d'infanterie et quinze cents hommes de cavalerie.

Que Pichegru renforce son aile gauche de troupes tirées de l'aile droite qui sont les plus disciplinées, surtout de l'armée de la Moselle, pour le 20 messidor :

En attendant laissez Jourdan prendre Charleroi et livrer à l'ennemi une bataille décisive.

CARNOT[1].

La capitulation d'Ypres devait attirer de ce côté d'autres représentants. Florent Guiot[2] écrit de Dunkerque, 4 messidor (22 juin), au Comité de salut public :

J'ai quitté Lille le 22 prairial pour faire une tournée sur les côtes, y visiter les travaux de terre et de mer, leur imprimer une nouvelle activité et raviver, raffermir l'esprit public de ces parties des départements du Nord et du Pas-de-Calais.

Je suis très satisfait de l'esprit public de Dunelibre dont

1. Armée du Nord, à la date. — Le 20 juin, Richard exprime au Comité la crainte que l'armée de la Moselle, après l'échec du 16, ne puisse exécuter l'ordre d'envoyer 15 000 hommes. — Le 22 juin (4 messidor), il prend un arrêté qui met les habitants d'Ypres sous la protection de la France, leur prescrit de remettre leurs armes, établit la circulation des assignats et le *maximum* comme à Lille.
2. On avait voulu le déléguer à Quimper-Corentin lorsqu'on envoya à Lille Richard et Choudieu, et il s'était fort récrié. Les deux longues lettres qu'il écrivit alors (2 et 4 ventôse) sur la situation de Lille firent sans doute qu'on le laissa dans le Nord. (AF II, 234, aux dates.) — Le *Moniteur* a reproduit plusieurs des lettres qu'il écrivit au cours de sa mission, en date des 30 pluviôse, 2, 11, 16 ventôse. (*Moniteur*, t. XIX, p. 510, 537, 636, 642.)

j'avais été assez mécontent lors d'un voyage que j'avais fait dans le mois floréal. A cette dernière époque, ils étaient un peu inquiétés par de petits hébertistes subalternes que j'ai réprimés (ces vexations aliènent les populations). Une règle sûre pour moi de juger du patriotisme d'une commune, c'est d'y trouver le peuple avec une phisionomie contante et gaie.

Il est arrivé à Ypres le 1ᵉʳ messidor, les fortifications sont bonnes, la garnison était de 5 000 à 6 000 hommes ; il y avait deux brèches, ou plutôt une brèche. La place pouvait encore tenir une décade. Quelle est la cause qui l'a fait rendre plus tôt ?

La lâcheté de Salis (commandant autrichien) qui, pendant tout le siège, s'est tenu dans une casemate et n'en est sorti qu'après la capitulation bien signée.

Il parle de la sécurité qu'ont paru avoir les habitants après l'entrée des Français : dès le soir même de la prise de possession, les boulangeries étaient ouvertes, les femmes et les enfants se promenaient paisiblement :

J'ai vu le *magistrat* de la ville (municipalité) et la châtellenie (intendance). Ils m'ont témoigné leurs inquiétudes sur la crainte que les habitants de la ville et des villages voisins ne fussent tourmentés par rapport au culte. Je les ai pleinement rassurés en leur disant que la République laissait aux citoyens la liberté des opinions religieuses, et que les leurs seraient constamment respectées[1].

Leurs opinions, mais point le trésor des églises. Le représentant Laurent, qui est un plaisant, en fait volontiers gorges chaudes. Il écrit de Maubeuge, 5 messidor (23 juin), au président de la Convention :

Je dois vous faire part et à la Convention d'une découverte que j'ai faite à une lieue d'Ypres que les armes de la République viennent de réduire : c'est celle d'une abbaye très commode où était le quartier général de Pichegru. Zonnebeke est son nom ;

---

[1]. Plusieurs avaient fui. Il ajoute : J'ai appris avec peine que lors de la capitulation quelques officiers français avaient bu et joué avec des officiers hanovriens ou hessois. (Armée du Nord, à la date.)

les moines qui l'habitent sont hospitaliers et prêchent misère avec 25 000 florins de revenus.

Comme ils avaient avancé à Sa Majesté l'empereur et roi une somme de 10 000 florins pour nous faire la guerre, j'ai cru de toute justice de leur demander une somme de 1000 louis pour faire aussi la guerre à Sa Majesté et à toutes les Majestés de l'Europe coalisées contre la République...

Comme la somme partait, j'ai invité ces pauvres de J[ésus]-Ch[rist] à rentrer dans leur état et à remercier la Providence de m'avoir envoyé chez eux pour les soustraire aux dangers des richesses et les remettre dans les voies du salut.

Lorsque Charleroi sera pris, je prendrai les mêmes mesures vis-à-vis de toutes les abbayes et de tous les châteaux qui se perdaient au milieu de l'abondance, et j'enverrai ces dépouilles corruptrices dans le trésor de la République.

Salut et fraternité,

LAURENT[1].

Le succès de Jourdan allait être plus éclatant et plus décisif.

Le Comité lui avait donné un programme qui fut rempli cette fois et dépassé même : prendre Dinant, garder les bords de la Meuse jusqu'à Namur, bloquer cette place et l'enlever de vive force.

Dans les derniers jours de mai, Gillet et Duquesnoy écrivaient de Marche-en-Famine au Comité de salut public : L'armée est bien disposée, Dinant va être attaqué et pris, dès lors les communications avec Givet seront libres : ce qui n'était pas de petite importance. On avait des inquiétudes sur les subsistances, l'armée avait été trois jours sans pain[2]. Dinant fut pris[3], et Jourdan, en l'annonçant au Comité, lui fit savoir qu'il se proposait, selon le programme, de balayer tout le pays entre la Sambre et la Meuse (1ᵉʳ juin). Le pillage fut sévèrement interdit aux soldats par le général, mais de fortes contributions infligées aux villes par les représentants[4].

1. Arch. nat., AF II, 235, à la date.
2. Ibid., carton 246.
3. Lettre de Gillet au Comité, 30 mai. (Armée du Nord, à la date.)
4. Les représentants prennent une part très active aux préparatifs de l'attaque. Le 1ᵉʳ juin, Levasseur, écrivant à Saint-Just, s'étonne qu'on n'ait

Presque en même temps l'armée des Ardennes, qui avait pris l'avance, subissait un échec. Charbonié et Desjardins, attaqués par des forces supérieures dans leurs positions au-dessus de Charleroi, avaient dû repasser la Sambre (3 juin). Marescot, officier du génie qui dirigeait les opérations de l'attaque, l'annonça au Comité, et les deux représentants Levasseur et Guyton lui faisaient savoir en même temps qu'on ne pouvait prendre Charleroi avant d'avoir battu l'ennemi. C'est à cette intention que des différents corps nommés plus haut fut formée l'armée dite *armée réunie sur la Sambre* et bientôt « armée de Sambre-et-Meuse »[1]. Le 6 juin (18 prairial), Jourdan annonce au Comité la mission qu'il venait de recevoir des représentants : passer la Sambre, bloquer Charleroi et marcher à l'ennemi pour lui livrer bataille ; Charleroi devant être le prix de la victoire.

Les dépêches du général et des représentants se succèdent jour par jour et elles devaient être impatiemment attendues au Comité. Le 8, Jourdan annonce les dispositions qu'il vient de prendre pour accomplir cette double tâche de bloquer la ville et de combattre l'ennemi. Le 12, Gillet et Guyton : toute l'armée a passé la Sambre, Charleroi est investi ; l'armée occupe une belle position sur les hau-

pas fait venir les munitions nécessaires, puisqu'on a reconnu l'impossibilité de prendre Charleroi par un coup de main. Le 2, Levasseur et Guyton destituent le général Froment qui, disent-ils, s'est montré ivre pendant le combat de ce jour. Un arrêté des mêmes représentants, en date du même jour, visant l'arrêté du Comité de salut public qui chargeait Jourdan de prendre Charleroi et Namur, réglait ainsi le commandement des troupes de l'aile droite : Jourdan commandant l'armée des Ardennes réunie momentanément à l'armée de la Moselle ; Ferrand, les divisions du Nord sous Maubeuge ; Charbonié, les divisions des Ardennes qui bordaient la frontière... Mais le commandement supérieur était toujours à Pichegru. C'est sur le ton de supériorité qu'il écrit à Jourdan, le 3 juin :

« Tu dois, je pense, seconder de toutes tes forces l'attaque de Charleroi en te contentant de masquer Namur par un corps de troupes... Cette place prise, je crois intéressant de balayer la rive gauche de la Sambre, jusqu'au delà de la chaussée de Maubeuge à Mons, afin de dégager la première de ces places des insultes journalières auxquelles elle est exposée ; — de là, toutes les forces vers Mons. » (Armée du Nord, aux dates.)

[1]. Armée de Sambre-et-Meuse, aux dates.

teurs de Jumel et de Ransart. Le 13, Jourdan : les avant-postes ont été attaqués; le 16, engagement plus sérieux : l'aile gauche, commandée par Kléber, avait complètement refoulé l'ennemi, le centre se battait avec avantage, quand Jourdan apprit que la droite, où pourtant se trouvait Marceau, avait repassé la Sambre, et qu'ainsi Charleroi était débloqué. Il jugea qu'il fallait remettre la partie et ramener toutes ses troupes de l'autre côté de la rivière [1]. Mais le surlendemain il reprend ses positions sur la rive gauche et bloque de nouveau Charleroi. Saint-Just était là : une prompte revanche était pour le général en chef le seul moyen de sauver ses lieutenants qui avaient faibli et probablement de se sauver lui-même. Une nouvelle journée se préparait donc. Cette fois, le prince de Cobourg, laissant le duc d'York avec ses troupes anglaises et hanovriennes sur l'Escaut, au voisinage du général Clairfayt, quitta Tournay (20 juin) pour rejoindre l'aile gauche de son armée et le prince d'Orange sur la Sambre; mais le délai qu'il prit pour attaquer Jourdan ne lui servit pas. La garnison de Charleroi, vivement pressée par Marescot et menacée d'un assaut, capitula le 25; elle apprit trop tard l'arrivée des renforts qui venaient à son secours [2].

Jourdan, faisant connaître au Comité ce grave événement, annonçait pour le lendemain la bataille.

Cette fois, il l'attendit dans ses positions, soutenu par ses redoutes, et la gagna. L'armée ennemie ignorait encore

---

1. Sur la suite de ces événements, voyez Armée de Sambre-et-Meuse, aux dates. Sur la journée du 16, la lettre de Jourdan au Comité, celle de Kléber à Jourdan (17 juin) et le bulletin étranger qui chante victoire; pour la critique de l'opération, Jomini, t. V, p. 126 et suiv.

2. Quelques jours avant la victoire, le 5 messidor (23 juin), à Marchiennes-au-Pont, Gillet, Saint-Just, J.-B. Guyton, représentants près les armées du Nord et de la Moselle, entonnent déjà le chant du triomphe : Le siége de Charleroi se pousse avec activité; les ennemis sont dans la plus extrême misère et le découragement.

« L'Europe est en décadence, et nous allons fleurir.

« L'esprit de l'armée est triomphant, la joie y règne avec le patriotisme; »

Qu'on ne la laisse manquer de rien, et ils présagent de grands avantages dans la Belgique. (Arch. nat., AF II, 235, à la date.)

la reddition de Charleroi. Quelques coureurs, envoyés par Beaulieu jusque sous ses murailles, furent tout surpris d'être reçus à coups de canon. Le duc de Cobourg, sachant que la ville était prise, n'hésita pas à battre en retraite, comme s'il n'y avait plus rien à faire. Le défaut de munitions empêcha l'armée française de le poursuivre (26 juin, 8 messidor)[1].

Mais la victoire, bien que disputée, était décisive. La Convention par un décret du 11 messidor (29 juin) décida que l'armée qui l'avait remportée s'appellerait « armée de Sambre-et-Meuse ».

V

Suites de la bataille de Fleurus.
Occupation du Hainaut et des Flandres.

La victoire de Fleurus allait avoir des suites considérables. Ce ne fut pas comme la bataille de Wattignies qui n'arrêta point la violation de notre territoire, mais bien comme la bataille de Jemmapes qui nous donna la Belgique. Elle allait nous rendre la Belgique. Carnot écrivait à Jourdan le 11 messidor (29 juin), au nom du Comité de salut public :

Les armées réunies sur les bords de la Sambre se sont couvertes de gloire. Le Comité se félicite d'avoir trouvé en toi un chef digne de les commander; il est persuadé que l'importance des services que tu as rendus à la patrie ne feront qu'augmenter ton dévouement pour elle.

1. Sur cette journée du 26, voyez Jomini, t. I., p. 136 et suiv. — Parmi les pièces recueillies sur la bataille de Fleurus au Dépôt de la Guerre, dans les cartons de l'armée de Sambre-et-Meuse, citons : 26 juin (8 messidor), Kléber : rapport sur les mouvements de ses troupes dans la bataille; même date, rapport officiel de l'état-major de l'armée autrichienne; — 27 juin, Rochefort, adj., chargé de la partie secrète, à Guyton représentant : il parle de l'effet que l'aérostat dont on fit usage en cette journée produisit sur les soldats ennemis; les officiers cherchaient à les rassurer, en leur disant que c'étaient quelques Français qui s'amusaient; — même date, rapport de Marceau à Jourdan; — de Kléber, de Marescot sur le siège de Charleroi; — 28 juin, proclamation des représentants à l'armée.

Et il lui retraçait la conduite à suivre pour recueillir tous les fruits de la victoire : affermir la discipline qui était plus que jamais nécessaire; ne lever de contributions que sur les riches et les ennemis du nom français; pousser à outrance l'armée ennemie sur Bruxelles; avoir un corps d'observation pour surveiller Namur, un autre pour protéger nos derrières, un troisième entre Mons et Bruxelles et un quatrième le plus en avant possible de Charleroi. Plus n'était besoin d'opérer contre la forêt de Mormale, à moins que ce ne fût pour reprendre Landrecies et le Quesnoy; ne laisser dans les places que les garnisons rigoureusement nécessaires [1].

L'impulsion de la victoire se faisait sentir sur tous les points; et tout d'abord Jourdan résolut d'attaquer Mons avec les troupes du camp de Maubeuge et de Guise [2]. Ce fut Kléber qui décida la retraite des Autrichiens, et les Français furent reçus dans la ville aux acclamations d'un peuple immense (1er juillet, 13 messidor). Les détails abondent sur cette occupation dont la facilité même promettait de si rapides conquêtes [3]. Les représentants qui suivent les armées dans leur marche donnent particulièrement des renseignements curieux, non pas seulement sur l'action militaire, mais sur l'action politique et sur l'état moral et des vainqueurs et des vaincus. Gillet s'est rendu immédiatement à Mons et, dès le lendemain, ayant rejoint le quartier général à Marchiennes-au-Pont, il écrit au Comité :

J'arrive à l'instant de Mons, je ne puis encore vous donner tous les détails de la journée d'hier.

La terreur et le découragement sont parmi les esclaves [4].

---

1. Armée de Sambre-et-Meuse, à la date.
2. Lettre de Jourdan, 29 juin. Il se plaint de n'avoir pas de nouvelles de Pichegru, avec lequel il est nécessaire d'agir pour diviser les forces de l'ennemi.
3. Lettres de Jourdan, 1er juillet; de Kléber, de Lefebvre, 2 juillet; de Kléber encore à Jourdan (autographe), 1 juillet, etc. Armée de Sambre-et-Meuse, aux dates.
4. On appelait couramment, on le sait, les ennemis les *esclaves*, comme les Vendéens les *brigands*.

l'ennemi a évacué et brûlé en majeure partie ses magasins. Nous avons imposé une contribution de 2 millions payables moitié par le clergé de Mons et l'autre par les riches.

Dans une seconde lettre du même jour, il parle de la terreur inspirée par la prise de Mons et de la supériorité que cette victoire assure à nos troupes en Belgique ; mais il ajoute cette observation :

L'occupation de cette place divise l'armée de Sambre-et-Meuse en deux corps trop éloignés, tandis que l'ennemi concentre ses forces sur Bruxelles.
Voici notre position : sur notre flanc droit, Namur et un corps d'armée ; sur la gauche, Tournay et sur les derrières Valenciennes, Condé, le Quesnoi, Landrecies (occupés par l'ennemi).
Il me paroit que le seul moyen de parer le danger seroit de s'emparer de Tournay. Par là toute communication seroit ôtée à l'ennemi avec les places qu'il occupe sur notre frontière ; les garnisons réduites à elles-mêmes ne nous donneroient aucune inquiétude et finiroient par se rendre promptement. Alors on pourroit occuper les hauteurs de Mons avec peu de forces, former un corps d'armée d'environ 80 000 hommes et prendre Namur [1].

Pichegru de son côté ne restait pas inactif. La prise d'Ypres avait été suivie de la soumission de Bruges ; il n'y avait plus qu'un pas à faire pour arriver à Ostende, ce port depuis si longtemps visé par Carnot, comme un lieu de débarquement qu'il voulait ôter aux Anglais. Carnot semblait même voir quelque chose au delà, l'Angleterre [2]. Pichegru avait d'abord eu l'intention d'ajourner sa marche sur Ostende afin de mettre Clairfayt dans l'impossibilité de s'y opposer. A cette fin, il devait attaquer, le 28 juin, Audenarde [3]. Mais, le 29, il écrivait à Jourdan qu'il y renonçait, le Comité de salut public lui ayant manifesté le désir de voir ses forces dirigées sur Ostende, avec ordre d'envoyer

---

1. Armée de Sambre-et-Meuse, aux dates.
2. Il avait déjà dit qu'il ne renonçait pas à son projet de descente. Voy. ci-dessus, p. 212 et 213.
3. Lettre de Richard au Comité. Armée du Nord, 27 juin, 9 messidor.

16 000 hommes à Dunkerque pour une expédition maritime[1]. Et ces 16 000 hommes, selon les ordres du Comité, devaient être fournis par l'armée de Sambre-et-Meuse : on les lui demandait à la veille et certainement au moins avant qu'on eût su les résultats de la bataille de Fleurus ! Le représentant Gillet, attaché à cette armée, s'empressa d'adresser au Comité des objections contre un projet aussi désastreux. Dans une troisième lettre datée du même jour, 2 juillet, il dit que Jourdan vient de lui communiquer la dépêche de Pichegru et l'ordre du Comité d'envoyer à Dunkerque 16 500 hommes tirés de l'armée de Sambre-et-Meuse[2]. Mais il faudrait vingt jours pour cela, et comme il faut satisfaire à la réquisition, il a autorisé Jourdan à prendre ces 16 500 hommes sur les divisions de Maubeuge et de Guise, en les faisant remplacer par celles qui sont à Mons :

Cette diminution de forces, surtout en cavaliers, nous met ici dans la situation la plus cruelle. Vous ne devez pas douter que ce point est l'un des plus intéressants du théâtre de la guerre. Aussi l'ennemi dirige-t-il contre nous les plus grands efforts... Il n'avoit pas crainte de tirer, jusque de Tournai, au risque de dégarnir sa droite et même ses avant-postes, environ 30 000 hommes, pour nous attaquer le 8 [messidor]. Tous les rapports s'accordent à dire que nous avions ce jour-là 100 000 hommes devant nous, et la même force existe encore devant Bruxelles, pouvant nous attaquer après un jour de marche.

Le Brabant où Jourdan va entrer est un pays de plaines, et l'ennemi dispose d'une cavalerie formidable. Pichegru au contraire se meut dans un pays coupé par des canaux, où l'on ne peut guère faire usage de cavaliers :

Nous pensions même, ajoutait-il, qu'il aurait pu nous faire passer quelques régiments...

---

1. Armée du Nord, à la date.
2. 16 000 hommes d'infanterie et 500 de cavalerie.

Et le représentant manifestait au Comité ses inquiétudes.

Je regarde comme inévitable :

1° L'évacuation de Mons, n'ayant plus de forces assez pour nous y maintenir et pour faire face aux forces qui s'accumulent entre Fleurus et Bruxelles;

2° De nous arrêter au milieu des succès les plus éclatants pour nous borner à la défensive.

En post-scriptum (de sa main) :

L'ennemi réunit des forces entre Bruxelles et Namur pour couvrir ces deux villes et reprendre l'offensive. J'espère qu'il ne réussira pas, mais il faut s'attendre aux plus grands efforts de sa part [1].

Heureusement Pichegru et les représentants attachés à son armée avaient compris combien les progrès de Jourdan avaient d'influence sur ceux qu'ils avaient encore à faire. Dès le 1er juillet, Richard écrivait à ses deux collègues :

Nous continuons de mener vigoureusement Clerfayt; nous l'avons battu... et poussé sur l'Escaut; nous nous rabattons en ce moment sur Ostende.

Et il les rassurait sur l'emprunt des 16 000 hommes :

Le Comité de salut public nous avait donné l'ordre de tirer de votre armée quinze à seize mille hommes pour les porter à Dunkerque pour le vingt messidor. Ils sont destinés à l'expédition d'Angleterre. Nous avons pensé que vous aviez trop d'affaires sur les bras pour qu'il ne fût pas très dangereux de vous ôter une pareille force, et nous avons cru qu'il y avait moins d'inconvénient à la fournir d'ici. Ainsi soyez tranquilles à cet égard.

Et à la même date, il expliquait au Comité de quelle manière on allait s'entendre pour lui fournir les 16 000 hommes, sans toucher à l'armée de Jourdan [2].

La Convention, à la nouvelle de la prise de Mons qui

---

1. Armée de Sambre-et-Meuse, à la date.
2. Il lui parle du projet que l'on avait eu de battre Clairfayt sous Audenarde et de se replier sur Ostende, afin de favoriser les opérations de l'armée de Sambre-et-Meuse. Mais depuis la bataille de Fleurus, on laisse

révélait si bien l'importance de la bataille de Fleurus, avait rendu, le 2 juillet, un décret portant que l'armée de Sambre-et-Meuse avait bien mérité de la patrie.

A cette même date, l'armée du Nord se faisait un titre de plus au même honneur. Ostende ouvrait ses portes à nos troupes et la flotte anglaise, après une canonnade sans importance, était forcée de se retirer, brûlant les vaisseaux qu'elle ne pouvait emmener[1]. Les Belges ne demandaient pas mieux que de redevenir Français, pourvu qu'on leur fît la vie supportable. Richard, il est vrai, se défiait des apparences. Dans sa lettre du 27 juin au Comité, il disait :

L'esprit de ce pays ne vaut rien... Il est hors de doute que les prêtres et leurs adhérents nous préparent bientôt des Vêpres siciliennes, si nous ne les faisons trembler pour eux-mêmes. Il faudra faire des exemples sur ces classes d'hommes, et j'espère que cela ne tardera pas.

Il est important de ne pas laisser longtemps le gouvernement de ces contrées entre les mains des magistrats du pays.

Florent Guiot croyait que l'on pouvait changer ces mauvaises dispositions par une meilleure conduite. Au retour d'une visite à Ypres, il écrit de Dunkerque, le 2 juillet, au Comité :

J'ai rencontré, en me rendant à Ypres, plus de cinquante familles de la campagne qui rentraient paisiblement dans leurs foyers...

Il faut pratiquer la maxime : *Guerre aux châteaux, paix aux chaumières.*

C'est pour l'avoir négligée qu'on a causé une émigration considérable dans les campagnes du Nord et du Pas-de-Calais ;

Audenarde pour se porter sur Ostende. La division de Souham est à Bruges. — Il expose les motifs qui l'ont engagé à ne point dégarnir l'armée de Sambre-et-Meuse, sur laquelle l'ennemi dirige toutes ses forces ; et à prendre les 16 000 hommes destinés pour l'expédition d'Angleterre à l'armée du Nord. Il vante les ressources immenses du pays, mais il faut l'administrer avec sagesse.

1. Lettre de Pichegru à Pille, commissaire des armées de terre. (Armée du Nord, 2 juillet.)

La liberté du culte continue d'être observée à Ypres, et je crois que cette mesure est très politique ; mais il sera besoin d'une prudence consommée, si l'on veut conserver ce beau pays. Les moines, les prêtres, toute la gente sacerdotale sait bien que notre révolution est pour elle le coup de la mort... Ils intriguent sous main.

De leur côté, les hommes riches n'aiment pas notre révolution. — Le Comité a dû envoyer ses instructions. Voici quant à lui le résultat de ses observations personnelles :

Favoriser les sans-culottes aux dépens des hommes riches ; il n'est pas douteux que les prêtres seront pour ceux-ci ; le peuple s'en apercevra, et dès l'instant il brisera lui-même tous les préjugés sous lesquels il végète...

Il parle des spéculateurs qui se jettent sur les villes, dès que nous les occupons :

Ces acheteurs mettent dans leurs spéculations mercantiles des formes de conquérants qui aliènent de nous les habitants du pays.

Il ajoute :

J'ai lu avec peine, mais sans étonnement, que vous aviez annoncé à la Convention nationale que les malveillants cherchaient à ressusciter le fanatisme. On abuse du décret sur l'Être suprême et d'autre part on tourmente les habitants des campagnes, sous prétexte qu'ils n'ont pas assisté aux messes de leurs curés constitutionnels. On vient même de me dénoncer le district de Douai comme s'étant rendu coupable de plusieurs actes d'oppression de ce genre.

Double écueil : modérantisme exagéré, « qu'ils voilent du nom d'humanité et de paix », ou mesures révolutionnaires :

Eh bien ! il en est de même des prêtres, ces ennemis irréconciliables de notre révolution. Ici, ils abusent du décret de la Convention sur la liberté des cultes pour ranimer les superstitions ; là, ils font persécuter, avec une intolérance révoltante, des citoyens simples et peu éclairés, pour avoir été ou n'avoir pas été à de certaines messes.

Il conseille des mesures fermes :

Redites-vous bien que l'affreuse guerre de la Vendée n'a dû son existence qu'à ces deux causes : persécution et faiblesse[1].

On ne voit guère, par ce qu'il dit des prêtres, qu'il renonçât vraiment à la persécution[2].

On voulut au moins soustraire le pays aux dilapidations de ces hommes qui s'abattaient sur une ville occupée, comme des oiseaux de proie sur un champ de bataille. C'est l'objet d'un arrêté pris par Richard à Ypres, 3 juillet :

> Arrêté,
> Qu'aucun individu français ne pourra se rendre dans les pays conquis, pour quelque motif que ce soit, s'il ne fait partie de l'armée, à peine d'être arrêté et traité comme suspect.

Et de cet autre de Laurent (Mons, 9 juillet) :

> Il est défendu aux Juifs de suivre l'armée, à peine de mort.
> Les généraux... les feront arrêter sur le champ pour être jugés dans les vingt-quatre heures[3].

Et pour les fusiller !

Carnot, en félicitant les généraux de leurs succès, les tenait en haleine et les excitait à ne pas s'arrêter en si beau chemin. Après la prise de Mons, il écrit à Jourdan au nom du Comité (3 juillet, 15 messidor) :

> Cet événement doit avoir pour suite l'évacuation immédiate de Tournay et dans peu de jours celle de tout le territoire de la République. Il suffit pour cela d'un détachement envoyé à A...

---

1. Armée du Nord, à la date.
2. Par un arrêté du 3 juillet, Laurent et Guyton-Morveau donnaient aux habitants de Mons quinze jours pour rentrer dans leurs foyers, après quoi on les devait traiter comme émigrés. Les assignats auront cours au pair. — Le 5, le même Laurent défendait les rassemblements de trois ou plus d'individus, réputés aristocrates, modérés, égoïstes, prêtres et ci-devant nobles et privilégiés. Les contrevenants devaient être arrêtés, envoyés au tribunal révolutionnaire et jugés dans les vingt-quatre heures. (Armée de Sambre-et-Meuse, aux dates.)
3. Armée du Nord (pour le premier) et armée de Sambre-et-Meuse (pour le second), aux dates.

Mais il ne faut pas que cette évacuation se fasse impunément de la part de l'ennemi. L'armée de Sambre-et-Meuse a trois choses à faire. La première est de bien masquer Namur, garder Dinant et empêcher l'ennemi de venir par ce côté inquiéter nos derrières, en se glissant dans le pays d'Entre-Sambre-et-Meuse.

La seconde est de couper absolument les communications des places envahies par l'ennemi avec son armée : ce qui se fera facilement en occupant une position près d'Ath et de Leuze.

La troisième est de poursuivre, avec le corps de l'armée républicaine, l'ennemi fuyard, pendant qu'il est frappé de terreur, jusque dans Bruxelles dont il faut saisir les magasins, avant qu'il ait le temps de les enlever.

La division qui aura pris position vers Ath doit en même temps être regardée comme le corps de réserve de l'armée marchant sur Bruxelles; cette division doit donner la main à l'armée du Nord et faire sommer les places envahies par l'ennemi de se rendre sur-le-champ à discrétion, sous peine, soldats et habitants en état de porter les armes, d'être passés au fil de l'épée...

Les habitants de Valenciennes, Condé, le Quesnoy, Landrecies, que l'ennemi avait épargnés et que l'armée républicaine allait passer au fil de l'épée!

Il n'y a point de capitulation à recevoir; les chefs et les officiers doivent être traités plus rigoureusement que les soldats, et le Comité a vu avec peine qu'on avoit accordé à ceux de Charleroi la facilité de conserver leurs armes.

Songeait-il vraiment à la réunion de la Belgique et ne craignait-il pas de la perdre encore, lorsqu'il ajoutait :

Tout ce qui se trouvera dans la Belgique doit être amené en France; on payera en assignats ou avec des bons (les bons billets) ce qui appartiendra aux particuliers. Il faut dépouiller le pays et le mettre dans l'impuissance de fournir aux ennemis les moyens de revenir. La discipline néanmoins n'en doit être que plus exacte, le pillage réprimé, les actes de cruauté rigoureusement punis. Les contributions doivent tomber exclusivement sur les riches, le pauvre doit se réjouir de notre arrivée, et les usages doivent être respectés.

Suivent les règles de tactique générale qu'il ne cesse de répéter avec des variantes d'application :

L'armée doit toujours se tenir en masse et au contraire ne pas permettre à l'ennemi de se rallier ; il faut exterminer jusqu'au dernier, s'il est possible, pendant que la terreur est chez lui à l'ordre du jour. On reviendra ensuite prendre Namur.

Les membres du Comité, etc.

CARNOT.

Les progrès se continuèrent en Belgique comme Carnot l'espérait. Le 4 juillet, l'armée du Nord entrait dans Tournay et ne faisait que traverser la ville pour aller occuper Audenarde[2]. Mais il y avait un projet plus vaste que Carnot avait toujours à cœur. Ce n'était pas l'Angleterre comme il le disait et le faisait dire, mais la Hollande. Il semblait qu'il voulût reprendre, avec les généraux qu'il avait sous la main, les projets de conquête de Dumouriez. Il écrit le 4 juillet (16 messidor) au représentant Lacombe-Saint-Michel :

Je viens d'avoir, cher collègue, un entretien avec le contre-amiral Vanstabel qui doit être chargé, sous les ordres, de l'expédition des Provinces-unies. Il la trouve très bonne, très praticable, et demande qu'elle ne souffre aucun retard. Il pense

---

1. Le 5 juillet, Jourdan répondait au Comité : C'est plutôt aux troupes qui sont à Tournay d'occuper Ath. On va marcher le lendemain sur Braine-le-Comte, Nivelle, les Quatre-Bras. Un corps observe Valenciennes et Condé ; Hatry tiendra en échec l'armée qui couvre Namur. Quant à lui, il va faire effort sur Bruxelles. — Représentants et généraux étaient d'accord pour ne pas affaiblir l'armée dans ces circonstances. Le 3 juillet, Gillet et Guyton écrivent au Comité : Tout annonce que nous serons attaqués, et certainement l'ennemi a réuni toutes ses forces devant nous. C'est pourquoi ils ont suspendu le départ des 16,500 hommes pour Dunkerque. — À la même date, Kléber dit à Jourdan que si les troupes venues de Maubeuge retournent sur leurs pas et si on leur prend 6,000 hommes, il est obligé de s'arrêter. (Armée de Sambre-et-Meuse, aux dates.)

2. Armée du Nord, à la date. Le 23 juin, Souham disait à Pichegru que Moreau venait de lui confirmer l'évacuation de Bruges par l'ennemi ; Bruges s'est soumise aux armes et à la souveraineté de la République. Le 27, Richard expose encore au Comité les motifs de Pichegru pour ajourner l'entreprise d'Ostende. Il faut mettre d'abord Clairfayt dans l'impossibilité de s'y opposer. Il va attaquer Audenarde dont il espère s'emparer le lendemain. (Armée du Nord, à la date.)

IV. — 17

même qu'on ne doit pas attendre les frégates qui doivent venir du Havre et de Brest, les forces maritimes qui sont actuellement à Dunkerque étant suffisantes. Il a été question de partir d'Ostende; mais, tout considéré, il paroît que Dunkerque convient mieux, afin qu'on se doute moins que c'est pour la Hollande et que les Anglois se persuadent que c'est pour eux-mêmes.

En prenant le parti proposé par Vanstabel d'opérer sur-le-champ, nous sommes forcés, par la médiocrité de nos préparatifs, de nous borner à l'expédition de la Zélande et d'abandonner pour ce moment notre projet sur la Hollande. Alors, au lieu de 15 mille hommes que nous avions demandés, 8 mille, au plus, suffiront. Avec eux tu t'empareras de l'île de Walcheren et de proche en proche de toutes les autres îles de Zélande avec la rapidité d'un éclair.

Il lui dit de se concerter avec Pichegru et de différer la publication du manifeste contre le stathoudérat. Ce n'est pas l'avis de Bergé, mais c'est un Hollandais qui ne voit que son pays :

Or je crois que l'intérêt de la France est de commencer (ne pouvant pénétrer tout de suite en Hollande) par prendre, à titre de conquête, la Flandre maritime et la Zélande, sauf à traiter après.

Le 7 juillet, Lacombe-Saint-Michel répond à Carnot. — Il s'est entretenu avec Richard et Pichegru : tout est prêt[1].

Carnot avait de grandes vues pour un plan général; mais il nous fournit lui-même la preuve que, dans le détail, rien ne vaut l'inspiration de l'heure même et la vue des choses et des lieux. Il avait failli enlever 15 000 à 16 000 hommes à Jourdan, la veille de la bataille de Fleurus; et maintenant que l'ennemi était vaincu, voici ce qu'il imaginait pour lui préparer une déroute complète. Ce n'est pas sur Jourdan qu'il comptait, mais sur Pichegru, prenant pour base d'opération un corps rassemblé près d'Ath ou de Leuze, soutenu par la garnison de Mons; et il écrivait à Jourdan (4 juillet) :

---

1. Armée du Nord, aux dates.

Il faut donc porter la masse de tes forces du côté de Namur, et éloigner l'instant du combat, s'il est possible, jusqu'à ce que Pichegru vienne attaquer l'ennemi par derrière. Mais celui-ci pressera l'instant de la bataille ; il faut donc prendre une excellente position défensive, la fortifier de ton mieux et entretenir avec Pichegru une correspondance des plus actives pour agir de concert et choisir l'instant du combat.

Heureusement Jourdan était en marche. Il lui répond le 19 messidor (7 juillet) que l'armée est en mouvement depuis la veille sur cinq colonnes et qu'elle a partout du succès :

J'ai reçu votre lettre du 16 (4 juillet), hier soir, sur les champs de bataille et j'ai vu que, pour entrer dans vos vues, j'aurois dû rester dans ma position et envoyer un corps à Ath ; mais, n'ayant point reçu d'ordre de Pichegru, je souffrois de voir l'armée dans l'inaction, je craignois même qu'on ne me reprochât de ne pas profiter de nos avantages ; enfin j'ai cru bien faire en attaquant.

Il a trouvé partout une grande résistance :

Ce qui me persuade que l'ennemi a réuni ses forces entre Namur et Bruxelles ; mais partout nous avons été vainqueurs et nous occupons les positions dont nous avons chassé l'ennemi. Il seroit possible que les circonstances me forçassent de rentrer dans nos retranchements de Fleurus, mais cependant j'attendrai d'y être forcé ; l'armée ne feroit pas sa retraite avec plaisir [1].

Chaque jour amenait de nouvelles conquêtes en Belgique : il n'y avait de difficulté que sur la désignation des corps qui devait les aller occuper. Et cependant quatre de nos villes se trouvaient encore, derrière nos armées victorieuses, en possession de l'ennemi.

Mais Carnot les savait bloquées et n'en avait rien de bien sérieux à craindre. Dans une lettre du 5 juillet aux représentants près l'armée de Sambre-et-Meuse, il reprend donc la question des 16 500 hommes qu'il avait demandés, disant

---

1. Armée de Sambre-et-Meuse, aux dates.

que le Comité avait cru pouvoir les prélever sur les forces considérables réunies en Belgique, et il en fait le compte ¹ :

D'après ce calcul il nous a paru bien étonnant qu'à la bataille de Fleurus, vous n'ayez eu que 50,000 hommes. Qu'étoit donc devenu le reste?... Il est bien étonnant qu'on ait cru manquer de cartouches, et que, pour cette raison, on ait cessé de poursuivre l'ennemi, après le gain de la bataille, lorsqu'à Givet seul il y en avoit plus de 2 millions et à Cambray à peu près autant. Si l'ennemi eût été poursuivi et dispersé, alors vous n'auriez pas une seconde bataille à livrer.

C'est, du reste, nous l'espérons, une seconde victoire à remporter.

Il faut presser Pichegru de se porter par Gand sur les derrières de l'ennemi ;

N'oubliez pas dans la bataille de ménager un grand corps de réserve,..

Pour appuyer la retraite, ou poursuivre l'ennemi — Il faut préparer le siège de Namur, commencer par Entre-Sambre-et-Meuse ; l'ennemi fera courir le bruit qu'il est partout. N'en rien croire et l'attaquer ².

Voilà pour le pays de Sambre-et-Meuse ; de l'autre côté, sur l'Escaut, Gand avait ouvert ses portes. Carnot exprime à Richard toute sa joie de la prise de cette grande ville (20 messidor, 8 juillet) :

Nous espérons apprendre bientôt celle de Bruxelles et le blocus de l'armée ennemie entre celle de Pichegru et celle de Jourdan. C'est le moment d'exterminer enfin ceux qui avoient juré la perte de la France et de la liberté. Si nous mettons de la célérité dans notre marche et que l'ennemi ne se hâte pas d'évacuer la Belgique, il va se trouver acculé à la rive gauche de la Meuse, et pressé sur ses deux flancs par les deux armées républicaines. C'est à lui de savoir comment il s'en tirera sur-

---

1. Pichegru, 60 000 hommes, en laissant 10 000 à sa droite, sans compter les garnisons et le camp de 25 000 hommes, et Jourdan arrivé avec 15 000, etc. L'armée doit aller à bien près de 110 000 hommes.
2. Armée de Sambre-et-Meuse, à la date.

tout si, d'un autre côté, nous prenons possession de la Zélande. Le moment des nouvelles décisives approche, tu dois connoître, cher collègue, notre impatience de les apprendre.

La Belgique et la Hollande, c'est toujours, comme pour Dumouriez, le *desideratum* de Carnot.

VI

Occupation de Bruxelles. — Le port d'Ostende.

Le 16 messidor (4 juillet), Barère à la suite d'un rapport sur les derniers événements présenta à la Convention ce projet de décret :

La Convention déclare que l'armée du Nord et l'armée de Sambre-et-Meuse ne cessent de bien mériter de la patrie.

La Convention nationale décrète que toutes les troupes des tyrans coalisés, renfermées dans les places du territoire français envahies par l'ennemi sur la frontière du Nord et qui ne seront pas rendues à discrétion vingt-quatre heures après la sommation qui leur en sera faite par les généraux, ne seront admises à aucune capitulation et seront passées au fil de l'épée.

Et ce décret avait été voté avec enthousiasme au cri de *Vive la République* !

Et Carnot semblait croire à l'efficacité de cette mesure pour faire capituler ces garnisons! Dans sa lettre du 5 juillet aux représentants près l'armée de Sambre-et-Meuse, il leur disait :

Nous espérons qu'en vous empressant de faire connoître par des trompettes le décret d'hier, elles se rendront sur le champ.

Pour reprendre nos villes il ne comptait pourtant pas seulement sur ces trompettes, non plus que les représentants chargés de les envoyer. Le 7 juillet (19 messidor), Guyton et Gillet arrêtaient qu'il serait formé une armée de 30 000 hommes, pris dans les divisions de droite de

1. *Moniteur* du 17 messidor (5 juillet 1794), t. XXI, p. 135.

l'armée du Nord, pour réduire nos places occupées (Valenciennes, Condé, le Quesnoy, Landrecies), et le 8 (20 messidor), Jourdan annonçait au Comité qu'il avait envoyé vers Ath un corps de troupes pour intercepter les communications de l'ennemi avec ces places.

Cela ne devait pas suspendre les opérations offensives. Jourdan était malade alors et, tout en restant au camp, il demandait au Comité un général pour le remplacer momentanément. On pouvait avoir confiance dans celui qu'il désignait : c'était Kléber. Kléber était à l'œuvre. A cette même date, il informait son chef qu'Enghien et Ath étaient en notre pouvoir et que les communications entre Ath à Tournay étaient ouvertes. Le 9 (21 messidor), Leval, général de brigade, annonçait à son collègue Leloup qu'il avait poussé une reconnaissance jusque sous les murs de Bruxelles; et il lui rapportait les bruits courants : que la ville était évacuée par les Autrichiens; que les magistrats étaient venus en grande cérémonie au-devant des nôtres et avaient offert les clefs de la place à lui-même. Le 9, c'était Kléber qui écrivait à Jourdan : il avait donné ordre à Montaigu de se porter sur Hall :

L'adjudant général Ney ira demain avec 200 cavaliers à Bruxelles pour voir ce qui s'y passe; tous nos derrières sont parfaitement libres¹.

Mais l'ennemi, en se retirant, faisait encore un front redoutable. A la même date, Jourdan écrit au Comité qu'il était réuni près de Louvain et Tirlemont :

Clairfayt a passé par Bruxelles et fait sa jonction avec Cobourg; il est donc essentiel que je reçoive des ordres, afin de pouvoir agir avec l'ensemble qu'exige une pareille opération. J'écris à ce sujet au général Pichegru. Je vous fais passer copie de ma lettre.

L'indisposition de Jourdan avait vivement inquiété le Comité; il ne pouvait savoir encore si ce ne serait pas

1. Armée de Sambre-et-Meuse, aux dates.

un temps d'arrêt dans une marche jusque-là triomphante. Avant d'avoir reçu les dernières nouvelles, Carnot écrivait le 10 (22 messidor) à Guyton et à Gillet :

> Nous ne savons pas précisément quelle est en ce moment la position de Pichegru; nous croyons qu'il aura marché sur Bruxelles conformément à nos vues, et alors l'ennemi, pour éviter de se trouver entre deux feux, se sera probablement retiré sur Maestricht, Liége et Namur. Dans cette position, s'il ne se hâte de passer la Meuse, les deux armées combinées peuvent l'exterminer entièrement. Nous attendons le résultat avec impatience et nous vous recommandons jusqu'à ce moment décisif la plus grande concentration de forces possible. Nous craignons qu'on ne se soit un peu écarté de ce principe en laissant de grosses garnisons sur les derrières. Songez qu'une bataille perdue vous ramèneroit au même point d'où vous êtes partis et que les opérations de détail se feront toujours bien quand vous aurez dissipé l'armée ennemie.
>
> CARNOT [1].

Le 11 (23 messidor), il leur écrivait encore :

> Les nouveaux avantages remportés, chers collègues, par l'armée de Sambre-et-Meuse rendent sa position toujours plus favorable. Cependant la réunion des forces ennemies est un événement qui doit vous confirmer dans la résolution d'éviter toute action décisive jusqu'à ce que vos derrières soient assurés par la reprise des places envahies. La lettre interceptée prouve que Cobourg n'espère guère secourir ces places. Il ne le peut, en effet, que dans le cas où il gagneroit une grande bataille, et il ne faut pas lui laisser cette chance. En signifiant le décret de la Convention avec grand bruit pour que la garnison et les habitants soient tous instruits, peut-être prendroient-elles le parti de se rendre de suite. Si au contraire elles font résistance, il faudra faire exécuter rigoureusement le décret sur la première que nous aurons prise, ce qui jettera la terreur dans les autres.

Ainsi toujours les habitants de Valenciennes ou de Condé, ou de Landrecies, ou du Quesnoy, passés, pour l'exemple, au fil de l'épée avec la garnison!

---

[1] Armée de Sambre-et-Meuse, à la date (autographie); l'expédition est signée : C.-A. PRIEUR, CARNOT, SAINT-JUST, COLLOT D'HERBOIS, B. BARÈRE.

En attendant, il faut rester en masse, toujours prêts au combat, mais dans une position défensive inexpugnable. Il n'en faut pas moins harceler perpétuellement l'ennemi, mais par des attaques partielles; pour une action décisive, il faut deux choses : premièrement, l'arrivée de Pichegru; secondement, l'entière évacuation de nos places; autrement une bataille perdue nous ramèneroit au même point d'où nous étions partis[1].

Mais des lettres, datées de la veille, lui faisaient connaître l'entrée de nos armées à Bruxelles.

Si l'armée de Sambre-et-Meuse avait eu la part décisive à l'action, c'était pourtant le général de l'armée du Nord qui avait le pas sur son collègue. Le 9 juillet, Jourdan, annonçant à Pichegru la jonction de Clairfayt et de Cobourg, lui disait :

Je t'invite en conséquence à me faire passer les ordres; je désire que les circonstances puissent nous réunir promptement.

Il montra la même déférence envers Pichegru dans l'occupation de Bruxelles, et le représentant Gillet rend témoignage de sa réserve en même temps que de sa prudence à cet égard. C'est l'avant-garde de Jourdan, sous la conduite de Léval, qui avait occupé Bruxelles, le 8 juillet. Jourdan aurait pu la suivre, dit Gillet, mais il aima mieux prendre une position qui imposât à l'ennemi et attendre l'armée du Nord. Pichegru n'en avait point usé ainsi. Arrivé à Hall, il écrivit à Jourdan qu'il se rendait à Bruxelles et l'invita à l'y rejoindre. Mais Jourdan ne voulut pas quitter son armée en présence de l'ennemi, et les deux représentants Guyton et Gillet écrivirent à Pichegru de revenir à Hall

---

1. Le 10 juillet (22 messidor), Pichegru annonce au Comité la réunion des armées du Nord et de Sambre-et-Meuse à Ath, leur entrée à Bruxelles et la retraite de l'ennemi à grandes journées. L'ennemi paraît se retirer sur Maëstricht et le Rhin. — Le 12 (24 messidor), le Comité lui écrit : « Ne laisse reposer les troupes que le temps nécessaire, tâche de prendre les magasins de l'ennemi. Il faut avoir Anvers et Namur pour points d'appui, être maître de toute la West-Flandre, de la Flandre hollandaise, de tout Entre-Sambre-et-Meuse; — extraire du Brabant tout ce qu'on en peut tirer, surtout aux dépens des riches; — se hâter de mettre le siège devant Namur. (Ce n'est pas une minute, mais une lettre officielle de la main d'un copiste, signée Cottot b'Herbois, Carnot, Saint-Just.)

où se tint la conférence des deux chefs. Bruxelles, ce grand prix de la bataille de Fleurus, n'avait pas encore vu le général qui l'avait gagnée.

Jourdan, faisant connaître au Comité qu'il avait fait à Hall sa jonction avec Pichegru, lui disait qu'il avait sa gauche à Bruxelles, où il avait envoyé un corps considérable sous la conduite du général Montaigu, et sa droite à Gemiape sur la Sambre. Pichegru lui avait dit de rester dans cette position jusqu'à nouvel ordre :

Je vais me rendre demain près de Namur, ajoutait-il, et j'espère vous annoncer demain soir que nous occupons la ville.

Relevons un trait de cette lettre : le prince d'Orange, lui demandant des nouvelles du prince de Hesse-Philipstadt, tué le 18 messidor (6 juillet), avait signé : Votre très humble serviteur :

Je ne crois pas qu'il soit avec considération mon très humble serviteur, mais je pense que je ne dois pas lui répondre et que la malheureuse facilité avec laquelle nos ennemis se procurent nos papiers publics l'instruira suffisamment du sort du prince de Hesse-Philipsthal.

Ce n'était peut-être pas poli, mais c'était prudent. — Correspondre avec un prince et un prince ennemi !

C'est alors seulement que le Comité avait compris toute la portée de la bataille de Fleurus. Carnot écrit, en son nom, aux représentants près l'armée de Sambre-et-Meuse (25 messidor, 13 juillet) :

Il est très vrai, chers collègues, que nous n'avons pas connu tout d'abord toute l'importance des combats livrés par l'armée de Sambre-et-Meuse... Quoi qu'il en soit, puisque la terreur est si fort à l'ordre du jour chez l'ennemi qu'on peut oser tout entreprendre, il faut continuer à le pousser vivement avec les deux armées combinées, afin de le déterminer, s'il est possible, à passer la Meuse ; et alors, en observant bien ses mouvements, il sera possible, lorsque la retraite sera à moitié faite, de tomber sur son arrière-garde et de la culbuter tout entière.

Rien désormais ne l'arrête. Il faut prendre Huy, marcher sur Liège et y déterminer l'insurrection, et si la fortune est favorable, faire le siège de Maëstricht, désarmer le pays ; se souvenir que Dumouriez nous y a fait laisser un milliard de notre numéraire ; dans les places, raser la partie des fortifications opposée à la France, et ne faire que des têtes de pont de Charleroi, Namur et Dinant ; employer au travail les habitants ; faire de nouveaux ouvrages à Philippeville ; fortifier le camp Saint-Gérard et Beaumont. Il leur faisait encore cette recommandation :

« Ne négligez pas les produits des beaux-arts qui peuvent embellir cette ville de Paris qu'à Bruxelles on voulait réduire en cendres ; faites passer ici les superbes collections de tableaux dont le pays abonde ; ils se trouveront sans doute heureux d'en être quittes pour des images. Le peuple seul, qui partout est le même, partout ami de la liberté, doit être respecté dans ses mœurs, ses usages et mêmes ses bizarreries, effets de ses préjugés et de son ignorance[1]. »

Les représentants en mission n'avaient pas besoin d'être encouragés dans cette voie. Ils étaient là comme à la curée. Laurent annonçait, le 22 messidor (10 juillet), au Comité qu'il partait pour Bruxelles dont il venait d'apprendre l'occupation et il lui envoyait 600 000 livres en numéraire, à compte sur les 2 millions qu'il avait imposés aux riches et aux moines. Les abbayes et prieurés étaient taxés pour un million ; les émigrés faits prisonniers devaient être envoyés au tribunal révolutionnaire de

---

[1]. Armée de Sambre-et-Meuse, à la date. — Notons, à propos des beaux-arts, cet arrêté mis à l'ordre du 28 au 29 messidor (16-17 juillet) : « Les représentants du peuple près l'armée de Sambre-et-Meuse, informés qu'il se trouve dans cette armée des citoyens qui, avant de s'armer pour la défense de la patrie, cultivaient les arts de la peinture et de la sculpture, quelques-uns même se formaient dans ces arts sous la direction des plus grands maîtres de Paris, voulant momentanément appliquer leurs talents à un autre genre de services de la République,

« Arrêtent :

« Les chefs de corps les enverront à Bruxelles. »
Fait à Bruxelles, le 26 messidor (14 juillet).
LAURENT, GUYTON.

Cambrai pour y être jugés. — Leur sort n'était pas douteux. Il ajoutait sur le ton jovial qui lui était familier en ces matières :

— Les moines baissent pavillon, ainsi que les aristocrates. Les cloches des couvents sonnent pour la troisième fois pour nos victoires et les fenêtres à grands pans s'illuminent. Je crois que ce sont des grimaces hipocrites; mais enfin ils marchent jusqu'à ce que les ayant abattus par les espèces [ruinés] je les mette dans le cas de se reposer plus qu'ils ne voudroient.

Malgré toutes ces mesures vigoureuses, je crois que Mons restera tranquille. Les cocardes noires (les amis des Autrichiens) sont connues et, petit à petit, elles seront saisies. La justice ira son train sans récrimination[1]. Je veux l'ordre et la paix et j'ai soin d'écarter toutes les haines personnelles. On dira la messe en tremblant et en nous donnant les tabernacles d'argent; on priera le chapelet en évacuant les bourses. Point de tracasserie pour les opinions religieuses, pourvu qu'on respecte les opinions politiques et qu'on paye. Tout paraît se ranger à ce but. Donnez-moi vos décisions; je les suivrai; je vais à Bruxelles où je ferai respecter la République et payer les arrérages de Dumouriez.

Et le 25 (13 juillet), arrivant à Bruxelles, tout ébloui des ressources immenses qu'il y trouvait, il écrit qu'il va frapper la ville d'un impôt de 3 millions, réquisitionner 50 000 quintaux de grains[2], etc. Gillet pourtant sentait que le pays n'était pas livré à discrétion. Dans sa lettre du 23 (11 juillet) au Comité, il lui disait qu'il était d'accord avec Richard, son collègue, sur la conduite à suivre envers les Belges. On était, disait-il, en présence d'un peuple qui a constamment refusé à l'Autriche de prendre les armes contre nous. Il faut le traiter avec ménagement, sans renoncer à tirer de ses magasins les ressources dont nous avons besoin[3]. Et c'est dans le même esprit qu'il écrivait, le même jour, à Saint-Just :

---

1. *En marge* : Non.
2. Armée du Nord, à la date, et Arch. nat., AF II, 255, 26 messidor.
3. Armée de Sambre-et-Meuse, à la date. Il donne des détails sur les

Hâte-toi, mon ami, de venir nous joindre : notre mission devient ici très délicate. Nous avons affaire à un grand peuple; il n'a pas voulu prendre les armes contre nous. Notre conduite politique envers lui intéresse essentiellement nos succès ultérieurs. Viens vite ici et apporte des instructions du Comité. Jamais circonstance n'exigea plus impérieusement la présence d'un membre du Comité de gouvernement. Je te conjure, au nom de la patrie, de t'y rendre [1].

Duquesnoy, l'ancien compagnon de Carnot, se sentait, malgré sa goutte, ragaillardi par ces nouvelles. Il écrit de Béthune, 29 messidor (17 juillet) :

Je commence depuis quatre jours à marcher à l'aide de deux bâtons; j'espère sous dix à douze jours, si cela continue, rejoindre mes frères d'armes et d'aller donner le coup de grâce à ce scélérat Cobourt et compagnie [1].

Richard, le collègue de Gillet, ne dissimulait point au Comité que les Belges, bien que n'ayant pas secondé les Autrichiens, ne regardaient pas l'entrée des Français chez eux comme une délivrance. Il s'en prenait à leurs préjugés :

Le peuple, encroûté de tous les préjugés qui accompagnent la superstition et le fanatisme, ne nous témoigne aucune espèce d'intérêt. Il regrette fortement les guinées de Pitt et les couronnes impériales, et ce n'est que par crainte qu'il se détermine à recevoir nos assignats. Nous aurons besoin dans les villes d'un grand appareil de force pour exécuter l'enlèvement des otages (4 thermidor, 22 juillet) [2].

---

affaires qui ont amené la conquête de la Belgique : l'armée n'est que de 70 000 hommes. Il y en avait 70 000 à l'affaire du 8 (bataille de Fleurus), où 100 000 ennemis ont été vaincus.

1. Armée de Sambre-et-Meuse, à la date. De son côté, Richard écrit au Comité, 19 juillet (1er thermidor) : « Guyton va partir. Il me semble qu'il est indispensable que vous envoyiez de nouveau Saint-Just ici et que vous le chargiez de tout ce qui concerne l'administration générale et les grandes mesures que l'intérêt de la République commande d'y prendre. Cette mission est de la plus haute importance, et je crois qu'un membre du Comité de salut public seul peut en être chargé. » (Ibid., à la date.)
2. Arch. nat., AF II, 235, à la date.
3. Armée du Nord, à la date.

Au milieu de ces faits militaires, un incident fit voir que, si les représentants usaient parfois avec excès de leurs pouvoirs illimités, ils savaient aussi tempérer dans la pratique ce que les décrets de la Convention et les arrêtés du Comité de salut public avaient d'exagéré : il s'agit du siège de Nieuport. La garnison était composée en grande partie de Hanovriens, sujets du roi d'Angleterre et compris dans le décret qui interdisait de les prendre à merci. Proscrits de la sorte, ils ne pouvaient que résister jusqu'à la mort et paralyser une partie de l'armée en prolongeant la résistance. S'ils demandaient à capituler, que faire ? C'est la question que Moreau, commandant le siège, posait aux représentants. Il attendait la réponse pour sommer la place, et il y avait urgence, disait-il, à employer l'armée de siège ailleurs (24 messidor, 12 juillet). Laurent et Guyton lui firent, dès le lendemain, une réponse désespérante :

La loi t'est connue. Il ne nous est pas permis de nous en écarter. Il s'agit moins de considérer ici l'avantage d'amener une garnison à livrer quelques jours plus tôt la place pour s'assurer une capitulation favorable, ni même de rendre plus tôt disponibles les troupes qui l'assiègent, mais de donner un exemple terrible de l'inflexibilité d'une nation outragée et de la mesure de ses vengeances.

Richard et Lacombe-Saint-Michel ne partagèrent point cet avis, et ils expliquèrent au Comité comment ils avaient résolu d'accorder une capitulation à la garnison de Nieuport. L'intérêt de la campagne engagée le commandait. Lacombe-Saint-Michel avait besoin de Moreau et de sa petite armée pour l'expédition projetée dans l'île de Walcheren (25 messidor, 13 juillet) ; mais le Comité fut inflexible, et Pichegru, en parlant à Moreau du refus qu'il venait de recevoir, lui disait :

Je vois d'avance tout le *plaisir* qu'il te fait ! Cela va traîner en longueur une opération qui, je pense, eût été terminée en peu de jours et qui nous coûtera peut-être quatre fois plus qu'elle ne nous aurait coûté dans l'autre supposition.

Heureusement l'arrêté arriva trop tard, et Lacombe-Saint-Michel en fut quitte pour une humble protestation, adressée au Comité de salut public (19 juillet). Les intentions du Comité, disait-il, eussent été suivies à la lettre et la garnison n'eût obtenu aucune capitulation, s'il les avait connues plus tôt; mais la capitulation était signée de la veille (18 juillet, 30 messidor)[1].

Le décret du 16 messidor, prescrivant de passer au fil de l'épée les garnisons des places occupées par l'ennemi qui ne se seraient pas rendues vingt-quatre heures après la sommation, pouvait recevoir aussi des applications révoltantes. Jourdan écrivait au Comité, le 25 messidor (13 juillet) :

Le général Pichegru m'ayant chargé de la reprise des places de Landrecies et du Quesnoy, j'ai donné les ordres les plus précis au général Scherer... Je lui ai ordonné de faire connoître à Landrecies le décret de la Convention nationale relatif à cette opération; et si la garnison de cette ville ne se rend pas, je l'ai chargé de faire exécuter ce décret et de marcher ensuite sur le Quesnoy où il fera la même opération.

Pour Landrecies, le décret obtint l'effet que l'on attendait surtout de cette menace. La place capitula (13 juillet) et l'officier du génie Marescot, chargé, comme à Charleroi, du travail de son arme, écrivit à Carnot que, sans cela, la résistance eût été plus longue (28 messidor, 16 juillet)[2]. Carnot en reçut la nouvelle en même temps que celle de l'occupation de Louvain et de Malines où l'ennemi avait une grande partie de ses approvisionnements. Il écrivit, au nom du Comité, aux représentants en mission, ses lieutenants dans ces parages (29 messidor, 17 juillet) :

Nous vous invitons à faire arriver promptement à l'intérieur les magasins considérables que doivent renfermer ces deux

---

1. Armée du Nord, aux dates. — Voy. sur le siège le journal qui en fut dressé, *ibid.*, 18 juillet.
2. Le représentant Gillet, à cette occasion, présenta Marescot pour le grade de chef de brigade (colonel). (Armée de Sambre-et-Meuse, 16 juillet, 28 messidor.)

villes opulentes et qu'on dit être les plus aristocrates de la Belgique. Il faut que les armées combinées fassent un dernier effort pour chasser l'ennemi au delà de la Meuse. Après quoi, vous prendrez tout à votre aise Liège, Anvers, Namur et L'écluse et vous balayerez sans difficulté tout le pays.

Les événements alors devançaient même ses vœux. Le même jour, 29 messidor, Jourdan lui faisait connaître la capitulation de Namur; le 1er thermidor, Kléber annonçait à Jourdan que Tirlemont avait été tourné, et Richard au Comité que l'armée du Nord marchait sur Anvers. Le 2 thermidor (20 juillet), Carnot, qui a reçu la nouvelle de la prise de Namur, ne sait rien encore de Nieuport : « Si la ville est prise, qu'on en répare les fortifications et qu'on la mette en état de défense. » Mais il y avait sur ce rivage une ville bien plus considérable déjà occupée, c'était Ostende. Or voici l'étrange délibération du Comité à son sujet :

Quant à Ostende, après avoir pesé ce qui peut militer pour ou contre sa conservation, nous avons pensé que, sous les rapports politiques et militaires, il étoit de l'intérêt national que cette ville fût entièrement effacée du nombre des ports de mer et des places fortes. En conséquence vous voudrez bien prendre les mesures les plus promptes et les plus actives pour que le port d'Ostende soit totalement comblé, de manière à ce que jamais il ne puisse être réparé, et tous ses établissements maritimes entièrement anéantis; tous les moyens de commerce, de marine et de force seront transportés à Dunkerque, à laquelle il est temps de rendre son ancienne splendeur.

Carnot, qui a écrit cette dépêche, renouvelle l'ordre donné sur les fortifications de Namur, de Charles-sur-Sambre (Charleroi) et de Dinant; il prescrit de fortifier Vedette-Républicaine (Philippeville) et Beaumont. Pour la Belgique, on ne songeait pas alors à la garder tout entière. Carnot le dit et le prouve :

Hâtez-vous, chers collègues, de faire rentrer en France toutes les richesses de la Belgique dont nous ne voulons garder que ce qui peut assurer notre propre frontière, c'est-à-dire à gauche toute la West-Flandre et la Flandre hollandaise, à droite le pays d'Entre-Sambre-et-Meuse, et au milieu seulement tout ce qui est en deçà de l'Escaut et de la Haisne, de manière qu'Anvers et Namur soient les deux points d'appui et que la frontière fasse un cercle rentrant, bien couvert par des rivières, et dans lequel l'ennemi ne pourra pénétrer sans se trouver cerné par le fait même[1].

Il prescrit de lever des contributions dans cette partie rentrante et au delà, autant qu'il sera possible de pénétrer sans disséminer nos forces, et les représentants ne négligèrent point cet avis. C'était la besogne toute particulière de Laurent et de Guyton-Morveau, de Laurent surtout. Il tombe sur les villes à mesure qu'elles sont occupées avec son tarif de contributions : 1 500 000 livres à Malines (29 messidor, 17 juillet); 1 million à Louvain (30 messidor); 300 000 livres à Lierre (3 thermidor, 21 juillet); 10 millions à Anvers (8 thermidor)[2]. — L'ennemi, ajoute Carnot dans sa lettre du 2 thermidor (20 juillet), l'ennemi, à ce qu'on assure, se retire par Liège : il faut bien l'épier; tomber en masse sur la dernière partie quand la première aura passé la Meuse. Le Comité aurait désiré qu'on sommât Valenciennes avant le Quesnoy ; continuer puisqu'on a commencé, mais il ne faut pas tant d'appareil pour les sommations :

Qu'un simple trompette aille donc leur signifier à toutes, le même jour et à la même heure, le décret de la Convention, et s'il y en a une qui soit récalcitrante, on en fera un exemple.

Ainsi le décret d'extermination subsistait toujours. Mais ici encore les représentants surent en tempérer l'exécution : le renom de la France n'y perdit rien et la libération du territoire n'en souffrit pas. Le 3 thermidor (21 juillet) :

Considérant que le décret de la Convention nationale du 16 messidor dernier, concernant la reddition des quatre places

1. Armée de Sambre-et-Meuse, aux dates.
2. Arch. nat., AF II, 233, et Dépôt de la Guerre, aux dates.

envahies par l'ennemi sur la frontière du Nord, ne fixant point l'époque à laquelle la sommation doit être faite aux garnisons de ces places, paroît s'en rapporter à la prudence des généraux...

Ils autorisaient le général Scherer à sommer la place au moment qu'il croira le plus opportun. Ce même jour, 3 thermidor (21 juillet), Carnot, revenant sur les forteresses que nous avions conquises et les considérant au point de vue des suites de la guerre, écrivait aux représentants près les armées du Nord et de Sambre-et-Meuse une lettre qui se résume ainsi : Le château de Namur est si important qu'il faut, ou en faire un poste inexpugnable, ou le raser. Le temps manque pour le premier parti ; il convient donc d'adopter le second. D'ailleurs, s'il est inexpugnable, il peut être livré par trahison. Ce sera une position terrible entre les mains de l'ennemi ; à nous elle est presque inutile ; — raser donc. L'ennemi étant acculé sur la Meuse, il y a avantage à l'attaquer. — Il résistera ; il faut s'y préparer et rester en grande masse :

Nous n'avons encore aucunes vues arrêtées sur Maëstricht ; mais il est nécessaire, en tout état de cause, que vous fassiez vos dispositions comme si vous vouliez l'assiéger, et que vous en fassiez courir les bruits...

Donc on ne l'assiégera pas.

À côté des campagnes poursuivies par Jourdan et Pichegru, il y en avait une que Carnot avait conçue lui-même et qu'il prétendait diriger au moyen de Lacombe-Saint-Michel, son confident sur ce sujet. Il lui écrit à cette même date, 3 thermidor (21 juillet) :

La conquête de Nieuport est très importante, autant par le coup qu'elle porte aux Anglois, en coupant leurs dernières communications avec la Belgique, qu'en levant les obstacles qui s'opposoient à l'expédition de Hollande. Toute notre sollicitude, cher collègue, se tourne maintenant vers cette grande opération qui doit briser le nœud de la coalition et assurer les succès de la campagne.

IV. — 18

Ainsi l'exemple de Dumouriez le séduisait par son prestige et ne l'effrayait point par son revers! — Il disait donc à Lacombe-Saint-Michel de se concerter avec Pichegru :

Afin, comme tu le dis, ajoutait-il, d'attirer d'abord l'attention de l'ennemi ailleurs, pour revenir ensuite le presser dans la Flandre hollandaise et lui ôter toute défense et toute retraite.

Et en post-scriptum cet ordre précis sur Ostende :

Le Comité pense que le port d'Ostende doit être comblé et radicalement détruit. Nous en avons écrit au long hier à nos collègues à Bruxelles. Tu voudras bien te concerter avec eux pour accélérer cette opération nécessaire et pressante.

CARNOT.

Par bonheur il y avait sur les lieux deux représentants qui reculèrent devant cette destruction insensée, Richard et Lacombe-Saint-Michel. Ils n'allèrent pas de front contre l'ordre du Comité. Ils remontrèrent que si l'opération offrait des avantages politiques, elle avait des inconvénients. L'écluse de Sluis (l'Écluse) était la plus belle de l'Europe. Tout doit céder à l'intérêt de la République; mais ce pays va être exposé à l'inondation. Sans doute il y a un remède possible : c'est de diriger la décharge des eaux vers Nieuport. Alors on en fera une place imprenable. Du reste, ces réflexions sont le résultat d'un premier coup d'œil : il faut attendre quelques jours (13 thermidor, 31 juillet). — On attendit si bien que ce grand attentat contre la civilisation fut évité. Pour Namur et Charleroi au moins, il ne s'agissait que des fortifications et la mesure pouvait être soutenue au point de vue de la défense. Pichegru demandait que l'on différât au moins jusqu'à l'évacuation de nos places occupées. Les représentants Richard, Laurent et Guyton transmirent ses observations au Comité. Jourdan ne demandait qu'un ordre précis pour y travailler sans plus attendre. Il écrit à ce sujet au Comité le 7 thermidor (25 juillet) :

Le représentant Gillet m'a communiqué votre lettre, et il m'a dit qu'il me donneroit un arrêté à ce sujet; je l'attends pour l'exécuter.

Il s'apprêtait bien plus volontiers encore à remplir les autres prescriptions de Carnot :

J'ai vu pareillement dans cette lettre que vous désireriez que l'armée que je commande engageât une affaire avec l'arrière-garde de celle des ennemis; nous nous mettrons en marche demain et notre avant-garde viendra près de Tongres; nous nous emparerons de Liège après-demain, et nous nous approcherons le plus près possible de Maëstricht, mais je crois que l'ennemi ne nous attendra pas et qu'il fera sa retraite à la faveur de cette place.

Enfin j'ai vu dans cette même lettre que vous désirez qu'on fasse des préparatifs pour le siège de Maëstricht; je viens de donner des ordres en conséquence.

VII

Armées du Rhin et de la Moselle. — Reprise de Kaiserslautern.

L'armée du Rhin, sous Michaud, et l'aile droite de l'armée de la Moselle, sous Moreaux, étaient restées sur l'arrière-plan pendant ces brillants succès de l'armée du Nord et de cette nouvelle armée qui, formée de l'armée des Ardennes, de la droite du Nord et de la gauche de la Moselle, allait illustrer le nom d'armée de Sambre-et-Meuse. Nous les avons laissées sous l'impression de la funeste journée du 23 mai à Kaiserslautern. Carnot, qui tudoyait Michaud sur ses alarmes, n'avait pas désespéré, non plus que Hentz qui avait été chargé de veiller sur cette frontière. Hentz écrivait au Comité, le 19 prairial (7 juin) :

La frontière prend un aspect plus rassurant ; ... tout sera en mouvement dans trois jours; 18 000 à 20 000 hommes occuperont les gorges des Vosges, en s'emparant de Blieschstel, Hombach et Pirmasens. Dans une dizaine de jours l'armée du Rhin, composée de 45 000 à 50 000 hommes, fera un grand mouvement pour tourner Kaiserslautern.

Michaud est un brave et loyal militaire, mais il est effrayé de sa tâche et ne voit que des dangers, sans s'apercevoir des moyens et des ressources. Je l'ai trouvé très découragé; il reprend confiance; je me mets à la piste de gens à talents et surtout d'un homme hardi, car il n'y a que cela qui manque. Michaud est un excellent général divisionnaire.

Et se rappelant l'armée de l'Ouest :

Il faut m'envoyer Dusirat, adjudant général ou général de brigade à l'armée de l'Ouest; il sera ici un excellent général de division.

On aurait pu craindre qu'il ne se crût encore en Vendée quand il ajoutait :

Tout le Haut, le Bas Rhin, et les districts de la Moselle qui ne parlent qu'allemand sont plus mauvais que l'ennemi. Là il n'y a point de sans-culottes... Landau est si mauvais que s'il étoit assiégé ou menacé d'un siège, j'en ferois sortir tous les habitants, et je crois que c'est la mesure la plus sûre à prendre.

Du reste il ne traite pas mieux le Nord que l'Alsace, ni même les soldats de la République :

Si la garnison de Landrecies n'avoit pas été achetée par les riches de cette ville, elle n'auroit pas méprisé la bravoure des sans-culottes qui vouloient se défendre. Je vais tout parcourir et j'imaginerai quelque moyen, non pas de révolutionner tous ces pays, cela est impossible, mais de les soumettre à la République[1].

C'était trop suivre le conseil de Carnot qui recommandait d'imiter Le Bas et Saint-Just. — Hors du sans-culottisme pas de salut.

Il fallait bien qu'on s'en prît encore à quelque général. Ce fut le tour de Laubadère, l'héroïque défenseur de

1. Armée du Rhin, à la date, et Arch. nat., A F II, 247.

Landau, comblé de tant d'éloges jusque-là. Hentz écrit au Comité (20 prairial, 8 juin) :

> Votre arrêté sur Laubadère et Delmas s'exécute ; vous prévenez mes résolutions ; car Laubadère m'a paru coupable à sa contenance, et Delmas est à mes yeux un intrigant.

Et il insiste sur Landau :

> Landau est bien mauvais. Je ne sais s'il ne seroit pas utile d'en déporter tous les habitants. Je verrai s'il n'y a pas de sans-culotte.

Mais Michaud reste en faveur :

> Michaud reprend courage et constance ; il étoit temps que j'arrivasse ; livré à lui-même, environné de gens dont il ne peut garantir les principes parce qu'il ne connoît pas l'intrigue comme nous autres qui faisons métier de la déjouer ; j'espère que tout ira bien. Nous manquons d'officiers généraux capables. Votre arrêté en a ôté deux, et j'en trouve quatre à renvoyer. Je vous réitère d'envoyer ici le plus tôt possible Dusirat, de l'armée de l'Ouest...

Au moins ne dispute-t-il pas à son collègue Rougemont la part qu'il prend aux opérations militaires :

> Mon collègue Rougemont, qui est ici, est excellent à la tête des colonnes, et il me paroît plein de bonne volonté. Il a rallié les troupes, il a la confiance de toute l'armée. Il seroit utile de lui donner la mission de suivre les colonnes, car moi je ne puis me tenir assez à cheval pour cette fonction.

Il associait du reste son collègue Rougemont à ses exécutions. Tous deux, le même jour, écrivaient à Michaud :

> Tu feras mettre à l'ordre du jour la présente lettre.
> Les généraux Laubadère et Delmas sont mis en état d'arrestation. Ils sont accusés d'intelligences avec l'ennemi et de n'avoir fait les patriotes que pour mieux trahir...
> Les chefs de brigade Belfort et Lacoste sont destitués, le premier pour avoir douté de la bravoure de la cavalerie et pour avoir prétendu que le traître Donadieu, puni de mort par la justice, étoit innocent, et le second comme un intrigant très suspect.

Le surlendemain, ils prenaient sur Landau cet arrêté qui témoignait plus de souci pour la place que pour les habitants :

Considérant que Landau est un des boulevards de la République qui inquiète le plus ses ennemis...
Que dans une ville où l'assignat a si peu de valeur, où la loi du *maximum* est si peu respectée, il existe, à coup sûr, beaucoup d'égoïstes et d'étrangers que l'on peut corrompre :
ART. 1. — Landau est en état de siège...
ART. 6. — Aussitôt que la ville sera sur le point d'être bloquée, on en fera sortir les bouches inutiles.

Suit la définition des *bouches inutiles* :

Les bouches inutiles sont les riches de plus de 12000 livres en fonds; les propriétaires de maisons de la valeur de plus de 1200 livres, les femmes, les enfants au-dessous de treize ans, les vieillards de plus de soixante-dix ans, les infirmes, les malades, tous les juifs, leurs femmes et leurs enfants.

Et le 12 juin il créait une commission militaire composée de cinq juges. Elle devait siéger en permanence au quartier général pour juger les espions, les émigrés, ceux qui crieraient *sauve qui peut*. Au moindre signe de faiblesse, les juges devaient être destitués et punis comme prévaricateurs[1].

Ce n'était pas en vain qu'à l'occasion de la bataille de Fleurus le Comité de salut public avait mis la victoire à l'ordre du jour de toutes les armées. L'armée du Rhin, déjà vers la fin de prairial, avait repris quelques positions perdues, Bliescastel, Hornbach, Pirmasens. En messidor, on débute pourtant par un échec à Sweigenheim (14 messidor, 2 juillet). Hentz avait été empêché d'y assister par

---

[1]. Armée du Rhin, aux dates. — Le 13 juin 1794 (21 prairial), Hentz invite le Comité à confirmer les nominations et les destitutions qu'il a faites; le 15, il autorise Michaud à organiser une compagnie de guides, pour guider les troupes dans les gorges des Vosges. Le 21, il purge les hôpitaux de ceux qui n'avaient pas droit d'y être ; et le même jour il adresse à Carnot le plan de campagne arrêté. (*Ibid.*, aux dates.)

une indisposition très fâcheuse pour un représentant près les armées, surtout un jour de bataille :

Je suis désespéré, dit-il au Comité de salut public, qu'une dissenterie, qui me tient aux abois dans mon lit depuis douze jours après ma course dans le Haut-Rhin, ne m'ait pas permis d'être sur le champ de bataille; je crois que le succès ne nous aurait pas échappé.

A quoi tient le succès! Mais le succès revint sans lui, et Carnot en saisit les premiers symptômes pour donner des encouragements à ces braves troupes, leur montrer un but fort considérable aussi et les faire concourir au résultat général, en ne souffrant pas que l'ennemi, rejeté au delà de la Meuse, s'établît dans la région de la Moselle. Il écrit le 23 messidor (11 juillet) aux représentants près les armées de la Moselle et du Rhin :

Nous voyons avec satisfaction, chers collègues, l'ordre et la confiance renaître dans les armées qui sont sous votre surveillance. Déjà vous vous êtes mesurés avec avantage contre les ennemis; déjà le général Grigny nous écrit qu'il est en état de faire marcher sur Trèves une colonne semblable à celle que Jourdan a menée à la victoire dans les champs de Fleurus.

Il faut, chers collègues, profiter de ces heureuses dispositions...

Vous allez recevoir un renfort de 15 000 hommes, venant de l'armée de l'Ouest, conduits par Bourbotte...

Trèves doit être remplie d'approvisionnements de tout genre.

Si cependant vous voyez quelque autre coup meilleur, indiquez-nous-le, nous en saisirons l'occasion avec un vif empressement.

Vous voilà sur l'offensive, ne laissez point de relâche à l'ennemi, achevez de jeter le découragement. Les Prussiens sont déjà fort ébranlés. Il faut que chaque jour on se batte... Nous espérons que les armées du Rhin et de la Moselle ne le céderont, ni en gloire, ni en succès, à celles du Nord et de Sambre-et-Meuse...

Et le 25 (13 juillet) :

L'ennemi battu, effrayé, poursuivi sans relâche par les armées du Nord et de Sambre-et-Meuse fuit de toutes parts. On ne sait encore ce qu'il pourra devenir, mais on présume qu'il va se hâter de passer la Meuse et qu'il pourra se porter sur le pays de Trèves et de Luxembourg. Il faut, chers collègues, prévoir cette chance et vous préparer à le bien recevoir de front, pendant que les armées victorieuses des Pays-Bas le poursuivront sur les derrières. Il faut, s'il est possible, achever sa destruction, tant par les armes que par la famine...

Compte-t-il sur les magasins de Trèves pour la subsistance? Il ne seroit pas maladroit de les lui souffler avant qu'il n'arrive. Voyez donc si un coup de main pourroit vous rendre maîtres de cette place.

Si l'on pouvait enlever les magasins et les faire passer sur les derrières !

Il ne faut cependant faire un pareil essai que dans le cas d'un succès probable, car un échec pourroit altérer dans l'opinion la haute réputation des armes françoises. Il est bien important que les troupes républicaines ne soient jamais battues...

CARNOT.

La première chose à faire, même en vue de cet objet, c'était de reprendre Kaiserslautern. Pour mettre plus d'ensemble dans l'opération, les deux représentants résolurent que Moreaux se conformerait aux plans arrêtés par Michaud (19 messidor, 7 juillet). L'attaque était fixée au 21 (8 juillet), et le 20, Hentz et Goujon disaient au Comité que les deux armées, animées d'une louable émulation par les succès des armées du Nord et de Sambre-et-Meuse, étaient dans les meilleures dispositions. Elles le prouvèrent : le 25 messidor (13 juillet), Tripstadt était enlevée à la baïonnette; le 27, Saint-Cyr entrait dans Neustadt et Desaix dans Spire. Hentz et Goujon chantent victoire. Ils écrivent ce jour même au Comité :

Les armées du Rhin et de la Moselle réunies sont triomphantes; elles sont aux prises avec l'ennemi depuis trois jours. Hier, elles l'ont fait fuir devant elles sur tous les points, comme un vil troupeau, dans l'espace de plus de vingt lieues. Nous sommes maîtres des gorges et des revers des Vosges, depuis Landstoul jusqu'à Neustadt; nous occupons Spire, Kerviller; nous allons récolter le Palatinat.

Ils disent où ils étaient durant ces journées (Goujon à Tripstadt, Hentz dans les gorges) et ils payent un juste tribut d'éloges à deux autres collègues qui ont pris part au combat :

Rougemont et Duroy ont encouragé par leur présence sur le champ de bataille, dans la plaine, l'ardeur des défenseurs de la patrie [1].

L'ennemi s'était rabattu sur Kaiserslautern, cette position toujours si disputée. C'était là aussi qu'on le voulait forcer, et, le 29 messidor (17 juillet), Kaiserslautern était pris.

Alors on pouvait marcher sur Trèves, et Carnot montrait même, au delà, Coblentz. Le 2 thermidor (20 juillet), en applaudissant aux succès obtenus ainsi qu'au projet d'attaque contre Trèves, il écrit aux représentants près ces armées touchant ce projet :

Nous vous invitons à lui donner l'exécution la plus prompte et la plus énergique. Ne négligez aucune des précautions qui peuvent en assurer le succès. Quant à ce qui est de Coblentz, on ne peut former à ce sujet aucune résolution fixe, car on assure que les ennemis, fuyant de la Belgique, se retirent vers le Rhin.

Le 7 (25 juillet), dans une entrevue des représentants Hentz et Goujon avec les généraux, il était décidé que Moreaux, avec l'armée de la Moselle, marcherait sur Trèves ; Michaud l'annonçait au Comité. — C'est au milieu de ces préparatifs qu'on apprit la révolution du 9 thermidor.

VIII

Le 9 thermidor. — Rentrée à Liège ; prise du fort de l'Écluse. — Occupation de Trèves.

Une révolution qui réussit est toujours acclamée et celle-là le fut plus légitimement qu'aucune autre, sans

---

1. Armée du Rhin, aux dates.

douté, bien que plusieurs des représentants en mission qui la saluèrent eussent mieux fait de garder un silence prudent. Ce fut donc un enthousiasme universel, un concert d'exécration et de louange sur toute la ligne, de Dunkerque à Strasbourg. Florent Guiot écrit de Lille (12 thermidor, 30 juillet) aux membres (survivants) du Comité de salut public :

Je viens de lire, citoyens collègues, dans les papiers publics les détails de l'exécrable conspiration de Robespierre, Saint-Just, Couthon, etc., contre la liberté, le peuple et la Convention nationale. Mon âme a été soulagée en apprenant que ces vils scélérats ont reçu le prix de leurs crimes. Je n'ai pas été étonné de l'infâme trahison de Robespierre. L'ami, le protecteur des Lavalette et des Dufraisse ne pouvait être qu'un conspirateur. Depuis trois décades surtout je pressentais cet infernal complot et c'est ce qui me faisait vous dire dans une de mes lettres de la fin de messidor que j'avais besoin d'aller à Paris pour conférer avec vous sur d'importants moyens de salut public.

La nouvelle de la punition des traîtres a répandu l'allégresse dans la commune de Lille.

Et il envoie sa proclamation[1].

Le 13 thermidor, Lacombe-Saint-Michel disait au même Comité en parlant de la crise d'où le Comité sortait vainqueur :

Si je n'ai pas partagé vos dangers, je partage du moins votre énergie, je la transmettrai aux armées, et c'est dans les terres étrangères, en attaquant l'infâme coalition que j'irai chercher les complices de Robespierre.

Et le même jour, Gillet, dont on se rappelle la lettre écrite quelques jours plus tôt à Saint-Just :

J'ai eu le malheur d'avoir pour collègue pendant quelques jours le scélérat Saint-Just, et, au moment où il conspirait, je vous invitais à le renvoyer. Pouvais-je le croire criminel, lui qui jouissait de la plus grande confiance? Que n'est-il venu?...

1. Arch. nat., AF II, 215, pièce 211.

Va-t-il le défendre ?

Il n'auroit pas trouvé une municipalité perfide : il n'est pas un soldat dans l'armée qui ne se seroit fait un devoir de le fusiller[1].

A l'armée du Rhin, Rougemont annonçait à Landau la révolution accomplie (15 thermidor, 2 août); Hentz, le farouche proconsul d'Angers, mettait à l'ordre du jour la proclamation de la Convention contre les conspirateurs (13 thermidor, 31 juillet), et Bourbotte lui-même écrivait le 10 fructidor (27 août) au Comité :

Les braves qui composent l'armée de la Moselle applaudissent au supplice de Robespierre.

Ni sur le Rhin, ni dans la région du Nord, la chute de Robespierre n'avait arrêté le cours de la guerre. La révolution qui l'avait renversé n'avait point encore ébranlé Carnot, l'un des adversaires du triumvirat dans le Comité. Il continuait donc à suivre sur cette vaste frontière le mouvement des troupes, à contrôler ou à diriger leurs opérations, soit par lui-même, soit par les représentants en mission, et à enregistrer leurs victoires. Dans les premiers jours de thermidor, l'armée française ayant pris Huy, l'ennemi s'était retiré sur Liège; Cobourg était à Maëstricht, ayant son armée cantonnée entre Maëstricht et Tongres. Le camp de Nerwinden, qui rappelait la défaite de Dumouriez, avait été abandonné par les coalisés[2]. Le 9 thermidor (27 juillet), le jour même de la révolution, l'armée de Sambre-et-Meuse entrait à Tongres, puis à Liège. Le 11 (29 juillet) Gillet, rendant compte au Comité de cet événement, lui disait, après le chef d'état-major Ernouf, qu'on n'avait pu s'emparer du pont sur la Meuse, les Autrichiens occupant les hauteurs de la Chartreuse d'où ils bombardaient la ville tout à leur aise. Le représentant se proposait de faire

1. Armée de Sambre-et-Meuse, à la date.
2. Lettre d'Ernouf, chef d'état-major, au Comité de salut public. (Armée de Sambre-et-Meuse, à la date.)

sauter le pont et construire une barricade pour protéger la place contre un retour offensif de l'ennemi[1]. Défendre Liège c'était défendre une amie de la France; aussi Gillet remontrait-il au Comité qu'une ville qui avait fait preuve de tant de patriotisme méritait d'être traitée autrement que les autres; ce qui n'empêcha point qu'on ne lui fît des réquisitions assez fortes. Un mois après (21 fructidor, 7 septembre), la municipalité de Liège, tout en exprimant sa satisfaction de l'accueil fait par Gillet à ses délégués, insistait sur deux points : l'étendue des réquisitions et la pénurie de la caisse. Les Liégeois, disait-elle, savent tout ce qu'ils doivent à la République française, mais tout n'est pas possible [2].

Dans la Flandre maritime, Pichegru avait ordonné à Moreau de s'emparer des places et forts qui nous séparaient de la Flandre hollandaise, à commencer par l'Écluse (5 thermidor, 23 juillet), et le 7 thermidor, il écrivait à Jourdan, qui approchait de Liège et avait besoin de son concours pour opérer au delà de la Meuse, que le moment ne lui paraissait pas opportun, tant que Valenciennes, Condé et le Quesnoy étaient au pouvoir de l'ennemi. Il avait d'ailleurs à soutenir son lieutenant dans la tâche qu'il lui avait prescrite. Déjà Lacombe-Saint-Michel, qui accompagnait Moreau, avait fait une proclamation aux patriotes bataves : car on comptait sur un mouvement révolutionnaire pour aider au succès de nos armes. Le 10 thermidor, Moreau attaqua et prit l'île de Cadsan, et Richard écrivit au Comité que les Anglais, évacuant le fort Lillo, s'étaient réfugiés sous le canon de Bréda et de Berg-op-Zoom. Le 12 (30 juillet), Lacombe-Saint-Michel annonçait que le fort de l'Écluse était investi. Moreau s'en empara le 9 fructidor (26 août 1794).

Carnot poussait volontiers de ce côté où il avait toujours incliné, et c'est à quoi il voulait induire les représentants

---

1. Armée de Sambre-et-Meuse, aux dates.
2. Arch. nat., AF II, 235, pièce 272.

dont la mission s'était de plus en plus limitée à l'exécution de ses ordres. Il leur écrit le 13 thermidor (31 juillet) :

Nous approuvons que Pichegru ait donné l'ordre d'appuyer les armées combinées, la droite à Liège et la gauche à Anvers, jusqu'à ce que les places de l'intérieur soient reprises, que les contributions de la Belgique soient perçues, que la Flandre hollandoise soit réduite et qu'enfin l'on n'ait plus rien à craindre sur ses derrières. Il ne faut pas pour cela que les troupes restent dans l'inaction ; il faut demeurer en masse sur deux ou trois points, harceler les ennemis par des détachements.

En même temps, il faut faire les préparatifs des sièges de Berg-op-Zoom et de Maëstricht, ostensiblement pour celle-ci qui probablement n'aura pas lieu, et très secrètement pour l'autre.

Notre véritable objet est de nous emparer de la Zélande, et pour cela c'est Berg-op-Zoom qu'il nous faut. Réunissez en conséquence secrètement, mais très activement, les grands moyens qui sont nécessaires pour une opération de cette importance ; fortifiez la citadelle d'Anvers ; faites-y faire les blindages et toutes les opérations nécessaires pour rendre cette forteresse inexpugnable.

Une ligne allant d'Anvers à Liège et décrivant un demi-cercle vers la France pour laisser Bruxelles en dehors, telle est la frontière qu'il voulait garder, et il pressait les représentants d'y conformer leur conduite :

Le système politique à suivre dans les pays conquis est, comme nous vous l'avons dit plusieurs fois, de dépouiller le Brabant de tous les moyens de nous faire la guerre de nouveau, de traiter au contraire avec certains ménagements les pays d'Entre-Sambre-et-Meuse, la West-Flandre, la Flandre hollandoise et le pays de Liège ; de verser partout beaucoup d'assignats et d'enlever subsistances, denrées et chevaux [1].

De notre Meuse à notre Rhin il y avait beaucoup de choses à faire encore pour rectifier et assurer la frontière. Carnot avait voulu, non sans raison, fortifier l'armée du Rhin en empruntant 15 000 hommes à l'armée de l'Ouest,

---

1. Armée de Sambre-et-Meuse, à la date.

car on espérait que la guerre de Vendée était finie; et, par complément, il avait fait venir un représentant que nous avons déjà vu dans la même région, Bourbotte, l'ami de Rossignol, le protecteur des généraux jacobins. Il lui écrivait le 13 thermidor (31 juillet) :

Cher collègue, [je] t'envoie les cartes topographiques qui te sont nécessaires ainsi qu'au général Dufour, avec une lunette à longue vue, la meilleure qu'on ait trouvée.
Je te félicite sur le succès de la marche et sur le bon ordre de la colonne que tu as amenée de l'armée de l'Ouest. J'espère qu'elle portera le coup de grâce aux ennemis. Prieur va s'occuper de te faire passer trois mille baïonnettes.
Ci-joint ta mission près les armées du Rhin et de la Moselle et l'autorisation de faire indemniser les troupes de la colonne.
Salut et fraternité [1].

Il lui donnait une mission facile alors et qui lui promettait les lauriers dont la Vendée avait été pour lui plus qu'avare. Les efforts que les alliés avaient à faire sur la Meuse, de Liège à la mer, leur avaient fait singulièrement dégarnir la vallée de la Moselle. Les armées du Rhin et de la Moselle n'y trouvaient donc plus les obstacles qu'elles y avaient rencontrés autrefois. Les Autrichiens avaient repassé le Rhin, couvrant Manheim avec un poste avancé, à Frankenthal. Michaud suffisait pour les observer [2]. Moreaux allait donc marcher sur Trèves, selon le plan convenu. Le mouvement n'avait été différé jusque-là que parce que les hommes de l'armée de l'Ouest « n'étaient pas encore complètement arrivés et manquaient de fusils ». Hentz qui l'annonçait au Comité, le 13 thermidor (31 juillet), ajoutait : « Demain il s'assemble ici un conseil de guerre des généraux et le surlendemain on marchera sur trois colonnes » pour envelopper la ville et enlever tous les magasins. Le pays entre Sarre et Moselle était bien gardé; et tout était mis en œuvre pour assurer un plein succès.

1. Armée de la Moselle, à la date. — Autographe non signé.
2. Armée du Rhin. Lettre de Michaud au Comité, 11 thermidor (29 juillet).

Le 21 (8 août), Hentz recevait l'arrêté du 13 qui le rappelait dans la Convention[1]. Pour dernier souvenir de son passage dans le pays, il avait, le 7 thermidor (25 juillet), donné cet ordre au général Moreaux :

Pirmasens, 7 thermidor.

Hentz, représentant du peuple près les armées du Rhin et de la Moselle,

D'après l'assurance du général en chef de l'armée de la Moselle que la ville de Couselle (Kusel), pays de Trèves, repaire de fabricateurs de faux assignats, était inutile aux opérations militaires des armées de la République,

Arrête que cette ville sera brûlée;

Charge le général en chef de mettre à exécution ledit arrêté[2].

L'armée fit son entrée dans Trèves, sans avoir rencontré de résistance, le 22 thermidor (9 août). C'est de Trèves même que les représentants l'annoncèrent au Comité (25 thermidor), sur ce ton de mauvais goût qui déshonorait les plus grandes nouvelles :

Ce n'est pas sans un bien grand regret, sans doute, que la maison d'Autriche apprendra qu'une des principales villes d'Allemagne par sa construction et sa richesse est tombée au pouvoir de la République,... quand ses satellites fugitifs lui auront dit : Nous n'avons pas eu le temps d'emmener avec nous trente-six pièces de canon de bronze très jolies, des magasins considérables de grains... Plusieurs émigrés vont ajouter à ces présents faits à la République par les braves soldats de monsieur François l'héritage de leur nouveau mobilier dans cette contrée; nous y joindrons aussi ce que les naturels du pays, qui en sont sortis à notre arrivée, nous auront laissé en objets susceptibles d'évacuation. Partout nous trouvons des caves, des greniers d'abondance que nous avons laissés sous la garde d'une sentinelle établie à chaque porte.

A voir Trèves, on diroit que le trône du despotisme sacerdotal y a été fixé, par la multiplicité des couvents et des églises de toute espèce qui y existent. Ces saintes habitations, fon-

---

1. Arch. nat., AF II, 246, pièce 525.
2. *Ibid.*, pièce 523.

dées sur les principes de charité, ne se refuseront pas sans doute à partager avec la République une partie de leurs abondantes provisions, et nous ne serions pas étonnés d'apprendre, au premier instant, l'émigration de tous les saints de constitution argentine qui peuvent encore exister aujourd'hui dans chacun de ces établissements.

On fait aujourd'hui l'examen des caisses publiques. Nous mettrons tous nos soins à activer les agents chargés de l'évacuation de chaque objet propre et utile à la République, qui pourra, suivant un premier aperçu, tirer de l'électorat, tant en argent qu'en denrées, à peu près un milliard [1].

Une chose que vous apprendrez sans doute avec autant de satisfaction, c'est que le soldat, au courage duquel on doit cette superbe conquête, bivouaque tous les jours sur les hauteurs qui dominent Trèves, et loin de murmurer contre les mesures prises pour l'empêcher d'entrer dans la ville, y a fortement applaudi. Il surveille lui-même les magasins qui sont à l'intérieur, et malgré les besoins qui le pressent quelquefois, il respecte tout; il ne touche à rien; il attend avec impatience l'ordre d'aller cueillir de nouveaux lauriers.

Bourbotte, Goujon.

Le Comité (Carnot), en leur répondant le 6 fructidor (23 août), y applaudit; et, sans se laisser éblouir par le succès du jour, il songe au lendemain :

Nous apprenons avec satisfaction par vos dépêches que vous avez à vous louer du bon ordre et de la discipline des troupes. La perte de quinze caissons de vivres est un petit malheur dont l'armée de la Moselle saura se dédommager dans un pays d'où vous nous donnez à espérer qu'on pourra tirer un milliard. Nous craignons qu'il n'y ait quelque chose à rabattre; mais nous sommes tranquilles sur les mesures que vous avez prises. Nous sommes empressés de savoir si le blocus de Luxembourg, que nous vous avons recommandé, est fait, si cette place est approvisionnée, si l'on peut espérer de la réduire par la famine. Vous devez vous attendre à être fréquemment et fortement attaqués; il faut donc que votre armée d'observation soit toujours prête au combat.

Bourbotte, bien qu'il ne fût pas atteint par le décret sur le rappel des commissaires délégués aux armées depuis six

---

[1] Il avait écrit deux milliards!

mois, demandait d'y être compris. Carnot lui écrit le 14 fructidor (31 août), au nom du Comité, que l'intérêt public exige qu'il reste; il ne restera pas seul :

Nous proposerons le plus tôt possible à la Convention nationale des collègues pour remplacer Hentz et Goujon.

Nous regardons comme très important le plan de campagne dont vous nous faites part et nous désirons qu'il soit exécuté le plus promptement possible; mais il faut que vos mesures soient prises de telle manière que vos opérations aboutissent à une action décisive qui anéantisse une grande partie des ennemis et les dissipe entièrement, tellement qu'ils ne puissent se rallier avant la fin de la campagne; c'est le seul moyen de vous assurer la prise de Luxembourg, de terminer glorieusement et solidement la guerre, et de vivre aux dépends de l'ennemi.

Vous faites on ne peut plus sagement de vous concerter avec le général de l'armée de Sambre-et-Meuse; mais il faut rendre vos mouvements assez indépendants des siens pour que, dans le cas même où des circonstances imprévues l'empêcheroient d'exécuter ceux qui auroient été convenus, votre projet n'en réussit pas moins.

CARNOT.

IX

Libération du territoire. — L'ennemi repoussé au delà de la Meuse et du Rhin.

Le 15 fructidor (1ᵉʳ septembre), le Comité de salut public fut en partie renouvelé. D'après le *Moniteur*, Carnot se trouva désigné par le sort pour en sortir avec Robert Lindet et Barère et ne fut pas réélu, non plus que les deux autres [1]. Il y resta pourtant. On lit son nom au bas des

---

1. Collot d'Herbois et Billaud ayant donné en même temps leur démission, la Convention décida, sur la proposition de Duhem, qu'un membre seulement serait nommé à la place des deux démissionnaires. Il y eut donc quatre membres à élire en tout : on élut Delmas, Cochon, Fourcroy et Merlin (de Douai). (*Moniteur* du 17 fructidor (3 septembre), t. XXI, p. 656.) — Le 13 thermidor, pour compléter le Comité de salut public, entamé par la révolution qui venait de s'accomplir, la Convention avait nommé Bréard, Eschassériaux l'aîné, Laloy, Thuriot, Treilhard et Tallien. (*Moniteur* du 15 thermidor (2 août 1794), t. XXI, p. 366.)

actes et en tête des procès-verbaux des séances du Comité dans la suite de ce mois et dans les sept mois suivants : vendémiaire, brumaire, frimaire, nivôse, pluviôse, ventôse et germinal an III[1]. Le 18 fructidor an II (4 septembre 1794), il signe, avec dix autres (et de ce nombre aussi Robert Lindet) une lettre annonçant aux représentants près l'armée de la Moselle que l'ennemi rassemble des forces pour reprendre Trèves et qu'il convient de renforcer l'armée[2]. Le 19 fructidor (5 septembre), c'est Carnot encore (ici la lettre est autographe) qui annonce à Bourbotte, au nom du Comité, l'envoi de Ferrand et de Neveu près les armées du Rhin et de la Moselle, et il joint à cet avis des avertissements qui devaient servir pour eux comme pour lui :

Ils t'aideront à porter le poids de l'importante surveillance qui t'est confiée.

Nous écrivons aujourd'hui à Jourdan, pour que, dans le cas où l'ennemi auroit détaché une partie de son armée sous Maëstricht pour marcher sur Trèves ou Luxembourg, il la fasse suivre par une division de l'armée de Sambre-et-Meuse.

La grande étendue des frontières que vous avez à défendre vous expose à être percés sur quelques points, si vous ne prenez le parti de prévenir l'ennemi, en allant au-devant de lui et en l'attaquant avec votre vigueur ordinaire. Rassemblez donc à cet effet la plus grande somme de forces. Agissez en masse, prenez garde à la dissémination et ne laissez sur vos derrières que le moins de forces possible. L'armée du Rhin et l'armée de la Moselle doivent agir de concert en toute occasion, surtout pour une action décisive.

Il compte sur Michaud et sur Moreaux :

Frappez vigoureusement ; il n'y a qu'une grande bataille qui puisse nous assurer la possession de Trèves et la prise de Luxembourg[3].

1. Registre des séances du Comité de salut public (AF* II, 49). Voy. ci-dessus, p. 133, note 2.
2. Armée de la Moselle, à la date.
3. Armée de la M......, à la date.

Bourbotte était resté. Il avait pris à Trèves les mesures administratives qui suivaient la conquête. Il avait porté à 3 millions la contribution de la ville, prenant pour base la contribution de l'ancien gouvernement et la triplant; mais il avait accepté, en payement, les assignats, pour ne pas discréditer notre papier nouveau, disait-il : cela diminuait fort le produit de l'impôt; toutefois il faisait espérer un supplément (16 fructidor, 2 septembre).

On n'était point alors fort rassuré dans cette vieille capitale de la Gaule belgique. Les ennemis rassemblaient des forces pour y rentrer. Michaud l'avait écrit au Comité (9 fructidor, 26 août)[1]. Moreaux le disait aussi (15 fructidor, 1ᵉʳ septembre), et le Comité à son tour excitait la vigilance des représentants en mission près les deux armées. Fortifier l'armée de la Moselle qui devait subir le premier choc, c'est bien ce que voulaient aussi les représentants; mais c'est auprès du Comité que Bourbotte réclamait un renfort de 20.000 hommes; et le Comité ne pouvait les prendre à l'armée de Sambre-et-Meuse qui était à la veille de livrer une grande bataille, ainsi qu'il le disait dans cette même lettre du 16 fructidor[2]. Cette bataille se livra, en effet, en avant de Liège et sur la rive droite de la Meuse où Jourdan vint attaquer les Autrichiens dans une position entre la Meuse et l'Ourthe ; c'est la bataille de l'Ourthe, qui décida de l'évacuation du pays (2ᵉ sans-culottide an II, 18 septembre 1794).

Le Comité, par la plume de Carnot, l'annonça aux représentants près les armées du Rhin et de la Moselle, le 1ᵉʳ vendémiaire an III (22 septembre), et il leur demandait un concours énergique pour affermir cet important résultat :

1. Armée du Rhin, à la date.
2. Armée de la Moselle, aux dates. Cette pièce n'est pas une minute de Carnot; c'est une copie où sont reproduits les noms des membres du Comité qui l'ont signée; et l'on y retrouve Carnot et Lindet avec Cochon, Fourcroy, C.-A. Prieur, Treilhard, Merlin (de Douai), Thuriot, P.-A. Laloy, Eschassériaux.

« L'ennemi est en pleine déroute et nous avons lieu d'espérer qu'il effectuera difficilement sa retraite. Nous présumons qu'il la fera par Cologne et qu'il sera poursuivi par une partie de l'armée de Sambre-et-Meuse. Il faut, chers collègues, appuyer de tous vos moyens le mouvement de cette armée, en soutenant sa droite et pressant le flanc de l'ennemi. Si votre marche est bien d'accord avec celle de Jourdan, il en résultera, nous avons lieu de le croire, une dispersion totale des coalisés et la faculté d'opérer à votre aise dans l'électorat de Trèves, le Luxembourg et le Palatinat; pendant que l'armée de Sambre-et-Meuse se répandra dans le Limbourg et jusqu'à Cologne pour vivre aux dépens de l'ennemi... Tout nous porte à croire que l'ennemi n'est point en mesure d'effectuer un passage du Rhin avec la moindre apparence de succès... L'armée du Rhin se trouvera donc très en état d'appuyer votre droite[1] dans le Palatinat. Il ne faut rien exécuter d'important sans le concert des deux armées.

CARNOT, THURIOT. »

Mais en échange de ces bonnes nouvelles, Michaud n'en avait que de mauvaises à donner au Comité. En ce même temps, il venait d'éprouver lui-même un grave échec. J'ai dit que, depuis quelque temps, il signalait avec inquiétude les mouvements des ennemis, demandant des secours et s'étonnant que le Comité ne lui répondît pas. Le 3e jour complémentaire (19 septembre), dans la lettre où il se plaignait de ce silence, il annonçait déjà qu'une division de l'armée du Rhin, attaquée par des forces supérieures près de Turckheim, avait dû, après une belle défense, battre en retraite. Le 1er vendémiaire an III (22 septembre), le jour où Carnot annonçait aux représentants près les armées de la Moselle et du Rhin la grande victoire de Jourdan, Michaud lui écrivait qu'il avait été battu et que son aile gauche, séparée de l'armée de la Moselle, pouvait être tournée à chaque instant[2]. Carnot (c'est toujours lui qui écrit de sa propre main, au nom du Comité) ne peut s'em-

1. La droite de l'armée de la Moselle, qui était le plus à portée de soutenir l'armée de Sambre-et-Meuse. (Armée du Rhin, à la date.)
2. Dépôt de la Guerre, armée du Rhin, à la date.

pêcher d'exprimer aux représentants près cette armée la peine qu'il en ressent (5 vendémiaire, 26 septembre) :

Ce sera donc toujours de la frontière du Rhin, chers collègues, que viendront nos disgrâces, et, victorieux partout ailleurs, nous ne rencontrerons d'exceptions que sur le point le plus favorisé de tous par l'art et par la nature!

Il en cherche une explication : ce n'est pas que la frontière soit trop étendue, — elle est la même pour eux et pour l'ennemi ; ni que l'armée soit moins forte en nombre ou inférieure en cavalerie, — ils nous battent dans les montagnes!...

La vraie raison, c'est que dans toutes les autres armées on a établi le système d'agression et que, à l'armée du Rhin, on a juré, à ce qu'il paroît, de rester éternellement sur la défensive la plus passive... Mais voulez-vous un moyen certain d'être victorieux comme on l'est partout ailleurs? attaquez l'ennemi tous les jours, matin et soir ; que les généraux, au lieu de laisser tranquillement sous leurs yeux les ennemis réunir leurs forces disséminées, tombent successivement en masse sur chacune des portions de ces rassemblements.

L'armée de la Moselle a l'ordre de seconder l'armée de Sambre-et-Meuse ; elle garde Trèves, elle bloque Luxembourg ; c'est donc un grand malheur qu'un échec qui nous expose à perdre ces avantages et les plus précieux fruits de la victoire. Cependant il faut aller au plus pressé, il ne faut pas souffrir que nos frontières soient entamées. Vous êtes représentants du peuple près les deux armées ; vous pouvez tirer de l'une des renforts pour l'autre, et comme les circonstances où vous vous trouvez peuvent changer à chaque moment, les mouvements que nous pourrions ordonner d'ici pourroient ne plus cadrer avec elles, lors de l'arrivée de notre courrier. C'est donc à vous, chers collègues, à prendre de concert les mesures qui vous paroitront convenables.

La chose n'est pas difficile avec la puissante diversion que fait en ce moment l'armée de Sambre-et-Meuse en poursuivant l'ennemi jusqu'à Cologne. Il fait donc appel à leur activité.

Cet appel, le dernier de Carnot que nous ayons à enregistrer, fut entendu et suivi d'effet. La victoire dès ce moment accompagnait partout nos armes. Les trois places que l'ennemi occupait encore sur notre territoire, le Quesnoy, Valenciennes et Condé, nous furent rendues sans trop de résistance : le Quesnoy, le 28 thermidor (15 août), Valenciennes, le 10 fructidor (27 août), Condé le 13 (30 août). L'abandon où l'ennemi depuis longtemps était forcé de les laisser faisait que les garnisons pouvaient capituler sans déshonneur. L'armée de siège, commandée par Scherer, put ainsi rejoindre Jourdan et prendre sa part à la bataille de la Roër, 11 vendémiaire an III (2 octobre), qui décida Clairfayt à repasser le Rhin par Cologne et amena Jourdan lui-même dans Cologne. Pichegru de son côté avait repoussé le duc d'York sur le Wahal et se trouvait aux portes de la Hollande; Michaud enfin, profitant du trouble que les armées du Nord et de Sambre-et-Meuse avaient jeté dans les rangs des coalisés, reprenait possession du Palatinat. L'ennemi ne possédait plus sur la rive gauche du Rhin que Luxembourg et Mayence, et Kléber fut appelé de Belgique pour faire le siège de cette grande ville qu'il avait autrefois si vaillamment défendue.

Nous n'avons pas à suivre plus loin les représentants en mission dans le cours de ces succès. Carnot n'est plus au Comité pour les diriger, et sa haute direction d'ailleurs ne diminue point la part d'honneur ou de blâme qu'ils ont personnellement méritée dans cette carrière difficile. Leur part d'honneur est grande. Ce ne sont pas eux sans doute qui ont fait des volontaires de 92, fuyant à la première rencontre au cri de *sauve qui peut*, ou de ces hommes de la première réquisition de 93, indisciplinés, désertant par bataillons, les héroïques soldats des deux campagnes de l'an II (de septembre 1793 à septembre 1794), les soldats de l'armée du Nord, de l'armée du Rhin, de l'armée de Sambre-et-Meuse, sous Jourdan, sous Hoche, sous Pichegru et même sous Moreaux et sous Michaud. Mais ils les ont fait vivre; ils ont fini par leur procurer des munitions, des armes, des souliers : des souliers et des baïonnettes, c'est ce que Hoche demandait qu'ils eussent pour les mener à la victoire. Heureux si dans ces réquisitions, imposées par la nécessité, ils n'eussent pas usé parfois d'un excès d'arbitraire qui n'était que nuisible! Plus heureux encore si, se renfermant dans leur véritable rôle, ils n'eussent pas porté eux-mêmes la main sur l'armée, fomenté l'indiscipline, désorganisé les corps, en semant la défiance contre les officiers et en enlevant d'eux-mêmes aux soldats, au risque d'arrêter leurs succès, plusieurs généraux qui les savaient former au rude métier des batailles. On pratiqua, en effet, nous l'avons vu, sur la frontière du Nord, dans des proportions plus larges encore et plus révoltantes, ce système de proscription que nous avons rencontré aux armées des Alpes, d'Italie et des Pyrénées, sans parler des trois armées des côtes où dominait la pure sans-culotterie. Est-il besoin de rappeler Luckner, le généralissime des armées de la frontière du Nord avant et après le 10 août; Custine, le conquérant de Mayence, et Houchard, le vainqueur d'Hondschoote, envoyés comme traîtres à l'échafaud, Custine après des échecs dont il n'était pas responsable, Houchard en pleine victoire; Biron et Kellermann; mais ces deux-là c'est à d'autres armées, où ils avaient été relégués, qu'on les prit pour les envoyer l'un et l'autre en prison et le premier à l'échafaud; Beauharnais regardé comme le meilleur général de la république, essayant de se dérober à la destitution par une démission volontaire et n'évitant ni la prison, ni la guillotine; Hoche lui-même, enlevé traîtreusement à une armée victorieuse pour aller languir dans une prison, tandis que l'armée du Rhin, qu'il avait eue sous ses ordres et si bien entraînée, au lieu de hâter et de doubler par son concours les succès de l'armée de Sambre-et-Meuse, piétinait dans une sorte d'impuissance : mais ceci est le crime spécial du Comité de salut public, non point de Carnot, de Saint-Just; Carnot n'est coupable que de l'avoir souffert et d'y avoir attaché son nom, et c'est trop. Je n'ai parlé que des généraux en chef. Combien d'autres parmi les généraux de second rang furent destitués comme nobles, au grand dommage de notre situation militaire; puisque, de l'aveu même de ceux qui les destituaient, ils étaient estimés les plus capables : Ligniville, d'Aboville, Schauenbourg, Landremont, tous les quatre généraux en chef par intérim; Diettmann, Leveneur, l'ami, le patron de Hoche, Laubadère, l'héroïque défenseur de Landau, Kilmaine, Hédouville, Béru et vingt autres. Combien même, sans autre raison, furent envoyés au tribunal révolutionnaire et sacrifiés : Coustard (18 brumaire), Lamarlière (16 frimaire), O'moran, Chancel, Davaine (16 ventôse), Dillon (24 germinal)[1], et combien d'officiers capables, intimidés par ces exemples, se refusèrent au périlleux honneur de commander! La correspondance officielle nous en a rendu témoignage.

Ce sont là de vrais crimes dont on ne peut décharger les représentants en mission, même quand on rend hommage à leurs services dans un autre ordre de faits. Mais ils ne s'occupaient pas seulement des choses de l'armée. Ils pesaient aussi de tout le poids de leurs pouvoirs illimités sur les départements où ces armées avaient leurs attaches. C'est dans cet autre rôle qu'il nous reste à les prendre pour nous faire une idée complète de leur action sur la frontière du Nord.

1. *Hist. du tribunal révolutionnaire de Paris*, t. II, p. 8, 102, 402, et t. III, p. 198.

CHAPITRE XXXI

LA RÉVOLUTION EN ALSACE

La grande frontière du Nord, du Rhin à l'Océan, qui, au milieu des misères de la guerre, avait vu tant de représentants en mission près les armées, avait souffert assez et donné suffisamment de gages à la patrie pour échapper aux rigueurs de la justice révolutionnaire. Dans cette région, le fédéralisme eut peu de retentissement ou du moins peu de prise. Ouverts aux attaques de l'ennemi, occupés ou traversés sans cesse par les troupes sous la surveillance des représentants, ces pays n'avaient guère le loisir de s'occuper des révolutions de Paris, et encore moins la liberté de s'en plaindre. Julien dans son rapport se plaît à témoigner de leurs sentiments à cet égard[1]. Et pourtant que de sang répandu tout autrement que dans les batailles! C'est ce que nous montreront principalement Strasbourg, Arras et Cambrai.

Commençons par les départements du Rhin.

I

L'Alsace avant la République. Missions antérieures à la Convention

Rien ne prouve mieux combien le cœur des habitants de l'Alsace est français, que leur attachement persistant

[1] *Rapports sur les administrations rebelles*, p. 162 et suiv.

à la France, après tout ce qu'ils ont souffert des représentants de la République. Mais hâtons-nous de le dire, le principal bourreau de l'Alsace, ce n'est pas un Français, c'est un Allemand, Euloge Schneider.

Ce pays, avant la Révolution, avait un droit assez compliqué, mais une existence assez douce : la noblesse, protégée par ses capitulations ; les villes, par leurs privilèges ; les campagnes comme partout moins défendues, mais peu opprimées pourtant [1]. Les cahiers de la province aux États généraux étaient rédigés en des termes fort modérés. Le contre-coup de la Révolution se fit pourtant sentir, dès avant la nuit du 4 août, par le saccagement des forêts, l'attaque des châteaux et un mouvement général contre les juifs, qui, par l'usure, avaient réduit le paysan au plus dur des servages. Mais après ces premières secousses le nouveau régne se fit partout bien accueillir. Il s'annonçait comme ne voulant que détruire les abus. En proclamant la liberté et l'égalité, il n'avait pas encore déclaré la guerre aux croyances religieuses. Le registre des séances de la *Société des amis de la liberté et de l'égalité* à Colmar (c'était le nom des affiliés aux Jacobins de Paris) commençait par cette invocation : *In nomine Redemptoris nostri J.-C. amen* [2]. Il en fut autrement quand l'Assemblée nationale eut la fatale idée de porter la ruine sur l'Église par la loi de la constitution civile du clergé. Ce fut en Alsace comme ailleurs l'origine d'une lutte où la Révolution s'exaspéra de plus en plus, et dans laquelle, ayant la force, elle parut triompher par la suppression de l'Église

---

1. Voy. l'appel de la commune de Strasbourg à la Convention nationale, imprimé par décision du 5 ventôse an III, dans le *Livre bleu ou Recueil de pièces authentiques servant à l'histoire de la Révolution à Strasbourg, ou les Actes des représentants du peuple en mission dans le département du Bas-Rhin sous le règne de la tyrannie des comités et commissions révolutionnaires, de la Propagande et de la Société des Jacobins à Strasbourg* (2ᵉ édition). Strasbourg, chez Dannbach et Ulrich, imprimeurs, 2 vol. in-8 (Bibl. nat. LK⁷, 9526 A.).

2. Véron-Reville, *Hist. de la Révolution française dans le département du Haut-Rhin* (1865), p. 37.

et de toute Église, mais où elle ne fit qu'accumuler les haines et finit par être vaincue, parce que, grâce à Dieu, les droits de la conscience humaine sont plus vivaces que toute persécution. La désorganisation du clergé national fit affluer en Alsace tout ce qu'il y avait de mauvais prêtres dans les pays allemands du voisinage : tel fut Euloge Schneider, qui fut vicaire épiscopal de Strasbourg avant d'exercer, dans des fonctions plus appropriées à son humeur, son esprit révolutionnaire[1], et avec Schneider cent autres prêtres de même sorte qui se partagèrent les cures, à mesure qu'on en chassait ceux dont la foi religieuse était réfractaire au serment. Mais les intrus n'étaient pas toujours acceptés des populations; et de là un redoublement de rigueur contre les insermentés ; nous avons vu ailleurs le progrès des lois de répression à leur égard.

Politiquement, l'Alsace était l'amie de la Révolution, mais non pas de toutes les révolutions.

Qu'allait-il arriver après le 10 août? Le département, l'armée accepteraient-ils le renversement de la Constitution qu'ils avaient jurée? C'est le point que devait éclaircir la mission de l'Assemblée législative dont nous avons parlé[2]. Le directoire du département et le conseil général de la commune se déclarèrent en permanence et suspendirent les séances du club où fermentait l'esprit des Jacobins. Quant à l'armée, si le prince Victor de Broglie, chef d'état-major, protesta, Biron, le général en chef, se soumit, et le département, comme la ville, en fit autant. Dietrich, ce maire patriote chez qui Rouget de l'Isle composa *la Marseillaise*, dénoncé à l'Assemblée nationale le 14 août par

---

1. Voy., sur ses antécédents, F.-C. Heitz, *Notes sur la vie et les écrits d'Euloge Schneider*, accompagnées de pièces inédites (Strasbourg, 1862, in-8).
« C'était, dit Charles Nodier, qui était venu chez lui pour étudier le grec, un homme de trente-sept ans, à la taille épaisse et courte, aux cheveux ras, aux yeux fauves ombragés de cils roux. » (*Souvenir de la Révolution et de l'Empire*, nouvelle édition, 1864, 2 vol. in-18, t. I, p. 4, *Euloge Schneider*.)

2. Voy. ci-dessus, p. 13.

le jacobin Laveau qu'il venait de chasser de Strasbourg[1], fut mandé à la barre le 18 sur la proposition du député Rühl, son concitoyen[2]. Il avait promis de s'y rendre; il l'avait promis aux représentants délégués à Strasbourg. Mais ayant su qu'on l'y voulait envoyer en criminel sous la garde des gendarmes, il se retira à Bâle d'où il écrivit à l'Assemblée qu'il reviendrait dans sa patrie quand la liberté et les vrais principes de l'ordre social y seraient proclamés[3]. Il y revint beaucoup trop tôt, et nous en dirons les suites.

La journée du 10 août avait vivement ému Strasbourg; les journées de septembre y eurent aussi leur retentissement. Mais alors les Jacobins y étaient les maîtres, ayant à leur tête l'ancien moine allemand Euloge Schneider, vicaire épiscopal de Strasbourg, et le jeune Savoisien Monet, élevé aux fonctions importantes de procureur général syndic du département, à un âge où il n'avait pas même le droit d'être électeur.

Schneider et Monet étaient unis par la nécessité de contenir les amis de Dietrich, et ils étaient secondés par les intrigants qui, éloignés de l'Alsace, avaient fait fortune à Paris, comme le journaliste Laveau récemment nommé « commissaire auprès des quatre-vingt-trois départements pour y répandre les lumières et le patriotisme[4]. » Ce furent eux qui apprirent aux frères de Strasbourg « l'expédition récente des Parisiens contre les prisonniers », et le président, d'après le procès-verbal, ajoutait : « On a immolé les prêtres sur qui on a trouvé des pistolets et des poignards[5]. » Les septembrisés assassins! (séance du 8 septembre). Dans la même séance, un membre proposait

1. *Moniteur* du 17 août 1792, t. XIII, p. 423.
2. F.-C. Heitz, *les Sociétés politiques de Strasbourg pendant les années 1790-1795* (1863), p. 229 et 230.
3. *Moniteur* du 20 août 1792. *Ibid.*, p. 457.
4. *Extrait des minutes de quelques séances de la Société des Jacobins de Strasbourg*, du 3 septembre an IV de la liberté et de l'égalité (1792). (*Livre bleu*, t. II, p. 291.)
5. *Ibid.*, p. 291, et Heitz, *les Sociétés politiques de Strasbourg*, p. 258, 259.

de procéder aussi à des visites domiciliaires dans Strasbourg, de désarmer et de chasser les suspects. Les chasser, ce n'était pas s'en assurer. Deux jours après (10 septembre), un autre membre donnait une liste de plusieurs citoyens riches dont il croyait le patriotisme mal prononcé : on se mettait en mesure d'imiter, au besoin, la Commune de Paris dans sa sanglante justice.

Mais il y avait un homme sur la tête duquel s'accumulaient toutes les haines du parti ; c'était Dietrich. Or il venait de se livrer lui-même. Craignant d'être tenu pour émigré s'il prolongeait son séjour au dehors, il était rentré. Il avait des amis dans la Convention (elle venait de s'ouvrir), Condorcet par exemple, qui s'employait à lui trouver un défenseur[1] ; mais il avait des ennemis bien plus ardents, surtout parmi les députés du Bas-Rhin, Rühl, Dentzel, Simond, Laurent : Laurent qui, ayant signé autrefois avec lui la protestation contre le projet de déchéance, se montrait d'autant plus violent, dans l'espoir d'en effacer le souvenir. Ce fut Rühl qui rédigea et qui fit adopter le rapport tendant à le mettre en accusation, le 20 novembre[2]. Dietrich s'était constitué prisonnier à l'Abbaye[3]. Décrété d'accusation, il fut renvoyé à Strasbourg, car on voit, par un témoignage du 18 décembre, qu'il y était en prison depuis un mois (environ). Le représentant Coustard (que le tribunal révolutionnaire prendra aussi à son jour) disait à la municipalité « que l'arrivée de Dietrich y avoit fait rétrograder l'esprit public, qu'il savoit que depuis un mois que Dietrich étoit dans les prisons de

---

1. Lettre de Hérault-Séchelles à Rühl, député du Bas-Rhin (13 novembre 1792), *Livre bleu*, t. II, n° 68, p. 177.
2. Séance du 20 novembre, *Moniteur* du 21 (t. XIV, p. 526). Un acte du 23 novembre signé par Girard, secrétaire commis en chef du Comité des décrets, donne reçu à Rühl des pièces qu'il a déposées sur Dietrich. (*Livre bleu*, t. II, n° 61, p. 173.)
3. Le fait est constaté par une note du *Moniteur* du 22 novembre 1792, et se trouve rappelé dans une lettre de Simond aux « frères et amis » de Strasbourg, datée du 21, mais qui doit être du 20 : car il y annonce que Rühl doit faire son rapport dans la journée. (*Livre bleu*, t. II, n° 11, p. 78-79.)

la ville, il s'étoit fait autour de sa prison des rassemblements armés toutes les nuits; qu'il savoit que depuis un mois les feuillants avoient prodigieusement relevé la tête; que publiquement ils se faisoient gloire d'être feuillants, que publiquement on insultoit aux Jacobins¹. »

Avec de pareilles dispositions dans la ville, on pouvait craindre qu'un jury n'acquittât l'accusé. Aussi les Jacobins n'avaient-ils pas tardé à prendre la résolution de le faire juger ailleurs; et, à cette fin, ils envoyèrent à Paris le concierge même de la prison, un « frère », Leorier. On l'y trouve dès le 7 décembre, se mettant en rapport avec les députés du département, avec Laurent, Ruhl et Dentzel, qui lui promirent de faire comparaître Dietrich devant un tribunal dont on se croyait sûr² et qui tinrent parole. Dietrich, enlevé à ses juges naturels, fut envoyé devant le tribunal criminel du Doubs (12 décembre 1792)³.

II

Missions depuis la Convention : Ruhl, Dentzel et Couturier.

Quoique la ville de Strasbourg n'eût point paru assez sûre pour qu'on y pût juger Dietrich, les Jacobins y avaient des attaches; la conduite de toute cette affaire en avait donné la preuve, et la Convention en reçut le témoignage en ce temps même. Pendant que ce procès s'instruisait encore à Besançon (et ce n'est pas là qu'il devait se terminer), des délégués de Strasbourg, des Jacobins sans aucun doute, vinrent à Paris faire adhésion à l'abolition de la royauté, protester qu'ils n'avaient rien de commun avec Dietrich (on le savait de reste) et dé-

---

1. Extrait des minutes de quelques séances de la Société des Jacobins de Strasbourg (18 décembre). (Livre bleu, t. II, p. 293.)
2. Lettre du 9 décembre 1792 : « Je vous dois compte de mes opérations sur l'importante mission dont vous m'avez chargé, etc. (Livre bleu, t. II, n° 15, p. 80, et lettre du 10 décembre, ibid., n° 16, p. 81.)
3. Séance du 12 décembre 1792, Moniteur du 14, t. XIV, p. 728.

mander l'envoi de commissaires qui répandissent l'esprit de la Convention dans leur ville. Ils furent servis à souhait. On leur envoya (23 décembre 1792) Couturier, député de la Moselle, et deux des députés du Bas-Rhin, Ruhl, l'accusateur de Dietrich, et Dentzel, un Allemand, venu en France vers 1774 comme aumônier du régiment des Deux-Ponts, et qui s'était fait nommer député à la Convention nationale, on ne savait pas trop de quel droit[1]. Ils avaient mission de visiter les départements du Bas-Rhin, de la Moselle et de la Meurthe, et par un autre décret la Convention leur adjoignit, pour les soins multiples dont ils étaient chargés, Sébastien de La Porte, député du Haut-Rhin, et Blaux, député de la Moselle[2]. Partis le 23 décembre, les trois premiers commissaires visitèrent en passant Toul, Nancy, Saverne et arrivèrent à Strasbourg le 9 janvier.

La Société populaire de Strasbourg venait de faire un acte qui était bien dans leur esprit. Elle avait dénoncé à la Convention une démarche de la Société populaire du Puy qui lui transmettait un arrêté de la Haute-Loire, en vue de créer une force départementale pour la défense de la représentation nationale[3]. Si les Jacobins de Strasbourg

---

1. C'est ce que dit Ruhl dans le débat sur Dentzel, séance du 27 nivôse an II (16 janvier 1794). (*Moniteur* du 29 nivôse, t. XIX, p. 233.)
2. Séances des 22 et 23 décembre, Procès-verbal de la Convention, et *Moniteur*, t. XIV, p. 812 et 818. Le texte du *Moniteur* donne à tort Coustard au lieu de Couturier. Sur ces missions, voyez tout d'abord les deux rapports faits par Dentzel et Couturier à leur retour : *Compte rendu par les députés commissaires chargés de la visite de la frontière du Rhin, présenté par le citoyen Dentzel, député du Bas-Rhin*, 76 pages de texte (1-76) et 36 de pièces justificatives (77-112), Bibl. nat., Le³⁹.15; et le *Supplément au rapport des citoyens Couturier et Dentzel, députés commissair. de la Convention nationale aux départements de la Moselle et du Bas-Rhin, convenu entre eux et rédigé par le citoyen Couturier, député de la Moselle*, du 3 juin 1793, l'an II de la République (p. 1-156, texte, et p. 157-215, pièces justificatives), ibid., n° 16; et le *Rapport fait par N.-F. Blaux des opérations par lui faites en qualité de commissaire délégué par la Convention nationale dans les départements de la Meurthe, du Bas-Rhin et de la Moselle* (ibid., n° 21). — Nous reviendrons sur d'autres rapports de Couturier et de Dentzel. Voy. aussi la note de M. Aulard, p. 332.
3. Voy. *la Révolution du 31 mai et la fédération en 1793*, t. I, p. 383.

leur promettaient toute satisfaction, il n'en était pas de même de la masse des habitants et de l'administration elle-même. Une note sur les corps civils, émanée de la Société populaire et qui doit se rapporter à cette époque, en fait un tableau généralement peu flatteur. A côté de Monet, procureur général syndic,

Excellent sujet, brûlant du plus pur patriotisme et doué de grandes lumières — (on lui conteste l'âge),

on lit cette note sur Braun, président du département :

Peu de moyens et encore moins de bonne volonté; plutôt aristocrate que patriote.

Et dans le directoire, avec Edelmann,

Ardent patriote ayant d'excellentes vues, mais brouillon parfois;

et Teterel,

Chaud patriote qui a volé (couru) à Paris et a combattu le 10 août; toujours de mauvaise humeur de se voir en si mauvaise compagnie,

on trouve Burger, qui, dit-on,

ne manque pas de connaissances, parle avec assez de facilité, mais est modéré à un tel point, surtout envers les fanatiques et les aristocrates, qu'il paroît parfois l'un et l'autre.

Quant à la municipalité, après cette remarque générale que plusieurs ont été suspendus par décret de l'Assemblée législative, on y signale :

Turkheim, aristocrate déclaré, qui ne s'est point fait de scrupule de dire hautement, et toutes les fois que l'occasion s'en présentoit, qu'il n'aimoit pas la révolution... finalement c'est un de ces riches banquiers qui ont acheté de l'Empereur des titres qui les dispensoient d'être des hommes;

Michel Mathieu, procureur de la commune, le compère de Dietrich qui le servoit à merveille dans la distribution de passeports pour les femmes d'émigrés;

Schöll, jeune homme extraordinairement intrigant et dirigeant seul les élections;

Noisette, vrai caméléon, sans mœurs et sans principes;

Kratz, homme nul, mais fouillant et attaché par les oreilles au char de Dietrich et compagnie;

Fischer, vieux avocat, aristocrate des plus incurables.

A plusieurs traits de ce tableau que j'abrège on croit reconnaître le burin mordant et incisif d'Euloge Schneider.

Dentzel et Couturier ne jugèrent pas plus favorablement la population qu'ils venaient *républicaniser*[1]. Dans le compte rendu qu'ils publièrent à leur retour (Ruhl s'était de bonne heure séparé d'eux), ils se plaignent de l'esprit du pays : « Les deux tiers des habitants, disent-ils, sont contre-révolutionnaires; la plupart sont partisans de Dietrich et de Roland[2]. » Les lois contre les prêtres n'étaient pas appliquées ; ils y pourvurent[3]; mais ils se plaignent aussi des tribunaux : « Nous sommes convaincus, disent-ils, que les tribunaux seront toujours le fléau de l'humanité. » Le remède à leurs yeux serait d'augmenter la représentation nationale; de supprimer les administrations des départements, leurs conseils, leur pouvoir exécutif : les délégués de la Convention, devenus plus nombreux, les proconsuls tiendraient lieu de tout. La Convention n'est pas assez en honneur dans le pays. On l'accuse d'être divisée en deux factions et livrée aux ambitieux[4]. On l'accuse de n'avoir pas réprimé la Vendée[5] (on n'est pourtant qu'au début de la guerre). Les deux représentants ont des vues sur l'instruction publique, sur la *francisation* de l'Alsace[6]; ils ont

---

1. *Livre bleu*, t. II, n° 159.
2. Compte rendu par les députés commissaires chargés de la visite de la frontière du Rhin (Bibl. nat., Le⁴⁰, n° 10, p. 21) et le *Supplément au rapport de Dentzel et Couturier* (Bibl. nat., Le³⁹, n° 17. (Le premier rapport rédigé par Dentzel; le second par Couturier.)
3. Les prêtres constitutionnels se plaignaient d'être persécutés, réduits à fuir. Ils prirent bien leur revanche. Voy. le rapport de Dentzel et Couturier, n° 15, p. 32, 33, 40.
4. *Ibid.*, n° 17, p. 95.
5. *Ibid.*, p. 102.
6. *Ibid.*, p. 100.

imaginé un moyen de rendre les fanatiques (catholiques) patriotes, c'est de leur imposer la dîme et les charges féodales, telles qu'elles existaient avant la Révolution¹.

Il faut dire que si les deux représentants se plaignent de Strasbourg, on n'était pas, dans la ville, plus satisfait de leurs allures et de leurs actes. Ils avaient commencé par bouleverser toute l'administration, prenant pour agents principaux les deux étrangers que nous avons nommés, le jeune procureur général syndic Monet qu'ils mirent, en qualité de maire, à la tête de la municipalité renouvelée, et Euloge Schneider qui, de vicaire épiscopal, devint accusateur public au tribunal criminel du Bas-Rhin, changement qui convenait à sa nature². Ils avaient, non pas seulement destitué, mais expulsé du pays, avec des paroles amères pour la ville tout entière³, quinze des anciens administrateurs du département ou du district, sans leur faire connaître leur dénonciateur, sans les entendre : mesure fort applaudie des Jacobins à Strasbourg et aux environs⁴, fort approuvée de Bentabole à Paris⁵, mais qui excita une

1. Rapport de Dentzel et Couturier, p. 108. — Strasbourg, 15 avril 1793, *Ibid.*, n° 323 : « Les soi-disantes sections de Strasbourg envoient des députés à la Convention, qui ont l'effronterie de dire que le contingent de cette commune a été fourni dans l'espace de deux jours, avec une collecte pour les volontaires qui se monte à 120,000 livres. » — La collecte pour acheter des hommes, et il a fallu trois semaines pour compléter le nombre d'hommes à fournir. (Anonyme.)

2. Il disait, en prenant possession de sa charge :
« Citoyens, n'attendez pas de moi un long discours. Des paroles ne sauvent point la République. Des actions, une vigilance rigoureuse, un zèle infatigable, une fermeté inébranlable, peuvent seuls dompter les audacieux et jeter les ennemis de la liberté dans la poussière », etc.
Et le 20 février 1793, dans une circulaire aux juges de paix et aux officiers de police et de sûreté publique :
« Je serai toujours prêt à vous soutenir pour traîner à l'échafaud le méchant qui osera se révolter contre la loi, contre la République, contre ses représentants. Il est temps enfin que le désordre cesse, que la justice règne ; à bas l'aristocratie ! à bas le fanatisme et l'avarice ! à bas tous les vices engendrés par les maîtres de l'ancien gouvernement ! » (Heitz, *Notes sur Schneider*, p. 51 et suiv.)

3. Voy. leur lettre du 11 février 1793 (*Livre bleu*, t. II, n° 113, p. 22.)

4. Voy. les adresses qu'ils reçurent et qu'ils produisent dans les pièces justificatives de leur défense, Le⁵², n° 6, pièces 12 et suiv.

5. Voy. la lettre du 20 février au jeune maire Monet. (*Livre bleu*, t. II, n° 50, p. 151.)

grande émotion dans la ville : chacun craignait pour soi. Des citoyens ainsi expulsés vinrent se plaindre à la Convention dans la séance du 17 mars 1793. On croit entendre le paysan du Danube :

Représentants du peuple, dit l'un d'eux, vous voyez devant vous des citoyens que vos commissaires Couturier et Dentzel ont bannis par des lettres de cachet des départements du Rhin. Quelque tyranniques que nous aient paru ces ordres, sans examiner si vos commissaires avaient de pareils pouvoirs, nous avons obéi. Au lieu de nous porter la paix, ces commissaires ont mis la désolation dans le département du Rhin; ils ont banni quinze administrateurs, sans leur faire connaître leur dénonciateur et sans les entendre. La terreur a tout paralysé : chacun craint d'être arraché à sa famille, etc.

Et un autre pétitionnaire, prenant la parole à son tour :

Citoyens, j'ajouterai un mot : vos commissaires ont suspendu de leurs fonctions des administrateurs qui avaient la confiance de leurs concitoyens; ils ont mis à leur place leurs parents, leurs créatures, des gens qui n'habitent la France que depuis quinze mois; ils ont substitué à l'accusateur public du tribunal criminel de Strasbourg un prêtre allemand (Euloge Schneider); au maire de cette ville, un jeune homme qui n'a pas l'âge prescrit par la loi (le jeune Monet) et à ma place ils ont mis mon délateur. C'est ainsi qu'on récompense le zèle des citoyens qui, depuis le commencement de la Révolution, ont travaillé pour la liberté; c'est ainsi qu'on me récompense, moi qui, dans ce moment, ai deux enfants et deux neveux, que j'ai élevés, aux armées, combattant pour la liberté de la France [1].

On n'était guère accoutumé à ce langage, et surtout, il le faut dire, on n'était pas encore habitué à ces façons d'agir, à ces procédés que l'institution des représentants en mission, alors à son début, devait étendre par toute la France. Un montagnard, Mallarmé, qui prit la parole, se refusait à y croire; et pourtant il avait vu au Comité des finances des

1. Séance du 17 mars 1793, *Moniteur* du 18, t. XV, p. 723, et *Précis de la situation de Strasbourg présenté à la Convention au mois de mars 1793*, p. 135-131.

proclamations des deux commissaires tellement peu en accord avec la devise républicaine qu'il fallait bien se rendre à l'évidence. On y trouvait des considérants qui rappelaient la formule : *car tel est notre bon plaisir*. Sur sa proposition, Dentzel et Couturier furent destitués de leurs pouvoirs et rappelés dans la Convention[1]. On en sut davantage quand des députés de Strasbourg vinrent, le 1ᵉʳ avril, remercier la Convention de la mesure qu'elle venait de prendre ; et ces révélations provoquèrent un autre décret : la Convention destitua le fils de Couturier des fonctions d'ordonnateur des guerres dont il avait été investi, malgré son jeune âge, et elle prescrivit des règles pour le remplacement provisoire des administrateurs suspendus[2].

Les Jacobins de Strasbourg se montrèrent fort inquiets du rappel de Couturier et de Dentzel. Rühl, on l'a vu, s'était séparé de ses collègues, et, n'ayant pas eu à se louer de leur façon d'agir, ne ménageait ni eux ni les amis qui travaillaient à faire revenir la Convention sur leur affaire[3]. Teterel, qui se portait fort du patriotisme des Strasbourgeois, disant qu'à Strasbourg il n'y avait pas plus de cinquante têtes pour la guillotine[4], Teterel écrivait le 31 mars aux membres du club de Strasbourg comment il avait été reçu de Rühl :

J'avois été le jeudi et le vendredi chez lui. Le premier jour, il m'a insulté ; le second, il m'a tout promis, et hier, samedi, il a ajouté aux insultes de la veille la prière de f... le

1. Séance du 17 mars 1793, *Moniteur* n° 18, t. XV, p. 724.
2. Séance du 1ᵉʳ avril 1793, *Moniteur* du 4, t. XVI, p. 30.
3. Couturier écrit à Monet :

« Paris, ce 21 avril 1793, l'an 2 de la République, qui subsistera, malgré Rühl.

« Rühl qui s'étoit acquis la confiance de la Montagne, n'a pas eu de peine à l'induire en erreur. Vous jugerez de l'homme, lorsque vous saurez qu'il a répandu d'une oreille à l'autre que nous étions toujours en bombance, en fêtes et aux bals, que nous faisions geler sur notre fenêtre le vin de Bourgogne pour en tirer le pur esprit... Il a fait courir le bruit que les femmes de Strasbourg, que je fréquentois constamment, m'avoient coupé la queue dans une orgie, » etc. (*Livre bleu*, t. II, n° 28, p. 108.)

4. *Livre bleu*, t. II, n° 22, p. 97 (lettre du 1ᵉʳ avril 1793).

camp de chez lui, ou bien il me feroit jeter par les fenêtres. Voilà cet homme diabolique qui devoit demander pour moi la parole... Ce Rühl, après m'avoir mis sur la sellette devant des ennemis de la patrie qui me sont personnels, me f... à la porte, leur touche la main devant moi et me dit devant eux que nous avions mis le feu dans le département, mais que nous le payerons; qu'Offmann, l'ancien secrétaire, avoit plus de talent que tous les administrateurs ensemble; que c'étoit indigne d'avoir fait Schneider accusateur public, qu'il n'avoit point de mœurs [1], etc.

Teterel cependant, à force d'instances, avait franchi cet obstacle [2]. Une lettre du 5 avril, peu favorable à son entreprise, en parlait à des amis. Il fut admis à la barre, et un débat s'ouvrit à propos de Couturier et de Dentzel, mais ce fut Rühl qui le fit tourner en sa faveur [3].

Une chose au moins devait consoler les Jacobins de Strasbourg de ces déboires. Dietrich, le grand feuillant, comme on l'appelait, ne devait pas leur échapper. Le tribunal criminel du Doubs, présidé par Nodier, n'avait point répondu aux espérances que l'on avait fondées sur lui, mais Dietrich n'y devait rien gagner [4]. En effet le département du Bas-Rhin, saisi de la question d'émigration, la résolut affirmativement, et sa décision était sans appel: Bentabole, pour rassurer ses amis de Strasbourg sur ce point, lui adresse, par une lettre du 20 avril, deux exemplaires de la loi sur les émigrés. Mais, vu l'époque de sa rentrée en France, Dietrich ne pouvait tomber que sous

---

1. *Livre bleu*, t. II, n° 21, p. 91.
2. « Teterel a enfin paru à la barre, accompagné de Christophe Kienlin; ce dernier a eu l'impudence de se présenter au nom de la commune. Ils ont été admis le 3 à la séance du soir... Ils ont demandé le rapport des décrets du 17 mars et du 1er avril et le maintien de Couturier et Dentzel en leur qualité de commissaires; ils ont dit que le sang était prêt à couler à Strasbourg, si les mesures qu'ils proposaient n'étaient point adoptées. »
3. *Livre bleu*, t. I, n° 83, p. 155. — Rühl avait attesté le patriotisme des Strasbourgeois. Ce sont les Jacobins qui le nient!
4. « Dietrich, dit Teterel à Monet dans une lettre du 4 avril, par un décret dont la date ne me revient pas, doit être jugé, quant à l'émigration, par le département; il était donc important de renvoyer les patriotes [à Strasbourg]; les choses sont changées, et ça ira. » (*Livre bleu*, t. I, n° 112, p. 225.)

le coup de la loi du 21 octobre 1792. Or cette loi ne portait contre les émigrés simples que la peine du bannissement avec confiscation; et Bentabole, du reste, n'attendait pas autre chose :

Le ministre de l'Intérieur, ajoutait-il dans sa lettre, ayant promis de faire donner des ordres pour sa déportation, vous me ferez plaisir de vous informer exactement si cette déportation a été exécutée et de me le mander[1].

En effet des ordres en ce sens avaient été expédiés à Besançon où Dietrich était toujours détenu. Dans cet état de choses, les Jacobins se dirent que bannir Dietrich, c'était au fond lui rendre la liberté. Ils démontrèrent au département que mieux valait le retenir en prison; et ils eurent facilement gain de cause[2]. C'est ainsi que Dietrich, absous par un tribunal criminel, mais frappé par la justice administrative, resta sous la main de ses ennemis jusqu'au jour où, sur la proposition de Robespierre, il fut, par décret, renvoyé devant un tribunal qui ne laissait guère

1. *Livre bleu*, t. II, n° 26, p. 104.
2. Il faut lire, dans sa brutalité, le tableau de ces péripéties tracé par le geôlier lui-même, d'un style qui ne dément pas son origine :

« Besançon, 20 avril 1793, l'an II de la République.

« Vis donc, f... Noirot, hier, j'ai mis scellé sur les effets du scélérat Dietrich et sur ceux de sa femme, ils étoient dans la maison de justice; je vais gravement dans cette maison, je demande Dietrich, je me fais connoître; il pâlit : Ah! monsieur, s'écrie-t-il, si vous m'aviés connu, vous ne seriés pas si dure envers moi. Sa femme fait la folle; je la mets sur le lit, elle revient; que cela étoit joli! Mais prenant ma qualité d'homme public, je lui dis : Demain vous serez déporté, je dois vous donner le stricte nécessaire, et garder le reste pour la nation, donnez-moi votre argent. Ces derniers mots furent un coup de foudre; la dame se mit à pleurer; Dietrich fit un peu de mines, puis me donna dix louis. Je f... tout cela sous le scellé, et je vais rendre compte de mon expédition. Ne voilà-t-il pas que la Société des amis de l'égalité ne veut pas que Dietrich soit déporté! elle fait une pétition au département pour demander que le scélérat ne soit pas déporté, et qu'il valoit mieux le garder en prison que de le déporter. Tout de suite, je suis obligé d'aller lever les scellés; je rends tout à Dietrich qui eut alors l'air de n'être pas content, parce qu'il croyoit qu'on alloit le déporter; dites à Lavaux, au grand nez, à Monet, qu'il restera en prison et que la Société envoye une pétition à la Convention nationale pour qu'il reste en otage à Besançon... » (*Livre bleu*, t. II, n° 27, p. 107.)

échapper des victimes ainsi désignées. Nous en avons parlé au 8 nivôse dans l'*Histoire du tribunal révolutionnaire de Paris*[1].

Ajoutons deux mots sur les deux commissaires dont le départ affligeait tant les ennemis de Dietrich. Revenus à Paris, Dentzel et Couturier se défendirent par les comptes rendus que nous avons cités et cherchèrent à se décharger en partie sur Ruhl, qui parlait d'eux assez mal à la Convention et qu'eux-mêmes ne ménageaient pas davantage; ils l'accusent de s'être séparé d'eux pour veiller à des intérêts particuliers. On leur donna d'autres missions. Nous avons trouvé à la fin d'octobre Couturier en Seine-et-Oise, mariant les prêtres[2]. Dentzel, dès le mois de juillet, fut envoyé à Landau où nous l'avons vu pendant le blocus[3]. Il fit si bien que même pendant ce blocus il se fit révoquer encore; et lorsqu'il put, le blocus étant levé, revenir dans la Convention selon l'ordre qu'il en avait reçu, ce fut pour y être attaqué dans son titre même de représentant comme dans ses actes (27 nivôse an II, 16 janvier 1794). Il fut mis en arrestation et ne fut réintégré qu'après le 9 thermidor[4].

III

Les Jacobins à Strasbourg après le rappel de Dentzel et de Couturier.

Le rappel de Dentzel et de Couturier ne changea rien à la situation de Strasbourg. Monet restait à la mairie, Schneider au tribunal criminel, et tous deux continuèrent de diriger le mouvement des esprits. Le club n'avait pas attendu le 31 mai pour demander les têtes des Girondins.

1. *Histoire du tribunal révolutionnaire de Paris*, t. II, p. 294 et suiv.
2. Voy. ci-dessus, t. III, p. 372, et séance du 10 brumaire (31 octobre 1793), t. XVIII, p. 315.
3. Voy. ci-dessus, p. 290, note 1.
4. Voy. la note XIX, aux Appendices.

Or les Girondins avaient des amis en Alsace. Serait-on en mesure de les frapper? Euloge Schneider, qui avait compté mettre au pas son tribunal criminel, commençait à trouver que cet instrument ne lui suffisait point¹. Dans le journal qu'il avait fondé et dirigeait toujours, l'*Argos* (forme grecque d'*Argus*, le journal aux cent yeux, titre significatif en ce temps d'espionnage), il traitait de la nécessité d'instituer un tribunal révolutionnaire (30 avril 1793):

Nous vivons, disait-il, dans un temps où il faut des hommes inébranlables et inexorables comme Brutus; il faut qu'ils soient les piliers de notre République pour protéger l'édifice de notre liberté; il faut qu'ils soient comme des rochers auxquels éclatent les chars luxurieux des tyrans, afin que les audacieux soient précipités et soient déchirés par leurs propres coursiers. Strasbourg possède un tribunal criminel, mais les juges sont indulgents comme des pères faibles, tandis qu'ils devraient, sans être sanguinaires, être sévères comme la justice divine. Point de grâce! elle est toujours du poison; justice! elle seule est digne de véritables républicains².

Le 2 mai, il appuyait au club les motions tendant à faire prendre, comme otages, les paysans les plus notés et les plus riches de la campagne, à faire dresser la liste de

---

1. Il n'avait obtenu encore que trois condamnations à mort pour attroupements avec bâtons, massues et faux, à l'occasion du recrutement (30 mars 1793): Jos. Holzman, de Molsheim, convaincu d'être un des chefs; Laurent Jost, de Bergbietheu, et Jos. Hummel, d'Avolsheim, d'avoir provoqué et maintenu les dites révoltes. (Bibl. nat., Lb⁴¹ 2232.)

La levée des 300 000 hommes avait provoqué, en Alsace comme ailleurs, des émeutes et aussi des pamphlets. Tel était ce *Rapport aux douze sections*:

« Frères,
« Au nom de tous les diables, courez aux armes. Hâtez-vous, notre opulente République est dans la misère. Si vous tardez plus longtemps, tout est perdu, la Convention et les diables de Jacobins sont f...
« Courez, ces coquins veulent vous placer au premier rang sous les baïonnettes des volontaires... Pourquoi devons-nous nous battre?... Pour la liberté. Mais avons-nous jamais été des esclaves comme aujourd'hui? » (Heitz, *la Contre-Révolution à Strasbourg*, p. 301.)

2. Voy. Heitz, *Notes sur Schneider, et les Sociétés politiques de Strasbourg* (Bibl. nat., Lb⁴⁰ 2981), p. 61. — Le même jour, il insistait auprès de la Société populaire pour qu'on demandât à la Convention l'établissement d'un tribunal révolutionnaire à Strasbourg. (*Livre bleu*, t. II, p. 295.)

tous les gens suspects, soit de la ville, soit du département. Mais à quoi bon arrêter les suspects, si on ne les jugeait pas? Et l'accusateur public, revenant sur la mollesse de son tribunal, signalait le mauvais vouloir des juges[1]:

> Cela prouve, ajoutait-il, la grande nécessité de l'établissement d'un tribunal révolutionnaire dans notre département. Je le répète, nos tribunaux ordinaires ne valent rien pour de pareils procès. Je garantis que, quinze jours après l'établissement d'un tribunal révolutionnaire, les aristocrates seront convertis ou feront au moins semblant de l'être (23 mai 1793)[2].

La révolution du 31 mai lui ouvrait une plus large carrière. J'ai dit ailleurs avec quelle énergie la ville de Strasbourg s'était élevée, par une adresse, contre les anarchistes qui la préparaient dans Paris, et comment cette manifestation fut étouffée par le refus de concours du député Rühl, comme par la connivence des Jacobins des deux villes. La constitution du 24 juin fut acceptée. Le maire Monet fit voter dans son club une déclaration contre les représentants proscrits, qui parut être l'expression des sentiments de Strasbourg, et tout se trouva ainsi disposé pour seconder l'action des deux nouveaux commissaires de la Convention, Milhaud et Guyardin[3].

IV

Mission des représentants Ruamps, Borie, Milhaud, Guyardin, Mallarmé, Niou.

Les représentants près les armées savaient bien, on l'a vu, suppléer à l'absence des représentants envoyés dans les départements frontières. Milhaud était à l'armée des

---

[1]. Deux cas s'étaient présentés où, malgré le réquisitoire de l'accusateur public qui demandait la peine de mort, les délinquants ne furent condamnés qu'à perdre leurs droits de citoyens français, à être attachés pendant deux heures à la guillotine et emprisonnés jusqu'à la paix.
[2]. Heitz, *ibid.*, p. 66.
[3]. Voy. *la Révolution du 31 mai et le Fédéralisme*, t. I, p. 384-389.

Ardennes au mois de mai[1]; Ruamps à l'armée du Rhin. On les retrouve, comme dans une même mission, avec Borie, Guyardin, Mallarmé et Niou dans un rapport qui comprend leurs opérations communes du 27 juillet au 19 novembre ou 29 brumaire an II[2]. Dans une lettre datée de Strasbourg, 19 août 1793, c'est Milhaud, Ruamps et Borie qui annoncent à la Convention les mesures par eux prises pour hâter le versement des grains dus par les départements environnants, rehausser le crédit des assignats, sans oublier leurs visites aux forteresses et leurs excursions dans les campagnes « pour électriser les âmes vertueuses, mais souvent égarées des laboureurs »[3], etc.

En ce qui touchait le civil, l'administration jacobine ne chômait pas, et on en voit l'effet dans la lettre de Laveau, devenu rédacteur du journal *la Montagne*; à ses compliments il ne manque pas d'ailleurs de joindre ses conseils :

Vous avez donc lâché vos feuillants, frères et amis, je souhaite que vous vous en trouviez bien; mais n'espérez pas qu'un Salzmann, un Thomassin, un Ulrich se corrige jamais; le serpent meurt dans sa peau. Si vous le réchauffez dans votre sein, il vous perce le cœur. J'ose vous prédire que vous vous repentirez de votre indulgence pour ces trois coquins; Salzmann a une âme de boue; Thomassin est un coquin, Ulrich est un vil brouillon ; et ce qu'ils ont été, ils le seront toute leur vie. Faites comme nous avons fait dans ma section sur ma motion; excluez tous les signataires, ou du moins les principaux signataires des adresses royalistes, de toutes vos assemblées pri-

1. Lettre de Sedan, du 28 mai, lue à la séance du 1ᵉʳ juin 1793. *Moniteur* du 3, t. XVI, p. 539.
2. Bibl. nat., Le³⁹ 43. — « Envoyés près l'armée du Rhin pour pourvoir à ses besoins, nous arrivâmes (Borie et Milhaud) au quartier général à Wissembourg le 29 juillet, où Ruamps, notre collègue, le seul conservé de l'ancienne commission, nous donna les renseignements qu'il crut utiles au bien public. » — Lacoste et Guyardin avaient été adjoints aux représentants près les armées de la Moselle et du Rhin par un décret du 25 juillet, qui définissait ainsi leur destination : « Ils sont chargés de se transporter dans les départements de la Haute-Marne, de la Meuse, de la Moselle, de la Meurthe, du Bas-Rhin, du Haut-Rhin et des Vosges pour y faire le remplacement des garnisons dans les deux divisions de la Moselle et du Rhin. » (*Moniteur* du 27 juillet, t. XVII, p. 233.)
3. Séance du 21 août, *Moniteur* du 24, t. XVII, p. 468.

maires. C'est une mesure de police que la Convention nationale n'a pas désapprouvée à Paris, et qu'elle ne désapprouvera pas à Strasbourg, etc.

Il fait allusion aux élections que l'on pouvait croire prochaines après le vote de la Constitution :

J'espère qu'on n'oubliera pas Bentabole; il s'est toujours conduit en vrai et franc républicain, qui a toujours été au sommet de la montagne; mais Ruhl, mais Arbogast, le plus méprisé et le plus méprisable des hommes; mais Ehrman; mais Christiani, deux amphibies à deux masques, sans tête et sans cœur, la commune de Strasbourg se déshonorerait aux yeux des Parisiens, en réélisant ces hommes-là. Vous avez eu et vous avez encore Dentzel au milieu de vous; vous pouvez le juger, j'en ai été très content pendant mon séjour à Paris; je l'ai toujours vu à la Montagne et dans le vrai sens.

Les Jacobins de Strasbourg ne pouvaient pas manquer de tomber sur Custine, qu'ils avaient tant prôné jadis; et Laveau en cette circonstance fut leur homme; il travaillait à son procès, rassemblant des pièces contre lui. Est-ce en cela qu'il prétendait risquer lui-même sa tête?

Le jour de l'assassinat de Marat, j'ai reçu trois lettres qui me menaçaient du même sort. Mais aucune main féminine n'a voulu encore enfoncer le poignard dans mon sein.

Encore un martyr manqué! Il ajoutait :

Remettez, je vous prie, les lettres incluses à leur adresse. Notre ami Schneider, qui s'est déprêtrisé, devrait bien se marier, afin d'effacer tout à fait le caractère prétendu indélébile.

J'espère que vous nous l'enverrez un jour à Paris. Il le mérite bien par son zèle et les persécutions qu'il a éprouvées.

Il y fut envoyé en effet, et l'on verra comment.

J'embrasse les Jacobins et Jacobines.

Signé : Laveau[1].

Les Jacobins se prenaient bien aussi de querelle entre eux à Strasbourg, et Schneider commençait à être attaqué. Edelmann écrivait le 27 août 1793 :

---

[1]. *Livre bleu*, t. II, n° 32, p. 118-121.

Schneider m'a sommé, dans la dernière séance, de prouver par des faits ce que j'avançois alors dans mon discours...

N'a-t-il pas, entre autres, dit, il y a quelques mois, qu'il étoit indigne de respirer l'air de Strasbourg ? N'a-t-il pas, à l'occasion de la fête qui eut lieu au départ, il y a quelque temps, lâché des propos offensants contre des femmes qui ne le méritoient pas ? N'a-t-il pas tout récemment dit dans la Société que les citoyens de Strasbourg étoient plus Autrichiens que les habitants mêmes de Vienne [1] ?

Le peuple de Strasbourg avait trouvé une occasion de manifester à son accusateur public ses sentiments à l'égard des fonctions qu'il remplissait si bien.

Le 14 août avait été pris un arrêté, en vertu duquel tous ceux qui auraient agioté sur les assignats devaient être jugés révolutionnairement sans l'assistance du jury. Les représentants l'approuvèrent, et il fut décidé qu'il serait publié avec solennité dans toute la ville et qu'on promènerait la guillotine par les rues. Mais qui devait présider à cette promenade ? Le maire en déclina l'honneur. On en chargea l'accusateur public qui, d'habitude, nous dit Schneider dans son récit, est le bouc émissaire. Il accepta ; il lui fallait un acolyte dans la municipalité ; il n'y trouva qu'un pauvre homme, le citoyen Jung, officier municipal et cordonnier, faisant tout ce qui concernait son état.

On partit de l'hôtel de ville et l'on se mit en marche avec l'escorte d'un détachement à pied et d'un autre à cheval. L'arrêté fut ainsi proclamé dans la ville, trois jours de suite, comme il était prescrit ; mais il était dit qu'il le serait et dans la ville et dans le département tout entier ; chose impossible, il eût fallu un an ! Schneider imagina ce moyen de tourner la difficulté :

Je crus atteindre le but de l'arrêté, en faisant placer la guillotine sur la place d'armes jusqu'au vendredi suivant, jour auquel je tenais à la faire voir aux gens de la campagne qui se rendent habituellement aux marchés, comme dans le désert Moïse a fait voir aux lépreux le serpent d'airain...

---

1. *Livre bleu*, t. II, n° 33.

Souvenir biblique, reflet visible de son ancien état dans son nouveau métier. — L'idée fut approuvée par le maire et par le procureur de la commune.

Cependant le public ne put supporter l'aspect hideux de la guillotine. Dans la nuit du 19 au 20 août, des hommes l'enlevèrent, la placèrent sur une voiture qu'ils renversèrent devant la maison de l'accusateur public. L'instrument de mort y resta brisé, mis en pièces. L'administration municipale ne montra même aucun empressement pour en relever les débris, de peur de choquer le sentiment populaire, et l'enquête que l'on ouvrit ne produisit aucun résultat. Schneider, irrité, donna sa démission, qui ne fut pas acceptée; il resta, jurant qu'il saurait mourir à son poste, et aussi sans doute qu'il saurait y faire périr ses ennemis. Il publia, en témoignage, un écrit intitulé *la Guillotine, pierre d'achoppement pour les habitants du Marais et pour les Feuillants*, et c'est là qu'il a consigné, avec le récit qu'on vient de lire, ses griefs contre l'administration qui l'avait si mal soutenu.

On ne s'étonnera point, après cet incident, si, à l'époque où nos représentants arrivèrent à Strasbourg, toute l'administration était tenue pour suspecte dans la Société populaire. On y attaquait les administrateurs du district, et un membre ajoutait que, s'ils n'avaient pas fait leur devoir, c'est que la municipalité n'avait pas fait le sien. On attaquait le tribunal : « Les juges et jurés du tribunal criminel paraissent être dans le même cas, mais déjà la foudre de la loi est prête à les frapper, comme leurs forfaits le méritent. » A plus forte raison, se défiait-on des sections. Une députation du Comité des sections était venue porter à la Société populaire des vœux de réunion et de fraternité en présence du péril de l'ennemi; un membre fit remarquer l'inconvénient « d'une réunion trop inconsidérée et faite trop à la hâte ».

Le représentant Milhaud fit observer que l'offre de lever un bataillon pour la frontière, faite par le comité des sections, témoignait de la sincérité de leurs sentiments; mais un autre en demanda un gage supplémentaire : « Que les sections de Strasbourg donnent la confession de leur foi républicaine, en dévouant l'infâme Dietrich à une haine éternelle, en ne délivrant pas de certificats de civisme à des gens évidemment suspects, en déclarant une guerre terrible à tous les ennemis de la République une et indivisible ! » ; c'était la formule par laquelle on proscrivait tous les amis des Girondins.

Milhaud et Guyardin donnèrent bientôt du reste satisfaction aux demandes de la Société populaire, en destituant et remplaçant les corps administratifs de Strasbourg (3 octobre 1793), mesure dont ils firent part à leurs collègues Niou, Ruamps et Borie, réunis alors à Wissembourg, et qui reçut leur approbation (6 octobre)[2]. Le 8 octobre, ils établirent un Comité de surveillance et de sûreté générale, composé de douze membres. On comptait parmi eux les principaux de l'administration nouvelle et de la Société populaire[3]. C'était, on le peut dire, le Comité de salut public de Strasbourg[4]. En même temps il était question

---

1. *Extrait des minutes de quelques séances de la Société des Jacobins de Strasbourg* ; séance du 5 septembre 1793. *Livre bleu*, t. II, p. 300.

2. Pièces à l'appui de l'appel de la commune (de Strasbourg) à la République et à la Convention nationale, n° 1. (*Livre bleu*, t. I, p. 135.) Par une lettre du 25 du premier mois (16 octobre), ils font connaître au Comité de salut public, les destitutions qu'ils ont opérées à Strasbourg (Arch. nat., AF II, 150, vendémiaire, pièce 45). Par une autre du 9 du 2ᵉ mois (30 octobre), ils lui disent : « Nous vous avons déjà fait connaître le mauvais esprit qui règne à Strasbourg et nous vous avons fait part des mesures que nous avons prises pour en arrêter la maudite influence. » (*Ibid.*, 151, brumaire, pièce 105.)

3. André, procureur général syndic; Teterel, membre du département; Monet, maire; Schneider, accusateur public; Martin, procureur de la commune; Jung, officier municipal; Fibich, peintre; Edelmann l'aîné et Nestling, membres du directoire du département; Clavel et Wolff, membres du tribunal du district; Sarez, administrateur du district.

4. *Livre bleu*, t. I, n° 2, p. 5. — Voir pour leurs actes le procès-verbal des séances (*Livre bleu*, t. I, p. 3-94). Ce ne sont qu'arrestations, déportations, etc.; il y a une longue liste de suspects, par ordre alphabétique. (*Ibid.*, p. 12-19.) Un arrêté du 7 brumaire (28 octobre) portait :

« Les anciens baillis, leurs greffiers, les chasseurs et forestiers domaniaux, maîtres d'école insermentés, servantes et domestiques de prêtre

d'épurer les juges de paix, et, l'ennemi menaçant, les deux représentants faisaient procéder à des mesures de rigueur qu'ils donnaient comme réclamées par la sûreté de la ville.

Le complément ne se fit pas attendre. La France venait d'éprouver un grave échec aux frontières. Les lignes de Wissembourg nous étaient enlevées. Mallarmé, qui était allé à Paris avec Lacoste pour prévenir ce malheur, en revenait quand il était accompli (13 octobre 1793)². On n'y voulait voir qu'un effet de la trahison et l'on n'y savait de remède que dans un redoublement de rigueurs révolutionnaires. Si les soldats avaient été battus, c'est qu'ils manquaient du nécessaire; s'ils manquaient du nécessaire, c'était à cause des accapareurs. Le 20 octobre, montant à la tribune de la Société populaire, Mallarmé annonça que, pour étouffer l'accaparement, ses collègues et lui avaient créé une armée révolutionnaire de 1000 hommes, suivie d'un tribunal et d'une guillotine. Malheur aux égoïstes qui auront l'audace de cacher ou de gâter les subsistances dues à l'armée³.

Tels sont en effet les motifs qu'ils exposèrent dans le préambule de leur arrêté :

> Une triste expérience, y disaient-ils, ne nous apprend que trop que le moment est arrivé d'agir, de frapper, d'exterminer, dans quelque endroit qu'ils se trouvent, tous citoyens sourds aux besoins de la patrie, tout citoyen rebelle à la loi,

réfractaire et le plus riche aristocrate de chaque endroit seront conduits à Strasbourg, pour y rester en arrestation et y servir d'otages aux communes respectives. »
« Arrêté du Comité de sûreté générale du département du Bas-Rhin.
« Signé : Monet, président; Fuich, secrétaire. »
(Livre bleu, t. I, n° cx, p. 221.)

1. « Ils requéraient les autorités de Strasbourg « de faire transporter sous bonne et sûre escorte dans l'intérieur de la République, et ce dans tels lieux qu'ils aviseront », les prêtres insermentés et les suspects actuellement détenus, même les suspects non détenus et qu'ils pressaient l'administration de faire arrêter sans retard. (3ᵉ jour de la 3ᵉ décade du 2ᵉ mois, 13 novembre; Livre bleu, t. I, n°ˢ 4 et 5, p. 8 et 9, et les pièces citées dans le Supplément au rapport des représentants Borie, etc. Bibl. nat., Le³⁹ 41.)
2. Voy. ci-dessus, p. 161.
3. Livre bleu, t. II, p. 306.

Il est démontré, ajoutaient-ils, qu'avant que la Convention nationale n'ait établi une armée révolutionnaire, avant qu'elle n'ait effrayé par une surveillance extraordinaire et l'aspect d'un châtiment prompt les malintentionnés, le peuple de Paris et des départements environnants gémissoit sous le poids de l'accaparement et de l'avarice.

La force des sans-culottes a été déployée, le mal a été, pour ainsi dire, aussitôt tari. Il reste donc à suivre de pareilles traces dans les départements qui peuvent et doivent approvisionner nos armées.

Il importe pour le salut de la patrie que l'on anéantisse enfin tous les spéculateurs.

A cet effet, il faut qu'une force militaire soit constamment et exclusivement dirigée pour porter aux armées de la Moselle et du Rhin ce qui leur sera nécessaire et qu'il y ait un tribunal institué pour, dans tous les lieux et dans tous les moments, juger avec célérité et punir les individus qui ne fourniroient pas leur contingent requis ou qui auroient la scélératesse de faire passer à nos ennemis des denrées perçues sur le territoire de la République [1].

Suivait l'arrêté :

Art. 1. — Une armée révolutionnaire, extraite des deux armées du Rhin et de la Moselle ou des garnisons, sera établie provisoirement.

Art. 2. — Elle sera composée de 1000 hommes, divisés en deux sections, et pourra être augmentée au besoin.

Les art. 3 à 9 réglaient ses subdivisions, sa solde.

L'art. 10 définissait son objet :

Les fonctions spéciales et particulières de cette armée provisoire concerneront l'approvisionnement des armées du Rhin et de la Moselle, l'exécution des lois et arrêtés des représentants, surtout ceux relatifs à la punition des individus qui, par leurs propos, leurs actions, tendroient à désorganiser l'armée, soit en prêchant l'insubordination et le mépris des autorités constituées, soit en répandant des calomnies contre les chefs ou les fonctionnaires publics.

L'arrêté plaçait cette force redoutable sous la main de commissaires civils, nommés par les représentants qui

1. *Livre bleu*, t. I, Copie exacte..., p. 3-4.

gardaient tout droit de la diriger (art. 11); et ces commissaires, indépendamment de l'armée révolutionnaire, pouvaient d'ailleurs requérir toute autre force militaire à leur service (art. 12).

Mais leur principal instrument était la force judiciaire :

Art. 15. — Pour la plus prompte punition des coupables, il sera établi deux tribunaux provisoires, composés de trois juges chacun, qui suivront l'armée révolutionnaire.

Les juges devaient être pris parmi ceux des tribunaux de l'arrondissement des deux armées et nommés par les représentants (art. 16).

La justice était toute révolutionnaire :

Art. 18. — Les détenus seront jugés dans les vingt-quatre heures de leur arrestation, sans qu'ils puissent réclamer les dispositions des lois concernant la procédure criminelle et l'institution des jurés. S'ils sont déclarés convaincus des délits ci-dessus mentionnés, ils seront déclarés traîtres à la patrie, punis de mort et de suite livrés à l'exécuteur des jugements pour être expédiés dans les lieux du délit.

L'art. 21 nommait quatre commissaires civils parmi lesquels Euloge Schneider, accusateur public près le tribunal criminel du département du Bas-Rhin [1].

---

[1]. 21 du 1er mois (15 octobre 1793), *Livre bleu*, t. I, Copie exacte, p. 1-7, et Arch. nat., AF II, 242, à la date.

Un autre arrêté du 29 octobre (8e jour du 2e mois) portait :

« Les commissaires civils près de l'armée révolutionnaire d'après leur arrêté du 21e jour du 1er mois de l'an II de la République française, porteront un chapeau noir retroussé par devant, bouton et ganse noir entouré d'un crêpe noir à flot pendant à la gauche, décoré d'un panache rouge; ils porteront sur la poitrine un niveau de fer qui aura pour inscription, d'un côté, ces mots : *Commissaire civil de l'armée révolutionnaire*, et de l'autre : *Guerre aux traîtres, aux égoïstes, joie aux bons citoyens sans-culottes!* Ce niveau sera suspendu à un ruban aux couleurs nationales en sautoir. Ils porteront une écharpe de crêpe noir autour de la hanche avec un sabre.

Art. 2. — « Les juges de ladite armée porteront le chapeau des juges ordinaires des tribunaux; ils porteront sur la poitrine un niveau de fer qui aura pour inscription, d'un côté, ces mots : *Juges de l'armée révolutionnaire*, et de l'autre : *La vérité ou la mort*. Ce niveau sera suspendu à un ruban tricolore en sautoir. »

Au quartier général de l'armée de la Moselle, 8e jour du 2e mois de l'an II. Ehrmass, F.-A. Soubrany, H. Richard. (*Ibid.*, à la date.)

Tel fut l'acte capital de cette mission[1]. On allait voir le tribunal à l'œuvre et la matière ne lui devait pas faire défaut. Le club y travaillait, quand il sollicitait l'arrestation des gens riches des campagnes, pour servir d'otages, et dressait une liste de proscription, composée de vingt citoyens « très dangereux, ennemis jurés des jacobins, feuillants, séducteurs, traîtres et feuillants enragés[2] » (26 du 1ᵉʳ mois, 17 octobre). Et il y en avait bien d'autres. On les allait atteindre en masse en procédant, si je puis dire, par élimination. On créa des bureaux pour la remise des cartes de civisme ; c'était soumettre la population tout entière à une inquisition haineuse et farouche ; quiconque n'obtenait pas sa carte était suspect (11 brumaire, 1ᵉʳ novembre 1793).

V

Saint-Just et Le Bas.

L'Alsace qui, à cette époque, avait déjà sept ou huit commissaires de la Convention[3] en reçut deux autres qui venaient avec le titre supérieur de délégués extraordinaires, l'un membre du Comité de salut public, l'autre du Comité de sûreté générale : Saint-Just et Le Bas (1ᵉʳ du 2ᵉ mois, 22 novembre 1793).

On a vu plus haut la cause de leur mission.

La perte des lignes de Wissembourg qu'on imputait, comme toute défaite, à la trahison, et le péril qui par suite menaçait le département du Bas-Rhin, avaient motivé cet envoi tout exceptionnel. Nous avons dit la part qu'ils prirent à l'action militaire. Il nous reste à indiquer ici comment ils entendirent exercer leurs pouvoirs sur le pays et sur ses habitants.

---

1. Sur cette mission, voy. la note XX, aux Appendices.
2. *Livre bleu*, t. II, p. 304, et Heitz, *Sociétés politiques de Strasbourg*, p. 279.
3. La proclamation des représentants du peuple à l'armée du Rhin, le 10ᵉ jour de la 3ᵉ décade du 1ᵉʳ mois (21 octobre 1793), est signée de J.-B. Milhaud, Guyardin, Lacoste, Mallarmé, Ruamps, Borie et Niou. (Heitz, *Sociétés politiques de Strasbourg*, p. 282-285.)

Les deux jeunes proconsuls arrivaient avec l'idée fixe que Strasbourg était rempli de traîtres. Leur premier soin fut d'ordonner l'arrestation des suspects; et pour les frapper par les procédés les plus prompts, ils résolurent d'établir une commission militaire. Saint-Just fit connaître au club ses intentions à cet égard et il lui demanda « six hommes révolutionnaires et incorruptibles » (4 du 2ᵉ mois, 25 octobre), ajoutant que le club était seul capable de lui indiquer, à lui qui ne connaissait pas encore la ville et ses ressources, où se trouvaient le patriotisme et la vigueur[1]. »

Le club se réunit le lendemain et désigna, à l'unanimité, six de ses membres pour composer la commission de l'armée. Il choisit en outre, comme membres du tribunal qui devait suivre l'armée révolutionnaire, selon l'arrêté pris quelques jours auparavant, Nestlin, Wolff, Taffin, celui-ci (qui fut le président), ancien prêtre comme Euloge Schneider, et Clavel suppléant; et pour former le conseil demandé par les représentants du peuple, douze citoyens parmi lesquels Teterel, le peintre Edelmann, Schneider, le maire Monet et Jung.

Saint-Just et Le Bas voulurent, sans plus attendre, frapper les esprits dans l'armée par de sanglantes exécutions. Le colonel, un capitaine et l'adjudant-major du 12ᵉ de ligne, accusés d'avoir mal parlé de la République, furent fusillés devant les troupes; le général Eisenberg, qui, battu, ne s'était pas fait tuer, eut le même sort, et il y eut plusieurs dégradations.

Mais il fallait qu'on leur fournît de la matière, que l'on arrêtât les suspects. Saint-Just et Le Bas avaient demandé, on l'a vu, dès leur arrivée, qu'on leur en dressât la liste, et ils ne voyaient rien venir! Le 9 brumaire (30 octobre), ils s'étonnent de n'être pas encore obéis[2] :

---

1. *Livre bleu*, t. II, n° 100, p. 204. — Cf. Heitz (*l. l.*, p. 285), qui rapporte le fait au 22 octobre.
2. Le même jour, ils demandaient à la Société populaire son « opinion sur le patriotisme et les vertus républicaines des membres qui composaient

Depuis plusieurs jours, citoyens, écrivent-ils aux autorités compétentes, nous vous avons recommandé de rechercher et de faire arrêter les gens suspects dans le district de Strasbourg. Nous savons que dans cette seule ville il en existe des milliers, et cependant vous êtes encore à nous trouver le premier de cette liste. Il devient plus instant de jour en jour de les arrêter. Hâtez-vous de les reconnaître. Nous désirons savoir, dans le jour, les noms de tous les gens suspects dans Strasbourg !

Et le 10 on fit de nombreuses arrestations de suspects. Mais des autorités si peu empressées jusque-là étaient suspectes ; et une circonstance donna lieu de les suspecter encore à un titre plus grave. On avait remis au représentant Guyardin une lettre d'un marquis de Saint-Hilaire, lettre interceptée à son arrivée à Strasbourg et qui témoignait d'intelligences avec plusieurs des habitants, entre autres, avec l'artiste Edelmann, un des purs. Nul doute, une grande conspiration était ourdie pour livrer Strasbourg, et l'on ne pouvait mieux faire que de commencer par frapper toutes les administrations du pays. En conséquence, par un arrêté de ce jour, 13 brumaire (3 novembre 1793), l'administration départementale fut cassée, et ses membres, excepté cinq, arrêtés et envoyés à Metz pour y être détenus. Trois des cinq, Neumann, Mougeat et Teterel, durent former une commission provisoire pour l'expédition des affaires. La municipalité fut cassée, excepté le maire Monet, et les autres membres envoyés en arrestation à Châlons ; l'administration du district, cassée aussi, et les membres conduits en arrestation à Besançon. Le commandant de Strasbourg et le comité de surveillance de la ville, chargés d'exécuter l'arrêté, devaient faire en sorte que tous les membres des autorités cassées fussent hors de la ville le lendemain, à huit heures du matin².

l'administration du département du Bas-Rhin. » (*Livre bleu*, t. II, n° 98, p. 203.)

1. Buchez et Roux, *Hist. parlementaire de la Révolution française*, t. XXXI, p. 34 (collection d'arrêtés communiquée par M. Ph. Le Bas, fils du conventionnel).

2. *Livre bleu*, t. I, n° 14, p. 14 ; Buchez et Roux, t. I., p. 35. — Cf. Véron-

C'était le club de Strasbourg que les représentants avaient chargé de remplacer la municipalité par une commission provisoire de douze membres, sous le maire Monet, conservé comme on l'a vu[1]. Cette proscription de tous les autres n'avait pas laissé d'émouvoir le club. Les deux jeunes proconsuls n'avaient vu que le grand effet que devait produire la révocation en masse des trois conseils administratifs; or dans le nombre il pouvait y avoir d'autres patriotes encore que les cinq ou six épargnés. Le club réclama donc; et l'on fit encore quelques exceptions[2]; mais l'arrêté demeura. Il fallait qu'il fût bien constant qu'une grande conspiration avait été ourdie pour livrer Strasbourg; qu'elle avait été découverte par les représentants; qu'ils avaient sauvé la ville par cette exécution sommaire. C'est le thème d'une longue lettre qu'ils écrivirent au club, en réponse à ses réclamations (4 novembre); c'est aussi le fond de la dépêche que les deux autres représentants, Guyardin et Milhaud, sur leur déclin, adressaient la veille à la Convention[3]. A la fin de cette pièce, et par manière de *post-scriptum*, ils parlaient du tribunal révolutionnaire qu'ils avaient établi avec Mallarmé, quelques jours avant l'arrivée de Saint-Just et de Le Bas :

Le tribunal révolutionnaire que nous avons établi pour juger les accapareurs, les agioteurs, les marchands qui ne veulent pas se conformer à la taxe des denrées, a déjà fait des exemples utiles. Plusieurs ont été condamnés à des amendes de cinquante et cent mille livres, et à quelques années de fers. Il faudra encore quelques exemples pour détruire la cupidité qui est pire dans cette ville que dans toute autre de la République; mais le tribunal n'épargne personne, et ça ira.

Ça ne devait pas *aller* longtemps pour eux; car le jour même où ils signaient cette lettre, ils étaient rappelés, ainsi

---

Reville, *la Révolution dans le Haut-Rhin*, p. 143 et 146; et Heitz, *Sociétés politiques de Strasbourg*, p. 290.

1. *Livre bleu*, t. II, n° 99, p. 203 (14 du 2ᵉ mois, 4 novembre 1793).
2. *Ibid.*, n° 5, p. 26.
3. Lue à la séance du 19 brumaire (9 novembre 1793); *Moniteur* du 22, t. XVIII, p. 380.

que Ruamps, Mallarmé, etc., et remplacés par Lémane, Baudot, Ehrmann et Lacoste (du Cantal)¹. Mais avant de partir ils pouvaient se vanter de n'avoir pas failli à leur mission :

Citoyens collègues, écrivaient-ils le 16 (6 novembre), la terreur est à l'ordre du jour sur cette frontière; les tribunaux révolutionnaire et militaire rivalisent de sévérité contre les égoïstes et les conspirateurs. Tous les riches contre-révolutionnaires et fanatiques des villes et des campagnes sont arrêtés par nos ordres. Nous croyons que leurs trésors, qui sont encore sous les scellés, produiront à la République plus de 15 millions en assignats et numéraire. Trois ou quatre jugements du tribunal révolutionnaire ont fait verser dans les caisses publiques plus de 600 000 livres d'amendes...

Nos collègues Saint-Just et Lebas ont fait déporter dans l'intérieur tous les corps administratifs et nous avons fait arrêter et déporter à Dijon tout l'état-major de la garde nationale². C'est ainsi que l'ancien complot de livrer Strasbourg à l'ennemi s'exécute!

Plusieurs officiers supérieurs et soldats ont été fusillés à la tête des camps.

Le peuple sans-culotte se réveille, l'armée du Rhin s'électrise³, etc.

Ils pouvaient bien se vanter d'avoir épuré l'armée ; c'était pour la quatrième fois⁴!

1. Séance du 13 brumaire an II, *Moniteur* du 15 (5 novembre 1793), t. XVIII, p. 339.
Avant leur départ, ils avaient fait une exécution non sanglante : un arrêté du 14 brumaire (4 novembre), signé Baren, Ruamps et Guyardin, porte : « Les titres féodaux existant dans l'hôtel des Deux-Ponts seront livrés aux flammes à Strasbourg. (Dépôt de la Guerre, armée du Rhin. Copie certifiée par Dieche, à la date du 10 novembre.)
2. Par un arrêté du 14 brumaire (4 novembre 1793), *Livre bleu*, t. I, n° 16, p. 10.
3. Séance du 23 brumaire, *Moniteur* du 25 (15 novembre 1793), t. XVIII, p. 421.
4. Ils écrivent à la Convention le 19 brumaire (9 novembre) avant de se mettre en route : « Citoyens collègues, nous vous adressons deux exemplaires de deux arrêtés qui achèveront d'épurer l'armée et qui pourront contribuer au salut de la République. L'état-major de l'armée du Rhin avait été épuré trois fois par nous et nos collègues, et trois fois la trahison s'est reproduite ». (Séance du 25 brumaire, *Moniteur* du 27 = 17 novembre 1793, t. XVIII, p. 439.)

Et le 18, ils écrivaient encore au comité de surveillance :

Nous vous invitons, citoyens, à nous rendre compte du résultat des scellés apposés sur les papiers des notaires, banquiers, agents de change et autres scélérats que vous avez fait arrêter, afin de faire alimenter la guillotine par la chute de leurs têtes et de donner par là l'exemple terrible de la vengeance nationale dont tous les conspirateurs vont bientôt être atteints, et afin de faire porter à la Convention nationale tous leurs trésors.

Harmand (de la Meuse) en produisant cette pièce devant le conseil des Anciens [1] a besoin de dire qu'elle est signée par Milhaud et Guyardin et non par Saint-Just et Le Bas, comme on l'aurait pu croire. Saint-Just et Le Bas prirent beaucoup d'autres arrêtés qui autorisent cette façon dont Harmand (de la Meuse) parle d'eux alors. Citons en premier lieu l'arrêté qui transforma le tribunal criminel du premier arrondissement de l'armée du Rhin en une sorte de tribunal révolutionnaire ; le tribunal, à la fin d'un mémoire où il prie les représentants du peuple près cette armée de donner plus d'énergie à sa juridiction, déclare que ses vœux sont exaucés, quand il dit :

Les représentants du peuple, Saint-Just et Le Bas, viennent, durant l'impression de ce mémoire, d'ériger le tribunal militaire en commission révolutionnaire pour juger, sans forme de procédure, les agents et partisans de l'ennemi, ainsi que les agents prévaricateurs des administrations de l'armée ; en cas de conviction, ils seront fusillés à la tête de l'armée, et dans le cas de simple suspicion, renfermés à Mirecourt ; les autres délits seront, jusqu'au rapport de la loi du 12 mai, jugés par les jurés [2].

On y peut joindre beaucoup d'autres arrêtés pris en vue des besoins de l'armée, je l'accorde, mais qui intéressaient la justice révolutionnaire à plus d'un titre ; car ils aboutissaient, pour la plupart, à la prison ou à la guillotine :

---

1. Dans la séance du 7 fructidor an V, 24 août 1797, *Moniteur*, n° 342, t. XXVIII, p. 481.
2. 22 octobre 1793. Bibl. nat., Lb⁴¹ 3132, p. 8.

10 brumaire. — « La municipalité de Neuf-Brisach, qui a exposé le salut de l'armée du Rhin, sera mise en arrestation sur-le-champ et transférée au Comité de sûreté générale de la Convention pour y rendre compte de sa conduite ! » (elle avait arrêté des fourrages).

17 brumaire : emprunt de 9 millions sur une liste dressée par les deux représentants, avec peine d'exposition pendant trois heures « sur l'échafaud de la guillotine » pour le plus riche imposé qui n'aurait point satisfait dans les vingt-quatre heures à son imposition, et un mois de prison, par chaque jour de retard pour tous les autres [2].

Et ces ordres qui pleuvent chaque jour sur la municipalité nouvelle :

21 brumaire : « Les citoyennes de Strasbourg sont invitées de quitter les modes allemandes, puisque leurs cœurs sont français. »

1. Dépôt de la Guerre, armée du Rhin, à la date.
2. Arch. nat., AF II, 125, dossier 21, pièce 2.
« Les représentants... arrêtent que le particulier le plus riche imposé dans l'emprunt de neuf millions, qui n'a point satisfait dans les vingt-quatre heures à son imposition, sera exposé demain, 18 du 2ᵉ mois, depuis 10 heures du matin jusqu'à 1 heure sur l'échafaud de la guillotine.
« Ceux qui n'auront point acquitté leur imposition dans la journée de demain, subiront un mois de prison par chaque jour de délai, attendu le salut impérieux de la patrie. »
« Strasbourg, le 17 du 2ᵉ mois de l'an II (7 novembre 1793).
Berger, agent du ministre de la Guerre, lui écrivait à ce propos (19 brumaire, 9 novembre) : « Ils crient, mais ils payent... la guillotine est permanente, c'est ce qui les fait marcher. L'assignat a repris de la faveur. Sous peu, Strasbourg ne sera plus reconnaissable d'il y a un mois. » (Dépôt de la Guerre, armée du Rhin, à la date).
Le libraire Treuttel fut particulièrement l'objet des rigueurs du Comité de surveillance et de sûreté générale, chargé de l'application du décret. On lit dans les procès-verbaux :
« En considération de l'égoïsme du citoyen Treuttel et de son peu de zèle pour la Révolution, le Comité arrête que, si dans le délai de trois jours, ledit Treuttel n'aura pas satisfait à sa contribution, sa famille, et notamment sa femme, sera mise en état d'arrestation. » (*Livre bleu*, t. I, Procès-verbaux, p. 19.)
Treuttel a fait et publié plus tard un Mémoire contre les vexations dont il avait été l'objet, sous ce titre : *Tyrannie exercée à Strasbourg par Saint-Just et Le Bas*. (Bibl. nat., Lb⁴¹ 1218.) Au moment où il écrit, il peut noter, sur cet emprunt de neuf millions, qu'on n'en avait pas demandé autant aux villes conquises, et bien plus riches, de Bruxelles, d'Anvers et de Francfort.

25 brumaire : « Dix mille hommes sont nu-pieds dans l'armée ; il faut que vous déchaussiez tous les aristocrates de Strasbourg et que demain, à dix heures du matin, les dix mille paires de souliers soient en marche pour le quartier général. »

27 brumaire : « Tous les manteaux des citoyens de la ville de Strasbourg sont en réquisition. »

Et nous en passons.

Nous ne pouvons omettre pourtant celui du 16 brumaire (6 novembre) qui prescrit de faire « arrêter, sous les vingt-quatre heures, tous les présidents et secrétaires des sections lors du 31 mai et tous ceux qui ont manifesté quelques connaissances avec les fédéralistes[1] »; car le fédéralisme était le grand crime alors en province. A leurs prédécesseurs se rapporte l'institution de la *Propagande* dont ils eurent à s'occuper aussi : comité de jacobins, pris parmi les plus prononcés des Sociétés populaires des départements voisins et appelés à Strasbourg pour y régénérer l'esprit généralement modéré du pays. Ce qu'étaient ces hommes, il ne faut pas sans doute en croire sur parole ceux qui avaient bien appris à les connaître, mais qui écrivent après le 9 thermidor : « Une horde de patriotes à moustaches qui, dans des orgies nocturnes, consumèrent crapuleusement les comestibles mis en réquisition », dit un ancien administrateur du Bas-Rhin[2]; « une école normale de contre-révolution », dit Faure, — (contre-révolution à la façon du père Duchesne), — « planant sur les autorités constituées » et répandant une telle consternation dans le Bas-Rhin « que la moitié des habitants avaient déserté leurs foyers »[3]; « monstrueuse association, dit Harmand (de la Meuse), dans les soixante membres environ qui la formaient on comptait à peine trois ou quatre individus chez lesquels

---

1. Buchez et Roux t. I., p. 30; Heitz *Sociétés politiques de Strasbourg*, p. 290.
2. Dekker, 25 thermidor an II, dans le *Livre bleu*, t. I (1ᵉʳ morceau), p. IX.
3. Séance du 24 pluviôse an III, *Moniteur* du 26 (14 février 1795), t. XIII, p. 447.

l'amour de l'humanité n'était pas éteint[1]. » — Ces témoins-là sont des ennemis, mais écoutons leurs partisans :

« La guillotine va toujours son train ici », écrit le 29 brumaire an II (19 novembre 1793) un citoyen Delcambe au représentant Milhaud (Milhaud venait de quitter Strasbourg et devait apprendre avec plaisir que tout s'y maintint dans la voie ouverte par lui et par Guyardin, son collègue) :

Une vingtaine de jacobins de différents départements sont arrivés à Strasbourg pour achever de détruire les vieux préjugés des Strasbourgeois ; déjà ils ont remplacé l'autel des prêtres de la cathédrale par l'autel de la patrie. Ils vont aussi démuscadiner la Société populaire, et bientôt on dira : « Strasbourg fut aristocrate. » L'esprit public y change journellement[2].

Ces éloges mêmes permettent déjà de les juger. On les jugera mieux encore par leurs actes. Ils avaient tenu leur première séance le 27 vendémiaire (18 octobre 1793), vers la fin de la mission de Milhaud et de Guyardin, et dès le début ils se posaient en maîtres. Il faut voir avec quel mépris quelques-uns de ces hommes parlaient de la ville qui les avait accueillis. Les délégués de Saône-et-Loire écrivaient à leurs frères de la Société populaire de Beaune (21 brumaire, 11 novembre) :

La ville de la Strasbourg, cette clef de la République, a failli être victime d'une trahison infâme. Elle devait être livrée, il y a trois jours, aux despotes de la Prusse et de l'Autriche. La conspiration a été découverte... disons encore une fois *Vive la République.*

Frères et amis, les traîtres ne font qu'ajourner leurs projets, ils ne les abandonnent jamais. Ils vont travailler à une conjura-

---

1. Conseil des Anciens, séance du 7 fructidor an V, *Moniteur* du 12 fructidor (29 août 1797), t. XXVIII, p. 782.
2. Séance du 3 frimaire an II, *Moniteur* du 5 (25 novembre 1793), t. XVIII, p. 500. — La Société populaire de Strasbourg, qui comprenait naturellement la fleur des Jacobins, faisait encore appel le 23 brumaire (13 novembre) aux Sociétés affiliées de province pour avoir du renfort. (*Livre bleu*, t. I : *Pièces à l'appui de l'Appel de la commune à la République et à la Convention nationale*, n° 83, p. 151.

tion nouvelle. Le mauvais esprit de la majorité des habitants de la ville de Strasbourg, le caractère vil et rampant de ces hommes amis de l'esclavage, les intelligences que l'ennemi trouve encore le secret d'entretenir dans la place; les royalistes, les indifférents, les égoïstes dont le pays abonde, tout fait craindre pour le sort d'une ville qui, par sa prise, compromettrait le salut de la République entière.

Il faut que de toute part les patriotes se rendent dans cette place importante pour contre-balancer par leur énergie les efforts de la malveillance [1], etc.

L'établissement du culte de la Raison venait de leur livrer la cathédrale. Le 27 brumaire (17 novembre) [2], ils y tinrent une réunion générale avec les autorités constituées et la Société populaire de Strasbourg, réunion où l'on s'occupa de la défense du pays, compromise par les aristocrates et les égoïstes, et par conséquent de la guerre à faire tout d'abord aux nobles, aux agioteurs et aux fanatiques. Le lieu était propice pour déclamer contre les prêtres. Le peuple, consulté dans les deux langues, déclara qu'il n'en voulait plus reconnaître d'aucune sorte; et du *temple de la Raison*, on se rendit en masse à la Société populaire, en chantant l'hymne de la liberté [3]. — L'égalité faillit recevoir un autre hommage. Le 4 frimaire (24 novembre), un des membres de la nouvelle administration créée par Saint-Just et Le Bas, un des jacobins indigènes cette fois, fit la motion d'abattre la tour de la cathédrale

---

[1]. *Livre bleu*, t. II; n° 60, p. 169.
[2]. Et non le 27 vendémiaire (18 octobre), comme il est dit dans l'*Appel de la commune de Strasbourg* (*Livre bleu*, t. I, p. 13). — Voy. Heitz, *Sociétés politiques de Strasbourg*, p. 291.
[3]. Procès-verbal de l'assemblée générale des autorités constituées et réunies au temple de la Raison le 27e jour du 2e mois de l'an II. (*Livre bleu*, t. I, Pièces à l'appui de l'Appel, n° 33, p. 91.) — Cf. l'adresse de la Propagande révolutionnaire aux citoyens de Strasbourg et des départements du Rhin (12 frimaire, 2 décembre 1793) :
« Lorsque l'énergie de tous ceux qui doivent entretenir celle du peuple nous sera démontrée; lorsque ses faux amis seront démasqués, et ses ennemis confondus, nous irons dire dans nos départements : « Les sans-« culottes de Strasbourg, débarrassés de tous les artisans de la contre-révo-« lution, souffriront la mort plutôt que de cesser d'être libres. » (*Ibid.*, n° 43, p. 41.)

jusqu'à la plate-forme¹, en haine de tout ce qui domine, par amour du niveau. Qui eût osé l'entreprendre? Saint-Just et Le Bas firent une chose plus pratique. Pour mettre l'ancienne église en harmonie avec ses nouveaux fidèles, ils prirent cet arrêté :

> Les représentants chargent la municipalité de Strasbourg de faire abattre dans la huitaine toutes les statues de pierre qui sont autour du temple de la Raison.

Ajoutons, ce qui devait moins plaire, même aux jacobins de Strasbourg, que tous les vases d'or et d'argent des églises furent envoyés à Paris².

VI

Baudot et Lacoste.

Milhaud et Guyardin, rappelés à la Convention, avaient été remplacés en Alsace par Baudot, Ehrmann et Lacoste³, la mission supérieure de Saint-Just et Le Bas durant toujours; et les nouveaux arrivants ne paraissaient pas de nature à gêner beaucoup ces deux derniers proconsuls. Une des premières manifestations de Baudot fut un hommage rendu à l'énergie qu'ils venaient de déployer. Il écrit le 29 brumaire (19 novembre) à son collègue Charles Duval :

> C'en était fait de l'esprit public sur la rive du Rhin, sans les opérations révolutionnaires de nos collègues Saint-Just et Lebas.

Et parlant de la Propagande qui venait de tenir sa grande réunion :

> Les Sociétés populaires des départements de la Côte-d'Or, des Vosges, de la Haute-Marne, de la Meurthe, du Mont-Ter-

---

1. Heitz, *Sociétés politiques de Strasbourg*, p. 302.
2. Arch. nat., AF II, 135, dossier 21, pièces 5 et 6, et *Livre bleu*, t. I, *Pièces à l'appui*, etc., nᵒˢ 39 et 40, p. 31 et 33.
3. Séance du 13 brumaire, *Moniteur* du 15 (5 novembre 1793), t. XVIII, p. 335.

rible, de la Moselle, de Saône-et-Loire et autres ont envoyé des propagandistes trempés au fer chaud du père Duchesne¹ pour régénérer la ville de Strasbourg. L'esprit public gagne chaque jour par leur zèle et leurs lumières; les harangues d'un côté, la guillotine de l'autre, font espérer un succès complet.

On avait fait beaucoup pour les juifs; il croyait qu'il y avait quelque autre chose à faire :

La race juive, mise à l'égale des bêtes de somme par les tyrans de l'ancien régime, auroit dû, sans doute, se dévouer tout entière à la cause de la liberté qui les rend aux droits de l'homme. Il n'en est cependant rien...

Je sais que quelques-uns servent dans nos armées, mais en les exceptant de la discussion à entamer sur leur conduite, ne seroit-il pas convenant de s'occuper d'une régénération guillotinière à leur égard².

Et ce représentant, dont M. Quinet vante si fort les mémoires, a passé pour un modéré! Il imitait volontiers les façons d'agir de Saint-Just :

Les batteries de cuisine, chaudrons, poêlons, casseroles, baquets et autres objets en cuivre et en plomb... sont mis en réquisition³.

Il affectait des allures de Spartiate :

Les actions, les manières, le style, tout dans une république doit porter l'empreinte de la liberté. Les phrases longues appartiennent au régime des monarchies; le laconisme est le propre d'une république.

1. Image risquée. On n'y voit que du feu.
2. *Livre bleu*, t. II, p. 127. On lit dans l'*Extrait du registre des délibérations du district de Strasbourg* une délibération qui se résume ainsi :

« Le succès que la philosophie vient d'obtenir sur les catholiques et les protestants est incomplet », car il reste les juifs : leurs pratiques, la circoncision par exemple, sont un outrage à la divinité; leur longue barbe, pure ostentation.

« Ils pratiquent, ajoute le requérant, une langue qu'ils ne connaissent pas et qui n'est plus usitée depuis longtemps. En conséquence, je requiers la commission provisoire de leur interdire ces usages et d'ordonner qu'un autodafé sera fait à la Vérité de tous les livres hébreux et principalement du *Talmud*. » — Suit l'arrêté conforme, 2 frimaire, 22 novembre 1793. (*Livre bleu*, t. II, n° 94, p. 200.)

3. *Livre bleu*, t. I (Pièces à l'appui de l'Appel), n° 36, p. 31.

Dix lignes suffisent, et au delà, pour chaque objet d'une pétition. Ceux qui en écrivent davantage seront suspectés de vouloir mettre des longueurs à la Révolution¹.

Nouvelle catégorie de suspects!

Avec son collègue Lémane, dont le nom se trouve auprès du sien au bas de ces derniers arrêtés, il s'associait à Saint-Just et à Le Bas et les suppléait au besoin dans cette guerre contre toute religion que la proclamation du culte de la Raison avait inaugurée².

Le 30 brumaire, il avait célébré avec enthousiasme la fête de la Raison. Il comptait sur ces fêtes pour relever l'esprit public dans Strasbourg. Dietrich, disait-il dans une lettre du lendemain, l'avait perdu; et, en bon sectateur du nouveau culte, il demandait sa tête, exprimant le vœu qu'elle tombât sur la place de Strasbourg³. Il sacrifiait à la jalousie des Jacobins l'influence politique des sections dont il supprima la permanence. Enfin, il était prêt à renchérir sur tous les actes révolutionnaires. Dans la séance du 16 frimaire aux Jacobins de Strasbourg, le compte rendu dit de lui :

Baudot demande la parole, et, de la tribune, il développe, avec une éloquence mâle et républicaine, les grandes mesures que l'on doit prendre dans un instant où *la terreur est à l'ordre du*

---

1. *Livre bleu*, t. I (Pièces à l'appui de l'Appel), n° 35, p. 30.
2. Schneider se trouvait singulièrement distancé, lui qui venait d'écrire : « Je ne dirai point pour cela qu'il ne faut plus de prêtres. La religion chrétienne est incontestablement un moyen efficace pour la perfection du genre humain; sa morale est pure, simple et humaine, et celui qui veut l'abolir est, d'après mon opinion, un homme dangereux et nuisible, un ennemi de la moralité sans laquelle aucun État, et bien moins encore aucune République, ne peut subsister longtemps. » (*Sur l'état des affaires religieuses*, 1ᵉʳ septembre 1793.) — Heitz, *Notes sur Euloge Schneider*, p. 87.
3. « L'esprit public fait chaque jour quelques progrès. Hier on a célébré ici la fête de la Raison, plusieurs prêtres lui ont fait hommage de leurs titres de sottise.
« La propagande, envoyée par les Sociétés populaires voisines, produit le meilleur effet.
« La perte de l'esprit public à Strasbourg remonte au temps de la puissance du maire Dietrich; il seroit très important qu'il en subît la peine sur le lieu même du délit. »

M.-A. BAUDOT.

jour ; il insiste sur la nécessité d'un épurement dans les sociétés populaires, puis dans les administrations ; fait sentir que les vertus morales et civiques doivent être la base du caractère du républicain ; c'est sur elles que repose la liberté, cette liberté sainte, forte de sa propre énergie et de sa conscience, qui fait lutter et triompher des efforts des traîtres qui l'environnent. Il engage tous les citoyens à se ranger sous ses lois et menace ceux qui s'y refuseront *de la hache qui est suspendue sur la tête des pervers*[1].

La hache, argument péremptoire de ces apôtres de la liberté !

Et à la suite des épurations accomplies en sa présence, remontant à la tribune dans la séance du 19, il ne s'arrête plus à ces simples éliminations politiques. Voici comme le procès-verbal résume son discours :

Dans un gouvernement républicain, où tout doit tendre au bien public, il est surpris de voir une infinité de gens suspects en gérer les fonds, en disposer, en dispenser les revenus ; depuis le moment de leur suspicion, ils sont hors la loi, hors du corps politique ; ils ne doivent y avoir aucune part, ils s'emparent d'un bien qui doit appartenir aux sans-culottes. Pour remédier à ces abus, quel seroit le moyen ? [Ce seroit] de ne laisser dans la République que des républicains, point d'amalgame d'ancien régime avec un gouvernement naissant ; il faut conséquemment faire abstraction de tous les membres gangrenés, qui n'ont pas l'esprit du bien public. Les égoïstes, les insouciants, les ennemis de la liberté, ennemis de la nature entière, ne doivent pas compter parmi ses enfants.

Il insiste sur les raisons de cette amputation :

Quel est celui d'entre vous qui pourroit supporter les regards d'un ennemi du genre humain, qui ne chercheroit pas à le détruire ? Et ne sont-ils pas dans ce cas, tous ceux qui s'opposent au bien général, ou même qui n'y concourent pas ? Guerre ouverte, guerre éternelle avec eux, ou bien renonçons de sauver la patrie.

---

1. *Extrait de quelques fragments des procès-verbaux de la Société des Jacobins de Strasbourg dans le Livre bleu*, t. I (Pièces à l'appui de l'Appel), n° 101, p. 200.

Et il exhortait les patriotes à la lutte :

C'est actuellement que tout républicain doit se montrer, c'est dans les difficultés qu'il doit se prononcer ; il n'y a point de mérite à être patriote dans la paix, c'est dans les moments de crise que l'on doit agir. La révolution est faite pour le peuple ; c'est un accumulement de bien et la destruction des préjugés qui faisoient son malheur. Quel que soit le nombre des égoïstes, des lâches, des ennemis du peuple, ne les redoutons pas ; ce n'est pas le nombre qui fait la force, c'est l'union et la vertu. Si quatre années n'ont pas suffi pour les éclairer, ils ne le seront jamais ; ils étoient nés pour l'esclavage ; ils prendront les masques, les dehors du patriotisme, et ne l'auront jamais dans le cœur.

Détruisons-les donc entièrement [1].

Le procès-verbal continue :

L'orateur pensoit d'abord qu'on auroit pu les occuper à des travaux publics : les nobles eussent détruit leurs châteaux ; de leurs débris, leurs adhérents eussent construit des chaumières aux sans-culottes ; mais en leur donnant cette liberté, ils pourroient s'échapper. Faisons-les donc disparoître d'un sol qu'ils ont souillé : fussent-ils un million ; ne sacrifieroit-on pas la vingt-quatrième partie de soi-même pour détruire une gangrène qui pourroit infecter tout le reste du corps?

C'est de la chirurgie politique.

Mais par là, dira-t-on, nous nous attirerons l'exécration des despotes. — Et ne les exécrons-nous pas nous-mêmes, eux et leurs enfants, leurs infâmes suppôts, les nobles et les prêtres? — Jamais d'autre idée, d'autre pensée, que pour la liberté.

Cette liberté-là menait bien loin.

D'après ces considérations l'orateur pense qu'il faut mettre à mort tout homme qui n'est pas tout entier à la République.

Et le procès-verbal reproduit encore ses paroles :

Élevons un mur de séparation entre le royalisme et la patrie ; ce mur s'écroulera sur la tête des coupables, et forçons tout

---

[1] *Livre bleu, ibid.*, t. I, p. 210-212.

individu à n'avoir pas un instant de sa vie qui ne le rappelle à la République.

Punissons ceux qui oseroient former le vœu de s'en séparer. Qu'ils n'oublient jamais que la République s'appartient en entier et que, dès qu'ils n'en sont plus membres, leurs propriétés ne sont plus à eux.

L'orateur invite la Société à demander une mesure générale sur tous les gens suspects ; il pense que la République devroit, dans un seul instant et d'un seul coup, faire disparoître de son sol les amis des rois et de la féodalité[1].

De pareilles prédications faisaient travailler les têtes dans la Société populaire. Le 22 frimaire (12 décembre 1793), un membre demanda que l'on tînt pour suspect et que l'on expulsât tous ceux qui n'avaient point voté la mort du roi ; un autre, que l'on fît trois catégories de suspects ; la première pour la guillotine ; la seconde pour la déportation ; la troisième pour la prison jusqu'à la paix. Le 23 (13 décembre), un autre (quelque ancien prêtre allemand sans doute) débutait en ces termes :

Hérode ne fit-il pas sur une... massacrer tous les enfants dans ses états.

Et après quelques autres exemples :

Cette mesure d'exterminer les gens suspects est nécessaire, vigoureuse, atterre les malveillants et forcera tous les traîtres à rentrer dans la poussière. Quel sera le mode pour hâter son exécution ?

Il faut prendre garde d'y envelopper les patriotes, et voici le moyen qu'il a imaginé. Le peuple nommeroit une commission de douze membres :

Ils examineroient la cause des détenus et les conduiroient devant le peuple en masse. Point d'orateur, défenseur officieux,

---

[1]. *Livre bleu*, ibid., p. 212. — Baudot écrit le surlendemain, 24 frimaire, au Comité de salut public : « Les mesures révolutionnaires que nous prenons vont toujours leur grand train, et si les Strasbourgeois et les Alsaciens ne sont point repentants, du moins sont-ils tremblants ; nous les avons lancés et ils n'en seront point quittés pour la peur. » (Arch. nat., AF II, 152, frimaire, 2ᵉ partie, pièce 121). — Voy. aussi la note XXI, aux Appendices.

IV. — 22

L'accusé seroit interrogé, jugé et puni par le peuple ; ainsi agissoient les Romains aux beaux jours de la République.

Ainsi avaient fait aussi les massacreurs aux jours sanglants de septembre; et l'exemple, d'après le compte rendu, fut proposé :

Quelques-uns s'arrêtent sur l'acte de justice nationale au mois de septembre 1792.

Le 24, on va conclure. Un membre fait la remarque que, dans une république, il ne peut y avoir que des républicains ou des traîtres. Conséquence : mort à tous ceux qu'on n'estime pas républicains.

Un autre distingue trois catégories dans les détenus : les modérés, les suspects et les fanatiques. Il demande la réclusion pour ces derniers et pour les autres une commission qui les juge, ne leur appliquant qu'une seule peine : la mort. Un autre s'écrie : « Que tous ceux qui n'ont rien fait pour la chose publique soient retranchés de la société. » Il se trouva pourtant un homme pour faire observer que tous les coupables ne méritent pas une même peine et qu'il serait dangereux de laisser à une commission le soin de décider de leur sort :

Il ne faut pas, dit-il, accoutumer le peuple à verser le sang du peuple; il conviendrait de ne s'occuper du mode d'exécution que dans des moments plus calmes et plus tranquilles.

Mais cet avis eut peu de prosélytes :

A cette séance, dit le procès-verbal, tous les membres présents, excepté trois, sont montés à la tribune et ont voté individuellement la mort de tous les prévenus, avec ou sans jugements. Les tribunes, composées en grande partie des parents et amis des détenus, ont été forcées par la terreur d'applaudir et d'adhérer à cette mesure sanguinaire [1].

1. *Livre bleu*, t. I, ibid., p. 212-217. Suit le fragment de ces délibérations meurtrières, trouvé parmi les minutes des procès-verbaux non enregistrés.

En attendant qu'on en vînt à pratiquer cette justice sommaire, la justice révolutionnaire ne chômait pas. Nous avons parlé de la commission établie par Saint-Just et Le Bas à la suite de l'armée. Il est temps de retracer les actes du tribunal créé, peu de jours avant leur arrivée, par leurs collègues, Mallarmé, Milhaud et Guyardin et qui parcourait le pays avec une armée révolutionnaire pour escorte.

CHAPITRE XXXII

LA JUSTICE RÉVOLUTIONNAIRE
ET LES DERNIÈRES MISSIONS DE L'AN II EN ALSACE

I

Euloge Schneider et son tribunal ambulant.

La justice révolutionnaire en Alsace, force armée et tribunal, était surtout dans la main de Schneider qui remplissait les fonctions de commissaire civil, et c'est ce qui fit sa perte.

Le tribunal avait, il en faut convenir, de singulières allures. Un tribunal, fût-il révolutionnaire et dispensé de toute forme, devait avoir pour rôle spécial de juger, d'appliquer aux accusés, qui lui étaient soumis, les peines prescrites pour les délits définis par la loi. Celui-ci n'appliquait pas seulement les peines aux délinquants ; il définissait les délits, déterminant les peines, légiférant, poursuivant, jugeant et condamnant à la fois. En voici quelques échantillons :

Si dans deux fois vingt-quatre heures les boucheries ne sont point garnies de la viande nécessaire pour la substentation de la ville, et surtout du porc, les plus riches des bouchers seront arrêtés, déportés et leurs biens confisqués.

Fait à Strasbourg, le 24 brumaire l'an second de la République une et indivisible.

Signé : Taffin, président, Euloge Schneider, commissaire civil ; Wolf, Clavel, juges ; Weiss, secrétaire greffier [1].

[1] Affiche. (Bibl. nat., Lb⁴¹ 2262, pièce 4.)

Et encore :

Tout individu qui sera convaincu d'avoir caché ou soustrait des biens, des effets, appartenant à des personnes condamnées à mort, ou à des émigrés, sera regardé comme traître à la patrie et puni comme tel.

Strasbourg, le 8 frimaire l'an 2º.

Signé : TAFFIN, président ; E. SCHNEIDER, commissaire civil ; WOLF, CLAVEL, juges ; WEISS, secrétaire greffier [1].

Il faut dire que ce tribunal, malgré ces peines capitales si largement édictées, malgré la terrible réputation d'Euloge Schneider, condamnait plus à l'amende et à la détention qu'à toute autre chose : condamnations individuelles, condamnations en masse comme celles des brasseurs, des boulangers [2] (22 brumaire, 12 novembre), avec amendes

---

1. *Copie exacte du soi-disant protocole du tribunal révolutionnaire établi à Strasbourg*, etc. (*Livre bleu*, t. I, p. 61.)
Les simples juges individuellement en faisaient autant :

Molzheim, 1ᵉʳ frimaire an II (21 novembre 1793).

« Nous, le juge du tribunal révolutionnaire de Strasbourg et membre du directoire du département du Bas-Rhin, ordonnons au citoyen Philippe André de se transporter dans les communes du district de Strasbourg pour en retirer tous les vases d'or, d'argent, de laiton, de cuivre, et en général tout ce qui a servi au fanatisme et l'envoyer sur-le-champ à Wasselonne. Lui enjoignons en même temps, et cela sous sa responsabilité, de briser et d'exterminer dans toutes les communes, soit au dedans, soit au dehors des églises, chapelles, cimetières, tous les signes et monuments qui tirent leur origine de la superstition et de la bêtise ; de leur imposer, en outre, une contribution en chemises, souliers, manteaux, redingotes et surtout une taxe en argent qui doit être payée par les fanatiques et le plus riche aristocrate dans l'espace de douze heures, sous peine de prison et de confiscation de leurs biens au profit de la République. Ledit commissaire rendra compte de sa conduite dans les premières deux fois vingt-quatre heures. » Signé : NESTLIN et FUSSINGER, secrétaire. (*Livre bleu*, t. II, nº 80, p. 190.)

2. « Le tribunal révolutionnaire établi par les représentants du peuple,

« Considérant que ceux qui ont contribué à porter à un prix exorbitant les denrées de première nécessité doivent être regardés comme les ennemis du genre humain ;

« Considérant que la grande majorité des boulangers et fariniers de la ville de Strasbourg s'est rendue coupable de ce crime, en refusant les assignats en paiement, en ne les prenant qu'à une perte énorme, en faisant

variant de 500 à 25 000 livres, amendes souvent énormes pour les délits les plus légers :

Séance du 2ᵉ jour, 2ᵉ mois, 2ᵉ année.
Le tribunal révolutionnaire a rendu les jugements suivants :
Jean Kolb, boulanger, convaincu d'avoir cuit du pain pendant la nuit et de ne l'avoir vendu que pendant la nuit à de certains chalands riches, au préjudice du public et surtout des indigents. Le tribunal révolutionnaire l'a déclaré ennemi du peuple et agioteur et le condamne à être mis au poteau, devant son domicile, pendant quatre heures, et renfermé jusqu'à la paix, et à une amende de 30 000 livres.
Dominique Dangelo, épicier, accusé d'avoir vendu du sucre candit au-dessus de la taxe, fut condamné à être exposé à un poteau pendant quatre heures, renfermé jusqu'à la paix, et à l'amende de 100 000 livres.
François-Ignace Chaumont, marchand de tabac à Molsheim, accusé d'avoir vendu une once de tabac dix sols et d'avoir avili par là la valeur des assignats, condamné à six mois d'arrestation et à être exposé à un poteau et à une amende de 3000 livres¹.

Le spectacle de jugements ainsi menés, et si productifs, devait être fort intéressant pour les sans-culottes ; aussi le 30 octobre (9 brumaire), un des membres du club invitait-il tous les citoyens présents à se rendre fréquemment au tribunal révolutionnaire. Le tribunal savait joindre parfois, en manière d'agréments, à ses condamnations, des peines accessoires ingénieusement appropriées ;

constamment deux prix, en entretenant dans les campagnes l'idolâtrie du numéraire ;
« Considérant qu'il faut venger le peuple et reprendre à ces voleurs une partie de leur proie... »
Quatre-vingt-huit sont condamnés à des amendes de 500 à 25 000 livres ;
« Ceux des condamnés qui n'auront point satisfait au présent jugement dans l'espace de huit jours seront déportés et leurs biens confisqués. »
Signé : Taffin, et les autres.

1. Affiche (Bibl. nat., Lb⁴¹ 2202), et Copie exacte, etc., Livre bleu, t. I, p. 52. — A propos des brasseurs, à la veille de leur jugement, la Société populaire était invitée à fournir des renseignements, tant sur eux que « sur ceux qui étaient dans les mêmes principes ». (Heitz, Sociétés politiques de Strasbourg, 26 octobre, 5 brumaire, p. 285, 286.)

Jean Wolff (de Bischheim), colporteur, accusé d'avoir vendu un portefeuille de papier à quinze sous et un petit morceau de savon à 10 sols, condamné à être mené par la garde à l'avant-garde de l'armée, tenant le portefeuille d'une main et le savon de l'autre, avec un écriteau sur la poitrine et un autre sur le dos avec la note d'*agioteur*, et de s'éloigner avec sa famille à vingt lieues des frontières; en cas de désobéissance au présent jugement, d'être regardé comme émigré et puni comme tel.

Chrétien Flugel, vivandier à l'armée, domicilié à Strasbourg, accusé d'avoir vendu la bouteille de vin à 3 livres et une saucisse à 10 sols, condamné au poteau pendant deux heures devant l'avant-garde de l'armée, à l'arrestation de six mois et à l'amende de 3 000 livres.

Signé : Taffin, président; E. Schneider, commissaire civil; Wolf, Clavel, juges; Weiss, secrétaire du tribunal révolutionnaire [1].

Un caporal-fourrier qui, furieux de voir qu'on lui voulut vendre un canif trois francs, avait déchiré ses assignats, fut condamné à l'amende honorable pour cette profanation de la monnaie nationale, sans préjudice d'une amende de 500 livres pour la marchande [2]; une marchande de fagots, qui avait vendu sa marchandise au-dessus du maximum, fut promenée par la ville (ses fagots étant confisqués), un fagot sous le bras [3]. Une femme qui avait acheté plus de lait qu'on ne le jugeait nécessaire, accusée de l'avoir accaparé, fut condamnée au poteau pendant la journée à la porte de pierre, avec la note *accapareuse de lait*, tenant d'une main l'argent et de l'autre le pot au lait [4]; une cabaretière ayant outrepassé la taxe, exposée deux heures au poteau une bouteille de vin à la main; et mainte autre exposition de cette sorte avec écriteaux : *avilisseur de la monnaie nationale, mépriseur d'assignats, transgresseur*

---

1. 4ᵉ jour du 2ᵉ mois (25 octobre 1793), même affiche; et *Livre bleu*, ibid., p. 29.
2. 11 du 2ᵉ mois, 1ᵉʳ novembre 1793. *Livre bleu*, t. I; *Copie exacte*, etc. *Tribunal révolutionnaire de Schneider*, p. 25.
3. Même jour, *ibid*.
4. 23 brumaire (13 novembre), *ibid.*, p. 30.

de la taxe, instigateur et partisan du fanatisme, aristocrate enragé et ennemi des patriotes, fanatique enragée, etc.[1] : tout cela avec l'arbitraire le plus absolu et l'inégalité la plus choquante dans la distribution de ces peines. Le chandelier Zimmermann, qui avait « caché dans sa cave une quantité considérable de chandelles et plusieurs quintaux de suif, tandis qu'il n'en vendait pas dans sa boutique », était « déclaré ennemi du peuple et condamné comme tel à la déportation à vie et à la confiscation de tous ses biens[2] »; et trois jours après, six habitants de Berghieten, accusés de fanatisme, d'aristocratie et d'émigration, en étaient déclarés convaincus et frappés de confiscation seulement[3]. Il est vrai qu'ils étaient contumaces et que l'on ne pouvait mettre la main que sur leurs biens.

Il ne faudrait pas croire pourtant que le tribunal de Schneider se bornât à la confiscation, à la prison ou à l'amende. Les intelligences avec les émigrés constatées par des envois d'argent ou de simples lettres, et les délits contre-révolutionnaires les plus vagues, délits de paroles, délits d'opinion surtout en matière religieuse, étaient aussi punis de mort[4].

Le 15 brumaire (5 novembre), c'était déjà toute une fournée à Geispolzheim ;

---

1. 23 frimaire, 13 décembre 1793. (Livre bleu, t. I, Copie exacte, etc., p. 50.) — Sans préjudice de l'amende ; à défaut de payement, quelquefois le condamné devait être tenu pour émigré, déporté à vie, avec confiscation de tous ses biens.
2. 5 du 2ᵉ mois (26 octobre 1793). Copie exacte, etc. Armée révolutionnaire, p. 60, dans le Livre bleu, t. I.
3. Ibid., p. 61.
4. Le rapport fait au Conseil des anciens, le 7 fructidor an V, par Harmand (de la Meuse), comprend bien d'autres traits dont plusieurs sont empruntés à la lettre écrite, le 8 ventôse an II, au Comité de salut public, en réponse à la justification publiée par Schneider au cours de son procès (Livre bleu, Copie exacte, etc., p. 15-20) ; mais il ne faut les accepter que sous toute réserve :

« Un malheureux ayant une jambe de bois, était devant le tribunal de Schneider ; son innocence est certaine, on la lui démontre, il ne la conteste pas ; mais, ajouta-t-il avec cette ironie exécrable qui depuis a été

CH. XXXII. — JUSTICE RÉVOLUT. EN ALSACE   345

François-Jacques Nuss, maire destitué du village, accusé d'avoir caché pendant deux mois deux prêtres non assermentés et tenu des propos royalistes;

Conrad Bofenhals, Marc Bodmer, Michel Nuss, Michel Rau, accusés d'avoir corrompu par leur conduite antirévolutionnaire l'esprit de leur commune;

François-Joseph Muller, pour avoir « maudit la nation et préparé des outils meurtriers dans l'intention de massacrer les patriotes à l'approche de l'ennemi ! »

Le tribunal, se reprochant son indulgence, parut même vouloir user de la guillotine pour donner force aux assignats. Le 24 brumaire (14 novembre), il fit cette déclaration menaçante :

Les amendes, le poteau, les galères n'ont pu jusqu'ici forcer les assignats et faire respecter la loi.
Le premier qui sera convaincu d'avoir enfreint la taxe ou avili les assignats en les prenant avec perte sera puni de mort².

La justice révolutionnaire l'autorisait! — En attendant, ils envoyaient d'autres victimes à l'échafaud :

Le 26 brumaire (16 novembre), Geoffroi-Henri Rausch, de Strasbourg, conseiller aulique et agent du prince de Hesse-Darmstadt, et Louis Ehmann, de Bouxwiller, reco-

---

répétée dans le tribunal de Fouquier-Tinville, cet homme ne peut plus servir la République; et il est conduit à l'échafaud.
« Un capitaine de gendarmerie avait refusé ses chevaux et ses pistolets à Schneider. Celui-ci l'envoie à l'échafaud et se saisit des chevaux et des pistolets de la victime.
« Un propriétaire de maison demande une augmentation de loyer à ses locataires; il est condamné [à quoi?] comme dépréciateur des assignats et sa maison est rasée. » (*Moniteur* du 12 fructidor an V, 29 août 1797, t. XXVIII, p. 781-784.)
Ajoutez plusieurs condamnations à mort dont on a les actes et qui seront indiquées ci-après.
1. André Heitz, accusé d'avoir commis presque tous les délits attribués aux cinq premiers : tenu des propos anticonstitutionnels, caché des prêtres, corrompu l'esprit de la commune, en fut quitte pour la déportation. (*Livre bleu*, t. I, *Tribunal révolutionnaire de Schneider*, p. 23.) — Tous ces jugements sont aux Archives nat., BB³, carton 12.
2. *Livre bleu*, Copie exacte, etc., p. 51.

veur des biens séquestrés du même prince, accusés d'intelligences avec lui[1].

Le 4 frimaire (24 novembre), une autre fournée d'Oberschœffolsheim[2].

Le même jour, Jean-Jacques Fischer, ministre protestant de Dorlisheim, accusé d'avoir abusé de son ministère pour entraver les progrès de la Révolution, tenu des propos inciviques, et montré de la joie à l'entrée des ennemis sur le sol de la liberté, en disant : « D'où vient qu'on n'entend plus crier *Vive la nation*? etc. »;

Henri Hügel, chef d'atelier, pour la confection de l'habillement des troupes, accusé de malversations;

Michel Kessler, laboureur de Gresswiller, « ennemi de la Révolution, séducteur de ses concitoyens rebelles à la loi en fomentant le fanatisme[3] ».

Le 13 (3 décembre), à Oberehnheim :

Jean Freiderich et François-Joseph Sigrist (ce dernier contumace) : « émeute contre-révolutionnaire tendant à égorger les magistrats du peuple, à favoriser les progrès de l'ennemi, à exécuter la guerre civile »;

Dominique Spieser, boulanger, qui avait voué la République au diable[4].

Le 15 (5 décembre), Xavier Doss, juge de paix d'Oberehnheim, qui avait « écrit d'une manière moquante contre la nation française » et communiqué une pièce de son bureau à un aristocrate;

Salomé Kunz, âgée de soixante-douze ans, et Thérèse

---

1. *Livre bleu*, copie exacte, etc., p. 56.
2. Antoine Leonhard, ci-devant prévôt et maire suspendu, accusé d'avoir « poursuivi les patriotes, montré une conduite contre-révolutionnaire, en correspondance avec les émigrés, et caché chez lui un assignat payable à la rentrée des princes en France. »
Laurent Wolbert, Laurent Schindler, Xavier Sattler et Georges Golapp, tous cultivateurs, ayant constamment professé des sentiments contre-révolutionnaires, vexé les patriotes, fomenté le fanatisme, caché des prêtres réfractaires. (*Livre bleu*, ibid., p. 35.)
3. *Ibid.*, p. 367.
4. Antoine Feit, forestier, fanatique et perturbateur du bon ordre, était simplement condamné à la déportation. (*Ibid.*, p. 39 et 40.)

Kunz, sa fille, pour correspondance et envoi d'argent à un émigré¹.

Le 17 (7 décembre), à Bitche :

Pierre Brossat ou Brossart-Bazinval, ex-noble, aide garde-magasin, « atteint et convaincu d'avoir abattu l'arbre de la liberté à Aubréville² ».

Le 21 (11 décembre), à Epfig :

Louis Krux, ci-devant receveur du cardinal de Rohan et juge de paix, suspect : « il a, dit l'accusation, perverti l'esprit public de la commune, fomenté le fanatisme, favorisé l'aristocratie, en laissant les aristocrates impunément maltraiter les patriotes, tenu, au commencement de la Révolution, des propos incendiaires contre la nation, refusé de vendre son vin, parce qu'il disoit : « Il faut en garder « pour les hussards noirs »; et Joseph Hessel, forestier qui aurait dit : « Grâce à Dieu si les ennemis viennent « une fois, j'aiderai aussi à écraser les patriotes³ ».

Joseph Schlegel (d'Illerswiller), pour propos analogues : « lors de l'invasion des hordes d'esclaves sur le territoire de la République, il a chanté une chanson insultante pour la République, découragé les patriotes et exagéré les progrès de l'ennemi en disant : Restez donc chez vous, on se jette déjà sur eux à Epfig. »

Le 23 (13 décembre), à Schelestadt :

André Gall et Gabriel Engel, vignerons, âgés de soixante et onze ans, qui avaient dit, Gall : « Les coquins ne régneront pas toujours »; Engel : « Si les Prussiens arrivoient, je sacrifierois volontiers douze à vingt-quatre mesures de vin⁴ ».

J'omets les condamnations à la déportation ou à la dé-

1. *Livre bleu*, ibid., p. 42.
2. *Ibid.*, p. 62.
3. Harmand (de la Meuse), dans le rapport cité plus haut, a raconté son jugement sommaire et sa mort dans un récit dramatique dont plusieurs traits, chargés peut-être, ne sont pourtant pas en contradiction avec ce que l'on sait pertinemment des procédés familiers d'Euloge Schneider. (*Moniteur*, t. XXVIII, p. 783.)
4. *Livre bleu*, ibid., p. 40-49.

tention jusqu'à la paix, prononcées, on peut le croire, pour des délits jugés moins graves [1]. Vers ce temps-là (17 frimaire, 7 décembre 1793), Euloge Schneider, invité par Saint-Just et Le Bas à rendre compte au Comité de salut public de sa gestion comme commissaire civil, lui adressait copie de tous les jugements prononcés par son tribunal. Copie semblable avait déjà été envoyée au président de la Convention. Il aurait voulu joindre les pièces du jugement, mais presque toutes étaient en allemand ; il se proposait de les faire traduire. Pour justifier les sévérités du tribunal, il retraçait, à sa manière, le tableau du département du Bas-Rhin, « un des plus entachés de fanatisme, de feuillantisme et principalement d'agiotage ». Il y montrait les lois non appliquées, les jurés du tribunal criminel trop indulgents et complices eux-mêmes des crimes qu'ils devaient réprimer ; à la campagne, les juges de paix et les officiers municipaux tolérant, sans la punir, la dépréciation de la monnaie nationale, et le fanatisme, relevant la tête à l'approche de l'ennemi. Ce fut alors qu'il avait été nommé commissaire près l'armée révolutionnaire, armée, disait-il, qui, au fond, n'a jamais existé ; mais son nom seul a répandu une frayeur salutaire parmi les malveillants ; des détachements faisaient des promenades révolutionnaires et figuraient une armée, sans mettre en trop grands frais la République.

Strasbourg, continuait-il, était la source de la corruption ; il fallait rendre ses riches négociants obéissants à la loi. La Commission avait agi avec sévérité contre ces sangsues du peuple. Elle les avait soumis à des amendes énormes, à l'infamie du carcan, et par là elle avait sauvé l'armée ; car la cause des revers de l'armée, c'était le défaut des approvisionnements, amené par la dépréciation des assignats ; ajoutez le fanatisme qui y faisait obstacle et la faiblesse de certains administrateurs qui craignaient

---

[1]. *Livre bleu*, ibid., p. 21-72. Voy. la note XXI, aux Appendices.

de recourir au glaive de la justice. Euloge Schneider rappelait plusieurs des condamnés, et il ajoutait :

En acceptant la place de commissaire civil, je vis devant moi deux écueils : l'écueil de la calomnie, si j'agissais sévèrement ; l'écueil du crime, si je me laissais influencer par des considérations d'humanité. Je fus décidé bien vite et jusqu'à présent mes efforts ne furent pas inutiles : les sans-culottes ont du pain et le peuple bénit la guillotine qui l'a sauvé. Que ma tête tombe sur l'échafaud, après que les têtes de tous les traîtres seront tombées [1].

Il se dispensait d'exposer en détail la façon d'agir des détachements de son armée révolutionnaire et les procédés du tribunal ; mais on en est informé par d'autres pièces. Pour l'armée révolutionnaire, on le sait déjà par lui-même. Ses agents percevaient sur les suspects ou des amendes ou des rançons. Gerst et Wetzel lui ayant demandé s'ils devaient recevoir 10 000 livres offertes pour éviter une arrestation : « J'approuve toutes vos mesures, leur écrivit-il. Continuez toujours, mais surtout ne ménagez pas les femmes contre lesquelles il y a des dépositions. » — Plus de 100 000 livres furent, dit-on, levées en vertu de cette lettre [2]. Quant au tribunal, les juges s'embarrassaient assez peu des formes. Point de registres ; des feuilles volantes dont il est resté des affiches ou un résumé sommaire, imprimé dans le *Recueil de pièces authentiques servant à l'histoire de la Révolution à Strasbourg* [3], — et

---

1. Heitz, *Notes sur Euloge Schneider*, p. 111.
2. Heitz, *Notes sur E. Schneider*, p. 106.
3. Ou *Livre bleu*, t. I (à la suite de la *Copie exacte*, etc.), p. 21 et suiv. Sur les registres, voici la note transmise au citoyen Mainoni, agent national du district de Strasbourg, par Hasselmann, ci-devant commis greffier au tribunal révolutionnaire du Bas-Rhin (19 messidor an II, *ibid.*, p. 71) :
« Je m'empresse de répondre à la lettre du 12 de ce mois. Lorsqu'à l'invasion des ennemis j'étois forcé de quitter ma commune et de me réfugier à Strasbourg, Schneider m'a requis pour exercer les fonctions d'interprète auprès du tribunal révolutionnaire. Je m'y rendois à regret, ayant été au premier coup d'œil convaincu du grand désordre qui régnoit dans toutes les parties, mais surtout dans les registres dont différentes copies étoient plus ou moins exactes. Je faisois au président d'alors la remarque, qu'au

dans les exécutions on peut croire que le commissaire civil ne négligeait pas cet appareil propre à frapper les esprits, dût-il accroître les angoisses de ses victimes. Dans les renseignements fournis par la Société populaire de Barr au Comité de surveillance de Strasbourg sur Schneider (21 germinal an II)[1], il est dit d'un condamné : « Le jugement prononcé, il fut conduit, à son de tambour, par les principales rues de notre commune, quoique ce malheureux eût le cœur déchiré par le désespoir et que le lieu du supplice se trouve tout près de la prison. »

On sait aussi, par des *comptes de dépenses* et par divers témoignages, comment les juges siégeaient en justice ou se conduisaient au cours de leurs tournées. Dans une note du caissier, on trouve, à la date du 7 frimaire (27 novembre) :

A Kamm, aubergiste, pour frais d'un repas, contre quittance 600 livres[2].

Dans un autre compte de Weiss, greffier de cette commission ou tribunal révolutionnaire du département du Bas-Rhin :

Pour quatre bouteilles de sirop par ordre du tribunal...	32 livres.
Pour quatre bouteilles de liqueur pour le tribunal	30 —
Une paire d'éperons en argent pour Schneider..	90 —

moins chaque séance devroit être signée; mais celui-ci me répondoit que cela n'étoit pas nécessaire, vu que tout devoit être traité révolutionnairement, et qu'il ne falloit pas même de registres. Lorsque le citoyen Culmann, de Brumath, aussi réfugié à Strasbourg, a été requis de travailler au même bureau que moi, il étoit très étonné d'y voir tant d'irrégularités, et faisoit au président les mêmes observations que moi; sur quoi, les juges ont arrêté que les minutes seront transcrites et qu'on laissera en blanc un certain espace, pour que les juges puissent y apposer leurs signatures. Ce travail a été commencé, mais on ne l'a continué que jusqu'au jugement des boulangers et fariniers, lesquels registres ont été, lors de l'arrestation de Schneider, signés à la hâte et dans le plus grand désordre par les juges présents. »

Signé : HASSELMANN.

1. Schneider était exécuté depuis le 12 (1ᵉʳ avril 1794).
2. *Livre bleu*, t. II, n° 112, p. 221.
3. *Livre bleu*, t. I, n° 77, p. 149.

Au tailleur qui a fait un pantalon au président.   35 livres.
A Barr, pour différents repas....................   700 —
A Obernay pour *id*.............................   306 —
Donné au citoyen président......................   300 —

Ses appointements étaient à part.

Pour une paire de pistolets pour le citoyen Taffin   36 livres.

Il s'en servit un peu plus tard pour se brûler la cervelle. Une note du rédacteur ajoute :

Les vins bus par les membres du tribunal, notamment pendant leurs séances et en présence du public, étoient des vins de réquisition[1].

Or ils ne s'en laissaient pas manquer. Le même Weiss, greffier, dans une déposition recueillie plus tard, il est vrai (25 pluviôse an II, 13 février 1794), contre Euloge Schneider, dit de cette tournée « que tout y a été exigé en abondance, que les juges ne quittoient jamais la table qu'enivrés de tout ce qu'il y avoit d'exquis, et dans cet état d'ivresse ils s'assembloient en tribunal et jugeoient à mort les prévenus qui y étoient traduits, et que le répondant a été mainte fois scandalisé de voir avec quelle légèreté ils prononçoient sur la vie des hommes; que le juge Clavel étoit une fois si pris de vin pendant que le commissaire civil Schneider prononça la condamnation du prévenu, que celui-ci alla pousser le juge pour le faire revenir de son assoupissement[2]. »

---

1. *Livre bleu*, t. II, n° 114, p. 228.
2. Il s'agit de la femme POIRSON, née ULMEN, condamnée à mort, en même temps que son mari à la déportation. Dans une autre déposition du 12 fructidor (29 août 1794), le même Weiss, confirmant son premier témoignage, dit que : « Clavel, un des juges de ce tribunal, lors de l'instruction de la procédure, étoit ivre-saoul et dormoit, si bien que Schneider étoit obligé de le réveiller et de lui dire que s'il vouloit dormir il devoit aller se coucher. Sur quoi, Clavel a répondu qu'il est de l'opinion de Schneider [pour la condamnation sans doute]; et que Wolff, un des juges s'est écrié : « Je « ne puis point condamner Poirson et sa femme vu qu'il n'y a pas lieu à « accusation contre eux. » Nonobstant, le jugement a été exécuté sur-le-champ. » — Après avoir signé, il ajoute que « les meubles et les effets de

Ils savaient prendre aussi bien d'autres choses.

Avec le reliquat des 8000 livres demandées par Schneider pour sa tournée, Weiss parle de quelques autres recettes et il ajoute :

Il y a aussi deux paires de pistolets ayant appartenu au nommé Lambert, officier de gendarmerie, qui a été exécuté, lesquels pistolets les citoyens Schneider et Taffin s'étoient partagés.

Le juge de paix lui demande :

Si lui, greffier, a dressé procès-verbal de ces objets ou du dépôt qui en a été fait.

R. Que lorsqu'ils vouloient enregistrer ces sortes d'objets, le citoyen Schneider s'y opposoit, en disant « qu'il falloit traiter les choses révolutionnairement, que ces enregistrements faisoient perdre trop de temps et que ces choses étoient hors de la loi. » Et lorsqu'il commandoit ainsi, il n'y avoit pas à répliquer, etc., etc.[1].

J'ai dit ailleurs[2] comment, dans le cours de cette tournée, les fêtes se mêlaient aux exécutions, et de quelle manière Schneider y faisait servir le tribunal. Il maria le vicaire de Barr, et ce fut le tribunal qui fut chargé de recevoir la collecte dont il fit la dot de la mariée; il voulut se marier lui-même, et ce sont ses juges qui, au milieu de la nuit, vinrent réveiller la famille où il voulait entrer et remettre au père et à la fille une demande qui ne pouvait pas être rejetée. Le compte du greffier Weiss porte 50 livres pour la musique dont il régala sa fiancée[3].

Ce sont ces allures despotiques, bien plus que la rigueur des jugements rendus, qui attirèrent sur Schneider l'attention de Saint-Just. Quand il apprit le 24 frimaire au soir, en arrivant à Strasbourg, que Schneider, marié de la veille, y était rentré le matin dans un carrosse à six chevaux

Poirson et sa femme ont été employés à l'usage de Schneider, Taffin et Clavel, et qu'ils y avoient reçu des filles. » (Livre bleu, t. I, LL, n° 118, p. 243.)
1. Livre bleu, t. I (Copie exacte, etc.), p. 69.
2. Histoire du tribunal révolutionnaire de Paris, t. III, p. 108.
3. Livre bleu, t. II, n° 110, p. 228.

avec une escorte de cavaliers, sabre au clair, il n'y tint plus. Il le fit enlever dans son lit et le matin il le fit conduire à la guillotine. Était-ce pour lui couper la tête? Schneider pouvait le croire. Un article inséré par un de ses amis dans son journal, *l'Argos*, porte :

Plusieurs témoins oculaires m'ont assuré que lorsque Schneider monta sur l'échafaud, l'on prépara le sac de la guillotine avec une rage diabolique, avec une barbarie infernale et que l'on fit tous les préparatifs, comme si le prisonnier devait être guillotiné. Et cependant il montait sur l'échafaud sans savoir ce qu'on ferait de lui. D'une voix émouvante il s'écria : « Vive la République! je ne suis pas encore jugé. Où est mon jugement !?

Il n'y avait pas de jugement en effet, et Saint-Just s'était borné à ordonner qu'il fût exposé sur la guillotine pendant six heures. Mais cela même était une peine, et Schneider avait encore le droit de dire : « Où est mon jugement? » Ni information, ni interrogatoire, ni condamnation! Acte de Saint-Just au fond plus monstrueux que tout ce qu'il pouvait reprocher à sa victime. Le jugement devait suivre, mais à Paris, où Saint-Just savait bien à qui s'adresser [2].

[1]. Heitz, *Notes sur Schneider*, p. 117.
[2]. Voici la lettre écrite par Schneider, de la prison, à sa sœur, la nuit même où il venait d'être arrêté, 24 frimaire (14 décembre 1793). E. Schneider à sa sœur :

« Chère sœur, chère amie,
« Calmez-vous! Il faut que l'innocence remporte la victoire; je me trouve parfaitement tranquille, j'ai bien dormi...
« Ne laisse déranger aucun papier, car un honnête homme doit tout faire voir. Si tu veux venir me voir, ne sois pas intimidée.
« Ma petite femme, ah! la pauvre créature doit être emprisonnée. Mais cela ne durera cependant pas longtemps. Fais-lui savoir comment je vais; invite-la en mon nom de venir me voir. »

Et le 18 décembre à la citoyenne L.-K..., à Strasbourg :

« Donne-moi, je t'en conjure, des nouvelles de ma malheureuse femme, de ma sœur, de mon cher Jung, ainsi que de tous nos amis. Je t'avoue que je tremble pour eux. Ma cause est celle de tous les patriotes... Demain j'arriverai à Paris. » (Heitz, *Notes sur Schneider*, p. 118, et la note XXII, aux Appendices.)

II

Fin de la mission de Saint-Just et Le Bas.

La disgrâce de Schneider fut loin de mettre un terme au règne de la Terreur dans Strasbourg. Dès le lendemain, Saint-Just demanda à la Société populaire de lui désigner un candidat pour le remplacer comme accusateur public, et le tribunal révolutionnaire, composé d'hommes à lui, fut renouvelé. Mais l'institution resta; elle répondait trop bien à la pensée de Saint-Just. C'est à lui que l'on faisait surtout honneur de l'intensité qu'avait prise ce régime par ses actes. Témoin cette lettre de Galleau à Daubigny, quelque temps après son arrivée :

Il était temps que Saint-Just vînt auprès de cette malheureuse armée et qu'il portât de vigoureux coups de hache au fanatisme des Alsaciens, à leur indolence, à leur stupidité allemande, à l'égoïsme, à la cupidité des riches : autrement c'en était fait de ces beaux départements. Il a tout vivifié, ranimé, régénéré, et pour achever cet ouvrage, il nous arrive de tous les coins une colonie d'apôtres révolutionnaires et de solides sans-culottes. Sainte Guillotine est dans la plus brillante activité et la bienfaisante Terreur produit ici, d'une manière miraculeuse, ce qu'on ne devait espérer, d'un siècle au moins, par la raison et la philosophie. Quel maître b... que ce garçon-là. La collection de ses arrêtés sera, sans contredit, un des plus beaux monuments historiques de la Révolution [1].

Saint-Just ne démentit point l'idée qu'on s'était faite de lui. Neuf ou dix jours après la destitution de Schneider, il prenait des mesures plus rigoureuses contre les marchands. Il ordonnait au tribunal du Bas-Rhin de faire raser la maison de quiconque serait convaincu d'agiotage et d'avoir vendu au-dessus du *maximum* (3 nivôse, 23 décembre), et cette ordonnance, digne d'un despote asiatique, fut appliquée [2].

[1] Lettre de Galleau à Daubigny, 27 brumaire an II (17 novembre 1793), Courtois, *Papiers trouvés chez Robespierre*, n° XXXIX, XL et XLI, p. 111.
[2] Arch. nat., AF II, 135, dossier 21, pièce 9, et *Livre bleu*, n° 49, t. I,

Heureusement pour l'Alsace, l'attention du jeune proconsul était alors absorbée par le péril du dehors et il y avait rivalité entre les deux groupes de représentants délégués par la Convention. Il fallait réunir pour une action commune les deux armées de la Moselle et du Rhin commandées, l'une par Hoche, l'autre par Pichegru. On a vu comment la question fut tranchée par la décision de Baudot et de Lacoste qui, sans prendre l'avis de leurs deux jeunes collègues, donnèrent à Hoche le commandement supérieur; ce qui assura la victoire à nos armées, la délivrance de Landau et le salut de l'Alsace[1]. Ce résultat obtenu, Saint-Just et Le Bas voyaient leur mission terminée. Leur situation en Alsace était fausse désormais, avec leurs pouvoirs extraordinaires en présence de collègues qui n'avaient que des pouvoirs illimités, mais qui avaient su s'en servir. Baudot et Lacoste avaient signalé les conflits qui en pouvaient naître et demandaient à être rappelés[2]. Ils étaient particulièrement froissés de la façon dont leurs jeunes collègues venaient de leur enlever le concours de la Pro-

---

p. 47; application au citoyen Schauer qui avait refusé de réduire le loyer d'une maison au prix du *maximum* (7 nivôse, *ibid.*, n° 51). — Ce ne fut pas, comme on l'a dit, une mesure exceptionnelle, prise sous l'empire d'une « inexorable nécessité ». Saint-Just et Le Bas la trouvèrent si bonne qu'ils en firent un article de leur arrêté sur les mesures de sûreté générale, au cours de leur mission près l'armée du Nord, le mois suivant. Voy. ci-dessus, p. 211.

1. Voy. ci-dessus, p. 200.
2. « L'esprit public éprouve ici des contrariétés funestes par la différence qui paroît exister dans les pouvoirs donnés aux représentants du peuple qui se trouvent près les armées du Rhin et de la Moselle.

« Saint-Just et Lebas ont des pouvoirs *extraordinaires*; les autres des pouvoirs *illimités*. Il paraîtroit d'abord qu'il n'y a de différence que dans les expressions. Cependant, comme ces premiers ne communiquent pas avec les seconds, il en existe réellement dans le fait. De là les autorités civiles et militaires prennent occasion de subdiviser leur obéissance, la représentation s'affoiblit, et nos espérances se détruisent par les moyens mêmes qui devoient les relever.

« Unité de pouvoirs, vous aurez unité d'activité, autrement la chose publique est compromise et notre devoir est de vous en instruire.

« Nous vous demandons avec instance *notre rappel*... » (27 frimaire, 17 décembre 1793).

J.-B. LACOSTE, M.A. BAUDOT.
(Arch. nat., AF II, 152, frimaire, deuxième partie, pièce 225.)

pagande dont ils s'étaient fait un instrument et que Saint-Just et Le Bas, on le peut croire, avaient, à cause de cela même, fait supprimer par un décret de la Convention [1]. Mais à Paris n'allaient-ils pas faire prévaloir leurs griefs et dans l'assemblée et chez les Jacobins? Saint-Just et Le Bas aimèrent mieux s'en revenir eux-mêmes et reprendre leur place dans les deux grands comités dont ils faisaient partie. Leur mission en Alsace avait été louée par Robespierre devant les Jacobins [2]; elle fut plus tard vivement attaquée par Becker qui, après leur mort, leur imputa d'avoir fait fuir par leurs cruautés 10 000 habitants des départements des Haut et Bas-Rhin, tous laboureurs ou gens de métier, qui ne peuvent, disait-il, passer pour émigrés [3]. Elle a été jugée ainsi par un homme, notre contemporain, qui, enfant, vit Saint-Just et en garda un souvenir ineffaçable :

« Je suis loin de contester, dit Charles Nodier [4], l'importance des services que put rendre alors la rigide sévérité de Saint-Just à des provinces envahies et à des armées en déroute; mais rien ne m'a jamais paru plus affreux que la concision insultante de ces proscriptions d'une ligne qui frappaient quelquefois d'un seul coup une classe entière de citoyens, soudaines, inattendues et mortelles comme la balle du pistolet dans la main de l'assassin. Je crois les entendre encore retentir dans le parler bref, sonore et vibrant de ce beau jeune homme que la nature avait formé pour goûter l'amour et la poésie; je ne me rappelle pas sans tressaillir la redondance assidue de ce mot cruel LA MORT qui les armait toutes à la fin, comme le dard du scorpion, et qui produisait sur moi l'effet de quelque horrible

---

1. Voy. ci-dessus, p. 102-104, leurs lettres des 28 et 29 frimaire.
2. Séance du 1er frimaire (21 novembre), *Moniteur* du 4 (24 novembre), t. XVIII, p. 490.
3. Séance du 15 frimaire an III (5 décembre 1794), *Moniteur* du 17, t. XXII, p. 640.
4. Ch. Nodier, *Souvenirs de la Révolution*, t. I, § 2, *Saint-Just en mission*, p. 37. Paris, Charpentier, 1864.

bout-rimé dont la désinence monotone et révoltante aurait été imposée par le bourreau. »

Disons seulement, à l'honneur de Saint-Just, que le 9 nivôse, un peu avant de partir, il prit, avec Le Bas, un arrêté qui, sur l'emprunt de neuf millions, affectait 600 000 livres pour l'établissement d'une école gratuite de langue française dans chaque « commune ou canton » du département du Bas-Rhin[1], sans essayer de supprimer l'allemand.

III

Mission d'Hérault de Séchelles dans le Haut-Rhin; tribunal criminel de Colmar.

Tandis que Saint-Just opérait dans le Bas-Rhin avec Le Bas, un autre membre du Comité de salut public, Hérault de Séchelles, était allé remplir une mission pareille dans le Haut-Rhin[2].

Dans le Haut-Rhin, comme dans le Bas-Rhin, la persécution religieuse avait singulièrement refroidi l'enthousiasme que la Révolution avait excité aux premiers jours. On n'avait pas vu sans une vive douleur les prêtres orthodoxes chassés de leurs églises, les religieuses expulsées des écoles, des hôpitaux même. Ce fut bien pis quand du clergé la persécution s'étendit aux fidèles; quand les paysans étaient mis en prison pour refus d'assister à la messe constitutionnelle, quand des communes entières, comme celles de Wintzenheim et de Labaroche, étaient traduites devant le tribunal révolutionnaire pour fanatisme, c'est-à-dire pour attachement à leur foi[3]. Ajoutez les rigueurs amenées par la levée des 300 000 hommes, dans un pays qui avait si largement fourni son contingent de volon-

1. *Livre bleu*, t. I, *Pièces à l'appui*, etc., n° 53, p. 61.
2. Voy. Véron-Réville, *Histoire de la Révolution française dans le Haut-Rhin*, 1865, 1 vol. in-8.
3. Véron-Réville, p. 101.

taires, les pillages qui venaient à la suite des perquisitions et les amendes arbitraires qui n'enrichissaient guère le trésor. Encore si le tribunal s'était borné toujours à imposer aux réfractaires qui avaient le plus fatigué la force armée, l'obligation de fournir une paire de souliers à chacun des gendarmes qui les avaient poursuivis¹! Le Haut-Rhin, pas plus que le Bas-Rhin, n'était entré bien avant dans le fédéralisme pendant la querelle des Girondins et des Montagnards. On avait reçu de Nancy une députation et on avait envoyé Bajol, vicaire épiscopal, pour répondre aux propositions de la Meurthe; mais, dans l'intervalle, on apprit les événements du 31 mai. On n'était pas fâché de laisser au compte de l'envoyé tout ce qu'il y avait de compromettant dans sa mission, et Bajol, qui n'en pouvait mais, fut assez mal reçu au retour².

Les arrestations de suspects commencèrent bientôt³. En une fois, on arrêta tous les membres du ci-devant conseil souverain (ce titre sonnait mal en effet); et ceux qu'on avait ainsi jetés en prison virent leur situation aggravée par leur transfert à Belfort d'abord, puis à Langres. Mais il fallait une direction supérieure à cette épuration du pays. Ce fut dans les premiers jours de novembre qu'Hérault de Séchelles arriva dans le Haut-Rhin.

La lettre qu'il écrivit de Belfort au Comité de salut public le 14 brumaire (4 novembre) montre qu'il n'avait point perdu une heure :

A mon arrivée à Belfort, j'ai fermé les portes de la ville; j'ai fait faire des visites domiciliaires. Le lendemain j'ai convoqué une assemblée de toutes les autorités et de tout le peuple dans

---

1. Véron-Réville, p. 108.
2. Voy. la Révolution du 31 mai et le Fédéralisme en 1793, t. I, p. 300.
3. Un agent du ministre des Affaires étrangères écrivait de Belfort le 24 octobre (3 du 2ᵉ mois) : « L'esprit public de Belfort est presque le même, comme dans toute l'Alsace. Le pauvre laboureur est fanatisé par ses prêtres. Il ne manque rien que l'instruction publique. » (Arch. du ministère des Affaires étrangères, France, registre 332, f° 49.) — Le lendemain, il allait faire son inspection dans les districts de Porrentruy et de Montbéliard. (Ibid., f° 77.)

une vaste église. J'ai fait jurer de nouveaux serments à la République française, à la liberté, à l'égalité; j'ai confondu, en présence de toute la ville, un maire qui en étoit le tyran; je l'ai suspendu et déporté à Langres.

L'esprit public étoit extrêmement foible pour ne rien dire de plus, quoique le district de Béfort passât pour le plus patriote de tout le département. Il remonte et ressuscite depuis ces mesures de rigueur.

Il y a beaucoup à faire sur le fanatisme, les subsistances, les assignats, les gens suspects, etc. Je me propose d'opérer avec rapidité et fermeté; j'espère que ma présence n'aura pas été inutile[1].

Et une vingtaine de jours plus tard, il écrivait à la Convention (7 frimaire, 27 novembre) :

J'ai pris toutes les mesures possibles pour élever le département du Haut-Rhin au niveau de la République. L'esprit public y étoit entièrement corrompu. Partout des intelligences avec l'ennemi, l'aristocratie, le fanatisme, le mépris des assignats, l'agiotage et l'inexécution des lois. J'ai combattu tous ces fléaux; j'ai suspendu le département, créé une commission départementale; j'ai obligé la Société populaire à se régénérer; j'ai cassé les comités de surveillance dont les moins mauvais étoient feuillants, et je les ai remplacés par des sans-culottes; j'ai organisé ici le mouvement de terreur qui seul pouvoit consolider la République; j'ai créé un comité central d'activité révolutionnaire, qui nécessite l'action rapide de toutes les autorités; une force révolutionnaire détachée de l'armée, et qui parcourt tout le département; un tribunal révolutionnaire enfin, qui mettra le pays à la raison. Je poursuis les agents de Pitt, les terribles auteurs de l'incendie d'Huningue, et j'espère les découvrir. Je prépare une fête à la Raison, conquête remarquable, dans ces contrées, sur la profonde ignorance, sur le fanatisme enraciné. J'ai donné partout cette impulsion; et dans quelques semaines, si les effets répondent aux mesures prises, le département du Haut-Rhin ne sera pas reconnaissable[2].

1. Arch. nat., AF II, 181, brumaire, pièce 17.
2. *Moniteur* du 15 frimaire (5 décembre), t. XVIII, p. 581, et Arch. nat., AF II, 152, frimaire, 1ʳᵉ partie, pièce 121. — On retrouve dans son dossier plusieurs des actes auxquels il fait allusion. (Arch. nat., AF II, 136, n° 11, pièces 1, 2, 12, 13, 14, 16.)
Dans le compte rendu qu'il fait de sa mission (Bibl. nat., Le⁹⁹ 52), il dit :
« Si je n'étois point, comme les députés en mission dans le Bas-Rhin,

D'autres documents témoignent qu'il ne se vantait pas. La guerre religieuse fut surtout menée avec acharnement. Ce n'était pas assez de poursuivre les ministres de la religion, ceux qui les accueillaient, ceux qui ne les dénonçaient pas : on s'attaquait aux croix, aux cloches, aux vases sacrés ; et là comme ailleurs, le clergé constitutionnel finit par n'être pas beaucoup plus épargné que l'autre : on le poussait au mariage, à l'abjuration, toutes choses que la population ne voyait pas du même œil que le représentant. A Sainte-Marie-aux-Mines, le curé faillit être lapidé au moment où il contractait mariage. Après les prêtres, les nobles : ceux qui restaient dans le pays cherchaient pour la plupart un refuge aux armées; quelques autres, dans des fonctions où l'on ne se serait pas attendu à les trouver; l'un deux se fit gendarme, un autre garde champêtre; garde champêtre dans la commune dont il était précédemment seigneur et où il possédait des domaines considérables : ce n'était pas si mal avisé; mais la population de l'Alsace tout entière était menacée par ces fous furieux. Un des commissaires civils, préposés par Hérault de Séchelles aux détachements de l'armée révolutionnaire, aurait voulu, comme cet autre énergumène du club de Strasbourg, en faire trois parts : une à déporter à l'intérieur, une à déporter à l'extérieur et la troisième à guillotiner. Heureusement il y avait plus de bruit que d'effet dans ces menaces, et le représentant

appelé au bonheur de repousser avec les volontaires nos braves frères d'armes, ces hordes ennemies qui infestaient le sol de la liberté... Je n'avois pas à faire une guerre moins active à la conspiration qui pouvoit aliéner le pays et livrer à l'Autriche le reste de la ci-devant Alsace... »
Il s'est du reste occupé des détails de l'administration militaire. Il s'est concerté avec Pichegru pour diverses mesures de guerre et pour l'établissement d'un camp à Belfort. Il a pris des mesures « pour raviver à Huningue les couleurs et les signes sensibles d'un patriotisme qui s'éteignoit aux yeux ainsi que dans les cœurs ». Il a procédé à l'épuration des autorités constituées avec l'avis du peuple; il a institué un comité d'activité révolutionnaire; des commissaires civils qu'il a choisis avec soin; — Il a publié un arrêté à ce sujet. Il donne aussi son instruction sur les commissaires civils (p. 18).

1. Véron-Réville, p. 130.

Hérault finit par devenir suspect à son tour. Une deuxième lettre attribuée au marquis de Saint-Hilaire, avec l'adresse du maire de Strasbourg Monet, faisait entendre que l'on comptait sur lui. Il en fut averti par un des représentants délégués dans le Bas-Rhin, Lémane. Il ne voulut pas rester loin de Paris sous le coup de pareils soupçons, et, malgré les protestations de son entourage, demanda son rappel [1]. Il arrivait à temps pour relever les insinuations que Bourdon (de l'Oise), dans la séance du 26 frimaire (16 décembre), avait émises sur ses rapports avec des étrangers suspects, Proly et Péreyra [2]. Il le fit avec vigueur le 9 nivôse (29 décembre) et il en profita pour remettre sous les yeux de la Convention le tableau sommaire de ses actes dans le Haut-Rhin. Il offrait en même temps sa démission de membre du Comité de salut public : elle ne fut pas acceptée, au grand dépit de Robespierre qui le voulait perdre ; et la Convention ordonna l'impression de son compte rendu [3] : c'est, avec plus de développement, l'exposé des choses qui avaient fait l'objet de sa lettre et de son discours. Hérault échappa pour cette fois. On ne devait pas tarder à le reprendre, sous un autre prétexte, pour l'envelopper dans la ruine de Danton [4].

Il avait, on l'a vu par sa lettre, établi lui-même un tribunal révolutionnaire à Colmar. Avant lui, Milhaud et Guyardin (4 brumaire, 25 octobre) avaient donné au tribunal criminel le droit de juger révolutionnairement dans les affaires de réquisition et de *maximum*, sans assistance du jury, sauf les cas où il y avait peine de mort [5] ; les juges eux-mêmes avaient provoqué cette mesure, de peur de

---

1. Il avait déjà exprimé son désir de revenir, dans sa lettre du 7 frimaire, à la Convention. — En attendant, le 9 frimaire, il remplaçait l'administration du département par une commission départementale révolutionnaire.
2. *Moniteur* du 28 frimaire, 18 décembre 1793, t. XVIII, p. 688.
3. Bibl. nat., Le³⁹, n° 52. — Voy. la note XXIII aux Appendices.
4. Voy. *l'Histoire du tribunal révolutionnaire de Paris*, t. III, p. 129 et suiv.
5. Véron-Réville, p. 116.

recevoir la visite d'Euloge Schneider, qui n'agissait pas autrement et ne se serait pas arrêté aux limites du Bas-Rhin. Le tribunal prononça donc surtout des peines correctionnelles et des amendes, et il présenta, au bout d'un mois, à Hérault un tableau de ses actes, très satisfaisant pour le trésor[1]. Après cet exposé, le représentant le constitua définitivement en tribunal révolutionnaire sous la présidence de Rapinat (nom de sinistre augure)[2], et il lui conféra même, en matière capitale, le droit de juger sans jurés (9 frimaire, 29 novembre 1793). Le tribunal put lui donner, avant son départ, quelques échantillons de sa justice. Le vieux curé de Volschwiller, déporté, était rentré un jour et avait célébré clandestinement la messe. On ne le prit pas, mais deux habitants du village, Jacques Bigenwald, officier municipal, et Sébastien Dietlin, instituteur, coupables d'y avoir assisté, furent condamnés à mort le 13 frimaire (3 décembre 1793); le 21 (11 décembre), ce fut un prêtre sexagénaire, Joseph Thomas, coupable, non d'être rentré, mais de ne pas être sorti : malgré la loi qui le proscrivait, il était resté caché dans la vallée de Guebwiller. On l'envoya à l'échafaud. Sa sœur Barbe Thomas et un autre, qui lui avaient donné asile, furent condamnés à six ans de fers et à quatre heures d'exposition. D'autres victimes devaient périr encore : on en compte onze en onze mois environ; mais, pour le moment, l'activité du tribunal se réduisit en général à des peines moins sévères : déportation, emprisonnement, arrêts à domicile pour délits d'incivisme[3].

---

[1]. 10 000 livres d'amendes et 300 000 provenant de condamnations contre les réfractaires à la loi du recrutement. Voy. Véron-Réville, p. 116.

[2]. C'est de lui aussi qu'il aurait pu se faire que l'on doutât

Si Rapinat vient de rapine
Ou rapine de Rapinat.

[3]. Véron-Réville, p. 117, et la note XXIV, aux Appendices.

IV

La loi du 14 frimaire en Alsace. Les commissions révolutionnaires et les tribunaux criminels.

A la fin de 1793, on pouvait croire que l'Alsace allait un peu respirer. Les succès de Hoche avaient dégagé la frontière. Les lignes de Wissembourg étaient reprises. Saint-Just et Le Bas quittaient le Bas-Rhin, Hérault de Séchelles le Haut-Rhin pour retourner à Paris. Mais d'autres représentants demeuraient, Baudot par exemple, et l'on a vu si son langage pouvait faire présager la fin de la Terreur.

De plus, dans le Haut-Rhin, après le départ de Hérault, trois délégués des assemblées primaires demandaient qu'on envoyât au plus vite un André Dumont (sa réputation était déjà faite), escorté d'une armée révolutionnaire et de la guillotine pour régénérer le pays; et le représentant adressait au ministre l'extrait du registre des séances publiques où ce vœu était consigné. Il semblait que l'on voulût renchérir sur le passé; et l'on n'était en effet que dans les premiers mois de l'an II; on abordait 94, plus sanglant que 93.

La loi du 14 frimaire, qui établissait le gouvernement révolutionnaire jusqu'à la paix, ne faisait que d'être mise en application dans l'Alsace [1]. Les administrations étaient reconstituées dans cet esprit [2], et les comités de surveillance

---

[1] Le 9 nivôse (29 décembre 1793), le Comité de salut public désigna les représentants chargés d'exécuter les mesures de salut public pour l'établissement du gouvernement révolutionnaire. Il y en eut un (rarement deux) pour deux départements. En voici la liste pour les départements de la frontière du Nord.
Pas-de-Calais et Nord : Le Bon.
Aisne et Ardennes : Le Roux.
Meuse et Moselle : Mallarmé.
Meurthe et Bas-Rhin : Bar.
Vosges et Haut-Rhin : Foussedoire.
(Arch. nat., registre du Comité de salut public, AF* II, 41, p. 214.)

[2] Réorganisation du district de Strasbourg. (Arch. nat., AF II, 135, dossier 1, pièce 1; 21 nivôse, 10 janvier 1794.) État des questions auxquelles le directoire du Bas-Rhin doit répondre : il n'y en a pas moins de vingt. (Ibid., dossier 7, pièce 1.)

acquéraient une influence qui effaçait les municipalités elles-mêmes.

A Colmar, il y en avait eu quatre, un par canton ; ils avaient été réduits à deux par Hérault, à cause de leur rivalité : ils n'avaient d'émulation que dans le mal.

A Strasbourg, il n'y en eut plus qu'un, et il se trouvait sous une main redoutable. Le jeune maire Monet, depuis la ruine de Schneider, restait maître de la situation. Sous son influence, les mesures prises par Lacoste et Baudot, Saint-Just et Le Bas pour épurer les autorités constituées, furent maintenues par le représentant Bar ; les comités de surveillance, composés des amis de Schneider, supprimés et remplacés par des hommes à lui (16 nivôse, 5 janvier 1794)[1] ; si bien qu'il s'en fit, lui maire, nommer président[2], et ainsi le comité comme le conseil de la commune furent dans sa dépendance. Désormais, dans le Bas-Rhin, il y eut deux sortes de proscrits : les contre-révolutionnaires de toute sorte, aristocrates, égoïstes ou riches, fanatiques ou fidèles à la religion, commune pâture de la Terreur depuis qu'elle avait été mise à l'ordre du jour, et les ultra-révolutionnaires, les amis de Schneider, les ennemis particuliers de Monet.

Pour les premiers, ils remplissaient, ils encombraient les prisons de Strasbourg. On avait, après un débat public, voté aux Jacobins la mort pour tous, et, en attendant, il n'y avait sorte de vexation dont on n'usât pour accroître leur supplice. On a noté que la mortalité fut à Strasbourg, cette année, double de ce qu'elle était en temps ordinaire[3]. Pour les autres, on avait cru prudent de les détenir au dehors.

Euloge Schneider avait été envoyé à Paris. De l'Abbaye, où il fut d'abord enfermé, il écrivait à une citoyenne K..., rue de Beauvais, pour qu'elle intéressât les patriotes du Bas-Rhin en sa faveur. Il insistait pour qu'on hâtât son juge-

---

1. *Livre bleu*, t. I, n° 61, p. 50-53.
2. *Appel de la commune de Strasbourg*, p. 27, dans le *Livre bleu*, t. I.
3. *Livre bleu*, t. I, *Appel*, etc., p. 32.

ment : « Les scélérats qui ont trompé Saint-Just et Lebas, disait-il, feront l'impossible pour traîner mon affaire en longueur. » C'est de là aussi qu'il écrivit son *Adresse aux Jacobins* (3 nivôse an II), adresse dont Robespierre fit rompre les planches ; mais le manuscrit en fut sauvé par l'imprimeur, et immédiatement réimprimé : c'est, sous une forme apologétique, sans doute, l'exposé de sa vie, de ses actes (il se vante d'avoir fait tomber en six jours onze têtes), et c'est de toute façon une pièce qui ne doit pas être négligée dans son procès².

Taffin, le président du tribunal, avait été presque aussitôt arrêté que destitué. On le voit, le 30 frimaire (20 décembre), écrire de l'hôtel Darmstadt, où on l'avait détenu provisoirement, pour demander que les scellés, mis sur les papiers de Schneider, ne fussent, en raison de la communauté de leurs actes, levés qu'en sa présence³. Il est incriminé de malversation et de vol avec Clavel, Nestlin et Anstett dans un document où, naturellement, Euloge Schneider occupe la première place et qui est intitulé : *Résumé des interrogatoires subis par les complices de Schneider, dont les pièces sont déposées au sein du Comité de sûreté générale et desquelles le citoyen Fiesse, secrétaire adjoint du département, a été chargé de faire l'extrait*⁴.

1. Heitz, *Notes sur Euloge Schneider*, p. 139.
2. Euloge Schneider, ci-devant accusateur public près le tribunal criminel du Bas-Rhin, à Robespierre aîné.
« 18 pluviôse an II, de la prison de l'Abbaye.
« On t'a trompé, Robespierre. Ton discours sera lu... Je serai pendant quelque temps l'objet de l'exécration publique, un monstre... Si je suis coupable, presse mon jugement.
« Quoi j'aurois répandu le bruit que la Convention nationale vouloit égorger ses enfants. Sache que je suis né sans-culotte, que j'ai vécu sans-culotte et que je saurai mourir sans-culotte. » (Bibl. nat., Ln²⁷ 18685.)
3. *Livre bleu*, t. II, n° 58, p. 162.
4. Il est signé MAINONI, président (de la Société populaire), BRAENDLÉ, secrétaire. (*Livre bleu*, t. I, *Copie exacte*, etc., p. 8-11.) C'est ce Braendlé qui, après le 9 thermidor, accusait rétrospectivement Saint-Just d'avoir voulu faire des noyades à Strasbourg : 6000 hommes choisis dans la garde nationale qu'on eût fait périr dans le Rhin, sous prétexte d'une expédition contre Kehl. (Braendlé, président du Conseil général du district de Strasbourg, au représentant du peuple Bailly en mission dans les départements du Rhin, 18 pluviôse an III, 6 février 1795. *Livre bleu*, t. I, n° 73, p. 133.)

Quant aux autres, exclus de toute action par la suppression des Comités de surveillance qu'ils composaient, ils s'étaient rejetés dans les sections et ils en avaient rétabli la permanence qu'ils avaient jadis supprimée. Ce fut le prétexte que prirent Baudot et Lacoste pour les arrêter. Trois furent frappés à ce titre :

Cotta, Martin et Boch, prévenus d'avoir cherché à renouveler la permanence des sections afin d'exciter plus facilement une insurrection dans cette place.

Et les autres comme bons à prendre :

Les nommés Butenschön, Wolff, Jung, Massé, Vogt, employés dans les greniers de la commune, Clayer, Daun, Berghauer, de Barr, reconnus pour gens suspects et dangereux, seront pareillement mis en état d'arrestation dans la nuit ; leurs papiers seront visités, et de suite ils seront transférés à Dijon pour y être mis en état d'arrestation (21 nivôse, 10 janvier 1794)[1].

A Dijon, l'on n'était pas aussi directement sous la main de Fouquier-Tinville, et d'ailleurs, à cette époque, nul n'aurait cru que l'on osât toucher à la tête de pareils patriotes. On en peut voir la preuve dans une lettre écrite par l'un des détenus au général qui avait présidé à cette expédition nocturne. Un signe que leur disgrâce avait des causes toutes personnelles, c'est que leur politique était résolument continuée par les représentants qui les avaient fait prendre. Le 25 nivôse (14 janvier), un commandant de la garde nationale, nommé Ohlmann, demandait, sans ambage, le rétablissement du tribunal révolutionnaire de Schneider :

Qui d'entre nous, citoyens, disait-il, seroit assez ennemi du bien public pour ne pas dénoncer des gens qui oseroient manifester un vœu pour la destruction de la République et le rétablissement du despotisme ?

---

[1]. *Livre bleu*, t. I, n° 52, p. 49. — Cotta, Martin, Boch furent en même temps envoyés au tribunal révolutionnaire de Paris. (Arch. nat., AF II, 195, dossier 3, pièce 1.)

Ces destructeurs de la République, il les trouvait dans les ennemis du *maximum* et les dépréciateurs des assignats. Or ils croyaient avoir toute liberté maintenant ;

Dites-leur : « Mais est-ce que vous ne connaissez pas la taxe ? » Ils vous répondront : « Il n'y a plus rien à craindre, Schneider n'y est plus » ; cela est vrai au point que les parents de ceux mêmes dont les têtes sont tombées sous le glaive de la loi, ne craignent plus d'en commettre autant, puisqu'ils ne craignent plus le châtiment.

Il propose donc de déclarer traîtres tous ceux qui ne dénoncent pas les malveillants ;

Que le tribunal révolutionnaire soit non seulement rétabli, mais encore multiplié pour pouvoir être présent en plusieurs contrées de nos département du Haut et du Bas-Rhin[1].

Quelques jours après (2 pluviôse, 21 janvier), un membre de la Société populaire proposait « pour punir l'aristocratie et l'égoïsme d'un grand nombre d'habitants parlant la langue allemande, qu'on les transportât dans l'intérieur de la France et qu'on les remplaçât par des patriotes éprouvés de l'intérieur[2] ».

Mais fallait-il faire aux départements de l'intérieur un tel cadeau ? Les représentants aimèrent mieux revenir au tribunal révolutionnaire. Le 4 pluviôse (23 janvier), ils requirent les autorités civiles et militaires de Strasbourg de leur « fournir dans les vingt-quatre heures une liste de tous les individus détenus dans différentes maisons d'arrêt ou de sûreté, avec les motifs en abrégé des causes de leur détention », ordonnant de plus d'interdire, jusqu'à nouvel ordre, toute communication avec les prévenus[3] ; et le 6 (25 janvier 1794), ils publièrent un arrêté qui établissait un nouveau tribunal révolutionnaire pour l'Alsace tout entière[4]. Les considérants sont à reproduire :

1. *Livre bleu*, t. II, n° 110, p. 230.
2. Heitz, *Sociétés politiques de Strasbourg*, p. 322.
3. *Livre bleu*, t. II, n° 109, p. 219.
4. *Livre bleu*, t. I, Pièces à l'appui de l'*Appel*, etc., n° 55, p. 52.

Considérant que la partie de la République, qui formait la ci-devant Alsace et principalement le département du Bas-Rhin, était peuplée d'une masse d'individus plus attachés aux tyrans de l'Autriche qu'à la République française, qui conspiraient, nuit et jour, pour rentrer sous la domination de leurs anciens maîtres; que pour arrêter le cours de leurs complots, par une mesure urgente de sûreté générale, il a fallu ordonner des arrestations les plus multipliées;

Considérant, que tous les lieux de détention, maisons d'arrêt, sont partout encombrés; que les scélérats, qui sont incarcérés, ourdissent encore de nouvelles trames du fond de leurs retraites, et font craindre pour des événements dangereux, si on ne se hâte d'en faire justice;

Considérant que si, pour leur jugement, il fallait être astreint aux formes juridiques prescrites par les lois, il serait impossible, puisque d'un côté on ne pourrait se procurer de jurés dans une étendue de plus de cent lieues, dont les deux tiers des habitants se trouvent peut-être leurs amis, parents ou complices, et que, de l'autre, l'usage des formes enlèverait un temps infini, qui ne permettrait plus d'apercevoir la fin du jugement de cette grande masse de contre-révolutionnaires;

Considérant enfin, que cette classe d'êtres, si dangereux à la République, sont hors des termes de la loi, que la sûreté actuelle de ces frontières commande impérieusement des mesures extraordinaires...

Ils créent une commission.

Elle était composée de membres pris, en général, hors du département : président, Délattre, président du tribunal criminel de la Moselle; juges, Mulot, juge du district de Bitche; Adam, juge du tribunal militaire de l'armée de la Moselle; Neumann, accusateur public du tribunal criminel du Bas-Rhin, Fibich, fils, de Strasbourg; accusateur public, Allemayer, accusateur public près le tribunal criminel de la Moselle.

L'arrêté ajoutait :

Pour rendre ses jugements, elle ne sera assujettie à d'autres formes, que de faire comparaître le prévenu, de l'entendre; si la preuve de ses délits est écrite, le jugement sera prononcé de suite; s'il n'existe point de preuves écrites, des témoins seront entendus, et la déposition uniforme de deux, que les faits sont constants, sera suffisante pour opérer la conviction.

La Commission sera constamment ambulante; elle exercera ses fonctions dans les départements du Haut et Bas-Rhin et fera exécuter ses jugemens dans les vingt-quatre heures, à la requête de l'accusateur public et dans les lieux qu'elle désignera comme les plus susceptibles d'avoir sous les yeux des exemples.

Elle connaîtra de toutes les actions, projets, écrits et propos contraires aux progrès de la Révolution, d'inexécution et infraction à tous les arrêtés des représentants du peuple, du discrédit des assignats, du trafic du numéraire[1], de la différence des prix, de la hausse excessive des denrées et du refus d'en livrer, sans l'apparence d'espèces sonnantes; de tout ce qui concerne l'inexécution de la loi du maximum, du refus ou retard des contingents par nous requis pour le complément des magasins militaires; de l'infidélité des recensements exigés par la loi et par nos arrêtés pour connaître la juste quantité des grains que possède chaque citoyen; de la soustraction de ces mêmes grains, ou des fausses déclarations qui auraient pu être faites; des abus, prévarications, dilapidations dans tous les magasins militaires, situés dans l'étendue des dits départements, de même que de tous les marchés onéreux et frauduleux, concernant le même service. Tous les articles relatifs à la compétence de cette Commission, qui n'ont point été prévus ci-dessus, y seront par nous ajoutés par des arrêtés particuliers, suivant les circonstances et l'exigeance des cas.

Les peines étaient celles qui étaient déterminées par la loi ou *par les différents arrêtés des représentants*. En cas de difficulté, la Commission devait en référer aux représentants « qui décideront de suite ».

L'action propre des tribunaux criminels et militaires n'en devait pas être entravée. Ils restaient saisis des affaires

---

[1]. Le même jour, pour relever le cours des assignats, les deux représentants prenaient l'arrêté suivant : « Considérant que le discrédit du papier-monnaie fait le malheur des braves défenseurs; que la cause est la trop grande quantité de numéraire en circulation; arrêtent un échange de dix millions en espèces contre pareille somme en assignats ; savoir, trois millions à fournir par la place de Strasbourg et le surplus par le département; — la municipalité est chargée de l'exécution de cet arrêté pour les trois millions et les administrateurs du département le sont pour le surplus à exécuter dans la décade. » (*Livre bleu, ibid.*, n° 52, p. 48.)

commencées; seulement elles devaient être *par eux* achevées sans autres formes que celles ci-dessus déterminées.

Et en conséquence les deux législateurs ajoutaient :

Par le même arrêté, conférons aux tribunaux militaires des armées du Rhin et de la Moselle, qui seront par nous épurés, la faculté de juger tous les prévenus ou détenus qui sont de leur compétence, sans être astreints à d'autres formes que celles ci-dessus [1].

Ainsi ces deux hommes, que l'on ne range pas communément parmi les terroristes voués à l'exécration de l'histoire, estimaient dignes de la peine des traîtres une partie des populations de l'Alsace et inventaient pour elles des procédures dignes de servir de type aux instructions de la Commission d'Orange et à la loi du 22 prairial!

Et veut-on savoir pour qui cette commission était instituée, quels délits étaient menacés de cette répression? Il n'y a qu'à parcourir la liste des détenus, que les deux représentants s'étaient fait remettre avant de prendre leur arrêté... On y trouve :

Ignace MEYER, domestique du prévôt de Sosolsheim; arrêté pour savoir si son maître n'avoit pas de prêtres chez lui;

George MUNTZ, commandé d'ôter le calvaire et ne l'ayant pas aussitôt fait;

Ursule Horn, servante chez un émigré; arrêtée pour savoir si son maître n'avoit rien de caché;

Françoise RHINAUER, arrêtée pour avoir vendu cinquante poires quatorze sous; mère de six enfants dont quatre servent la patrie;

Jacques KUBLER, suspendu par Schneider et arrêté pour y pouvoir mettre une de ses créatures;

Michel JUND, arrêté pour un autre qui étoit émigré;

Madeleine MULLER, ignore pourquoi elle a été arrêtée;

Joseph WENDLING, fut forcé de toucher les orgues lors de l'invasion de l'ennemi...

1. Arch. nat., AF II, carton 135, dossier 3, n° 9, pièce 8, et dossier 242, à la date, et *Livre bleu*, t. I, n° 53, p. 52-55.

Une foule de journaliers, surtout les femmes, y sont qualifiés : *aristocrates*[1]. Un citoyen s'absentait-il? il était rangé parmi les suspects. Ceux qui allaient au pèlerinage de Notre-Dame de la Pierre, sur les frontières de Suisse, étaient traités comme émigrés. Beaucoup de femmes, en ventôse, se virent, de ce chef, exposées aux rigueurs de ces lois terribles[2].

En dehors des prisons, il y avait des malades pour qui on réclamait un traitement spécial (4 pluviôse, 23 janvier 1794) :

Le citoyen Schwarz annonce qu'il existe dans un hôpital un émigré attaqué de l'escorbut; il demande que, sans plus attendre, il soit guillotiné pour rendre la guérison plus prompte[3].

Quant à la prison, le séjour n'en était pas gratuit, et voici l'avertissement publié le 17 pluviôse (5 février 1794) pour les locataires en retard :

Ordre du commandant de la maison d'arrêt, ci-devant Séminaire de Strasbourg.

Les personnes qui n'ont payé depuis hier, commencement de cette recepte, sont assurés que s'ils ne payent cet après-dîné avant les quatre heures, ils seront enfermés dans les caveaux de cette maison au pain et à l'eau, jusqu'à ce qu'ils aient payé et seront annoncés à la municipalité comme de mauvaise volonté et seront punis comme insubordonnés et désobéissants aux lois émanées des autorités constituées.

Strasbourg, 17 pluviôse.

COFFIN[4].

1. *Livre bleu*, t. II, n° 116, p. 216 et suiv., et la note XXV, aux Appendices.
2. Véron-Réville, *l. l.*, p. 111-113.
3. *Livre bleu*, t. II, p. 317.
4. *Livre bleu*, t. I, n° 56. — D'autres documents prouvent la dureté avec laquelle les détenus étaient gardés. Le 5 nivôse (25 décembre), un membre demanda qu'on visitât la garde-robe « de MM. les incarcérés ». — « Pour rester dans leur grotte, disait-il, ils n'ont besoin que de l'habit qui les couvre (*applaudissements*). (Heitz, *Sociétés politiques de Strasbourg*, p. 315.)

V

Persécution contre les aristocrates et les amis de Schneider.

La Commission investie de si énormes pouvoirs devait inspirer aux habitants des prisons la crainte de n'avoir plus un bien long séjour à y faire. Delattre, le président, un des membres les plus ardents de la Propagande, était un de ceux qui avaient voté avec tant d'entrain la mort pour tous les détenus. Et pourtant, par une heureuse inconséquence, les effets ne répondirent pas à ces prémisses. Dans le Haut-Rhin on ne signale parmi les actes de la Commission qu'une condamnation à mort; Muller, ancien commissaire de Lauterbourg, accusé de correspondance avec son fils émigré (6 ventôse, 24 février 1794)[1].

Indépendamment de cette Commission révolutionnaire, commune aux deux départements, il y avait dans chacun d'eux un tribunal criminel, investi des mêmes pouvoirs et pouvant même, comme on l'a vu, suivre les mêmes formes. Leurs procédures sous l'impulsion, soit des représentants (Lacoste et Baudot, puis Bar dans le Bas-Rhin, Foussedoire dans le Haut-Rhin)[2], soit des sociétés populaires épurées, avaient tout le caractère d'une guerre en règle poursuivie contre la religion que la Révolution traita toujours comme une ennemie, parce que la foi a toujours été le principe le plus fort de résistance à ses excès[3]. La lutte

---

1. Véron-Reville, p. 183.
2. Voy. le compte rendu de Foussedoire, (Bibl. nat., Le³⁹ 166.) Il y constate le nombre considérable de détenus qu'il y avait dans les Vosges et le Haut-Rhin. — Sur les missions de Bar et de Foussedoire, voy. la note XXVI, aux Appendices.
3. A la date du 9 germinal (29 avril), Lacoste, qui vient de parcourir le Haut-Rhin, dit qu'à son premier voyage, il l'avait trouvé dans un état satisfaisant comparativement au Bas-Rhin (plus autrichien que républicain, à son avis); mais combien les choses ont changé!

« Les prêtres y sont nombreux; par une fausse interprétation du décret que vient de rendre la Convention, [ils] y deviennent plus dangereux que jamais, fanatisent ouvertement et avec audace. Les églises, au lieu de les

avait depuis longtemps commencé sur le terrain religieux, par la répugnance des populations à accepter les prêtres constitutionnels. Quiconque refusait de suivre leurs offices était suspect. Nombre de jeunes filles furent jetées en prison pour ce motif. Une vieille fille de Hirsingue fut, un jour de dimanche, conduite par force à l'église et obligée de rester à genoux pendant la grand'messe et les vêpres, entre deux hommes de garde. Le curé de Sewen fit couper la queue et les cheveux à un citoyen qui s'obstinait à ne pas vouloir fréquenter son église. L'évêque Martin avait fait murer les portes des églises réfractaires. La municipalité de Soultz faisait fermer les portes de la ville les jours de dimanche et de fête, de peur que les habitants n'allassent rejoindre des prêtres non conformistes au dehors¹. Il faut dire, d'autre part, que le besoin de culte fit quelquefois passer les populations par-dessus les scrupules religieux. Plusieurs communes, plutôt que de manquer des cérémonies accoutumées, contraignirent même à les célébrer de mauvais prêtres qui avaient pris parfaitement le parti de s'en abstenir. Il est vrai qu'après l'établissement du culte de la Raison, les prêtres constitutionnels, qui n'abdiquaient pas, commencèrent à être persécutés comme les autres ; car ils observaient le dimanche, et l'on regardait comme important au salut de la République de sacrifier le dimanche

---

convertir en des temples de la Raison, sont parfaitement décorées de tous les signes de la superstition. Les messes s'y disent chaque jour et le peuple s'y rassemble le soir au son de la cloche pour des prières publiques.

« Les dimanches sont strictement observés...

« Les aristocrates sont satisfaits et plus insolents que jamais; les autorités constituées sont sans force.

« Les tribunaux criminels ne rendent pas justice ; celui militaire (sic) vient d'acquitter les ex-nobles et conspirateurs Fontenay et Fuschamberg qui ont fait échouer le passage du Rhin. » — Gasparin va partir et leur rendra compte. Pour le moment, il pense qu'il faut déporter une cinquantaine d'individus pour agiotage; faire un scrutin épuratoire dans les sociétés; convertir les églises en temples de la Raison; contraindre à trois jours de travail sur les grandes routes ceux qui chômeront les dimanches et fêtes; surveiller les conseils généraux des communes; faire arrêter jusqu'à la paix les deux acquittés Fontenay et Fuschamberg; renouveler le tribunal militaire. (Dépôt de la Guerre, armée de la Moselle, à la date.)

1. Véron-Réville, l. l., p. 216.

au décadi. Le général Dièche, espèce de soudard toujours ivre[1], entièrement au service du maire Monet, fut chargé, pour tout exploit, de procéder à l'arrestation des prêtres. Il en ramassa, en moins de huit jours, deux cent cinquante-six dans les districts de Benfeld, de Colmar, d'Altkirck et de Belfort, d'où ils furent conduits, soit à Champlitte, soit à Besançon. C'est à Besançon que l'ex-prince de Hesse, général jacobin, à qui on demandait pour eux de la paille, s'écria : « De la paille! c'est bon pour les animaux, mais des chiens de cette espèce peuvent bien coucher sur la terre[2]. »

Dans le Bas-Rhin, si la persécution était plus vive contre les aristocrates de toute condition, la lutte était plus ardente aussi entre les patriotes. On a vu que les amis de Schneider avaient commencé par protester en sa faveur[3]. Frappés à leur tour et transférés dans les prisons de Dijon, ils en appelaient au Comité de sûreté générale où ils devaient avoir des amis[4]; ils ripostaient contre leurs adversaires victorieux. Ils s'attaquaient à la Propagande, cette bande de jacobins des départements du voisinage qui, appelés à Strasbourg par le jeune maire Monet, s'étaient entièrement dévoués à sa cause. Massé, Jung et les autres envoyèrent, de leur prison, au club une brochure où étaient exposés tous les excès, toutes les orgies de leur règne : *Histoire de la Propagande et des miracles qu'elle a faits à Strasbourg pendant son séjour dans cette ville, dans le mois de frimaire de la présente année*[5] : libelle où Monet, Teterel et Mainoni, étaient personnellement incriminés et contre lequel ils protestèrent au sein du club dans la séance du 7 germinal (27 mars 1794)[6].

1. *Livre bleu*, t. II, n° 44.
2. Véron-Réville, p. 224.
3. Voy. ci-dessus, p. 364.
4. *Adresse des cinq sans-culottes de Strasbourg, déportés à Dijon, au Comité de sûreté générale*, signée : Massé, Jung, Daux, Voot et Wolff (30 nivôse, 19 janvier 1794). (Heitz, *Sociétés politiques de Strasbourg*, p. 320.)
5. *Livre bleu*, t. I (Pièces à l'appui de l'Appel), n° 102, p. 187.
6. Heitz, *Sociétés politiques de Strasbourg*, p. 338.

C'est surtout contre Schneider que se tournaient tous les efforts de cette fraction de jacobins, maîtres du pouvoir, qu'on pourrait appeler les *opportunistes* de Strasbourg. Schneider avait des amis en Alsace qui lui cherchaient des appuis à Paris[1]. Il avait à Paris des correspondants qui se mettaient à son service, lui recommandaient la prudence : ne pas mal parler des représentants. Il ne pouvait cependant pas se taire, même quand Saint-Just était l'auteur de ses maux. Il ne pouvait pas ne pas se plaindre d'avoir été attaché, sans jugement, à la guillotine[2]. Mais lui-même était-il sans reproche? Ses adversaires trouvaient dans sa vie trop de prises contre lui. Les administrateurs de Strasbourg s'étaient chargés de répondre à la lettre qu'il avait écrite à Robespierre pour sa défense :

Euloge Schneider, disaient-ils, tout couvert de ses crimes, vient encore de mentir à l'univers du fond de sa prison. Constant dans ses perfidies, il emprunte le langage de l'innocence foulée. Il crie à l'oppression, à l'injustice. Il ose attaquer Robespierre, il pousse l'imprudence jusqu'à paroître solliciter un prompt jugement. Ah! que ses vœux trompeurs ne sont-ils exaucés! La terre de la liberté seroit déjà délivrée d'un monstre. Mais non, cet homme profondément pervers cherche encore, sous le couteau même de la loi, à perfectionner ses fureurs; il veut ranimer l'espoir et les forfaits de cette horde impure de prêtres étrangers dont il a inondé le département du Bas-Rhin.

Il a seul combattu les feuillants et les fédéralistes... Qu'ont donc fait dans ce département les Monet, les Teterel, les André, les Mougeat, les Maimoni, les Edelmann et tant d'autres? C'est bien là le faux révolutionnaire dont Robespierre parle avec tant de sublimité. N'oubliez pas que c'est le scélérat Dietrich qui l'a appelé dans les murs de cette ville, comme l'instrument

---

1. 7 nivôse (27 décembre), lettre collective de Taffin, Jung, etc., à la citoyenne K..., l'invitant à se porter caution pour lui : « Son crime est d'avoir censuré les fautes des représentants du peuple lors de la prise des lignes de la Lauter, lors de l'arrestation de nos frères du département et autres corps administratifs. » (Heitz, *Notes sur Schneider*, p. 132.)

2. Lettre du 12 pluviôse (31 janvier 1794), au citoyen K..., rue des Prouvaires. — Cf. d'autres lettres du 12 nivôse et du 7 pluviôse. (Heitz, *Notes sur Schneider*, p. 198 et suiv.)

le plus mortel pour une patrie que, dès lors, il vouloit trahir. Paroissez, citoyennes de Barr qu'il a mises en réquisition pour Funck, prêtre autrichien; fille intéressante et malheureuse qu'il fit demander à son père à une heure du matin, pour partager son lit de débauche[1], etc.

Les ombres plaintives de tes victimes, oppresseur sanguinaire et détesté, s'empressent autour du temple de l'éternelle justice et crient vengeance. Vois ce malheureux que tu fis guillotiner parce qu'il avoit une jambe de bois et que, disois-tu avec une ironie détestable, il ne pouvoit point servir dans les ports de la République.

Entends-tu la voix encore menaçante de ce capitaine de gendarmerie que tu vouas au couteau national pour jouir de ses pistolets et du produit de ses chevaux? Écoute les longs gémissements de cette femme qui ne dut la mort qu'à ton désir de posséder ses meubles! Faudra-t-il te rappeler ces cultivateurs ignorants et foibles, ce ministre sexagénaire de Dorlisheim, ce citoyen d'Epfig que la rage a frappé de mort? Il doit te souvenir de cette infortunée que tu fis périr à Sélestatt avec le fruit précieux qu'elle portoit dans son sein. Tu n'as pas oublié non plus cette illumination insultante que tu ordonnas dans une de tes entrées triomphantes à Sélestatt... Ah! que n'imitois-tu plutôt ton digne complice le prêtre Taffin; il ne put résister au remords rongeur d'avoir partagé une partie de tes forfaits; il devança la mort qui l'attendoit à l'échafaud.

Ils parlent de ses exactions, de son despotisme, de son hypocrisie:

La Vendée naissoit, dit-il, dans le département, et il prétend l'avoir empêchée... On sait que c'est lui qui a outré avec fureur toutes les lois sur la réquisition du peuple en masse et sur la philosophie des cultes... Et à qui doit-on attribuer cette inconcevable et malheureuse émigration de près de cinquante mille âmes dans deux districts seulement? La terreur a fait fuir ces familles nombreuses; la terreur étoit mise à l'ordre du jour par ce moderne Caligula qui désiroit qu'elles n'eussent toutes qu'une seule tête pour la faire tomber d'un coup de hache.

C'est avec répugnance que nous vous retraçons cette longue suite de forfaits et de crimes. Si Schneider n'avoit exercé

---

1. C'est de cette façon que l'on transformait son mariage. La trace en est restée dans quelques récits.

qu'une autorité ordinaire dans notre département ;... si nous n'avions pas découvert dans sa conduite imprudente et audacieuse toutes les traces d'un système nouveau de conspiration contre la liberté et contre l'unité et l'indivisibilité de la République ;... si enfin la conviction, née d'une funeste expérience, ne nous disoit pas que tout est perdu, si ce monstre est déchaîné, nous nous serions condamnés au silence. Mais il falloit décider entre un homme et la patrie : notre choix ne pouvoit plus être douteux[1]. (8 ventôse, 26 février 1794.)

Après une pareille lettre, il semblait assez inutile que le Comité de sûreté générale demandât des renseignements à Strasbourg sur Euloge Schneider. La réponse était toute faite. Il en renouvela la demande néanmoins, et d'autant mieux que l'on pouvait déjà savoir ce qu'elle produirait. La question portée au sein de la Société populaire y provoqua pourtant quelques débats. C'est une première édition de son procès devant un jury dont les membres avaient été, pour la plupart, témoins de ses actions. Le premier qui prit la parole dit que tant que Schneider n'a été que simple citoyen, membre de la Société, il lui a paru patriote ; mais dès qu'il a été élevé à la place de *président*[2] du tribunal révolutionnaire, il n'a vu en lui qu'un monstre, un ennemi de la chose publique, un homme souillé de tous les crimes ; et il les passe en revue :

Il écrivoit en ces termes au maire d'Obernay : « Désignez-moi des têtes pour que je les fasse guillotiner. » Le maire lui répondit qu'il ne connoissoit point de coupables. Mais il étoit si altéré de sang que sur la simple dénonciation d'un jeune homme de dix-sept ans, nommé Martin, il fit périr trois malheureuses victimes, etc.

Un autre ose contredire :

Il est du devoir d'un républicain, dit-il, d'énoncer franchement son opinion et de ne se laisser entraîner par aucune passion, d'oublier l'individu et de ne s'attacher qu'aux choses.

---

1. *Livre bleu*, t. I (*Copie exacte*, etc.), p. 15-20.
2. Il n'avait que le titre de commissaire civil, mais c'est lui qui menait tout.

Quant à moi, j'ai toujours connu Schneider, jusqu'au moment de ma détention, comme un patriote, comme un ami de la liberté, comme un homme qui a toujours professé les principes révolutionnaires. Voilà mon sentiment.

Il fut interrompu par les murmures des tribunes.

Un nouvel orateur réclame le respect de toutes les opinions. Schneider était-il payé par les puissances étrangères? Il ne le croit pas. Mais était-il révolutionnaire et républicain? Non, car la vertu est le but du républicanisme, etc. Qu'était Schneider? un prêtre et un prêtre étranger, un ambitieux, qui a pressenti le succès de la Révolution et s'est jeté dans le parti dont il prévoyait le triomphe. Mais un homme qui aime la Révolution aime les révolutionnaires. Or Schneider les a persécutés; et l'orateur incrimine sa dureté, sa partialité, son inhumanité.

Je sais, ajoute-t-il, qu'il y a un parti pour Schneider, qu'un ancien membre de cette Société, mais qui est rayé, est à Paris pour y prendre sa défense; mais ces intrigants seront dévoilés; il est impossible que ce parti triomphe, car si le crime venoit à triompher, la République seroit perdue, car sa base est la vertu, etc.

De vifs applaudissements accueillirent ce discours. Un autre invoque pour juger Schneider ce critérium :

Qui est-ce qui s'est réjoui de sa disgrâce? Ce ne sont pas les aristocrates, ce sont les patriotes. Qui est-ce qui désire son retour? Ce sont encore les aristocrates, et non les sans-culottes.

Un autre dit qu'il a vu Schneider marcher dans le sentier de la Révolution, mais, ajoute-t-il :

Si les crimes dont on l'accuse sont vrais, c'étoit un masque emprunté pour assassiner plus facilement la liberté, et dans ce cas il mérite la mort.

Le courant était décidément contre Schneider. Un nouvel orateur insiste sur son immoralité et sa fausseté, et dit que le tribunal révolutionnaire doit faire tomber sa tête; en attendant, il demande que les opinions exprimées soient inscrites au procès-verbal, que le procès-verbal, après une nouvelle discussion, soit envoyé au Comité de sûreté générale à Paris et que Schneider soit, dès à présent, rayé de la Société ; ce qui fut voté à l'unanimité.

Mais la conspiration à la tête de laquelle était Schneider a peut-être été la cause de la perte des lignes de Wissembourg. Un membre en fait la remarque et demande qu'une commission soit nommée pour suivre cette affaire. Un autre propose qu'on fasse une adresse aux campagnes pour provoquer des dénonciations sur Schneider ; et il demande que les dénonciations soient anonymes : tant est grande encore la Terreur qu'il a répandue dans les populations.

Toutes ces propositions furent adoptées [1].

Le surlendemain, 23 ventôse, Saint-Just faisait à la Convention ce fameux rapport *des conjurations contre le peuple français et la liberté*, qui devait envelopper les « enragés » et les indulgents dans la même ruine, à commencer par les enragés. Dans les premiers jours de germinal (1-4), c'était Hébert, Ronsin, etc. ; le 12, ce fut Euloge Schneider. L'instruction avait été faite en Alsace. On procéda à Paris dans les formes qui prévalaient déjà au tribunal [2]. Sur son mariage on aurait pu entendre sa femme elle-même : elle avait déposé en sa faveur dans l'instruction ; son témoignage fut supprimé [3].

Les amis de Saint-Just dominaient dès lors sans conteste en Alsace. Le 21 floréal, le maire Monet faisait à la Société populaire un discours sur la *conjuration de l'étranger dans le Haut-Rhin*, où, s'associant à la politique qui venait de sacrifier, les uns après les autres, les enragés et les indulgents à Paris, Hébert et ses acolytes, Danton et ses amis, il formulait un nouvel acte d'accusation contre

---

[1] *Livre bleu*, t. II, p. 317-323.
[2] Voy. *Histoire du tribunal révolutionnaire de Paris*, t. III, p. 101-114.
[3] Il n'y en a pas trace au dossier. (Arch. nat., W 343, dossier 662.)

Schneider qui venait de succomber et préparait un sort pareil à plusieurs des amis de ce dernier, déportés, comme on l'a vu, de Strasbourg dans les prisons de Dijon ; de ce nombre : Jung, ennemi personnel de Monet ; *Jung qui avait affecté de croire que Saint-Just et Lebas n'étaient environnés que d'intrigants étrangers à Strasbourg* (c'était le cas de Monet). Jung se retrouvera avec un Pierre-François Monet, prêtre, Frédéric Edelmann, musicien, et Louis Edelmann, fabricant de musique, au tribunal révolutionnaire de Paris ; tous les quatre dénoncés par Rousseville et Potin, agents de Lacoste et de Baudot, tous les quatre condamnés le 9 messidor (17 juillet 1794) comme affiliés à la « conjuration ourdie à Paris contre la représentation nationale et la sûreté des prisons[2] ». Ce discours était en même temps un réquisitoire insensé contre les plus anciennes familles de Strasbourg, contre la population même de l'Alsace. Redisons-le : leur patriotisme était bien fort, leur attachement à la France bien assuré, puisqu'ils ont traversé, sans défaillance, l'épreuve de ce gouvernement de sectaires qui leur voulaient enlever leurs traditions, leurs usages et leur langue même, avec leur religion !

VI

Les Comités de surveillance et les agents du Comité de salut public. — Mission de Hentz et Goujon.

L'envoi des contre-révolutionnaires à Paris était devenu la règle depuis la loi du 27 germinal[3] : cela diminuait

---

1. *Discours sur la conjuration de l'étranger dans le Bas-Rhin.* (Livre bleu, t. I, n° 7, p. 113.)
2. Arch. nat., W, 421, dossier 956, *Histoire du tribunal révolutionnaire de Paris*, t. V, p. 97. — Les autres, envoyés aussi à Paris comme complices d'Eulogue Schneider, savoir : Clavel, Nestlin, Asslett, Schamm, Vogel, Koller, Butenschoen et Hess, furent mis en liberté par arrêt de non-lieu, le 9 brumaire an III (30 octobre 1794). (*Histoire du tribunal révolutionnaire de Paris*, t. VI, p. 211.)
3. Le tribunal révolutionnaire de Strasbourg avait déjà été supprimé par le Comité de salut public, 3 ventôse (1er février). — Les représentants

l'activité des tribunaux de province, mais non pas celle des comités de surveillance, principalement occupés à découvrir les suspects et à les expédier au grand tribunal révolutionnaire. Le Comité de surveillance de Strasbourg écrivait au Comité de sûreté générale de la Convention :

La multiplicité des occupations qui nous sont survenues, l'immensité de notre tâche dans cette incivique commune, la difficulté des renseignements sûrs qui doivent nous guider dans le travail qui nous est imposé, toutes ces causes ont retardé notre opération.

Il s'agissait de dresser un tableau des prévenus, parmi lesquels le Comité, sans doute, se réservait de faire un premier choix pour le tribunal de Paris ;

Nous vous ferons observer en outre, citoyens, que le Comité n'est formé que depuis le 18 ventôse, que sa composition est très populaire et que la très grande partie n'est pas au fait du travail, et étrangère à la connaissance et à la conduite astucieuse des partisans de Dietrich et de Schneider. Nous vous ferons passer incessamment un travail religieusement exact sur la conduite des détenus les plus dangereux et nous vous enverrons le reste dans le plus court délai possible[1].

Le 23 floréal (11 mai 1794), envoi des premiers tableaux promis[2]; et il faut voir comme notre Comité gourmande son confrère du premier canton de Colmar pour avoir discuté la conduite et pris en quelque sorte la défense d'un homme dont il réclamait l'arrestation pure et simple :

Nous vous avions dénoncé cet homme, disait-il, nous avions jugé que rien ne pouvait s'opposer à l'exécution de nos mesures, puisque, dans tous les cas, nous devenions responsables de cette arrestation.

en transmettant à Dièche cet arrêté, l'invitaient à faire transférer à l'Abbaye, à Paris, un agent de l'administration de l'armée nommé Rivage. (Armée du Rhin, 12 ventôse, 2 mars 1794.) Lacoste écrit encore de Metz, 8 germinal (28 mars), qu'il a ordonné au tribunal de cesser immédiatement ses fonctions. (Arch. nat., AF II, 150, germinal, pièce 111.)

1. *Livre bleu*, t. II, n° 165, p. 271.
2. *Ibid.*, p. 178.

Il lui reprochait « de traiter cette affaire plus comme tribunal que comme comité de surveillance » :

Un tribunal, ajoutait-il, juge d'après les pièces ; un comité de surveillance, d'après l'opinion publique qui ne saurait se tromper sur les principes et la conduite politique d'un individu.

Et pour conclusion :

Nous vous invitons en conséquence itérativement de faire mettre en état d'arrestation le citoyen Lemp, et ce sur notre responsabilité, la présente devant mettre la vôtre à couvert, et de le faire transférer dans la maison d'arrêt de notre commune[1]. (14 floréal, 3 mai 1794.)

A Strasbourg, les visites domiciliaires continuaient d'amasser les suspects dans les prisons. Le commandant de place, le fameux général Dièche, en donnait l'ordre ; le maire les transmettait au Comité de surveillance[2]. Le Comité ne demandait qu'une chose : c'est que le général lui indiquât l'objet particulier de ces visites et lui donnât les moyens de les opérer avec succès[3].

Le général et le maire ne trouvèrent rien de mieux à faire que d'envoyer, en leur qualité de membres d'un comité particulier de surveillance, formé au sein de la Société des Jacobins, une liste de personnes à arrêter ; liste qui n'était

---

1. *Livre bleu*, t. II, p. 279.
2. Le 5 prairial, l'an 2 :

« Citoyens officiers municipaux, je vous invite à donner les ordres à l'effet qu'il soit fait ce soir des visites domiciliaires.

« Dièche. »

« Renvoyé au Comité de surveillance pour faire des visites domiciliaires dans les maisons où il est à présumer que l'on pourra découvrir des personnes suspectes.

« J.-F. Moser, maire ». (*Livre bleu*, t. II, n° 90, p. 197.)

3. Nous t'invitons, écrivait-il à Dièche, à vouloir bien nous faire part des motifs particuliers qui t'ont paru nécessiter cette mesure, afin que nous puissions opérer avec plus de précision, et de mettre à notre disposition un nombre suffisant de frères d'armes pour seconder les vues et les nôtres suivant la nature de l'expédition (5 prairial). (*Livre bleu*, t. II, p. 280.)

CH. XXXII. — JUSTICE RÉVOLUT. EN ALSACE. 383

pas signée et dont le Comité de surveillance de la commune demanda le visa authentique, avant de procéder¹ (6 prairial, 25 mai 1794). Dans cette liste, on se borne à donner les noms et, pour plusieurs, les qualités des personnes, sans indication de motifs², avec quelques recommandations particulières :

Veillez sur les chefs de l'artillerie et du génie.
Surveillez aussi les juifs⁴.

Une autre liste du 11 prairial (30 mai 1794) est plus détaillée :

La femme du citoyen Betsch, ramoneur, déjà mise en arrestation, étant connue par son aristocratie et son fanatisme;
Riedling, boulanger, aristocrate, qui a tenu des propos contre-révolutionnaires;
Schweighäuser, poissonnier, et sa femme, sage-femme, aristocrates et fanatiques;
Wilhelm, marchand de vin, aristocrate et fanatique;
Kieffer, brasseur, aristocrate et fanatique.

Et une foule d'autres artisans, qualifiés aussi d'aristocrates comme dans des listes antérieures.

Fritz et Friess, ci-devant pédagogues au collège du ci-devant Saint-Guillaume, partisans déclarés de la faction du traître Dietrich, qui ont publié des écrits liberticides pour faire échouer la révolution du 10 août;
Dubessé, professeur, alarmiste, aristocrate, refusant de donner des leçons à ses élèves les jours de ci-devant dimanche;
Oertel, ministre, feuillant, fédéraliste, fanatique;
Hirn, secrétaire de l'ordre de Malte, d'une aristocratie invétérée;
Willibad Wuchter fils, banquier, égoïste, partisan de Dietrich et agioteur⁵, etc., etc.

---
1. *Livre bleu*, t. II, p. 230. — Cf. *Ibid.*, n° 120, p. 237 et suiv.
2. *Ibid.*, p. 238-240.
3. On y trouve entre autres Dietrich père; Metz, président du Comité de surveillance (est-ce d'un comité antérieur?) et Schwingdenhauer, greffier du tribunal.
4. *Livre bleu*, t. II, p. 238-240.
5. *Ibid.*, t. I (*Pièces à l'appui de l'Appel*), n° 62, p. 69-74.

Il y avait alors trois mille suspects enfermés dans les prisons de Strasbourg; et cela ne paraissait pas suffisant; le 25 prairial (13 juin 1794), l'administrateur du bien public disait au corps municipal :

Dans vos dernières séances, de nombreuses arrestations ont été prononcées, et vous avez purgé le sol de la liberté du peuple.

Vous avez fait votre devoir, mais ne croyez pas que vous ayez rempli votre tâche; car tous les individus notés d'incivisme ne sont pas enfermés, au vœu de la loi; et lorsque vous les aurez tous mis en lieu de sûreté, j'aurai à vous demander encore : « Quelles sont les mesures de salut public que vous avez prises à l'effet de relever dans cette commune l'esprit national? »

Ce n'est pas chose aisée que de sauver une commune gangrenée...

Parmi ces maux qui la rongeaient, il signale l'agiotage et pour le détruire il avait trouvé un moyen : c'était de supprimer le commerce et de faire faire les achats à l'étranger par l'État qui revendrait au prix du *maximum*[1]. Le corps municipal approuva; mais l'État jugea sans doute qu'il n'y trouverait pas son profit.

Sous le poids de cette oppression, une voix s'éleva pour protester contre un si odieux despotisme, celle de Burger, ancien administrateur du Bas-Rhin. Détenu en prison, et au risque de se faire envoyer ailleurs, il écrivit au Comité de sûreté générale pour lui signaler les actes funestes de la municipalité de Strasbourg (25 prairial, 13 juin 1794) :

Les arrestations arbitraires, disait-il, continuent avec un acharnement incompréhensible; elles frappent les meilleurs

---

1. Sur la proposition de l'administrateur du bien public... 2° que pour tarir la source de l'agiotage qui désole les deux départements du Rhin, il sera demandé au Comité de salut public de la Convention l'établissement d'une agence nationale de commerce, chargée de faire exclusivement des achats à l'étranger, aux dépôts de laquelle les citoyens auront la faculté de se pourvoir au prix du *maximum*;

Le corps municipal, ouï l'agent national, adopte ces propositions. Signé : Monet, maire, etc., 25 prairial (14 juin 1794). (*Livre bleu*, t. I, n° 63, p. 79.)

citoyens; environ dix-huit cents individus de l'un et de l'autre sexe, c'est-à-dire la cinquième partie des pères et mères de famille, gémissent dans les prisons et les maisons d'arrêt. Une horreur générale couvre la cité. Personne n'ose lever la tête, de crainte d'attirer les regards d'un délateur et d'encourir le malheureux sort de ses frères... Un mélange révoltant de despotisme, d'anarchie et d'insolence caractérise les mesures que prennent les fonctionnaires actuels... Les meneurs ne sont parvenus aux dignités qu'en jetant un faux jour sur les intentions de ceux qui en avoient été revêtus par la confiance du peuple et qu'en les traitant de traîtres et de conspirateurs; il est donc naturel qu'ils suivent le même système pour conserver leur crédit. Ainsi, en qualifiant de conspirations une infinité d'actions innocentes, ils trouvent partout des conspirateurs, et des abîmes sont ouverts sur le chemin de tous les citoyens.

Il proteste contre cette accusation de conspiration dont on prétendait frapper une ville qui avait donné 900 000 livres de contribution patriotique, payé les 9 millions d'emprunt de Saint-Just et Le Bas, échangé 3 millions de numéraire contre pareille somme en assignats, par arrêté de Lacoste et Baudot, fourni tant de dons volontaires, chemises, bas, souliers, habits, etc.

Et où sont les conspirations? ajoutait-il [1].

On allait bientôt dire : Dans ces prisons mêmes, où l'on ose tenir un pareil langage; car on est au lendemain de la loi du 22 prairial et à la veille de la fameuse conspiration des prisons!

Mais ce n'est point en Alsace qu'on appliqua cette loi ni qu'on recourut à ces procédés.

Indépendamment des conventionnels délégués, le Comité du salut public, je l'ai dit [2], avait ses agents particuliers dans les départements. Il eut à ce titre en Alsace Garnerin. Les rapports de Garnerin soit dans l'original, soit même dans les résumés enregistrés au bureau de police du

---

1. *Livre bleu*, t. I, premier morceau, paginé en chiffres romains.
2. Voy. t. I, chap. I, p. 59.

Comité de salut public, montrent qu'il est assez peu content de l'esprit de la province. Le cahier du 14 prairial, notant ses observations, porte :

Que la différence de langage et le fanatisme s'opposent à la prorogation (propagation) des principes révolutionnaires dans ces départements.

Les membres des autorités sont tous riches et liés d'intérêts aux administrés. De là la cause qu'ils ne prennent aucune mesure pour réprimer les abus.

Partout les gens suspects sont en liberté.

Il demande l'envoi de représentants du peuple dans ces départements et que les agents du Comité de salut public, chargés de surveiller les mesures qu'ils auraient ordonnées, soient munis d'une commission ostensible qui ordonne aux autorités constituées de leur présenter toutes les pièces concernant les détenus. Cet ordre n'énoncerait pas l'objet de leur mission [1].

Des représentants du peuple, il y en avait ; l'objet de la demande est surtout cette « commission ostensible, et cet objet tenu secret » qui leur donnerait pouvoir de tout faire en toute chose.

Dans la note du 27 prairial au même registre, il est dit qu'il a rencontré le représentant Lacoste à Colmar et que l'un et l'autre sont convaincus de la protection accordée par les petites municipalités aux émigrés et à leurs parents, ainsi que de l'urgence de déployer des mesures rigoureuses pour amener dans ce département (le Haut-Rhin) l'action du gouvernement révolutionnaire [2].

Il en put témoigner par lui-même. En revenant du Mont-Terrible, il avait passé par Ensisheim *incognito* :

Quand j'y suis arrivé, dit-il dans son rapport, on m'a refusé à coucher et à manger parce qu'on voyait que j'étais *français* et que je ne payais pas en argent. Les prêtres, les nobles, les parents d'émigrés, tout jouit de la plus grande sécurité. Le

---

1. Arch. nat., F7 4437, 15e cahier (14 prairial), et la note XXVII, aux Appendices.
2. F7 4437, 27e cahier.

président du Comité de surveillance, perruquier, loge chez lui un jésuite[1].

D'autres agents, établis par le représentant Lacoste dans le même département, mandent que les habitants de Mulhouse (qui faisait alors une enclave dans le département) sont toujours en voyage; ce qui provoque cette note des membres du Comité qui a pris connaissance du rapport :

Pourquoi sont-ils en voyage? Pourquoi? Que font-ils? Il faut arrêter ceux qui sortent et examiner ceux qui entrent[2].

Une autre note du 18 prairial devait amener des conséquences judiciaires plus graves :

Les agents du bureau de surveillance sur les passeports dans le département du Haut-Rhin donnent avis que, depuis quelque temps, quantité de fanatiques de ces contrées se mettent en route la nuit pour aller se confesser à leurs anciens curés qui sont en Suisse.

Que lorsque les gardes des douanes veulent s'opposer à ces démarches, ils sont maltraités;

Ils pensent que quelques grands exemples des chefs, donnés sur les lieux, peuvent seuls dissiper ces rassemblements dangereux, et que, pour y parvenir, il serait nécessaire d'envoyer des détachements pour se concerter avec les préposés de douanes qui ne sont pas en force[3].

En marge. Renvoyé au comm[issaire] de la police générale. — Fait le 7 messidor.

Garnerin s'était plaint que « partout les gens suspects étaient en liberté »; il y en avait pourtant bien en prison

---

1. Véron-Réville, *la Révolution française dans le Haut-Rhin*, p. 192.
Un administrateur du district de Benfeld (Bas-Rhin) écrit :
« Le peuple de la campagne du district de Benfeld est naturellement bon, laborieux et excellent agriculteur; mais égoïste et fanatique.
« Les prêtres et le numéraire, voilà leurs idoles; il faut donc absolument ôter et les prêtres et le numéraire; car tant qu'il y aura encore des prêtres, l'esprit public ne fera aucun progrès, et tant qu'il y aura du numéraire, les assignats n'auront pas leur juste valeur.
« Il est encore un autre genre de mal qu'il faut déraciner, c'est l'usure et l'agiotage des juifs. » (Arch. nat., AF II, 135, dossier 16, pièce 48.)
2. Arch. nat., F7 4437, 15e cahier, 16 prairial, *ibid.*
3. F7 4437, 19 prairial, 20e cahier.

et on lui en fournit, sur sa demande, une double liste, hommes et femmes, avec indication des motifs de leur arrestation (5 messidor, 23 juin 1794)[1]. Il ne faut pas s'étonner d'y trouver plusieurs des noms compris déjà dans la liste du 11 prairial. On y trouve entre autres ce Lemp que le Comité de Strasbourg avait « itérativement » réclamé du Comité de Colmar et qu'il avait obtenu[2]. Et les dénonciations ne discontinuaient pas. En voici une par exemple à cette date (5 messidor) :

Je soussigné déclare avoir connu les nommés :
Ensfelder, le plus jeune; Weiss à l'hôtel de l'esprit; Pren fils et Wentz;
Pour être très souvent venus à la séance de la Société préférer de jaser avec les citoyennes que d'être attentifs aux délibérations, et que bien souvent il les a engagés de se taire et de ne pas faire tant de bruit comme ils ont fait[3].

Il ajoute :

Je me porte à l'époque où Schneider avait encore eu son existence dans cette ville.

HERING fils.

Un crime qui date de plus de six mois!

Mais la persécution, comme on le voit d'ailleurs par les qualifications des suspects arrêtés (fanatiques!), avait surtout la religion pour objet.

Le grand général Dièche, ce « général toujours saoul » comme le disait la femme d'un patriote, écrivait le 10 messidor aux frères et amis de Strasbourg, pour leur rendre compte des opérations qu'il avait, sur l'ordre des représentants, commencées à Colmar, opérations relatives à l'enlèvement des prêtres :

L'arrestation de cent prêtres dans peu de jours et dans peu d'étendue de pays fait présumer qu'il y en aura au moins un

---

1. *Livre bleu*, t. I, n° 64, p. 81-97.
2. *Ibid.*, p. 83.
3. *Livre bleu*, t. II, n° 137, p. 253.

bataillon au grand complet que j'enverrai avant peu à la citadelle de Besançon. Ce département eût été une Vendée, s'écriait-il ; les prêtres y prêchaient hautement et dans les églises le fanatisme, le crime et la contre-révolution ; ils aidaient cet esprit par des processions continuelles.

Suivent plusieurs traits particuliers et notamment le fait de la commune de Hirsingue où, à la suite d'une fête patronale, l'arbre de la liberté avait été arraché. En punition d'un pareil attentat, le clocher de l'église fut abattu, la maison du ci-devant curé, rasée, et l'exécution se fit un « ci-devant dimanche¹ ».

Cet enlèvement de prêtres ne concernait nullement, ne l'oublions pas, les prêtres réfractaires : il n'en pouvait plus vivre sur le territoire de la république ; mais les prêtres constitutionnels, les prêtres mariés : « Rendez-moi, s'écriait l'ex-curé de Val-aux-Mines, rendez-moi à une épouse qui m'adore ! » même les prêtres qui avaient abandonné leurs fonctions ; un garçon boulanger, institué curé après un an de séminaire et retourné à son pétrin ; un aide-chirurgien à l'hôpital militaire de Belfort, où il était auparavant aumônier² ; pour les Jacobins comme pour l'Église, le caractère du sacerdoce était indélébile. C'est dans le même esprit que les administrateurs du Bas-Rhin pressaient le représentant Hentz, au nom de l'humanité, d'étendre cette persécution. Ils ne distinguent pas entre les sectes, ils ne s'arrêtent point à l'habit. Ils poursuivent les prêtres au delà du sacerdoce, comme des hommes qui se couvrent aujourd'hui « du manteau respectable du patriotisme » :

Ils s'annoncent avec astuce comme les égides de la Révolution ; ils flattent le peuple, mais c'est pour le mieux tromper,

---

1. 10 messidor. (*Livre bleu*, t. II, n° 48, p. 115.) L'arrêté qui donne à Dièche sa mission contre les prêtres et notamment contre la maison du curé de Hirsingue, avec force anathèmes contre les prêtres, est donnée au t. I du recueil sous la date du 4 thermidor (n° 67, p. 100). Il faut lire ici *messidor* ou reporter la lettre de Dièche au 10 thermidor.
2. Véron-Réville, *la Révolution française dans le Haut-Rhin*, p. 226.
3. *Ibid.*

Qu'ils soient donc chassés de toutes les fonctions publiques; que la gloire d'être comptés parmi les membres des sociétés patriotiques leur soit enlevée; que leur existence même devienne étrangère à la République; qu'enfin ils soient tellement surveillés, tellement circonscrits, que jamais leurs souffles ne puissent atteindre l'atmosphère de la République!

Et ils pressaient Hentz d'étendre ces dispositions aux départements du Haut-Rhin, des Vosges, de la Haute-Saône et du Doubs :

C'est là, disaient-ils, que le sacerdoce, encore aujourd'hui, présente avec impudence sa figure hideuse; c'est là que, sans respect pour les lois, la superstition jouit de toute son autorité; que les décadis, les fêtes nationales, sont méprisés et honteusement remplacés par des dimanches et des fêtes anciennement absurdes, etc.¹.

Dans le Bas-Rhin, il y avait redoublement de recherches contre les suspects et surtout contre les prêtres. L'agent national du district de Strasbourg, Mainoni, écrivait au chef d'escadron de gendarmerie nationale Gueffemme :

Je suis parfaitement instruit par la voie de Paris qu'il existe dans le département du Bas-Rhin des contre-révolutionnaires; je sais de plus que Pétion et sa clique sont supposés en ce moment dans cet arrondissement...

Pétion avait été retrouvé quelques jours auparavant (8 messidor) avec Buzot, dans un champ de blé où l'un et l'autre s'étaient tués.

En conséquence je te requiers de mettre sur pied toute la gendarmerie, de la faire croiser sur toutes les grandes routes et fouiller toutes les municipalités.

Et il entrait dans les détails des procédés à suivre :

Tu feras arrêter aussi tous prêtres, de quelque secte qu'ils soient, surtout celui d'Illkirch qui s'est permis d'ouvrir les temples, de baptiser et d'exercer les fonctions supprimées.

1. 14 messidor (2 juillet 1794). *Livre bleu*, t. I, n° 92, p. 171.

Et ces mesures étaient étendues aux cinq autres districts par le directoire du département[1]. Il y eut même pour Strasbourg en particulier un plan de visites domiciliaires bien plus largement conçu ; mais, pour l'exécuter, l'agent national s'adressait au général Dièche lui-même (20 messidor, 8 juillet 1794) :

La visite aura lieu à deux heures du matin, au même instant dans tous les arrondissements de la commune, à un jour qui sera déterminé.

Les commissaires de police et leurs adjoints devaient se trouver ce jour-là, à onze heures du soir, à la maison commune, pour ne sortir qu'au signal donné (art. 2). La commune était divisée en vingt-quatre sections, réparties entre les commissaires de police. Des officiers municipaux, des notables leur étaient associés pour cette besogne (art. 3-6); des piquets extraordinaires devaient être réunis en huit principaux points, avec une invitation aux commandants de faire occuper les principales rues et arrêter tous ceux qu'on y trouverait (art. 7-9).

Et cette opération devait se faire une fois par décade (art. 10)[2]!

C'est dans le même esprit que les représentants près les armées du Rhin et de la Moselle prenaient à Landau (21 messidor, 9 juillet 1794) l'arrêté suivant qui établissait une commission mixte de recherches, une sorte de petite inquisition où ils ne craignirent point de faire entrer un adjudant général comme grand inquisiteur :

1. *Livre bleu*, t. II, n° 81, p. 192. — Ajoutez ce qu'écrivait l'agent national de Benfeld (Stamm) à Monet : « L'agent de la commune a invité la municipalité de Barr à faire arrêter le nommé Fritz, *feuillant, né adhérant de Dietrich, meneur de section, gâte-esprit de Strasbourg.*
« Ton agent a manqué, car il a dû s'adresser à moi.
« La Société populaire de Barr s'oppose formellement à cette arrestation, prend Fritz en protection... Je viens de prendre les mesures nécessaires pour parer à ces abus qui ne prennent leurs sources que dans l'égoïsme le plus vil.
« Juge de là à l'esprit du peuple » (21 messidor, 9 juillet 1794). (*Ibid.*, n° 76, p. 185.)
2. *Livre bleu*, t. II, p. 327.

Instruits que l'esprit de contre-révolution domine dans les départements du Haut et du Bas-Rhin et dans les parties allemandes de ceux des Vosges et du Mont-Terrible;

Que les assignats y sont dépréciés;

Que l'armée de la République y est traitée avec aussi peu d'égards que si elle était une armée ennemie;

Que cet état de choses a son principe dans l'ignorance où les riches et les égoïstes, qui jusqu'ici se sont emparés de la Révolution, ont laissé le peuple;

Et voulant suppléer à la nullité complète des autorités constituées relativement aux mesures révolutionnaires,

Arrêtent:

Il sera fait dans les départements dépendants de l'armée du Rhin une recherche exacte des conspirateurs, des contre-révolutionnaires, des gens suspects et notamment de ceux qui, par quelque moyen que ce soit, déprécient les assignats, qui vendent à deux prix, dont l'un est le prix en numéraire et l'autre en assignats; qui font le commerce d'argent; qui gardent les denrées de première nécessité dont ils font habituellement commerce, qui ne les vendent qu'à un prix excessif en assignats ou qui refusent absolument de les vendre pour des assignats;

De ceux qui séduisent le peuple par le fanatisme et le portent à la révolte et au mécontentement.

ART. 2. — Tous les prévenus des délits ci-dessus seront sur-le-champ mis en arrestation... Les représentants du peuple enverront les contre-révolutionnaires au tribunal révolutionnaire et feront mettre les autres en arrestation comme gens suspects.

ART. 3. — Pour l'exécution des dispositions ci-dessus, il sera établi une commission composée de trois membres. Ces trois membres sont les citoyens *Chasseloup*, adjudant général de l'armée de la Moselle, *Mayran*, officier municipal de Belfort, et *James*, ci-devant employé des transports et convois militaires.

ART. 4. — Cette commission sera ambulante, elle dressera des procès-verbaux. Elle est autorisée à requérir la force publique pour la mise en arrestation des prévenus.

ART. 5. — La Commission n'exercera pas ses fonctions dans la commune de Strasbourg où le zèle et le patriotisme de la plupart des fonctionnaires sont satisfaisants.

ART. 6. — La commission n'existera que jusqu'à ce que toutes les autorités constituées aient été renouvelées dans les départements ci-dessus mentionnés ou que le gouvernement révolutionnaire y ait acquis la vigueur nécessaire.

Art. 7. — Le présent arrêté sera traduit en allemand, imprimé dans les deux langues et envoyé aux départements des Haut et Bas-Rhin, du Mont-Terrible et des Vosges, où il sera publié et affiché dans toutes les communes [1].

Un peu après, de retour à Strasbourg, ils prenaient par supplément un arrêté spécial contre les prêtres :

Les représentants du peuple envoyés près les armées du Rhin et de la Moselle,

Instruits par leurs propres yeux de l'état déplorable où se trouve l'esprit public dans les départements du Haut et du Bas-Rhin et du Mont-Terrible, que là et notamment dans ces deux derniers départements, les prêtres exercent un empire révoltant, tiennent les citoyens dans une oisiveté scandaleuse pendant plusieurs jours de décade, sous prétexte du culte religieux, tandis que la terre demande des bras ; qu'ils profitent de cette oisiveté qu'ils commandent pour prêcher la révolte, corrompre les mœurs, etc. [2].

La maison où se sont rassemblés les prêtres qui ont arraché ou fait arracher l'arbre de la liberté dans la commune de Hirsingue sera rasée sur-le-champ ; l'église de cette commune sera fermée ; tous les objets du culte en seront enlevés ; les prêtres qui se sont portés à de tels excès seront traduits au tribunal révolutionnaire.

Art. 2. — Tous les prêtres des trois départements ci-dessus désignés seront sur-le-champ mis en arrestation et conduits à la citadelle de Besançon où ils seront enfermés et traités comme gens suspects.

Art. 4. — Dièche, général de division, commandant à Strasbourg, est chargé de l'exécution du présent arrêté [3].

HENTZ, GOUJON.

1. Arch. nat., AF II, 135, dossier 17, pièce 2 et carton 215, à la date; Livre bleu, t. I, n° 65, p. 97-99.
2. Rassemblements superstitieux à propos des pèlerinages, orgies, danses, arbre de la liberté brisé ; femmes séduites ; mépris de la monnaie républicaine « au point que... les défenseurs de la patrie ne peuvent obtenir les denrées nécessaires à leur subsistance, s'ils ne peuvent les payer avec le vil métal des monarchies, etc. »
3. Dépôt de la Guerre, armée du Rhin, à la date. — Voyez ce que dit Hentz sur cette matière dans son compte rendu : les prêtres ont sermonné le peuple ; ils ont affecté de placer leur religion au-dessus du gouvernement, etc. Il veut bien reconnaître que la ville de Strasbourg est en général républicaine. De plus, l'émigration, lors de la retraite des Prussiens, a éloigné les plus mal intentionnés : « trente mille âmes ont fui, et

Le brave général pouvait servir de bras droit à la Commission qu'ils venaient de créer!!

C'était comme un redoublement de la Terreur. Saint-Just et Le Bas allaient être dépassés; heureusement, on n'eut guère que le temps de monter cette machine. A peine la Commission s'était-elle mise en marche, recueillant les suspects (aristocrates, fanatiques, même fonctionnaires publics, dénoncés par le zèle ou l'envie), qu'elle reçut à Colmar, le 21 thermidor, un arrêté du Comité de salut public, daté du 15, qui la supprimait. C'était le contre-coup du 9 thermidor.

des villages entiers ont déserté », — singulier triomphe pour la cause républicaine! Il énumère les causes de l'état de ces départements : 1° la présence des prêtres; 2° la multitude des juifs; 3° la différence de langue et d'habitudes; 4° les montagnes qui séparent la ci-devant Alsace et la partie allemande des Vosges du reste de la République; 5° l'influence de Dietrich et de quelques hommes puissants, les constitutionnels. Strasbourg n'est pourtant pas la seule ville républicaine; il y joint Belfort, Porrentruy. Et il énumère ce qu'il a fait avec son collègue : 1° les assignats imposés; 2° tous les prêtres arrêtés, sauf à mettre en liberté ceux qui seront jugés bons citoyens; 3° les agioteurs réprimés; 4° la maison qui avait servi de lieu de rassemblement religieux dans le district d'Altkirk démolie, l'église fermée, le clocher abattu. — Ils étaient à Thionville quand ils ont appris la conspiration de Robespierre et ils applaudissent à sa chute. (Bib¹. nat., Le² 78.)

1. Les représentants avaient un commissaire des guerres qui ne laissait pas de s'occuper aussi de leur cuisine. Il écrivait à Monet :

« Tu as commencé, citoyen maire, à pourvoir à nos besoins de ménage; mais il nous manque encore bien des choses; comme tu es une source intarissable, je t'invite, s'il est possible, à faire donner à notre cuisinière ce qui est porté sur les bons qu'elle a, signés de moi.

« Tu m'avois aussi promis de l'eau-de-vie et des liqueurs pour la table du représentant. Il lui faudroit aussi du sucre; nous n'avons ici d'autre mère toi (comme il joue agréablement sur le mot!); pourvois donc à notre subsistance.

« Salut et fraternité.

« Le commissaire des guerres employé avec le représentant,

« AUBRY. »

2. Les représentants, disons-le à la louange du pays, étaient, en général, mal secondés en Alsace. Le 3 thermidor, le Comité de surveillance de Strasbourg, envoyant au Comité de sûreté générale onze noms pour cette conspiration de l'étranger que l'on recherchait par toute la France, s'excusait de ne pouvoir faire davantage, « le Comité n'ayant jamais été complet, qui se trouve dans ce moment réduit à six membres et dont la moitié ne parle pas la langue françoise » (ils ne la parlaient guère eux-mêmes). (Livre bleu, t. II, p. 288.)

Le fait le plus saillant de sa courte carrière, c'est le procès qu'elle fit à un jeune *ouvrier* de santé qui s'était fait faire une culotte de la peau d'un guillotiné ; le chamoiseur, qui avait préparé la peau, le tailleur, qui l'avait mise en œuvre, étaient compris dans la poursuite [1].

VII

L'Alsace après le 9 thermidor.

Le 9 thermidor fut accueilli en Alsace, comme dans les autres provinces, avec la joie de la délivrance. C'est Lacoste, le collègue de Baudot, le digne continuateur de Saint-Just dans le pays, qui s'empressa, dès le 10, d'en adresser la nouvelle à la Société populaire de Strasbourg :

Frères et amis, qu'il m'est donc doux de me renouveler dans votre souvenir en vous apprenant que la République est encore sauvée et que la journée d'hier sera à jamais mémorable dans les fastes de la Révolution française. Elle nous a délivrés des trois Catilinas modernes et d'une foule de leurs licteurs qui, depuis longtemps, avaient creusé le tombeau de la République naissante, encore avec plus d'astuce et de perfidie que les Brissotins, les Girondins, les Hébertistes et la foule des conspirateurs qui ont péri sous le glaive de la loi ; ces monstres sont Robespierre aîné, Couthon, Saint-Just et Lebas [2].

Il a parlé de trois Catilinas, et il en nomme quatre : Le Bas est joint à Saint-Just comme il l'a été dans la mission d'Alsace. Lacoste les répudie pour qu'on ne se rappelle pas les liens qui l'avaient uni lui-même à eux. Et le jeune maire Monet, si fervent adepte de Saint-Just, s'empressa aussi de convoquer le conseil général de la commune pour lui faire adopter une adresse où il flétrissait

---

1. Voy. ci-dessus, t. I, p. 66 ; et Véron-Réville, *la Révolution française dans le Haut-Rhin*, p. 229.
2. Heitz, *Sociétés politiques de Strasbourg*, p. 361.

Robespierre, Couthon, Saint-Just et Le Bas (14 thermidor, 1er avril 1794)[1].

Il y avait pourtant des situations officielles qui faisaient un trop choquant contraste avec le nouvel ordre de choses. Les hommes qui ont le plus épuré dans leur temps sont, assez naturellement, ceux qui, ayant pris la place des autres pour eux et leurs amis, réclament, à un moment donné, sur eux-mêmes, le plus énergique coup de balai. Foussedoire fut envoyé dans le Bas-Rhin pour donner satisfaction aux plaintes qui s'élevaient de toutes parts. Il exposa, dès son arrivée, l'objet de sa mission, dans la Société populaire. Ce fut Massé qui lui répondit : Massé un des patriotes arrêtés et envoyés dans les prisons de Dijon, à la suite de la disgrâce de Schneider; Massé qui, soit par l'énergie de son attitude[2], soit par quelque démarche plus conciliante faite ultérieurement[3], avait réussi à ne pas être envoyé, comme les autres, au tribunal révolutionnaire de Paris et à revenir à Strasbourg. Il n'avait pourtant abjuré rien de son ressentiment contre Monet et contre la Propagande, et il se trouvait fort à l'aise pour démasquer tous les amis de Saint-Just, devenus les détracteurs du *Catilina* renversé :

Citoyens, dit-il, si les autorités constituées, si les Républicains de Strasbourg eussent constamment fait leur devoir, si

---

[1]. Heitz, *Sociétés politiques de Strasbourg*, p. 363. — Cf. les autres adresses du directoire du département, du directoire du district, etc. (*Ibid.*, p. 396 et suiv.)

Ph. Rühl écrit de Strasbourg (20 thermidor, 7 août 1794) :

« J'ai le très sensible plaisir de vous marquer que j'ai trouvé la route de Paris à Strasbourg couverte de députations à la Convention nationale pour la féliciter sur le bonheur qu'elle a eu d'échapper au danger imminent auquel elle a été exposée à la fameuse journée du 9, et que partout l'infâme nom de Robespierre et de ses complices est en exécration et en horreur. » (Arch. nat., AF II, 164, thermidor, pièce 80.) Heitz, dans ses *Observations ou Rapport sur sa mission près les armées du Rhin et de la Moselle et dans les départements qui en dépendent*, rapport où il s'est fait honneur de ses actes despotiques, applaudit aussi à la chute de Robespierre. (Bibl. nat., Le39 78.)

[2]. Voy. sa lettre à Dièche et celle que lui écrivit sa femme.

[3]. Voy. l'allusion qu'y fait Monet dans son discours du 21 floréal. (*Livre bleu*, Pièces à l'appui de l'Appel, n° 53, p. 120.)

Robespierre n'eût pas envoyé et trouvé des agents de son abominable système, nous n'aurions pas aujourd'hui à gémir sur la mort de plusieurs de nos frères, que nous avons lâchement abandonnés [1]; nous ne serions pas obligés de retracer ici les crimes d'un tas de scélérats encore impunis.

Et après avoir fait sa profession de foi contre tous les partis : — contre le feuillant qui demande un roi, contre l'aristocrate qui regrette l'ancien régime, contre l'ultra-révolutionnaire qui veut tout égorger, contre l'indulgent qui veut tout pardonner, contre les Hébertistes qui assassinaient la morale publique, contre les Robespierre qui poussaient les patriotes à la guillotine, — il fait le tableau de ce que Strasbourg a souffert depuis l'arrivée de Saint-Just et de Le Bas, depuis l'établissement du bataillon de la Propagande ; la tyrannie organisée; les Jacobins de 1789 traités de feuillants, de contre-révolutionnaires, arrêtés, déportés; la patience et la douceur du peuple de Strasbourg mises aux plus rudes épreuves; l'Alsacien qualifié de Prussien, d'Autrichien, et menacé de déportation à l'intérieur; se résignant à tout, à l'abolition des séances allemandes dans le club, à la suppression des modes allemandes pour les femmes, acceptant même, ou paraissant accepter, les fêtes décadaires substituées aux dimanches, l'établissement du culte de la Raison :

Saint-Just et Lebas firent une proclamation qui ordonna de déchausser les aristocrates de cette commune pour fournir aux besoins de l'armée; on déchaussa sans distinction tous les citoyens. On leur demanda leurs bottes, leurs bas, leurs chemises, leurs draps de lits, etc. Ils s'empressent d'obéir, et une partie de ces effets sont encore la pâture des souris et des vers.

On demanda toutes les couvertures de laine pour l'armée, quoiqu'il y en eût 20 000 dans les magasins. Tous les citoyens firent ce nouveau don; les pauvres même donnèrent les leurs et celles de leurs enfants. On ignore en ce moment l'usage qu'on en a fait.

1. Jung, les deux Edelmann, condamnés à mort par le tribunal révolutionnaire de Paris le 29 messidor (17 juillet 1794). Voy. *Histoire du tribunal révolutionnaire de Paris*, t. V, p. 37.

Les manteaux des citoyens furent mis en réquisition, il y a près d'un an, et ces manteaux sont encore dans les dépôts où ils ont été apportés, etc.

Étrange accusation! Ainsi tous ces actes de despotisme n'avaient pas même servi aux armées. On dépouillait les citoyens pour les soldats et on laissait les soldats dans leur misère. On n'avait pas même usé des couvertures que l'on avait en magasin, et tous ces arrêtés n'avaient d'autre objet que de frapper les esprits et de faire sentir la main des représentants! C'est vraiment à n'y pas croire.

Eh bien, ce fut dans ce temps même où ce peuple donnait les preuves du plus touchant patriotisme que des orateurs de la Société le traitaient de contre-révolutionnaire et qu'un fonctionnaire public[1] disait que les Strasbourgeois ne valaient rien à l'exception des habitants du faubourg de Pierre. Il y avait sans doute un projet de faire passer cette commune pour être en contre-révolution!

Il terminait en disant :

Je me résume et je demande que les incarcérés, portés sur la liste de la Commission et reconnus suspects et dangereux, restent enfermés, et qu'une Commission soit nommée pour rechercher les auteurs de tous les actes arbitraires et de tous les abus d'autorité qui ont eu lieu à Strasbourg sous la dictature de l'infâme Robespierre, et que ce travail soit présenté au représentant du peuple.

Et la Commission fut nommée.

C'était la perte du maire Monet, visé si directement par Massé dans son discours. Il fut un des premiers mis de côté et après lui les membres du corps municipal attachés à sa fortune[2]. Le représentant Bailly, qui succéda à Fous-

---

1. « A ces mots, dit Massé dans une note de son discours imprimé, le maire s'est reconnu. »
2. On fit une perquisition chez Monet (17 vendémiaire an III, 8 octobre 1794). On y trouva deux caisses contenant des ornements d'église, neufs ou ayant servi ; une troisième caisse, service complet en verrerie fine ; deux malles renfermant les habits et linge du citoyen Monet, une superbe carabine, une « épée d'ordonnance » ; les deux dernières caisses étaient rem-

sedoire, continua dans le même esprit les épurations. Mais les prisons ne s'ouvrirent pas. On a vu que Massé, dans ses conclusions, demandait qu'on retînt les suspects, et il y eut toujours deux sortes de proscrits, les émigrés et les prêtres. Le tribunal criminel du Haut-Rhin compta de ces deux catégories trois nouvelles victimes¹.

J'ai dit que la Terreur n'avait pas cessé en Alsace, même après ce soulèvement contre le nom de Robespierre, même après les épurations pratiquées, parmi les autorités constituées, par les représentants Foussedoire et Bailly. On avait même réclamé tout d'abord le maintien des mesures de Lacoste et Baudot, qui pouvaient être emportées par la réaction (1ᵉʳ fructidor); on avait combattu les mises en liberté réclamées par plusieurs des anciens administrateurs, Noisette et Burger par exemple (7 fructidor)²; Burger qui, le 25 thermidor, avait adressé, de sa prison, au Comité de sûreté générale une nouvelle lettre sur l'oppression dont la ville avait souffert et se ressentait encore³. On pressait le rapport de la Commission chargée de rechercher les crimes de la faction de Dietrich (14 fructidor). La Commis-

---

piles d'imprimés, de livres reliés. — *Procès-verbal dressé sur des effets trouvés dans les appartements de l'ex-maire Monet.* (*Livre bleu*, t. II, n° 1, p. 1.)
Voy. un autre inventaire détaillé (*ibid.*, p. 3).
« Monet père a déclaré qu'il réclame comme à lui appartenant et à son commerce tous les ornements d'église, étoffes de soie et de laine, comme aussi les pièces d'argenterie, comme les ayant *réfugiés* chez son fils, dans le courant de juin 1792, à cause des voyages qu'il était obligé de faire et de crainte de malheur, ce dont il a requis acte à lui accordé. »

1. Le 15 brumaire an III (5 novembre 1794), Jean-Nicolas-Amand Bernaud, ancien curé de Saint-Pierre (district de Benfeld), prêtre déporté : poussé par la misère à rentrer en France; « rentré, comme il le dit dans son jugement, pour avoir voulu manger les miettes de pain que l'on ne refuse pas aux chiens, ni aux chats, aux rats et aux souris ».
Le lendemain et le surlendemain, 16 et 17 brumaire (6 et 7 novembre), Jean-Claude Naas, ancien procureur de la préfecture de Haguenau, et Urs Smurrus, laboureur à Folgensbourg, pour crime d'émigration compliqué de port de faux assignats : ce qui porte à onze en onze mois le nombre des condamnés à mort pour le département. (Véron-Réville, *Histoire de la Révolution française dans le Haut-Rhin*, p. 189.)

2. Extrait des minutes de la Société des Jacobins de Strasbourg. (*Livre bleu*, t. II, p. 323.)

3. *Livre bleu*, t. I (1ᵉʳ morceau), p. VIII-XI.

sion fit son rapport le 17 ; parmi les dénoncés se trouve André Ulrich, l'éditeur du recueil auquel nous avons emprunté tant de documents curieux sur la Révolution à Strasbourg dans cette période si courte et si pleine. Il fallut pourtant revenir sur la rigueur des principes à l'égard des émigrés : trop de malheureux, comme dans le Doubs, avaient profité du voisinage de la frontière, pour se soustraire à la persécution [1].

Quant aux prêtres, on était bien moins porté à rien rabattre de la sévérité des lois à leur égard ; la haine de la religion n'épargnait même pas les monuments de son culte. Le 7 thermidor, le directoire du département du Bas-Rhin avait demandé l'adhésion de la Société populaire à une adresse qui sollicitait des représentants Hentz et Goujon la démolition de tous les clochers :

Plus de clochers, plus d'insultes à l'égalité, plus d'aliments à la faiblesse et au crime [2].

Les églises n'avaient été conservées que comme temples de la Raison. La liberté des cultes allait être proclamée par la Constitution de l'an III, mais il y avait les lois *existantes*, qui restaient en lutte contre les lois nouvelles. Le décret du 3 ventôse (21 février 1795) portait : « l'exercice d'aucun culte ne peut être troublé », et nonobstant on disputait les églises aux catholiques au nom de l'égalité, attendu, disait le conseil général du district de Belfort, « que la liberté des

1. Par un décret du 28 frimaire an III (18 décembre 1794), le représentant Bar fut envoyé en Alsace pour faire enquête sur les émigrés des deux départements, victimes des vexations de Saint-Just, qui sollicitaient leur rentrée dans leurs foyers (séance du 28 frimaire, *Moniteur* du 30 frimaire, 20 décembre 1794, t. XXII, p. 783) ; décret qui provoqua le retour d'un grand nombre d'émigrés sous prétexte de réclamations et qui, à cause de cela, fut rapporté dans la séance du 18 nivôse (7 janvier 1795). Ce fut à grand'peine que ceux qui étaient rentrés sur la foi de ce décret du 28 frimaire obtinrent un délai pour repartir. (Séance du 18 nivôse, *Moniteur* du 20, 9 janvier 1795, t. XXIII, p. 108.) Quelque temps devait s'écouler encore avant qu'on leur rouvrît les portes de la patrie. (Voy. le rapport déjà cité d'Harmand de la Meuse, 4 fructidor an V, 21 août 1797, t. XXVIII, p. 784.)
2. *Livre bleu*, t. I, n°s 93 et 94, p. 172. — On voulait bien excepter, celle fois, la flèche de Strasbourg.

cultes serait détruite si aucun avait un local plus remarquable¹. » La Convention avait pourtant fait un pas de plus : un décret du 11 prairial an III rendait les églises au culte, à la charge de les reprendre dans l'état où elles se trouveraient ; et une circulaire du 29 du même mois disait que le but de la loi était « d'assurer et de faciliter de plus en plus l'exercice du culte ». On exigeait des ministres la soumission aux lois de la République ; mais on ne leur assurait pas le bénéfice de celles dont quelques-uns auraient pu tirer avantage :

Il serait inutile de vous faire observer, ajoutait la circulaire, que la constitution civile du clergé n'est plus une loi de la république, s'il ne s'était élevé à cet égard des prétentions qui ne peuvent désormais être autorisées.

Plus de prêtres constitutionnels, plus de prêtres réfractaires, voilà la conclusion que l'on en tirait, et beaucoup de prêtres, exilés volontairement ou déportés en raison du serment, se crurent en droit de rentrer en France. On ne l'entendit pas ainsi, et l'on appliquait aux prêtres rentrés, sinon la peine de mort, au moins celle d'une déportation nouvelle, en vertu d'un décret du 12 floréal an III (1ᵉʳ mai 1795) qui avait adouci la législation à leur égard. Les persécutions recommencèrent donc ou, pour mieux dire, continuèrent jusqu'au delà du règne de la Convention ².

1. Véron-Réville, *la Révolution française dans le Haut-Rhin*, p. 249.
2. Véron-Réville, *l. l.*, p. 256.

APPENDICES

I

Le général Biron.
(Page 5.)

Biron, si connu à la cour de Louis XV et de Louis XVI sous le nom de duc de Lauzun, avait, dès la création de l'armée du Nord, exercé un commandement important sous le maréchal de Rochambeau. Le 25 décembre 1791, il écrit de Valenciennes que l'on cherche à travailler les soldats. Mais sa santé laissant à désirer, pour la soigner, le 14 janvier 1792, il demanda au ministre de la guerre Narbonne de l'envoyer en Corse. On lui donna une tout autre mission : ce fut d'aller acheter des chevaux en Angleterre (20 janvier); dans une lettre du 22 février, il parle des désagréments qu'il a éprouvés durant son voyage. A cette époque, le 23, Narbonne lui offrit de prendre le commandement des troupes rassemblées sur la frontière du Piémont. Il accepta (25 février); mais, en attendant, il exprima au ministre le désir de reprendre son ancien poste à Valenciennes. Il était fort apprécié dans cette ville. Quand on y sut qu'il devait partir, le maire (Perdry le cadet) et les officiers municipaux firent une démarche pour le garder (9 mars 1792). Bien qu'homme de guerre, Biron désirait la paix; et quand Dumouriez devint ministre des Affaires étrangères, il lui exposa les avantages d'un rapprochement avec l'Angleterre; ce rapprochement était plus souhaitable que jamais au moment où l'on allait rompre avec les puissances continentales. En ces circonstances, le péril était au Nord. Biron, à qui on offrait le commandement de l'armée du Midi, le refusa, préférant servir sur la frontière menacée. Dans une lettre à Dumouriez (31 mars), il se montrait affligé de voir l'armée du Nord réduite à la défensive, ce qui était s'ôter le moyen d'entrer dans le Brabant. Dumouriez devait abonder dans ce sens ; il partageait également avec lui les défiances que l'on avait alors à l'égard de Lafayette. (Lettres du 7 et 13 avril, Biron à Talleyrand; Dumouriez à Biron.) La correspondance du général et du ministre est fort active à la veille d'une déclaration de guerre. Nous avons dit la part de Biron à l'action militaire dès que cette guerre fut déclarée. (Dépôt de la Guerre, aux dates.)

II
L'armée de Lafayette après le 10 août.
(Page 11.)

On peut suivre dans la correspondance des généraux et du ministre de la Guerre le triomphe de la révolution du 10 août au sein de cette armée qui eût été la mieux préparée à lui faire résistance. Lafayette écrit, du camp retranché de Sedan, à Dabancourt, le dernier ministre de la Guerre de Louis XVI (12 août 1792) :

« J'apprends, monsieur, qu'il y a eu de grands mouvements à Paris, et vous sentez que j'attends avec anxiété des nouvelles plus exactes que celles qui me sont parvenues. Les désordres de la capitale sont sans doute payés par les puissances étrangères pour aider la contre-révolution. »

Mais le ministre de la Guerre qui reçoit sa lettre, c'est Servan, le ministre de la révolution accomplie. Il lui répond (16 août) « qu'il pense comme lui que les désordres de la capitale ont été excités par les puissances étrangères, mais la vigueur du peuple a de nouveau vaincu le despotisme ».

Le 18 août, les événements se pressent. Dumouriez est nommé au commandement de l'armée du Nord. Le ministre, en le complimentant, lui dit que son autorité s'étend de Dunkerque à Montmédy et lui donne carte blanche pour les mouvements de ses troupes. — Le général écrit à l'Assemblée qu'il va marcher sur Sedan pour délivrer les représentants arrêtés par la municipalité de cette ville. L'Assemblée décrète que tout le conseil général de la commune, complice de l'attentat, sera mis en arrestation, et que tous les citoyens de Sedan répondront, sur leur tête, de la vie et de la liberté de ses commissaires. (Moniteur du 20 août, t. XIII, p. 436.)

Le ministre avait rappelé Lafayette, et des mesures allaient être prises contre lui. Il les prévint en passant la frontière. Le 19, un capitaine autrichien annonce à Clairfayt qu'il vient d'arrêter MM. de Lafayette, Latour-Maubourg, Alexandre de Lameth, etc., qui voulaient passer en Hollande ; et l'on a du même jour la protestation de Lafayette et de ses compagnons contre cette arrestation contraire au droit des gens.

22 août. Le ministre de la Guerre à Dumouriez, Lafayette a émigré ; qu'il aille à l'armée de ce général pour en diriger l'esprit. Kellermann va prendre le commandement de l'armée de Luckner; qu'il se concerte avec lui.

Le 23, Dumouriez répond qu'il préfère rester dans le département du Nord, pour préparer les moyens d'entrer dans les Pays-Bas. Des succès dans la Belgique balanceraient la perte de deux ou trois places dont l'ennemi parviendrait à s'emparer.

A la même date, il dit qu'il a chargé Dillon de commander l'armée de Lafayette et il apprend que l'Assemblée vient de le suspendre; il appuie ce que les commissaires ont écrit à l'Assemblée en faveur de ce général.

21. Le ministre à Dumouriez. Qu'il tâche de remplacer Dillon. Le Conseil a vu avec peine qu'il l'avait chargé de commander le corps d'armée de Lafayette.

25. Dillon rend compte de ses opérations. Ce compte rendu lui a-t-il ramené le ministre? Il est plus probable que le ministre a été surtout frappé du péril de rappeler, en ce moment, un général placé à la tête du corps d'armée qui fait face à l'ennemi. L'ennemi vient d'occuper Longwy. Le ministre prescrit à Dillon, le 26 août, de prendre les mesures réclamées par les circonstances. Dans une lettre du 29, Dillon se plaint à Servan d'avoir été calomnié.

A cette même date, Dumouriez écrit au même ministre qu'il a visité l'armée des Ardennes; et il expose l'état pitoyable où elle se trouve par la faute de Lafayette, dit-on, ou, plus vraisemblablement, par la faute de ceux qui l'ont mis dans le cas de quitter son armée. L'armée n'est point de force à défendre la Meuse.

L'ennemi a pénétré avec 50 000 hommes par Longwy et avec 15 000 à 20 000 par les trouées de Bouillon, Maure, Sainte-Cécile et Pin, et rien ne peut l'empêcher de pénétrer dans l'intérieur de la Marne.

Le seul moyen d'arrêter sa marche sur Paris serait de rassembler à Châlons tous les fédérés et le camp de Soissons pour disputer le passage de la Marne. Une diversion puissante en Belgique serait peut-être l'unique moyen de sauver la France.

Le 31 août, il confirme au ministre que les ennemis ont pris Longwy. Ses communications du côté de Thionville et avec Kellermann sont coupées. Il est campé à Bazeille, ayant son avant-garde à Mouzon. Stenay est occupé par Miaczinski pour défendre Montmédy. Faute de troupes et de moyens de subsister, il ne peut empêcher l'investissement de Verdun, et il sera obligé d'abandonner le cours de la Meuse, pour se porter par Chémery, Briculles et Grand-Pré, sur la rivière d'Aire et pour défendre la trouée d'Autry, en portant des corps détachés sur les gorges de Sainte-Menehould (armée du Nord, aux dates). Ce sont les préliminaires de la campagne de l'Argonne.

III

Campagne de l'Argonne.
(Page 17.)

Il est intéressant de suivre, jour par jour, les dispositions prises dans cette campagne. Voici l'analyse de quelques pièces de la correspondance de Dumouriez, soit avec le ministre, soit avec les généraux. Les représentants en mission n'apparaissent qu'à la fin.

1ᵉʳ septembre. Dumouriez, en annonçant à Servan que Verdun est assiégé, lui mande qu'il marchera le lendemain sur le Chêne-Populeux, Vouziers, Autry, où il sera le 4; et le même jour, Servan, de son côté, lui dit de réunir et de concentrer ses troupes vers l'Argonne et le Clermontois; en cas de revers, défendre la Marne et menacer l'ennemi sur ses derrières; gagner du temps. On adopte son plan sur la Belgique.

2. Dumouriez au ministre. Il regrette que la désorganisation de l'armée du Centre ne lui permette pas de suivre son grand plan de défense. Il n'a pas attendu les ordres pour se placer dans les trouées de l'Argonne.

5. Le ministre à Dumouriez. Luckner est arrivé à Châlons; il va tâcher de grossir le corps qu'il rassemble.

Même date. Dumouriez à Luckner. Il lui dit ce qui s'est passé depuis qu'il a remplacé Lafayette; ses tentatives inutiles pour secourir Verdun; la position qu'il a prise à Yoncq, Beaumont et Mouzon. L'ennemi suppose qu'il sera attaqué et se concentre à Brouenne; il profite de son erreur pour se rapprocher des gorges de l'Argonne; il occupe la trouée de Grand-Pré, et il indique les dispositions de défense prises sur ce point. Verdun s'est rendu le 2. Les troupes de Pont-sur-Sambre ont été postées au débouché du *Chêne Populeux*; la Champagne se trouve ainsi entièrement garantie; il fait venir les troupes des camps de Maulde et de Maubeuge et réunira par là 35 000 hommes. — Il cherche à établir ses communications avec Kellermann.

6. Moreton, qui commande l'armée du Nord, à Servan. Les ordres de Dumouriez seront suivis. Il restera 5000 hommes au camp de Maulde après le départ de Beurnonville avec les troupes demandées par Dumouriez.

7. Dumouriez à Servan. Il croit, avec Kellermann, que les Prussiens veulent passer l'hiver dans les Évêchés et en Lorraine; du 21 au 23 il aura réuni des forces suffisantes pour se joindre à Kellermann et donner bataille.

Même date. A Kellermann. Il partage son opinion sur l'intention des ennemis qui ne paraissent pas en vouloir à Paris, mais plutôt à Metz; détails sur les positions en Argonne; ce qu'il compte faire des 11 000 hommes de Beurnonville; qu'on le renforce au besoin, si l'ennemi marche sur Paris.

Même date. Le ministre à Luckner, *généralissime* des trois armées du Nord, du Centre et du Rhin. Il compte sur son activité; ne pas laisser d'approvisionnements à l'ennemi.

8. Luckner à Dumouriez. Il approuve le moyen dont il a usé pour se procurer des subsistances; il partagera les troupes qui lui arrivent entre lui et Kellermann.

Même date. Dumouriez à Luckner. Il commence à savoir que les Prussiens veulent marcher sur Paris.

Dumouriez à Biron. Il lui fait connaître sa position dans les défilés de l'Argonne.

Dumouriez à Servan. Sécurité.

10. Le ministre à Dumouriez. Il le prie d'envoyer Beurnonville commander dans le Nord et Dampierre à Lille; tout se désorganise sur cette frontière. Moreton a l'ordre de se retirer avec toutes ses troupes dans les places fortes, en cas qu'il ne puisse tenir la campagne.

Dumouriez (de Grandpré) au général Duval. Ordre de venir à lui; ce qu'il faut faire pour garder le Chêne-Populeux.

Dumouriez à Luckner. L'avant-garde de Dillon a été repoussée. Dispositions qu'il prend pour suivre l'ennemi, sur ses derrières ou sur les flancs, et gagner avant lui la trouée de Villers-en-Argonne.

Dumouriez à Dillon. Il quitte le camp de Grand-Pré, lui ordonne de couvrir Sainte-Menehould. Mesures qu'il devra prendre pour défendre les Grands-Illettes; faire sonner partout le tocsin pour assembler les paysans.

13. Dumouriez (de Grand-Pré) à Kellermann. L'ennemi a pénétré par le chemin de Boult à Vouziers et par *la Croix-aux-Bois*. Ce qui a passé ne peut être qu'une légère avant-garde; mesures à prendre. Après la jonction des différents corps dans l'Argonne, les Français auront 60 000 hommes à opposer à l'ennemi dans trois ou quatre jours.

14. Chazot à Dumouriez. Il a été forcé à la retraite; les Prussiens avaient 12 000 hommes, il n'en avait que 5000 à leur opposer. Il va se retirer à Vouziers.

A la même date. Rapport de Chazot sur l'attaque de la Croix-aux-Bois.

Le brouillon d'une lettre trouvée dans la poche du prince de Ligne, tué à l'affaire de la Croix-aux-Bois, montre que les envahisseurs n'étaient pas enivrés de leurs succès :

« Nous commençons à être las de cette guerre où messieurs les émigrés nous promettaient plus de beurre que de pain; mais nous avons à combattre des troupes de ligne dont aucune ne déserte, les troupes nationales qui restent, tous les paysans qui sont armés ou tirent contre nous ou nous assassinent quand ils trouvent un homme seul ou endormi dans une maison. » (Armée du Nord, 14 septembre.)

Le Pouvoir exécutif avait des commissaires sur les lieux, entre autres Billaud-Varenne, alors substitut du procureur de la commune de Paris, et C.-A. Prieur, qui allaient entrer dans la Convention, Ronsin qui préludait à un autre rôle, Choderlos-Laclos et Rolland, etc. Le 14 septembre, Billaud-Varenne écrit à ses collègues C.-A. Prieur, Beaupuy et Broussonet : « L'alarme s'est répandue à tort dans Châlons : le poste de la Croix-aux-Bois est forcé; mais l'armée s'est repliée derrière la rivière d'Aire. Dumouriez lève son camp pour éviter d'être tourné et se rapprocher de Kellermann et de Beurnonville; il a été prendre position à trois lieues de Sainte-Menehould. »

16. Dumouriez à Luckner. Détails sur la terreur panique que 1500 Prussiens ont mise dans son armée : 4 canons perdus, etc. Il va prendre position en avant de Sainte-Menehould; il demande des munitions.

Même date. Proclamation des commissaires civils du Pouvoir exécutif à l'armée du Nord en Champagne, à ce sujet. Signée Billaud-Varenne, etc.

Même date. Luckner à Dumouriez. Cette affaire a jeté la terreur dans les troupes qui allaient le rejoindre, et il ajoute sur les volontaires : « Je ne puis pas vous dire si vous aurez du renfort ou non, parce qu'un instant ils consentent à partir et l'instant d'après ils ne le veulent plus, à moins d'être tous les Parisiens ensemble. »

17. Rousin et Rolland, commissaires du pouvoir exécutif, après s'être concertés à Châlons avec le général Bourdonnay (sic) et à Soissons avec les administrateurs du district, requièrent le sieur Chadelat, adjudant général, de faire partir successivement, à dater de ce jour (17 septembre), pour les armées actives commandées par Kellermann et Dumouriez tous les volontaires armés.

Même date. Choderlos-Laclos, commissaire du pouvoir exécutif, annonce au ministre de la Guerre que toutes les mesures sont prises pour le départ des volontaires.

18. Dumouriez au ministre. Détails sur ce qui arrive à son armée depuis qu'elle a occupé les défilés de l'Argonne.

Bataille de Valmy, 20 septembre. Kellermann en rend compte au ministre le 21 :

Les ennemis attaquent à la pointe du jour ; le général Desprès-Crassier se replie avec l'avant-garde. M. de Valence, à la tête des grenadiers, se soutient longtemps sur une hauteur. L'ennemi, favorisé par une nombreuse artillerie, prolonge sa droite. Malgré le désavantage de la position, lui-même reste en bataille depuis sept heures du matin jusqu'au soir, sans être attaqué, la journée s'est passée à se canonner de très près... Belle conduite de M. de Chartres (Louis-Philippe) et de M. de Montpensier. Dumouriez est venu de sa personne plusieurs fois.

« Ils n'ont jamais osé m'attaquer, malgré la bien grande différence de nombre et la journée s'est passée en une canonnade de 14 heures de très près. »

21. Dumouriez au commandant de Châlons :

« J'espère que M. de Sparc sera arrivé à Châlons ; en tout cas, si cela n'est pas, je préviens le commandant militaire et M. de Laclos qu'hier, après une attaque de huit heures sur le corps du général Kellermann campé sur les hauteurs de Valmy, les Prussiens, après avoir perdu beaucoup, ont continué leur marche par ma gauche. Ils sont suivis d'une colonne de Hessois et des émigrés qui passeront devant moi aujourd'hui. »

(Armée du Nord, aux dates. Les lettres de Dumouriez sont presque toutes autographes.)

Comparez la relation officielle publiée à Berlin sur la campagne du 15 au 22 septembre (*ibid.*), les rapports de Carra et de Sillery (Bibl. nat., Le ^{39}, 1 et 2). Voici le plan que trace dans son rapport le représentant Carra, comme conclusion de la campagne :

« Que la France soit entourée au plus tôt dans toute sa circonférence d'une bordure de peuples libres et indépendants ; qu'elle n'ait aucun contact avec les rois qui pourroient conserver encore leurs trônes pendant quelques années. Point de paix avec les puissances voisines jusqu'à ce que la Belgique, le pays de Liége, les rives intérieures du Rhin jusqu'à la Hollande exclusivement, les Alpes extérieures, la Catalogne et la Biscaye n'ayent planté avec des racines l'arbre de la liberté. » (Le 1º, 1, p. 11.)

IV

Siège de Lille.

(Page 28.)

Voici quelques pièces qui se rapportent à cet événement :

25 septembre. Moreton au ministre de la Guerre. Il apprend que l'ennemi se porte sur Lille.

27. Les commissaires du pouvoir exécutif, délégués dans le Nord, au ministre de la Guerre. Ils rendent témoignage au courage des habitants de Lille et de la garnison.

29. Sommation du duc de Saxe-Teschen et réponse du commandant de place, général Ruault, et de la municipalité.

Même date. La Bourdonnaye, général en chef de l'armée du Nord, au ministre. Il lui envoie la lettre du commandant de place, rendant compte des événements depuis le 20. Le même commandant lui écrit le 28 que la tranchée a été ouverte derrière les faubourgs de Fives et de Saint-Maurice. L'ennemi a 18 000 hommes et bombarde la ville. Le général en chef fait passer, le lendemain, 1400 hommes d'Arras à Lille et y envoie le général Lamarlière.

30. Ruault à La Bourdonnaye. L'église Saint-Étienne et le quartier voisin sont en feu. Si l'on veut prévenir une destruction totale, il faut envoyer des secours.

3 octobre. Ruault au ministre. La défense se soutient ; il attend des forces de La Bourdonnaye.

4. Les représentants Duhem, E.-J.-M. d'Aoust, J.-F.-B. Delmas, de Bellegarde, Duquesnoy et Gaston Doulcet écrivent de Douai que le siège de Lille continue.

5. Ils annoncent que La Bourdonnaye a fait entrer des secours dans Lille.

6. Les mêmes, de Lille. Le feu a cessé depuis environ deux heures. On dit que l'ennemi a levé le siège.

7. Les mêmes. Ils ont parcouru les ruines du quartier Saint-Sauveur. Les Autrichiens se retirent.

7. Lettre écrite au citoyen Briez par les commissaires de la Convention nationale envoyés dans le département et à l'armée du Nord (imprimée, en placard) :

« Il est impossible de se faire une idée de la barbarie de ces monstres. La ville de Lille auroit été réduite en cendres, elle ne seroit plus qu'un amas de ruines, sans le courage et le patriotisme des habitants. Nous ne pouvons pas vous dire en ce moment à quelle époque nous irons à Valenciennes; mais nous pouvons vous donner la certitude, d'après nos pouvoirs, que nous ne quitterons cette frontière qu'après en avoir chassé tous les brigands qui l'ont pillée, qu'après avoir donné des consolations et fait obtenir des secours aux citoyens que la patrie doit indemniser. Nous voulons aussi porter la guerre sur le sol de la tyrannie et nous espérons, en bien peu de temps, soustraire le Brabant au joug de la maison d'Autriche. »

Ils le pressent de venir les rejoindre à Lille « pour conférer ensemble sur ces grands intérêts, ainsi que sur l'exécution de notre arrêté du 15 septembre dernier [relatif à la défense du territoire]. Nous avons un logement à vous donner. Procurez-nous bientôt le plaisir d'embrasser un aussi digne collègue.

« Nous sommes logés rue Royale chez un émigré nommé Saint-Aldegonde. » — DEBELLEGARDE, J.-F.-B. DELMAS, DUHEM, E.-J.-M. D'AOUST, DUQUESNOY, Gustave DOULCET. Pour copie conforme à l'original : BRIEZ.

8. Levée du siège de Lille. Lettre de Ruault qui l'annonce.

À la même date. Journal de l'attaque de Lille. (Dépôt de la Guerre, armée du Nord, aux dates.)

7-9. Lettres attestant le courage des habitants de Lille pendant le bombardement.

13. L'armée est actuellement campée à la Magdelaine.

15. Les volontaires demandent à quitter l'armée.

16. Le général Ruault déclare que Lille n'est plus en état de siège. (Arch. nat., C II, 50 et 51.)

Il est difficile de concilier avec l'avis du commandant de place que la tranchée a été ouverte le 28, une lettre adressée de Lille par un frère à sa sœur, le 25, où il lui dit :

« Depuis 4 jours nous sommes au feu et au canon. On a sonné le tocsin toute la nuit. Le feu a été mis à Selin (Seclin) par les impériaux. J'ai entendu tirer au moment où je vous écris plus de 6 mille coups de canon...

« Voilà les impériaux campés dans le faubourg de Fives. On a laissé toutes les maisons. Le toit de ma maison vient de tomber d'un boulet de canon. Ça ne finit pas à tirer sur notre ville. Jusqu'à présent nous n'avons pas plus de 53 personnes de blessées et de tuées. » — On serait tenté de lire au moins, au lieu du 25, le 28 (la pièce est une copie), mais il est dit dans le corps de la lettre : « Je vous écrirai le 26 ». (Armée du Nord, 25 septembre 1792.)

V

Custine.
(Page 32.)

Un combat livré le 30 septembre donna à Custine l'évêché de Spire et inaugura la campagne qui aboutit si promptement et à si peu de frais à l'occupation de Mayence. Dans une lettre datée de Spire, 2 octobre, il fait l'éloge de Houchard, alors colonel, qui s'y distingua. Dans deux autres lettres de la même date, l'une à Biron son supérieur alors, l'autre au ministre, il parle du désordre qui signala l'occupation de la ville et de la rigueur qu'il déploya pour arrêter le pillage. Le 5, il dit à Biron que les ennemis se trouvent forcés d'abandonner tous leurs projets sur le Bas-Rhin; le 10, il se félicite du bon esprit de son armée. Le 19, il adresse de Worms au ministre une copie de la lettre qu'il a écrite à Biron relativement à sa marche sur Mayence :

« Ma marche sur Mayence ne me permet pas d'accompagner cet envoi d'aucune réflexion. Mais que je prenne Mayence ou que je ne la prenne pas, croyez que ma conduite aura été ce qu'elle aura dû être, celle d'un général citoyen dont toutes les pensées et tous les sentiments sont consacrés à la défense de la République et à la gloire de ses armées. » (Arch. nat., C II, 50 et 51, aux dates.)

19 octobre, Sommation adressée au gouverneur, aux magistrats de Mayence.

20. Projet de capitulation.

21. Custine au ministre; il lui raconte ce qu'il a fait depuis le 16 et son entrée dans Mayence le 21.

21. Lettre à Biron pour qu'il l'appuie.

23. Custine au Président du conseil exécutif. « Les troupes françaises sont entrées dans Francfort-sur-le-Mein. »

Même date, Proclamation aux habitants de Mayence. Il les invite à exprimer leur vœu et jure de défendre leur ville. (Armée des Vosges, aux dates.)

VI

Différend de Custine et de Kellermann.

(Page 33.)

Les relations d'où doit naître le différend commencent au lendemain de l'occupation de Mayence et de Francfort (24 octobre, Custine à Kellermann; 25 octobre, Kellermann à Custine), et le débat va s'engager par suite des lettres de Custine à la Convention et au ministre (26 octobre), à la Convention et à Kellermann (27 octobre), pour qu'il coopère à son action, que le général entre dans la vallée de la Moselle et s'empare de Coblentz.

C'est de Francfort qu'il écrit au ministre le 29 octobre et le 30 à Biron pour se plaindre de l'inaction de Kellermann dont on a vu les causes.

Le 30, Kellermann les exposait encore au ministre qui, à la même date, le pressait de seconder Custine en entrant dans la vallée de la Moselle; mais, dans une nouvelle lettre du 1er novembre, Kellermann appuyait sur les motifs de son abstention. Après lui avoir parlé de son entrevue avec le duc de Brunswick (nous y reviendrons), il dit qu'il a devant lui 50 000 hommes, et pour les combattre, 18 000 hommes fatigués et dépourvus de tout; qu'il faut laisser reposer les troupes et les habiller pour les mettre en campagne au mois de janvier. Alors il rejoindra Custine. Si Custine ne peut défendre Mayence, qu'il l'abandonne; il la reprendra plus tard. — Cela était beaucoup moins certain.

J'ai parlé de la mission de Carnot le jeune (ci-dessus, p. 34). Il avait dû se faire une singulière idée de l'état de cette armée au cours de son voyage. Parti de Paris le 30 au soir, il n'était arrivé à Metz que le 2 novembre et il écrivait en arrivant :

« J'ai été étonné de trouver, depuis Meaux jusqu'à Châlons et même jusqu'à Verdun et Metz, une grande quantité de volontaires nationaux qui retournoient à Paris avec leurs armes et probablement avec des congés, ainsi qu'ils l'ont assuré. J'étois d'autant plus fâché de leur voir prendre cette route, que la plupart d'entre eux étoient très bien équipés, armés et habillés, et qu'ils m'ont témoigné le plus grand désir d'aller prendre des quartiers d'hiver chez nos ennemis; quelques-uns même d'entre eux se sont décidés avec joie, sur mon invitation, à revenir à leurs corps. Des soldats de troupes de ligne que j'ai trouvés sur la route de Verdun à Metz m'ont paru partager les mêmes sentiments...

« Je ne puis cependant vous dissimuler que quelques-uns de ces braves soldats sont sans souliers, sans bas, sans chemises et presque sans culottes et sans habits. Il est urgent de leur en fournir. »

Il verra Kellermann.

Le soir de ce même jour (2 novembre), il a vu Kellermann dont il a trouvé les objections très raisonnables. Il doit s'assurer si elles sont exactes ou si les vues de la Convention peuvent se réaliser. La marche en avant que propose la Convention ne peut, selon Kellermann, réussir qu'à la condition d'une extrême rapidité. Or il y entrevoit de sérieux obstacles :

« Le général Kellermann pense qu'il ne pourroit se porter en avant, sans que le prince de Hohenlohe, qui est sur Luxembourg avec 29 000 à 30 000 hommes, ou l'armée prussienne elle-même, qu'il croit cantonnée dans le pays de Trèves, ne passât la Moselle pour venir prendre position en avant de Trèves »; — d'où la nécessité de prendre position en face et par conséquent des longueurs : « Ce seroit la perte totale de l'armée, déjà trop affaiblie par les maladies. » (Armée de la Moselle, à la date.)

Biron blâmait amicalement Custine des accusations qu'il avait portées contre Kellermann (1ᵉʳ novembre) : « Kellermann, lui disait-il, sera soutenu par les commissaires de la Convention près son armée; il ne résultera de vos justes plaintes que le malheur d'avoir montré de la désunion entre les généraux destinés à se concerter. » — Il aurait dû se contenter de menacer Kellermann.

Et, le 6 novembre, il disait au ministre qu'il était affligé du procès survenu entre le général Custine et Kellermann devant la Convention : « Cela, disait-il, fera manquer la campagne d'hiver ». (Armée de la Moselle et armée du Rhin, aux dates.)

Mais Custine voulait faire trancher la question contre son rival. Il demandait que le commandement de l'armée du Centre fût ôté à Kellermann et donné à Wimpffen (4 novembre). « L'expédition de Dumouriez, disait-il, ne peut avoir de succès que quand l'armée du Rhin sera entrée dans la haute Allemagne. Les Autrichiens seront alors obligés d'évacuer la Flandre. Kellermann a fait manquer ce plan. »

Dans une autre lettre de la même date, il annonçait au ministre un fait qui devait donner force à ses réclamations : la marche des différents corps de troupes ennemies qui s'apprêtaient à bloquer Mayence.

Le 5, ayant son quartier général à Francfort, il lui parlait de l'expédition du colonel Houchard jusque près de Giessen, et, le même jour, il faisait connaître à Biron ce qu'on rapportait des mouvements de l'ennemi et ce qu'il se proposait de faire pour le combattre. (Armée des Vosges, aux dates.)

La question fut tranchée contre Kellermann :

Le 4 novembre, « le Conseil ayant pris connaissance de plusieurs dépêches des généraux Custine, Kellermann et Biron relativement à une marche le long de la Moselle, à l'appui de Custine, et de la correspondance entre Kellermann et Custine, persiste;

« 20 000 hommes de l'armée qui occupe actuellement le pays entre Rhin et Moselle et que commande Kellermann, sous le nom d'armée du Centre, marcheront le plus tôt possible.

« Ce corps d'armée sera commandé par Beurnonville. »

Kellermann est invité à venir à Paris.

Le 7, on donna au Conseil communication d'une lettre par laquelle Kellermann annonçait qu'il allait se mettre en marche; mais il était trop tard. Le Conseil persévéra dans sa résolution, et, le 10, il décida que le général, à son arrivée, serait entendu par le ministre de la Guerre et deux autres ministres. (Arch. nat., AF' II. 5. reg. des séances du Conseil exécutif, aux dates.)

La nomination de Beurnonville ne fut pas révoquée, mais du moins le vainqueur de Valmy fut, pour cette fois, mis à la tête d'une autre armée (l'armée des Alpes).

Dans l'intervalle de ces deux commandements, pendant son séjour à Paris (16 novembre 1792), il rendit compte officiellement de l'entrevue qu'il avait eue le 23 octobre, lui et Valence, avec les généraux duc de Brunswick, prince de Hohenlohe et les ministres Keith et Luchesini, à une lieue de Longwy. Brunswick et Hohenlohe posèrent la question d'un armistice pendant l'hiver, disant qu'on pourrait l'employer à faire la paix. — Mais sur quelle base? Il ne pouvait être question, ni du roi, ni des émigrés.

Les choses en restèrent là. Kellermann dit en particulier à Brunswick que la Prusse était trompée par l'Autriche, qu'elle devait faire sa paix particulière; qu'avec l'Empereur on ne pouvait faire la paix qu'à la condition de l'abandon des Pays-Bas. — Brunswick répondit que la Prusse ne pouvait en honneur abandonner l'Empereur. (Armée de la Moselle, à la date.)

Nous n'avons pas à insister ici sur les plans parallèles de Dumouriez et de Custine. Dumouriez occupait Liège, et Custine Mayence ; seulement entre les deux il y avait Trèves et Coblentz. C'est le but que Dumouriez montrait à Custine, en le pressant de s'unir à Beurnonville, successeur de Kellermann, pour les occuper; mais il y avait auprès de Trèves (Kellermann l'avait dit) les forces de Hohenlohe, et Custine était bien empêché, tenant Francfort et voyant l'Allemagne se remuer contre lui pour l'en chasser. Le concours de Biron ne lui suffit plus; il faut que Dumouriez s'avance lui-même par son aile droite pour lui donner la main; qu'il remonte le Rhin par Bonn jusqu'à Coblentz; que le général Valence se rapproche de la basse Moselle; que Beurnonville assemble son armée en avant des défilés de Sarrebourg ; Hohenlohe cerné se retirera sur Coblentz; Custine attaquera Rheinfeld, et Coblentz tombera. — Voilà le plan de Custine, exposé dans une lettre de son fils qui insiste sur l'importance de Mayence, sur la nécessité d'y rester à tout prix; que c'est le seul moyen de garder la Belgique ; car l'ennemi prépare une armée de 130 000 hommes, et, pour en paralyser les effets, il faut détruire à Trèves le corps de Hohenlohe. (Lettre sans date, vers le 15 novembre, armée des Vosges.)

Custine lui-même développe les mêmes idées auprès du ministre dans plusieurs lettres, insistant sur l'intérêt qu'elles ont au point de vue même de la Belgique, car c'est Dumouriez qu'il faut gagner. L'occupation de Trèves et de Cologne fermerait toute retraite aux troupes autrichiennes de Flandre, surtout si Dumouriez, se prolongeant par sa droite, s'emparait de tout le cours de la Meuse (10 novembre). Dans une lettre suivante, il se plaint de Dumouriez qui devrait être à Cologne, et il montre les Bavarois s'ébranlant, les Autrichiens s'avançant par la Bavière sur Augsbourg, par Nuremberg sur Aschaffenbourg (24 novembre).

Custine aurait bien pu s'en prendre à lui-même, ayant jeté ses troupes, même au delà du Rhin, quand l'ennemi occupait encore sur la Moselle une si forte position; mais il demeurait attaché à ses idées sur la haute Allemagne, et dans une lettre à Beurnonville il déclarait que, nonobstant cette marche de l'ennemi, il défendrait Francfort (26 novembre). (Armée des Vosges, aux dates.)

L'opinion de Jomini est que la tentative sur Trèves, bonne avec Kellermann, s'il avait eu les moyens de l'exécuter, était devenue impossible, quand Beurnonville lui succéda, en présence des forces de l'Allemagne qui s'avançaient à la fin de novembre sur Francfort. (Jomini, t. II, p. 201 et suiv.)

VII
Mission de Danton, Lacroix, etc., en Belgique.
(Page 39.)

Plusieurs rapports ont été publiés, sinon par Danton, au moins par Lacroix son collègue, sur les missions dont ils furent chargés l'un et l'autre, à plusieurs reprises, près l'armée de Dumouriez. *Rapport des commissaires nommés par la Convention nationale sur l'état de cette armée*, Liège, 11 janvier 1793 (Bibl. nat.; Le²⁹, 3); — *Rapport des citoyens Delacroix, Gossuin, Danton, Merlin (de Douai), Treilhard, Robert, commissaires près l'armée et dans les pays de Belgique, de Liège*, etc. (ibid.; n° 5); — *Compte rendu de J.-F. Delacroix, d'Eure-et-Loir, sur sa conduite en Belgique*, prononcé le 21 pluviôse (ibid.; 65)¹. J'en ai reproduit les principaux traits dans le texte. Plusieurs lettres collectives ou isolées des membres de cette mission les complètent.

J'ai parlé de la lettre de Camus et de Gossuin, surpris de voir, avant d'arriver en Belgique, les routes couvertes de volontaires qui en reviennent (4 décembre 1792).

Le 8 décembre, ils écrivent de Liège : ils ont visité le camp et l'hôpital et font connaître ce qui est réclamé pour les besoins de l'armée : habillement, campement, fourrages, etc.

Le 10 décembre, Camus envoie les lettres de ses collègues par un courrier et annonce qu'il arrive lui-même; et le 12 décembre en effet, il rend compte de sa mission à la Convention. Il énonce un fait qui rachète ce qu'il a dit des volontaires revenant sans congé : « Les soldats, quoique nus, quoique manquant de tout, veulent poursuivre la campagne. »

A la même date, 12 décembre, les commissaires restés en Belgique annoncent de Liège qu'ils vont aller à Namur, à Anvers. Ils attendent la décision du conseil sur le message de Camus.

Le 13, eut lieu dans la Convention le débat dont j'ai parlé sur les fournisseurs de Dumouriez.

Le 26, Merlin ayant demandé pourquoi le Conseil a rappelé Dillon, le Conseil lui répond assez sèchement qu'il est seul responsable des nominations et des destitutions.

Au mois de janvier 1793 se rapportent plusieurs lettres relatives aux approvisionnements (3 janvier), aux légions levées en Belgique (7 janvier), à l'indiscipline de l'armée (9 janvier).

10 janvier. La Convention ayant décidé que Camus reviendrait, les commissaires demandent que Merlin (de Douai) et Johannot leur soient adjoints; dans une autre lettre, ils parlent des élections faites à Bruxelles par des assemblées illégales : les réunions ont été interdites.

1. Il y a de plus, aux Arch. nat., un dossier particulièrement formé des pièces de cette mission (AF II, 236, 3ᵉ dossier).

Ronsin, que les représentants Doulcet, Duquesnoy et d'Aoust avaient trouvé sur la frontière du Nord, remplissant les fonctions de commissaire du pouvoir exécutif, et dont ils louaient l'activité et le civisme (11 octobre), était devenu commissaire ordonnateur, et Dumouriez l'employait à ce titre (14 décembre).

Le ministre Pache attendait d'autres services de lui.

Le 5 janvier 1793, il lui écrit qu'il comptait sur son patriotisme pour faire comprendre au peuple liégeois l'avantage que lui apportait le décret du 15 décembre. — Le vote de Liége pour sa réunion à la France le 28 janvier, fut de 9060 sur 9700 votants. (Armée du Nord, aux dates.)

Le 27 janvier, Camus rend compte des dispositions de la Belgique qui n'étaient point partout aussi favorables. (AF* II, 45, Comité de défense générale, à la date.)

Les premiers revers éprouvés par les lieutenants de Dumouriez rendent la correspondance des représentants plus active. Nous avons cité plusieurs de leurs lettres. Elles sont analysées dans le registre du Comité de salut public : 7 et 8 mars, Douai ; Gossuin et Merlin; 8, Tirlemont ; Camus et Treilhard; 10, Tournay ; Gossuin et Merlin; 11, Louvain ; Camus et Treilhard, etc. (Arch. nat., AF* II, 44, aux dates.)

La trahison de Dumouriez, que Danton avait vu à plusieurs reprises en Belgique et qu'il n'avait pas pu retenir, ne pouvait manquer de le compromettre auprès de ses envieux. Avant et après le 31 mai, Danton eut à cœur de se prémunir du témoignage de ceux qui l'avaient vu dans ces circonstances : Lesage-Senault (Lille, 27 mai), Carnot (Bergues, 28 mai), Gossuin, Merlin (de Douai) et Robert (Paris, 12 juin), Treilhard (Lille, 19 juin). Lesage-Senault dit que Danton a été un des premiers à le soupçonner et à proposer des mesures contre lui. (Arch. nat., AF II, 236, 4° dossier.) Voici la lettre de Carnot (*ibid.*, pièce 9) :

« Bergues, le 28 mai 1793, l'an 2° de la République.

« Je reçois à l'instant, cher collègue, la lettre que vous m'avez écrite le 23 de ce mois sur le reproche qui vous a été fait d'avoir ménagé l'infâme Dumouriez.

« J'ignore ce que vous auriez pu faire avant notre réunion à Lille ; tout ce que je puis assurer, c'est qu'à Lille vous nous proposâtes des mesures qui, je vous l'avoue, me parurent ainsi qu'à la majorité de nos collègues, plus vigoureuses que prudentes. Je suis parfaitement convaincu que si nous eussions suivi vos conseils, nous eussions tous éprouvé le sort de ceux qui ont été accompagnés par Beurnonville, mais je vous dois la justice de dire que vous n'avez cessé de nous confirmer dans l'opinion, où nous étions généralement, que Dumouriez étoit un traître et qu'il falloit s'assurer de sa personne. Au surplus, les arrêtés que nous avons pris en commun ont été imprimés dans les journaux et doivent vous servir de justification.

« L. CARNOT. »

VIII

Idées de Custine sur la réorganisation de l'armée.

(Page 50.)

Custine établissait tout un système de réorganisation de l'armée sur la conquête de la frontière du Rhin. Le Rhin acquis pour limite, il voulait fondre les deux éléments de l'armée, ligne et garde nationale, en un même corps : non la garde nationale dans la ligne, mais la ligne dans la garde nationale. Il écrit au ministre (29 décembre) :

« Dans une république il ne peut y avoir deux natures de troupes, les unes de ligne, les autres nationales. Cette distinction n'a pu être utile que pour opposer les unes aux autres dans le cas où l'ambition d'un despote voudroit se décider à envahir la liberté.

« Du moment que nous aurons une barrière comme le Rhin, il n'y a donc pas à hésiter à fondre tous les régiments de ligne dans les bataillons de gardes nationaux, en en donnant un à chaque département, soit d'ancienne, soit de nouvelle création.

« Cette fusion donnera des instructeurs et des officiers à tous les bataillons de gardes nationaux, ce qui mettra à portée d'en fournir des régiments et même des brigades aussi bonnes que l'infanterie de ligne. »

Houchard, devenu maréchal de camp, lui avait pourtant bien dit combien les allures de la garde nationale répondaient peu à ce qu'on doit attendre d'une armée (13 octobre).

Voici sa lettre dans son orthographe :

« Je suis arrivés, cher général, icy près du général Munier ; une partie de la gendarmerie nationale est ici, le reste à Chiffersat où je les assemble demain matin pour essayer de les organiser. Plusieurs ont échoué, il y a une cabale dans le corps à Châlons, ils ont choisie leurs chef qui ont été otorisé par le pouvoir exécutif, aujourd'hui ils veulent les destitué et en choisir d'autre. Tous sa est d'une mauvaise augure ; ils disent qu'il y a une loi que je verrés, mais je doute qu'il y en ayent une qui otorise la destitution des officiers qui ont été nommés et sous l'autorités desquelles ils ont marchés jusqu'à ce jour. » (Armée des Vosges, aux dates.)

IX

Trahison de Dumouriez.

(Page 73.)

Dans les derniers jours qui précédèrent la trahison de Dumouriez, le Conseil exécutif avait montré une activité égale au péril de la situation. Le 26 mars, il discute, en présence de Camus et de Danton, le plan à suivre sur la frontière de Belgique : 1° Dumouriez tiendra une position défensive en avant des places fortes; sinon, il occupera le camp de Maulde par son avant-garde, Tournay et le camp de Bruille par son armée. Il couvrira Douai, Valenciennes et Condé et jettera des forces dans Lille; 2° on écrira pour accélérer le recrutement; 3° on adressera une proclamation à l'armée; on fera une levée des chevaux de luxe; 4° l'armée des Ardennes retournera sur son territoire pour fermer les passages des forêts; 5° chaque corps d'armée fera des trouées; 6° l'armée de Hollande devra tenir le port d'Anvers et se replier pour rejoindre l'armée de Dumouriez. « C'est alors que l'armée du Nord renforcée pourra devenir active, se porter en avant et rentrer en Belgique, s'il est possible. »

Le 29 mars, le Conseil écrit à Custine que, la Belgique étant évacuée et l'armée des Ardennes non encore rentrée, l'armée de la Moselle doit défendre le territoire. Dans ces conditions, est-il en mesure de garder la position actuelle?

Le 31, sur l'avis indirect que, dans le cours d'avril, la République doit être attaquée sur seize points différents, on écrira aux généraux de se tenir en garde. (Arch. nat., AF* II, 2, aux dates.)

C'est alors qu'éclata la trahison de Dumouriez.

L'arrestation des commissaires fut suivie d'une proclamation du général à son armée (1ᵉʳ avril). En l'annonçant, il disait à ses soldats : « Je les ai mis en lieu de sûreté pour vous servir d'otages. »

L'original de la proclamation est suivi de cette note :

Le présent m'a été donné aux bains de Saint-Amand pour l'imprimer de suite et de le faire réimprimer chez moi à Valenciennes pour les exemplaires être remis au général Ferrand.

B.-J. PRIGNET,
mᵈ imprimeur.

La proclamation fut suivie de cet ordre du général (2 avril) :

Annoncez à votre corps d'armée que nous voulons être libres, que les étrangers ne se mêleront pas de nos affaires et que nous reprenons la Constitution que nous avons jurée en 1789, 1790 et 1791, qui nous donnoit des lois et un roi constitutionnel. Par ce moyen nous nous tirons de l'anarchie et des crimes. Tel est le vœu de la totalité des bons citoyens. Cette mesure rendra le calme et la paix à la France, et les braves volontaires seront à même de retourner tranquillement dans leurs foyers et donner leurs soins à la culture et au commerce...

Tous les braves soldats se souviendront que l'armée est essentiellement obéissante, etc.

L'adjoint aux adjudants généraux.
DUFRENOIS.

La proclamation de Dumouriez, ainsi que son ordre à l'armée, était habile. Il annonçait qu'il prenait les armes pour rétablir la constitution de 1791 et que les étrangers resteraient en dehors de nos débats. Dans ces conditions, il pouvait entraîner et son armée et la population. Le gouvernement était détesté des soldats, qui avaient vu les jacobins à l'œuvre en Belgique et savaient ce qu'ils en avaient souffert par contre-coup et, dans les villes, le général aurait pu trouver aussi des sympathies. A Lille, quand le bruit courut qu'il allait perdre le commandement, les bourgeois disaient tout haut que c'était les perdre eux-mêmes, qu'il ne fallait pas le souffrir. — Mais ces bourgeois n'eussent pas compris que, pour les sauver, on les livrât aux Autrichiens, et les soldats n'étaient pas plus disposés à les traiter en frères. Accepter le patronage de l'étranger, marcher de concert avec les troupes qu'on venait de combattre et, pour gage, leur donner nos villes frontières, c'est ce que l'armée ne pouvait faire et c'est pourquoi, au bout de quelques jours, Dumouriez fut réduit à fuir.

Avant de partir, il avait pu recevoir la lettre suivante d'un de ses adjudants :

« Lille, le 2 avril 1793.

« Mon général,

« Dans l'auberge où je suis logé, deux hussards sont venus hier boire. Ne connoissant point le député Lacroix qui étoit dans l'endroit où ils buvoient, ils dirent : « Le fameux décret du 15 nous perd. La Conven« tion a eu tort, etc. » Le député Lacroix qui sortoit a rentré et leur a dit : « Il vous convient bien de trouver à redire à ce que fait la Convention. » Il est [les] fit sortir sur-le-champ. Je ne sait pas si il ne les a pas fait mettre en prison, mais sur le soir quatre autres sont revenu et ont fait du bruit et des murmures contre le député Lacroix et ne se sont retirer que vers les minuit.

« Le bruit court ici que vous quitté le commandement de l'armée. Dans les cafés où j'ai été tout les bourgeois disent : « Si le général « Dumouriez quittent, nous sommes perdus, il ne faut pas souffrir cela. « C'est un brave homme, il n'y a que lui qui peut nous sauver. » D'autres dont le nombre est bien petit, ont fait voir un journal où le général Miranda, à la barre, dit que c'est vous qui avoit commandé l'armée et qui n'y avoit rien de leur faute. Les bourgeois se sont échauffés. Les premiers ont pris le journal et l'ont déchiré en disant : « Le général « Dumouriez nous sauvera encore une fois. »

« Je vais aller voir les députés et vous ferai part de la conversation que j'aurai eue avec eux.

« Je vous prie, mon général, de vouloir bien ne pas m'éparguer, je suivrai vos ordres et vous, mon général, partout où j'aurai l'honneur de vous accompaguer.

« L'adjudant BEAUFORT. »

(Armée du Nord, aux dates.)

X

Les représentants de l'armée du Nord en avril 1793.

(Page 77.)

Pour ne pas trop charger notre texte nous signalerons dans cet appendice plusieurs autres actes des représentants en mission près l'armée du Nord.

Observations sur l'état actuel de Lille (7 avril 1793) :

On rend hommage au zèle de l'ordonnateur Petit-Jean; mais Lille n'est pas suffisamment approvisionnée.

« Il existe à Lille un comité de sûreté générale, formé de militaires et d'administrateurs. Il est présidé par le général Favart, actuellement commandant à Lille et qui a succédé au général Duval. » Favart était ci-devant commandant à Metz; il est vieux, insuffisant. Les Lillois paraissent bien disposés à se défendre en cas d'attaque, mais il y a des inquiétudes suggérées par des malveillants :

« Dans plusieurs groupes, composés surtout de femmes, on disoit hautement qu'il falloit un roi. Plusieurs d'entre elles se jetèrent sur un des volontaires qui les contrarioit et l'accablèrent de coups. On déchira plusieurs exemplaires d'une proclamation que le comité de sûreté générale avoit fait afficher pour rallier les citoyens aux vrais principes.

« La Valette est commandant temporaire de Lille. C'est lui qui a fait à peu près tout, et je n'ai entendu dire que du bien de lui. » (Lettre de Gabriel Vanker.)

Valenciennes, 7 avril. Lequinio, De Bellegarde, Ch. Cochon à la Convention. Ils parlent de l'état de l'armée; le trésor est rentré à Valenciennes. Bouchotte (qui commandait alors à Cambrai) est venu conférer avec eux.

Même date. Le ministre des Affaires étrangères envoie au ministre de la Guerre une lettre de deux adjoints aux commissaires nationaux. On voulait imputer la perte des approvisionnements de Namur au commissaire de guerre Barneville. Il y a un mémoire de Barneville qui repousse ces imputations.

Douai, 8 avril. Carnot et Lesage-Senault : « La rentrée de nos troupes dans les places de guerre est totalement effectuée et avec un succès qui tient du prodige. »

Le général Dampierre réorganise l'armée, l'artillerie est restée intacte; les vivres sont en abondance dans l'armée, mais on manque d'effets de campement :

« Notre situation considérée comme défensive est brillante; il est impossible que l'ennemi fasse rien de considérable. Puissent les cœurs être dans toute l'étendue de la République réunis, comme ils le sont ici autour de nous, pour exterminer les traîtres et les amis des rois.

« Nous avons lieu de nous plaindre beaucoup des commissaires du

Conseil exécutif pour le recrutement; nous pouvons dire qu'ils n'ont été que nuisibles. Sans eux, l'opération se seroit faite par les administrations elles-mêmes et seroit achevée actuellement.

« Nous avons fait arrêter beaucoup de prévenus désignés par vos décrets et par d'autres alentours suspects. Westermann est du nombre. Nous venons de l'interroger et d'examiner ses papiers. Loin de nous paroître coupable, nous avons trouvé que sa conduite méritoit des éloges. » Cependant un procès-verbal a été dressé et sera envoyé avec les pièces dont il était porteur; — il restera gardé à vue; il a ramené d'Anvers 60 pièces de canon [1].

Valenciennes, 8 avril. Ferrand fait connaître la démarche du général Lécuyer et la conversation qu'il a eue avec lui.

Même date. Lequinio et De Bellegarde annoncent l'arrestation de Lécuyer.

9 avril. Proclamation des représentants délégués aux frontières du Nord (Lequinio, Bellegarde et Ch. Cochon) pour faire connaître aux militaires français le but que se proposait Dumouriez (affiche); — Prignet certifie que, le 31 mars, il a été requis par Dumouriez de venir s'établir avec une presse aux bains de Saint-Amand.

Valenciennes, même date. Dubois-Dubais et Briez à la Convention. Avantages qu'ils auroient pu retirer de la présence à Valenciennes de leurs collègues qui se disposent à rentrer dans la Convention.

Valenciennes, 10 avril. Dubois-Dubais et Briez. Condé est menacé. Le général autrichien a envoyé un parlementaire disant que « l'Empereur est disposé à bien traiter ceux qui voudroient reconnoître l'ancienne constitution ». — Digne réponse de Chancel.

Bellegarde, Lequinio et Cochon viennent de retourner à la Convention. — Ils sont, eux, vu l'approche de l'ennemi, obligés de rester, sans désemparer, à Valenciennes.

Que la Convention envoie des représentants à Maubeuge pour achever de la déroyaliser. Ils indiquent le partage que l'on pourrait faire des villes confiées à leur garde.

Même date. Dubois-Dubais et Briez à Chancel. Ils le complimentent de ses bonnes dispositions.

11 avril. Cobourg aux commissaires de la Convention. Il défend Dumouriez :

Loin d'avoir voulu livrer la France, il avait mis pour condition, dans son traité, l'intégrité de son territoire et que les étrangers ne se mêleraient pas de son gouvernement.

---

[1]. Ordre aux conseils généraux des départements, notamment du Pas-de-Calais et du Nord, de rédiger chaque jour le bulletin de leur situation militaire et d'en envoyer copie : 1° au Comité de salut public; 2° aux représentants députés à Péronne, Lille, Douai, Valenciennes et aux conseils généraux des quatre départements avoisinant la frontière.

CARNOT, DUQUESNOY.

(Autographe de Carnot.) — Pas de date, reçu à Douai, 9 avril. (Arch. nat., AF II, 232, à la date.)

Nouvelle proclamation de Dumouriez (Mons, sans date).

Bouchain, 11 avril. Lequinio, île Bellegarde et Cochon. La sécurité est rétablie à Valenciennes. Retour des hussards de Berchigny qui avaient suivi Dumouriez.

Lille, 11 avril. Gasparin et Duhem : « Nos opérations se multiplient. Deux d'entre nous seront obligés d'être continuellement en campagne pour visiter les différents camps et cantonnements. Nous vous proposons de nous adjoindre notre collègue Lesage-Senault, qui a si bien secondé Carnot avant notre arrivée et qui nous aide encore puissamment.

« Dampierre nous envoie Lamarlière pour commander le camp sous Lille, qui se grossit tous les jours. »

Lille, 11 avril. Desforges-Beaunié, commissaire du Pouvoir exécutif. « Il y a ici un commandant de division nul (Favart), il paroît que l'on demanderoit Lamarlière. Le public bien pensant croit que ce seroit un bon choix. Il délivreroit par son activité cette place d'une foule d'officiers de volontaires mettant le désordre aux spectacles et dans les auberges. » (Armée du Nord, aux dates.)

Valenciennes, 13 avril. Dubois-Dubais et Briez. Ils annoncent un engagement brillant soutenu près de Valenciennes. (Arch. nat., AF II, 232, à la date.)

14 avril. Gasparin et Duhem : « Les officiers des troupes de ligne sont pour la plupart peu disposés pour nous; ils inspirent aux soldats de l'éloignement et du mépris pour l'habit national ;

« Nous trouvons très raisonnable la demande du département du Nord à la Convention pour que, conformément à la loi sur l'organisation de l'armée, les officiers d'infanterie de ligne soient tenus de s'en revêtir le plus tôt possible. »

Valenciennes. Dubois-Dubais et Briez. L'armée est campée près de Denain et à Famars.

Cambrai, 15 avril. La Valette s'excuse d'accepter de Favart et de Lamarlière la place de commandant temporaire à Lille :

« La liste des commissaires qui me sont adjoints prouve que l'on attend que non seulement nous fournissions des recrues aux armées, mais même que nous prêchions l'évangile de la République. »

Il est prêt à obéir; mais que l'on consulte le Comité de salut public.

Lille, 18 avril. Duhem et Gasparin. Avis de la rentrée à Lille des garnisons de Breda et de Gertruydenbourg; éloge de Tilly, commandant de Gertruydenbourg, qui les a ramenées. (AF II, 232, à la date.)

Lille, 21 avril. Fausse attaque de Saint-Amand où l'ennemi a perdu du monde. Dampierre, général en chef, est rentré à Douai. (Ibid.)

Valenciennes, 22 avril. Dubois-Dubais et Duhem. Nouvel avantage sur l'ennemi. (Ibid.)

Lille, 25 avril. Carnot, Duhem, Delbrel, Lesage-Senault, Roux-Fazillac, Gasparin, Dubois-Dubais, Lequinio, Courtois. Arrêté sur les fourrages.

Lille, 26 avril. « Nous partons à l'instant pour Dunkerque qui vient d'être sommée de se rendre ; elle n'en fera rien. »

Les représentants députés par la Convention nationale aux armées du Nord et des Ardennes,

L. CARNOT (qui écrit), DUQUESNOY. (Ibid.)

Valenciennes, 29 avril, Dubois-Dubais et Briez ; sur les mouvements des ennemis.

Dunkerque. L. Carnot et Duquesnoy. Envoi de plusieurs arrêtés (1er mars) relativement à la défense. Ils retourneront le lendemain à Douai pour se concerter avec leurs collègues Lesage-Senault, Gasparin, Duhem, commissaires aux armées du Nord et des Ardennes. (Ibid.; et, pour tout le reste, Dépôt de la Guerre, armée du Nord, aux dates.)

XI

Les représentants près l'armée du Nord en mai 1793.

(Page 97.)

Voici un supplément aux actes que nous avons cités.

Dunkerque, 15 mai. Duquesnoy et Carnot ; Envoi d'un bataillon pour la Vendée. La pièce et le rappel des signatures sont de la main de Carnot.

Valenciennes, 21 mai. Ch. Cochon, De Bellegarde et Courtois signalent des soldats qui vendent leurs habits et viennent se faire rhabiller. Ils se plaignent du désordre qui règne dans les bureaux de la Guerre.

Même lieu, 23 mai. Les mêmes. Ils répondent à une lettre du 14, relative au général Fournier qu'ils ont destitué. On s'est ému à la Convention du mot *destituer* dont ils se sont servis. Ils n'ont pas outrepassé leurs pouvoirs. La loi du 4 avril dernier, relative aux commissaires envoyés sur les frontières du Nord, dit en termes précis, article 5, que les commissaires pourront suspendre ou *destituer* tous officiers civils et militaires. (AF II, 232, aux dates.)

21 mai. Lesage-Senault et Gasparin veulent rendre Dampierre, qui est mort, responsable des échecs subis : il n'a pas suivi le plan arrêté. Ils vantent Lamarlière.

25 mai. Duquesnoy dénonce au Comité de salut public la résistance d'O'Moran à l'expédition de Furnes. Il y voit l'indice d'une intention de trahison.

28 mai. Milhaud, représentant du peuple, à la Convention. Le général Paillot de Beauregard a fait quelques petites expéditions qui ont parfaitement réussi. Il fit, le 17 de ce mois, investir Florinville et Orval par un détachement de 1 500 hommes. — Il a enlevé les matelas de l'abbaye d'Orval.

A ces lettres de représentants joignons-en une de Teissier, chef de bureau du ministère de la Guerre, chargé d'une mission :

Cambrai, 28 mai. Il dépeint la situation de Péronne et rappelle les vaines réclamations du général Bécourt.

« Quant à l'esprit public de cette ville, il est on ne peut plus mauvais. » — C'est-à-dire très peu jacobin. — Robecourt, membre de la Législative, maire de la ville, y est tout-puissant.

« Je me suis aperçu, en questionnant beaucoup sur la route, que depuis le pont Saint-Maixant (Pont-Sainte-Maxence) jusqu'ici, l'esprit public est à peu près le même. »

Il a présenté ses instructions et la lettre du Comité à Bellegarde et à Courtois. Ils l'ont bien reçu et l'ont prié « de coopérer avec eux à la rédaction de la partie militaire ».

L'armée de Cobourg est campée à une lieu en avant sur la gauche de Bouchain, sa cavalerie bordant la haie sur la chaussée de Bouchain à Valenciennes.

Bellegarde est mécontent du Comité ; il a demandé d'être rappelé ; il trouve que l'envoi de Teissier est une preuve « du peu de confiance, dit notre commissaire, que vous avez dans les représentants du peuple auprès des armées. Cependant, malgré son mécontentement, je remplirai la mission que vous m'avez confiée. » (Armée du Nord, aux dates.)

XII

Mission dans les départements de la Meurthe, de la Moselle et du Bas-Rhin.

(Page 00.)

De même que nous trouverons les députés en mission près les armées s'occuper de l'intérieur, nous voyons les députés en mission dans les départements frontières toucher aux choses de la défense. Couturier, Ruhl et Dentzel, envoyés dans les départements de la Meurthe, de la Moselle et du Bas-Rhin, tiennent une conférence à Nancy avec les corps administratifs sur l'état actuel des places frontières. (Arch. nat., AF II, 246, à la date du 2 janvier 1793.) Ils étaient peut-être plus soucieux de l'esprit qui les animait. Ils écrivent le 11 janvier des bords de la Sarre : « L'esprit général de ce district, excepté la ville de Sarreguemines, est celui du fanatisme et de la plus affreuse aristocratie », et ils signalent surtout les prêtres réfractaires. « Il y a quantité de communes entièrement et absolument dévouées à ces scélérats. » Sur cent sept municipalités, à peine en ont-ils trouvé quatre ou cinq patriotes, etc. — Mais les villes ne pouvaient pas rester indifférentes au péril dont elles craignaient le retour. Longwy se plaignait au Comité de la défense générale de l'ineptie du ministre de la Guerre, Pache, qui laissait la place dans le plus mauvais état (23 janvier 1793) ; et les généraux malheureusement avaient à se plaindre à leur tour de l'esprit de quelques bataillons de l'armée. Beurnonville signalait au même ministre la légion de la Moselle : les soldats étaient sans cesse en insurrection et l'état-major ne les apaisait qu'aux dépens de la comptabilité du corps. (Armée de la Moselle, aux dates.)

Aux armées du Rhin et de la Moselle, comme aux armées du Nord et des Ardennes, se rapportent un grand nombre d'actes des représentants en mission pour les premiers mois de 1793.

Metz, 7 mars. Proclamation de Hentz, De La Porte et Blaux pour les approvisionnements.

26 mars. Ordre de faire marcher les hommes.

10 avril. Arrêter les volontaires qui reviennent sans congé.

Le 10 avril, Couturier et Dentzel, revenus à Paris pour obéir au décret du 17 mars, exposent la situation de l'armée du Rhin, retranchée derrière les lignes de Wissembourg; Strasbourg était bien approvisionné. — Le 12, Custine se plaint au ministre du dénuement de l'armée, et, le 13, au Comité de salut public, des refus qu'il éprouvait de la part des entrepreneurs : ils refusaient de fournir des matériaux pour les retranchements à construire, disant qu'ils étaient en avance de 180 000 livres. Les assignats perdaient les deux tiers de leur valeur en Alsace; le général demandait 50 000 livres en numéraire. — Le 16, Louis et Pflieger constatent que toutes les parties de l'administration et du service militaire étaient menacées de désorganisation. — 18 avril. Maribon-Montaut, Soubrany, Ruamps : incorporation des recrues (AF II, 242). A la même date, Blaux rend compte des bonnes dispositions des troupes. — Le 19, Maribon-Montaut et Soubrany louent aussi le bon esprit de l'armée; mais ils faisaient une brèche à la discipline quand ils accueillaient une dénonciation signée par quatre volontaires et deux soldats de ligne contre le colonel Laroque et qu'ils envoyaient l'accusé à l'Abbaye à Paris. — 19 mai. Duroy, Pflieger, Ferry, Louis, préviennent le Comité de salut public qu'un grand nombre d'officiers et de sous-officiers ne savent ni lire ni écrire : ce qui les rend incapables de remplir leurs fonctions. — 20 mai. Pflieger et Louis signalent la mauvaise foi des fournisseurs. Même date. Ritter, Duroy, Ferry, Ruamps, Haussmann et Laurent soumettent à l'appréciation du Comité de salut public les nominations qu'ils ont faites dans l'armée. — 23 mai. Ritter, Ruamps, Ferry, Louis, Haussmann : achat de grains. (AF II, 248.) — Le 25, Haussmann et Ferry rendent compte de leurs opérations. — Le 29, Louis et Ferry: compléter les fournitures; envoi d'articles relatifs à la manufacture d'armes blanches de Klingenthal. (Armée du Rhin et de la Moselle et Arch. nat., AF II, 247, aux dates.) — En Alsace, comme ailleurs, il y avait des commissaires du Pouvoir exécutif qui doublaient les représentants. J'ai déjà eu l'occasion de citer Garnerin. Lui et Gateau, son collègue, donnent aussi leur avis sur la fusion des bataillons de volontaires avec les troupes de ligne : « Les ambitieux, les intrigants, les conspirateurs, s'opposent seuls à cette loi salutaire, parce qu'elle déjoue leurs projets; mais les soldats de ligne et les volontaires, qui ne conspirent que le salut de la République, sont animés d'un même sentiment; ils désirent également de s'unir et de se confondre sous une seule et même dénomination. » (Mai 1793, armée du Rhin, aux dates.)

XIII

Les représentants en mission sur la frontière du Nord en juin et juillet 1793.

(Page 121.)

Armées du Rhin et de la Moselle.

5 juin. Louis et Pflieger demandent au Comité de salut public d'approvisionner la place de Strasbourg de poudre, de plomb, etc. (Armée du Rhin, à la date.)

15 et 19 juin. Laurent, Ritter et Ferry. Levée de chevaux. (AF II, 248.)

19 juin. Maribon-Montaut est depuis huit jours à Paris pour faire rejeter le plan de Custine et adopter celui de Beauharnais, Houchard, et autres républicains très prononcés. Il insiste sur les inconvénients d'une plus longue indécision et prie le Comité de salut public d'ordonner au moins au ministre de la Guerre de retirer les ordres qu'il a donnés pour l'exécution du plan de Custine. — Arrêté conforme du Comité : « Considérant que le plan de Custine, adopté par le gouvernement, devient impraticable par la nécessité de tirer des troupes des armées du Rhin et de la Moselle pour les envoyer dans la Vendée... » (Armée du Rhin.) — Toujours la Vendée!

18 juin. Les représentants près l'armée de la Moselle, Levasseur, Maignet et Soubrany, se plaignent de la mauvaise fourniture des souliers et demandent que l'on augmente les peines attachées à ce délit. (AF, II, 242.) — Ce fut souvent la mort.

21 juin. Les mêmes exposent la situation militaire de Longwy et font l'éloge de l'ingénieur Chasseloup-Laubat. (Armée de la Moselle).

21 juin. Pflieger et Louis se plaignent de la désorganisation des armées, surtout par rapport aux charrois, fourrages, etc.

28 juin. Les mêmes annoncent que l'Empereur fait marcher un grand nombre de troupes vers Mayence et Landau; ils exposent la misère de l'armée par suite du déficit énorme qui s'est produit dans les magasins d'approvisionnements et de subsistances. (Armée de la Moselle).

2 juillet. Maignet, Soubrany, Gentil et Maribon-Montaut. Conseil de santé pour faire sortir des hôpitaux ceux qui n'ont aucune raison d'y rester. (AF II, 242.)

2 juillet. Fournir des armes à l'armée de la Moselle.

7 juillet. Les mêmes font part au Comité de salut public des dispositions prises par Houchard et Beauharnais pour aller en avant, en prenant pour centre d'opérations Landau. (Armée de la Moselle.)

7 juillet. L'armée manque de chevaux et de subsistances.

10 juillet. Ils se plaignent de l'indulgence avec laquelle on traite les agents des subsistances qui laissent les soldats mourir de faim. (Ibid.)

15 juillet. Maignet et Gentil annoncent que les troupes vont porter secours à Mayence. (AF II, 246.)

18 juillet. Gentil, au bout d'un mois d'exercice, déclare qu'il ne se sent pas propre à remplir ses fonctions. (*Ibid.*) — Il reste encore pourtant.

19 juillet. Les départements de la Moselle et de la Meurthe, requis de fournir 47 500 paires de souliers.

23 juillet. Gentil et ses collègues. Ils avouent qu'ils ont donné des traites en numéraire sur le trésor public : il y avait nécessité, 80 000 hommes, aux prises avec l'ennemi, étaient sur le point de manquer de pain.

24 juillet. Soubrany et Maribon-Montaut réclament des fonds pour acheter des subsistances. (AF II, 246, aux dates.)

Metz, 26 juillet. Gentil et Cusset (du Rhône). Proclamation pour l'approvisionnement des places frontières. (AF II, 242.)

Armée des Ardennes.

Sedan, 12 juin. Milhaud, Déville, au Comité de salut public : « L'amalgame des volontaires et des troupes de ligne s'opère avec succès. Toutes les troupes de ligne s'empressent de prendre l'habit national. » (Armée du Nord, à la date.)

23 juin. Hentz et La Porte insistent pour qu'on fasse passer dans le Nord une partie de l'armée de la Moselle.

Sedan, 28 juillet. Calès vante les bonnes dispositions des soldats de la liberté. (AF II, 242, aux dates.)

Armée du Nord.

5 juin. Teissier, chef de bureau du ministère de la Guerre en mission, envoie des notes sur les généraux.

Cambrai, 6 juin. Courtois et Beffroy annoncent l'arrestation du général Laroque, accusé d'avoir voulu faire déserter le 10ᵉ régiment de dragons avec Dumouriez. (AF II 232, pièce 418.)

Bergues, 8 juin. Carnot écrit qu'il a réduit le contingent de plusieurs des communes du Pas-de-Calais, qui était excessif. C'est la faute des administrations locales. « Les administrateurs ne veulent pas convenir de leur erreur qui est pourtant certaine; mais il faut avouer que c'est la faute de la loi qui est faite à coups de hache et que chacun entend à sa manière. » (*Ibid.*, pièce 437.)

XIV

Siège de Valenciennes.

(Page 128.)

Les documents abondent sur le siège de Valenciennes, et des récits exacts ne font pas non plus défaut. Parmi les documents il faut compter le Rapport fait au nom du Comité de salut public dans la séance du 1er août 1793, ou plutôt les lettres écrites de Cambrai par les représentants Briez et Cochon et dont Barère fit donner lecture à cette séance, en les accompagnant de son commentaire (*Moniteur* du 8 et du 9 août, t. XVII, p. 331 et 338), et le « Rapport fait à la Convention nationale par les citoyens Ch. Cochon et Briez, représentants du peuple, députés par la Convention nationale aux armées de la République sur la frontière du Nord, de leur mission près de la garnison et aux siège et bombardement de Valenciennes, avec une relation du siège » (Bibliothèque nationale, Le 38 30, 114 pages); une lettre des agents Celliez et Varin au ministre de la Guerre sur la capitulation (armée du Nord, 2 août), et dans le camp ennemi le *Journal général de la guerre*, publié à Bruxelles (on en trouve les numéros aux archives du ministère des Affaires étrangères, France, reg. 327).

La collection Hennin à la Bibliothèque nationale contient deux gravures, d'origine allemande, représentant, l'une le plan, l'autre (grossièrement) l'attaque et la capitulation de Valenciennes; texte allemand et français, (Q⁵ 331.)

Parmi les récits, le *Précis de la défense de Valenciennes* en 1793, par le général de division J.-H. BÉCAYS-FERRAND (Paris, 1805) : c'est le défenseur de la place; et la relation du siège et du bombardement de Valenciennes en mai, juin et juillet 1793, par A. TEXIER DE LA POMMERAYE, ouvrage fait sur les documents allemands et français (1839).

Le descendant de l'un des membres du Conseil général de la commune de Valenciennes au temps du siège, M. Verdavaine, possède un manuscrit où son aïeul a consigné les principaux faits dont il a été témoin [1]. Il a bien voulu le mettre à ma disposition et j'en tire tout d'abord cette liste de ceux qui, à des titres divers, ont pris part à l'action :

Liste des citoyens composant les autorités administratives et judiciaires de la ville de Valenciennes, installées le 23 novembre 1792, qui conséquemment étaient en exercice pendant le siège et le bombardement commencé le 23 mai.

Administration du district : Landa, vice-président; Dupire, procureur-syndic.

Officiers municipaux : Pourtalès, maire; Benoît, Hécart et Hamoir du Croisier, procureur de la commune; Abenne fils, substitut; Mortier, secrétaire greffier.

Conseil municipal : Abraham, propriétaire; Duquesnoy, négociant; Menu père, Houzel, propriétaires, Hollande, Dufresnoy, Dubois, Verdavaine fils, Delamar, Scribe, J.-J.-J. Verdavaine, négociant.

Tribunal du district : Poncin, président; Cambier, juge; Duhot, juge; Huyot, commissaire national; Serret, greffier.

Tribunal de commerce : J.-J.-J. Verdavaine, président.

---

1. Verdavaine fils, président du tribunal de Commerce et membre du conseil général de la commune, comme l'était son père. Recueil de pièces, 1791-1793, manuscrit en 2 vol. in-f°.

Juges de paix : Ravestin fils, juge de paix; Bondu aîné, Beaux, Deroubaix, Goffard aîné, Deblocq, *Verdavaine* fils, assesseurs.

Autorités militaires : le général Ferrand; le général Decaux, de Blactot (génie); le général Beaurgard; le (lieutenant général 1) Boileau; le (lieutenant général 2) Tholose; Lauriston, directeur de l'agriculture; Monestier, sous-directeur; Danbarere, capitaine du génie; Morlet, commissaire ordonnateur; Roman, de Bruey, Pestier, commissaires des guerres.

Voici quelques autres indications de ce recueil sur les mesures prises par les autorités pendant le siège :

23 mai. *Adresse aux habitants*, dans le style du Père Duchesne : « Aux bougres à poil de Valenciennes. Braves Lurons, etc. »

24. La municipalité divise la ville en 4 parties contenant chacune 11 quartiers, en tout 44, pour la surveillance en cas d'incendie. — Suivent les noms des 44 commissaires.

Même jour. Adresse des représentants Ch. Cochon, Briez.
— Le conseil municipal fait le recolement des subsistances.

26. Arrêtés de la commune relativement aux subsistances; « avis pour se mettre à l'abri de la bombe et éviter les effets des boulets rouges. » — On renonce au dépavage des rues, ce qui empêchait la circulation des pompes.

29. Répétition solennelle du serment de fidélité, fixé au lendemain.

30. Procès-verbal de la cérémonie. — Tableau des corps composant la garnison de Valenciennes le 30 mai; — adresse de la garnison aux habitants de la ville (vers le 30 mai).

Les représentants, le général Ferrand et les corps administratifs aux habitants : Veiller aux subsistances.

8 juin. Arrêté : Tous les chevaux qui ne sont pas utiles seront tués.
— *Note de M. Verdavaine* : Au moment de l'investissement, la ville avait été bien fournie de bestiaux; les habitants des campagnes s'étaient empressés de les vendre, craignant de les perdre; on les avait nourris dans les fortifications; mais les fourrages manquaient : on avait fait vider les greniers par crainte d'incendie.

Les brasseurs avaient été invités à tenir dans leurs brasseries, en vue des incendies, 24 tonneaux toujours pleins d'eau.

14. De la tranchée devant Valenciennes. Le duc d'York au général Ferrand et à la municipalité. Sommation de rendre Valenciennes. — Le général repousse la sommation. La municipalité dit à son tour : « Nos propriétés et notre existence ne sont rien auprès de notre devoir. » Ils adhèrent à la réponse de Ferrand.

A. P. Pourtales, maire; Mortien, secrétaire.

17. Conseil de guerre pour la défense de la place.
18. De la tranchée devant Valenciennes : bulletin de l'ennemi.
24. Ferrand aux habitants de Valenciennes. Il s'afflige de la situation; mais il doit continuer la défense (affiche).

1. Lire plutôt adjudant général.
2. Lire plutôt adjudant général.

20. Bulletin de l'ennemi. La ville est en feu.

Leveneur au Comité de salut public. Sorties heureuses de la garnison de Valenciennes.

La garnison de Valenciennes aux habitants : exhortation à la résistance (affiche).

2 juillet. Proclamation de Ferrand. La ville est à l'abri de toute surprise, escalade, prise de vive force. Tout habitant qui parlera ou fera signer des adresses pour capituler sera chassé de la ville et ses biens confisqués et donnés aux pauvres.

4. Adresse du maire.

6. Arrêté du Conseil de guerre. Tout homme arrêté pour émeute sera conduit aux remparts pour y travailler aux réparations pendant un temps déterminé, équivalant au terme de l'emprisonnement qu'il aurait dû subir.

Même date. La garde nationale de Valenciennes est en réquisition permanente.

12. Capitulation de Condé. Efforts héroïques de Chancel pendant trois mois; mais les vivres étaient épuisés.

Suite du bombardement de Valenciennes : incendie de l'église Saint-Nicolas (place Verte). On soupçonne que cette église, dont le clocher dominait les travaux des assiégeants, avait été brûlée, non par l'ennemi, mais par trahison (supposition fort gratuite), et de même l'Arsenal. L'officier d'artillerie qui y commandait se brûla la cervelle avant l'incendie.

Nuit du 25 au 26. Occupation de l'ouvrage à cornes de la porte de Mons. Assaut imminent.

Le lendemain, parlementaire faisant une dernière sommation. — Cochon et Briez, espérant toujours être secourus, demandent une suspension d'armes. Mais alors il y eut une émeute, formée surtout de femmes et d'une masse d'étrangers à la ville, jetés dans la place par l'invasion. Le général n'y céda point. Il prit l'avis du Conseil de guerre. La capitulation fut résolue sur quinze points pris en considération, et l'on envoya au duc d'York une députation composée de trois militaires et de trois municipaux. Toutes les demandes ne furent pas accueillies; mais le général Ferrand se déclara prêt à rompre si l'on ne rétablissait plusieurs articles, notamment la sauvegarde des représentants qui accompagneront la garnison, et l'honneur de sortir avec une pièce d'artillerie (28 juillet).

La garnison sortit le 1ᵉʳ août. Elle était au commencement du siège de 11 403 hommes. Elle n'en comptait plus (y compris les blessés) que 4 697. Elle avait perdu 6 816 hommes.

En regard des canonniers bourgeois, qui firent si bravement leur devoir jusqu'à la fin, il faut malheureusement placer quelques très rares émigrés de cœur, qui se réjouirent de la capitulation comme d'un triomphe [1].

1. Les *Autrichiens* occupaient la rive gauche de l'Escaut : quartier général à *Hérin*; les *Anglais*, la rive droite : quartier général à *Estreux*.

Valenciennes, le 30 juillet 1793 et le 3e de notre délivrance.

Mon cher Henri Motté, nos malheurs sont finis, la ville a capitulé le 28...

J'ai été nommé commissaire envoyé vers le duc d'York pour consentir et signer la capitulation. C'est le plus beau jour de ma vie.

H... DU CA...

(Armée de Sambre-et-Meuse, pièce jointe à une lettre du représentant Gillet, à la date du 11 juillet 1794.)

XV
Les représentants en mission dans la seconde partie de la campagne de 1793.
(Page 135.)

Une nouvelle liste de représentants, quatre par chacune des onze armées, avait été arrêtée le 19 juillet. Tous ceux qui ne s'y trouvaient pas compris avaient ordre de rentrer dans la Convention. Aux actes que nous avons signalés dans le texte, ajoutons quelques indications supplémentaires, en observant la division naturelle des quatre armées de la frontière du Nord : armées du Nord et des Ardennes d'une part, et d'autre part armées de la Moselle et du Rhin.

Armées du Nord et des Ardennes.

Cassel, 17 août. Destitution du général Chalain par Le Bas et Duquesnoy, sur les considérants suivants : « Considérant que les administrateurs du district (de Béthune) interrogés par les représentants du peuple sur ce qu'ils pensaient du général Chalain, général de brigade, commandant de la ville de Béthune, ont répondu d'une voix unanime qu'ils n'avaient confiance en lui sous aucun rapport; « Considérant qu'une telle réponse dans les circonstances où se trouve la République ne permet pas aux représentants du peuple de laisser plus longtemps confiée à une personne suspecte une place aussi importante que Béthune », — ils le suspendent de ses fonctions, ordonnent en outre qu'il sera mis en état d'arrestation dans la ville d'Arras. (Archives nat., AF II, 140, pièce 21.)

Les représentants près les armées eurent surtout alors à organiser les tribunaux militaires, chargés, en général, de juger les soldats et les employés des armées. La justice révolutionnaire, nous le verrons, eut alors d'autres organes.

23 août. Delbrel, Châle et Letourneur. Établissement d'un tribunal militaire au quartier général à Gavrelle.

6 septembre. Hentz et Levasseur. Tribunal militaire pour l'armée qui doit marcher sur Dunkerque. (AF II, 233.)

4 octobre. Roux. Commission militaire établie dans l'Aisne, dans les mêmes conditions.

A la même date, Peyssard, Élie Lacoste et Duquesnoy. Commission militaire pour tous les employés des administrations de l'armée ; on jugeait à 5 et à la majorité de 3. Les accusés convaincus de malversation devaient être mis à mort dans les vingt-quatre heures.

Le 2 brumaire (23 octobre), Isoré fait de même pour l'armée divisionnaire de Lille.

Le 10 brumaire (31 octobre), Laurent, commissaire dans le Pas-de-Calais, demande que le Comité de législation fasse abréger les formes pour le tribunal militaire. (AF II, 231.)

Le 24 août, à Sedan, les représentants Perrin et Calès, dépassant les termes du décret de la veille, mirent en réquisition tous les citoyens de la Marne de dix-huit à quarante ans ; — jusqu'à concurrence de 10 000 hommes (29 août).

Les représentants s'occupent aussi des approvisionnements de l'armée ; c'était le point le plus utile incontestablement de leur mission.

Maubeuge, 27 octobre. Bar. Besoin d'habillements et de chaussures.

Beaumont, 1er novembre. Duquesnoy. L'armée manque de pain.

15 novembre (25 brumaire). Réquisition de blé.

Maubeuge, 8 décembre (18 frimaire). Bar. Les souliers, les capotes, les couvertures manquent absolument ici ; d'où les maladies, les désertions. — Les désertions avaient en effet pour cause bien moins la lâcheté que la misère.

Le 2 décembre, les agents Celliez et Berton avaient signalé au ministre le dénuement de l'armée et généralement le vide des magasins de Landrecies.

Arras, 9 décembre (19 frimaire). Laurent fait passer au Comité de salut public divers arrêtés dont les fournitures sont aussi l'objet.

Cassel, 10 décembre (20 frimaire). Réquisition de douze cents ouvriers.

Arras. Laurent. Envoi de ses arrêtés du 10 au 20 décembre : réquisitions, etc.

Vidalin et Bollet, représentants près l'armée du Nord et l'armée intermédiaire, chargés de compléter les régiments de cavalerie, prennent à cet égard un arrêté le 23 décembre.

Les agents du Conseil exécutif doublent ici encore la besogne des représentants. Celliez et Berton, agents du ministre de la Guerre, signalent, le 2 décembre (12 frimaire), les vides des magasins de Landrecies et le dénuement de l'armée. (Armée du Nord, aux dates.)

Gadolle, agent du ministre des Affaires étrangères, s'agite aussi beaucoup sur la frontière du Nord. (Voy. ses lettres des 7, 8, 26, 27 août, 1, 11, 13, 14 et 15 septembre, Arch. du minist. des Affaires étrangères, France, reg. 329, f°s 5, 20, 99, 104, 115, 207, 230, 239, 231.) Il en fit tant qu'il se rendit suspect et fut arrêté. Il raconte sa mésaventure à son ministre (Dunkerque, 8 octobre) :

« Je ne vous ai pas écrit depuis longtemps, parce que j'ai été saisi aux extrêmes frontières, d'après des dénonciations, et des dénonciations dont ma présence n'a pas tardé de faire sentir le néant. Celui qui poursuit et fait arrêter, avec autant de zèle et de clarté dans le motif que moi, les personnes suspectes, ne doit pas l'être (suspect); celui qui vous a tant de fois écrit, etc.

« On m'a fait subir un long interrogatoire; tant mieux. Ça été pour moi une médecine de réputation. Deux motifs me placent toujours entre la guillotine et la potence; mon espionnage dans la Belgique, et les ennemis de ma patrie qui, irrités de mon utile zèle, me poursuivent sous le masque du patriotisme. » (*Ibid.*, reg. 329, f° 209.)

Et le 11 octobre (f° 324) : « Je suis, selon mon vœu, envoyé à Paris devant mes juges compétents (le Conseil exécutif); je rentre en prison jusqu'à demain ou après-demain » (f° 238).

Le 13 octobre, il part pour Paris avec ses deux agents : « Veuillez disposer des choses afin que nous soyons promptement entendus. J'ai cinq petits enfants et ma femme est grosse du sixième. Cet état de choses et mon innocence seront, j'espère, des motifs suffisants pour ma prompte expédition. »

Armées du Rhin et de la Moselle.

Les représentants envoyés à ces armées ont publié divers rapports sur leurs missions. J'y ai renvoyé déjà et y renverrai encore.

Citons en particulier ici le compte rendu de Ruamps, Borie, Milhaud, Guyardin, Mallarmé et Niou sur leur mission à l'armée du Rhin du 27 juillet 1793 au 19 novembre (29 brumaire an II). Ils sont pénétrés de l'idée qu'il y avait un complot pour livrer l'Alsace, remontant à Custine, suivi par les généraux qui lui ont succédé; et ils s'écrient : « Armée du Rhin, tu es dégagée maintenant des hommes perfides », etc. — Cela rend très suspectes leurs appréciations politiques; mais ils eurent à prendre de nombreuses mesures administratives qu'ils reproduisent à la suite de leur rapport. (Bibl. nat., Le⁴⁰ 43 et 44).

Beaucoup d'autres lettres ou arrêtés de représentants se retrouvent dans les dossiers des Archives qui concernent les deux armées.

Les deux membres du Comité de salut public, Jean-Bon Saint-André et Prieur (de la Marne), envoyés à l'armée de la Moselle au lendemain de la capitulation de Mayence, s'unirent aux représentants qui s'y trouvaient pour aviser à la défense.

2 août. Ils font une réquisition de forgerons.

4 août. Ils annoncent que les ennemis se proposent d'attaquer Landau. La garnison de Mayence ne pouvant plus servir d'un an contre l'ennemi du dehors, ils prirent un arrêté pour la faire transporter en poste à Orléans. — Nous l'avons trouvée en Vendée.

9 août. Mouvement des troupes sur l'avis des généraux en chef du Rhin et de la Moselle, signé par eux et par les représentants Richaud, Guyardin, Milhaud, Ehrmann, Lacoste et Soubrany.

Dans le rapport qu'ils publièrent au retour de cette mission spéciale, ils disent : « Le peuple est bon; mais les gros propriétaires, les

IV. — 28

fermiers des ci-devant moines vendent plus volontiers leurs denrées aux ennemis de la République qui les paie en or.

« Les êtres les plus coupables, parce qu'ils sont les plus voraces, ce sont les administrateurs des subsistances, charrois, etc., et la nombreuse et insolente cohorte de leurs commis et valets »; — luxe qu'ils étalent. (Bibl. nat., Le^{39} 31.)

Les représentants devaient y pourvoir eux-mêmes.

Sarrebruck, 12 août. Richaud et Soubrany. Réquisition de grains pour Longwy.

17 août. Proclamation : « Peuple français, lève-toi tout entier », etc.; — et arrêté relatif aux approvisionnements.

19 août. Approvisionnement des places fortes.

20 août. Appel aux armes, en français et en allemand, aux citoyens de la Meurthe, de la Moselle et des Vosges. Signé : Richaud, Ehrmann, Soubrany.

En septembre et octobre, nombreux arrêtés de réquisition. (AF II, 248.)

2 septembre. Soubrany et Richaud, en vertu d'un décret de la Convention, font arrêter et traduire au tribunal révolutionnaire Gigot et Petit-Jean, administrateurs des subsistances. Le décret en visait un troisième, Dumas, payeur général de l'armée, mais il n'y a point de payeur général de ce nom.

Sarrebruck, 21 septembre. Ehrmann, Richaud, Soubrany. Mesures prises pour réparer l'échec subi près de Hornbach le 15 septembre.

23 septembre. Les mêmes. Proclamation. Congé à une partie de la levée en masse du 23 août (ceux qui ne sont pas dans la première classe).

Metz, 25 septembre. Soubrany et Richaud dénoncent les fournisseurs : « L'armée de la Moselle est à la veille de manquer de souliers, quoique l'administration en ait envoyé 20 000 paires et en annonce encore 11 000; ils sont si mauvais que cette ressource se réduit à peu de chose. »

Le registre du Comité de salut public porte aux dates des 15, 20 vendémiaire, 1er brumaire, plusieurs arrêtés relatifs, soit aux armées de la Moselle et du Rhin, soit aux armées du Nord. C'est une preuve que ces registres n'étaient pas tenus au courant jour par jour; car aucun acte du 1er mois de l'an II n'a été daté de vendémiaire, les noms républicains des mois n'ayant été mis en usage qu'à partir du 5 brumaire. (Voy. le *Moniteur* à ces dates.) C'est le 15 du 1er mois et non le 15 vendémiaire (6 octobre) que Lacoste et Mallarmé furent maintenus aux armées de la Moselle et du Rhin, avec pouvoir de réquisitionner, de destituer et de remplacer les généraux, etc.

Le 5 octobre (14 du 1er mois), Guyardin et Milhaud écrivent qu'ils s'occupent sans relâche des approvisionnements. (AF II, 47.)

16 et 28 octobre. Ehrmann et Richaud. Réquisitions de fourrages, d'avoine.

21 octobre (10 de la 3e décade du 1er mois). Milhaud, Guyardin, Lacoste, Mallarmé, Ruamps, Borie, Niou. Proclamation après la perte

des lignes de Wissembourg : « La tête de la mégère autrichienne vient de tomber... Mort aux traîtres ! »

Thionville, 26 octobre (5 du 2ᵉ mois). Cusset, représentant délégué près l'armée de la Moselle, témoigne de l'inquiétude sur Longwy : « La garnison n'est forte que de six à sept cents volontaires et de quatre bataillons de nouvelles recrues de la 1ʳᵉ réquisition, qui ne savent pas faire une *à droite*. » — Pas de munitions ; il est indispensable d'envoyer deux bons montagnards dans cette partie et surtout à Sarrelibre qui n'est pas approvisionnée et dont les autorités constituées ne valent rien. (*Ibid.*, carton 216.)

1ᵉʳ novembre (1ᵉʳ de la 2ᵉ décade du 2ᵉ mois). Nouvelle proclamation de Milhaud et Guyardin : « Le génie de la Liberté veille au salut de la France... » — C'est pourquoi tout signe extérieur de contre-révolution entraînait la peine de mort et l'exécution dans les vingt-quatre heures.

Metz, 13 novembre (23 brumaire). Arrêté de Dutheil et Gobert, commissaires civils près l'armée révolutionnaire, contre ceux qui abusaient du nom d'armée révolutionnaire pour commettre des excès.

Strasbourg, 13 décembre (23 frimaire). Arrêté sur le prix des grains et des fourrages.

Le 27 décembre (7 nivôse), un citoyen ayant fait une soumission pour l'approvisionnement des armées de la République, le Comité de salut public prit un arrêté dont l'article 8 réglait les arrondissements des armées :

1. *Nord.* Nord, Pas-de-Calais, Somme, district de Vervins et Saint-Quentin (département de l'Aisne[1]).
2. *Ardennes.* Marne, Ardennes, Aube.
3. *Moselle.* Meuse, Meurthe, Moselle, Haute-Marne.
4. *Rhin.* Haut et Bas-Rhin, Vosges, Haute-Saône, Haute-Marne, Doubs, Dol, Poligny et Arbois (Jura), Mont-Terrible.

J'omets le reste des quatorze armées. (Arch. nat., AF* II, 47.)

XVI

Bataille de Hondschoote.

(Page 141.)

Collombel, représentant du peuple à l'armée de Maubeuge, fit imprimer à cette occasion cette adresse :

« Vos frères d'armes viennent d'emporter vers Dunkerque une victoire complète. Des milliers d'esclaves ont mordu la poussière. Toute l'artillerie de l'armée du duc d'York est tombée au pouvoir des républicains. 1 800 prisonniers, presque tous Anglais, ont été conduits à Saint-Omer. Houchard tient l'armée ennemie bloquée, elle n'a que la mer pour retraite... » (Arch. nat., AF II, 243, pièce 289.)

---

1. Et non *Ain*.

Voyez sur cette victoire les lettres de Houchard au ministre, à la Convention; celles des représentants Hentz et Duquesnoy; de Trullard et Berlier, de l'armée du Nord, et d'autres encore : des mêmes Trullard et Berlier, 11 septembre; de Delbrel et Levasseur, même date. (Arch. nat., AF II, 233, aux dates.)

Béru, qui venait d'être nommé général de division pour sa belle conduite, était ainsi attaqué dans un odieux pamphlet : *Questions posées par Méhée* :

1. Pourquoi, étant maître de Menin, le vendredi 13 septembre dans la matinée, à la tête d'une armée pleine d'ardeur, ne vous êtes-vous pas sur-le-champ emparé de Courtray où les fuyards hollandois avoient porté le désordre et qui étoit sans garnison?

(*En regard sur la 2ᵉ colonne*) : Parce que je suis noble et qu'il est dans notre plan d'empêcher le bien en attendant que nous soyons en force pour faire le mal.

2. Pourquoi les faux bruits de pillage à Menin? — Parce que je suis noble, etc.

3. Pourquoi n'avoir pas attaqué Courtray le lendemain? — Parce que je suis noble, etc.

4. Pourquoi le renvoi de 10 000 hommes à Lille, à l'approche de l'ennemi? — Parce que je suis noble, etc.

5. Pourquoi aucun canon à Menin? — Parce que je suis noble, etc.

6. Pourquoi n'avoir pas rassemblé l'armée derrière la Lys? — Parce que je suis noble, etc.

Méhée, l'auteur du pamphlet, en l'envoyant au Comité de salut public, lui demandait que le général eût à répondre sur ces questions. (30 septembre.)

Béru ne chercha point à lutter contre ces attaques. Le 8 octobre, il écrivit de son camp de la Madeleine au Comité de salut public :

« Il est d'autant plus indispensable que j'offre ma démission dans ces circonstances, que non seulement je préviens le vœu général, mais que je me soustrais par là à la proscription des généraux sortis d'une caste dont j'ai le malheur d'être et que je m'évite une destitution inévitable qui me rendroit suspect sur tout le sol de la République, quoique je n'aie jamais rien fait pour mériter de l'être. » (Armée du Nord, 8 octobre 1793.)

XVII

Hoche et Pichegru en janvier 1794.

(Page 206.)

Dans le cours de janvier 1794, Hoche, tout en demandant du repos pour ses soldats, poursuit le cours de ses succès. Le 1ᵉʳ janvier (12 nivôse), il écrit au ministre que ses troupes sont entrées à Turkheim et qu'il compte s'emparer le lendemain de Kaiserslautern, cette forte position, où il avait, le mois précédent, débuté par un échec; et le 2 janvier, en effet, Kaiserslautern était pris. Le 3, il annonce qu'il se porte sur Grunstadt et Worms; il attache une grande importance à la reprise du fort Vauban et se met en mesure de passer le Rhin à Neuf-Brisach, s'il y a lieu. L'ennemi paraît vouloir se cantonner : les Autrichiens sur la rive droite du Rhin, couverts par la rivière de Murgenthal; les Prussiens derrière la Nahe. Conservera-t-il les troupes des Ardennes? il voudrait du reste se cantonner lui-même. Les 5 et 6, l'ennemi continue son mouvement rétrograde, et lui s'avance, en gardant Neustadt et Kaiserslautern. Il exprime sur les populations qu'il traverse une opinion qui ne les flatte pas, mais qui n'est pas pour les déshonorer. C'était bien leur droit d'accepter de mauvaise grâce la liberté qu'on leur apportait à ce prix.

Dans plusieurs de ses lettres, soit au ministre, soit au Comité de salut public, il se plaint de Pichegru.

Le 7 janvier, il dit que Pichegru n'a commandé ni à Werdt (Wœrth), ni à Haguenau, ni à Wissembourg; — il n'y était pas.

Le 8, il annonce au ministre qu'il a devancé les intentions du Comité en portant trois divisions devant le fort Vauban. Pichegru a été chargé par lui de suivre vigoureusement les travaux du siège et invité à faire une attaque de vive force. Il incrimine, à ce sujet, la négligence ou la mauvaise volonté de ce général. Pourquoi est-il allé à Strasbourg, au lieu d'activer les travaux par sa présence? Pourquoi ce long silence? — Enfin on lui demande 20 pièces de 24. Voudrait-on lui tendre un piège? On ne peut ignorer que s'il dégarnit Strasbourg, on dira qu'il veut livrer la place. — Il part pour le fort Vauban.

Le 10 (21 nivôse), il fait savoir au ministre qu'il a pris des arrangements avec Pichegru ;

L'armée du Rhin passera le fleuve sous la conduite de ce général; quant à lui, il fera face aux Prussiens avec l'armée de la Moselle.

« La République, la chère République triomphera. Ses défenseurs le veulent.

« L'armée vit toujours aux dépens des sujets des tirans. J'espère bien la faire habiller aux frais de la même caisse.

« L. HOCHE. »

(Voy. Rousselin, t. II, p. 46-48.)

XVIII

Agents du Conseil exécutif en ventôse an II.

(Page 219.)

Le 23 ventôse (13 mars 1794), le Conseil exécutif renouvela les pouvoirs de ses agents près les armées. Elle en arrêta la liste, en donnant pour chacun les motifs de son choix. On peut être curieux de connaître les titres de ces personnages.

Armée du Nord.

Celliés, membre de la Commune du 10 août, connu depuis 1789 pour un bon républicain. Il a été mis en prison par Custine pour avoir distribué des journaux patriotiques. Il a découvert les trames de ce traître et d'une partie de son état-major.

Benton, membre de la Société des jacobins, connu dans sa section pour un bon patriote.

Challes a été présenté et cautionné par son frère, député.

Armée des Ardennes.

Yarix, membre de la Société des jacobins ; a dénoncé Custine conjointement avec Celliés.

Crespin, menuisier, électeur et administrateur du département de Paris ; homme actif, intelligent et patriote.

Armée de la Moselle.

Mourgoing, sans-culotte depuis 1789 ; il a eu plusieurs missions des représentants du peuple.

Delteil ; il a été demandé par Lacoste, député.

Armée du Rhin.

Berger et Reunin, tous les deux de la section de Marat et connus depuis 1789 pour des patriotes purs. Ils ont été chargés de plusieurs missions par les députés Le Bas et Saint-Just.

La liste se continue pour les autres armées avec des noms que nous avons déjà rencontrés :

Chevrillon, homme intelligent et patriote de la section de l'Arsenal ; Prière, marchand de vin, jacobin depuis 1789 (pour l'armée des Alpes) ; etc.

Vient ensuite l'instruction, en forme de pouvoirs donnés à chacun d'eux :

« En vertu du décret de la Convention nationale du 11 septembre l'an 2ᵉ de la République et des articles 12 et 13 de la section 3 du décret du 14 frimaire an II,

« Le Conseil exécutif a choisi le citoyen... pour l'un de ses agents près l'armée de...

« Il recueillera toutes les instructions nécessaires pour faire connaître au Conseil les besoins de l'armée.

« Il vérifiera les approvisionnements dans les magasins des armées de la République.

« Il vérifiera l'état des fortifications des places fortes et leur approvisionnement particulier.

« Il recueillera les plaintes et les réclamations particulières de nos frères d'armes, pour les faire connaître au Conseil : s'ils ne sont pas exposés à des abus d'autorité et à des vexations contraires aux principes de la justice et de l'égalité. Il lui indiquera ceux d'entre eux qui se distingueront par leur patriotisme, leur courage et leurs talents.

« Il donnera un soin particulier à la visite des hôpitaux et verra si nos frères d'armes, dont le dévouement mérite tant d'égards, reçoivent les soins qui leur sont dus.

« Il emploiera son zèle et son patriotisme pour prémunir nos frères d'armes contre les manœuvres de l'aristocratie et des émissaires des despotes, et pour entretenir parmi eux l'union de la liberté et les principes de l'unité et de l'indivisibilité de la République.

« Tous les préposés du département de la Guerre fourniront à l'agent du Conseil les moyens de remplir sa mission; en conséquence, les généraux lui laisseront visiter les postes, avant-postes et places fortes de l'armée. Il pourra se faire présenter par le chef de l'état-major général et les chefs des corps particuliers l'état nominatif des officiers employés sous leurs ordres, avec le titre et époque de leur service.

« Il se fera également donner communication par les chefs et agents des différentes administrations employées près les armées, savoir les commissaires des guerres, les directeurs des hôpitaux,... des marchés qui auront pu être passés pour les approvisionnements de toute espèce, destinés à l'usage de l'armée.

« Il donnera communication de ses pouvoirs aux représentants du peuple près l'armée et se conformera aux articles du code révolutionnaire, qui concernent les agents du Conseil exécutif. » (Registre du Conseil exécutif, AF II, 3, à la date.)

XIX

Le représentant Dentzel.

(Page 311.)

Dentzel est un des plus curieux exemples des rivalités et des haines qui éclataient parfois entre les représentants en mission. Nous avons dit comment Rühl rompit avec lui et avec Couturier, son collègue, et les fit rappeler l'un et l'autre. Les deux représentants se défendirent par des rapports où ils énumérèrent leurs actes, avec des pièces à l'appui : *Rapport des opérations civiles et militaires des citoyens Couturier et Dentzel, députés commissaires de la Convention nationale aux départements de la Meurthe, de la Moselle et du Bas-Rhin* (Bibl. nat., Le 29 16), rapport rédigé vers le commencement de juin 1793, suivi bientôt après d'un autre (*ibid.*, n° 23), où ils disent :

« Nous avons pris plus de deux cents arrêtés de mesures de salut public, dans le nombre desquels se trouvent des suspensions et remplacements de la presque totalité des corps administratifs, tribunaux et communes du département du Bas-Rhin, des translations même de celle (sic) du district de Benfeld à Barr et de différents chefs-lieux de cantons aristocrates ou fanatiques dans d'autres. » Suivent seize articles où leurs actes sont rappelés; ils se résument en quatorze projets de décret.

Leur justification paraît avoir été admise; car, le 3 juillet, Dentzel reçut une nouvelle mission dans la même contrée : il fut chargé de l'organisation du district de Landau. Il se joignait à Ruamps, qui était seul alors près l'armée du Rhin, assista aux affaires des 19 et 20 juillet, et laissant Ruamps à l'armée il se rendit à Landau qui allait être bloqué. Il nous raconte lui-même dans un rapport de janvier 1794, ce qu'il y fit : visite des magasins, approvisionnements, établissement d'un tribunal militaire pour contenir les marchands mal disposés; suspension du général Delmas qui avait conféré avec un trompette ennemi : il en rendit compte dans le temps même au Comité de salut public où il fait l'éloge de Laubadère. (Armée du Rhin, 30 août.) Une dénonciation anonyme avait précédé cette lettre. On le signalait comme un homme qui veut réunir tous les pouvoirs, qui veut se faire un parti. « Cet homme dangereux, y disait-on, ce prêtre, ce mot renferme tout, ne peut rester dans cette place. » (Ibid., 23 août.) Ce qu'il y avait de plus sérieux, c'est que les représentants Borie, Milhaud et Ruamps appuyaient ces accusations; ils lui reprochaient des vexations, des destitutions de patriotes, et demandaient son rappel. (Strasbourg, 4 septembre. Arch. nat., AF II, 149, à la date.) — Le rappel demandé fut décrété, et, le 21 septembre, Ruamps écrivait de Wissembourg au général Laubadère, commandant en chef à Landau :

« Nous avons enfin reçu officiellement le décret qui rappelle Dentzel. Je vous le fais passer, afin que vous puissiez vous assurer et vous convaincre que G. Fréd. Dentzel n'a pas plus d'autorité dans la ville de Landau que Louis XVII à Paris. J'espère, mon ami, qu'aussitôt que vous aurez reçu ma lettre, vous vous empresserez de rappeler Delmas à ses fonctions et de suspendre tous les partisans de ce prêtre (Dentzel). (Compte rendu de Milhaud, pièces justif., n° 276, Bibl. nat.; Le [39] 44.)

Mais Landau était bloqué. Il n'en pouvait sortir, et, d'après ce qu'il dit dans son rapport de janvier 1794, on le pria de reprendre ses fonctions. Il partagea donc, avec le général Laubadère, l'honneur de tenir dans la place jusqu'à ce que le général Hoche la débloqua. Saint-Just et Le Bas se trouvaient alors aux armées de la Moselle et du Rhin avec Lacoste et Baudot : il pouvait regarder sa mission comme terminée.

Tout ne fut pourtant pas fini pour lui. Dans la séance du 27 nivôse, Bourdon (de l'Oise) le reprit à partie et fit de lui un portrait qui n'était pas flatté, à coup sûr:

« Vous avez décrété qu'aucun étranger ne pourrait siéger dans le sens de la représentation nationale; cependant on y voit encore un homme couvert de crimes, un traître à la patrie, le persécuteur des patriotes les plus ardents. Je vous dénonce ce ministre protestant qui s'est enfermé dans Landau, exprès pour y exercer toutes sortes de vexations. On ne peut se faire une idée des horreurs commises par cet étranger : il a destitué les administrateurs qui ne lui plaisaient pas; il a fait arrêter les officiers patriotes; il a mis le colonel du bataillon de la Corrèze dans une cage de fer de trois pieds de large, inventée par les despotes pour punir les plus vils scélérats. Je demande que ce monstre soit chassé de la représentation nationale parce qu'il est étranger, arrêté comme suspect, et traduit au tribunal révolutionnaire, s'il y a lieu. »

Danton n'y contredit pas. Il trouva aussi que ce n'était pas assez d'expulser de la Convention un pareil homme; qu'il méritait, si l'accusation était fondée, d'être traduit au tribunal révolutionnaire; mais il était sage de vérifier les faits et d'en renvoyer l'examen aux Comités de salut public et de sûreté générale; et Bourdon (de l'Oise) se rallia à cet avis. Il y a longtemps, disait-il, qu'il voulait faire sa dénonciation, mais il n'avait pas les pièces alors; il les avait maintenant. Rühl, sans se prononcer sur les actes de Dentzel à Landau, attesta qu'il était bien étranger, et Cambon parla de ses intrigues pour se faire envoyer en mission dans les départements du Rhin : ce qu'il n'avait obtenu que par surprise. Dentzel fut décrété d'arrestation, et la dénonciation renvoyée aux deux Comités [1]. C'est de l'Abbaye, où il était détenu, qu'il adressa à la Convention son nouveau mémoire en réponse à tous ces griefs [2]. Il obtint même de Landau, en germinal, une attestation de son énergie républicaine et révolutionnaire, pétition qui fut renvoyée au Comité de salut public [3]. L'affaire traîna en longueur. On gagna le 9 thermidor, et quand les esprits se furent un peu apaisés, le représentant accusé obtint d'être transféré à Paris et de faire reprendre l'examen de sa cause [4]. Thuriot, chargé de faire le rapport au nom du Comité de salut public, conclut, après un assez long exposé de sa vie, en faveur de son éligibilité comme représentant (6 frimaire an III, 26 novembre 1794) [5] et, un peu après (19 nivôse, 8 janvier 1795), il fut, malgré quelques observations de Ruamps, déchargé, sans plus attendre, des inculpations dont il était l'objet [6].

1. Séance du 27 nivôse an II (16 janvier 1794), *Moniteur* du 29, t. XIX, p. 232.
2. Bibl. nat., Le³³, 60. La lettre d'envoi, imprimée en tête de ce rapport, est datée du 1ᵉʳ pluviôse an II (20 janvier 1794). Le rapport était donc vraisemblablement composé avant la séance du 27 nivôse (16 janvier).
3. Séance du 10 germinal an II (30 mars 1794), *Moniteur* du 12, t. XXIII, p. 93.
4. Séance du 16 vendémiaire an III (7 octobre 1794), *Moniteur* du 18, t. XXII, p. 172. — Dans une lettre du 16 brumaire an III (6 novembre 1794), il demande que l'on hâte le rapport sur sa nationalité, ordonné par la Convention. (Arch. nat., AF II, 82, à la date.)
5. *Moniteur* du 9 frimaire (29 novembre 1794), t. XXII, p. 609.
6. *Moniteur* du 22 nivôse (11 janvier 1795).

XX

Les représentants Ruamps, Borie, Milhaud, Guyardin, Mallarmé, Niou.

(Page 322.)

Ces représentants, envoyés près l'armée du Rhin par un décret du 27 juillet 1793, ont publié sur leurs travaux, du 27 juillet au 19 novembre (29 brumaire an II), un rapport (Bibl. nat., Le³⁹43), accompagné de nombreuses pièces justificatives (n° 44). Nous y avons renvoyé plus d'une fois en parlant de leurs actes à l'armée. Nous avons à y revenir ici : car leur mission avait également pour objet de « ranimer l'esprit public à Strasbourg ». Malheureusement ils ne surent que trop souvent insulter à l'esprit patriotique de cette population qui, attachée à la France quand même, était, en majorité, animée de l'esprit de Dietrich et de Rouget de Lisle et répugnait à la domination des jacobins. Nous avons cité les lettres particulières de Lacoste, qui est associé aux actes de Ruamps et de ses collègues par cette note : « Lacoste a concouru aux travaux dont on rend compte. Une nouvelle mission l'a retenu aux armées de la Moselle et du Rhin. »

Dans les pièces jointes au rapport, au nombre de deux cent soixante-dix-huit, on trouve un peu pêle-mêle, sans ordre ni de matières, ni de dates, avec leurs mesures d'ordre militaire (arrêtés sur les subsistances, les vêtements, les chaussures et approvisionnements de toute sorte dont les soldats avaient besoin; destitutions et nominations d'officiers) les actes de leur administration civile : destitution d'administrateurs, arrestation de suspects, brûlement de titres féodaux, spoliation des églises, abolition des signes extérieurs du culte, excitation au mariage des prêtres. Milhaud et Guyardin tiennent dignement leur place dans cette persécution dont on a pu voir le tableau ci-dessus (t. I, p. 26 et suiv.), par leur arrêté du 27 brumaire an II (17 novembre 1793). Ils ne traitaient pas moins rudement les actes de résistance que provoquait leur despotisme. Au mois d'août précédent, un mouvement de ce genre s'étant produit à Barr, Ruamps et Milhaud prirent cet arrêté (Lauterbourg, 24 août) :

« Les représentants, instruits de la rébellion armée qui a nécessité l'envoi de la force publique dans le district de Barr, requièrent les autorités civiles et militaires de Barr de traiter les rebelles de Barr comme les contre-révolutionnaires de la Vendée; et, voulant entièrement étouffer le germe d'un incendie qui pourroit s'accroître et devenir funeste à la patrie, requièrent, conformément à la loi lancée contre les brigands de la Vendée, que les maisons des rebelles soient rasées, et que les forêts où ils se seroient retranchés soient incendiées, et qu'ils soient tous passés au fil de l'épée; et si quelques coupables de cette haute trahison nationale avoient déjà été traduits dans les prisons, les représentants du peuple ordonnent que ces contre-révolutionnaires, mis hors la loi, soient punis de mort dans les vingt-quatre heures. » (Affiche dans les deux langues.) La ville de Barr avait pourtant un club et des « demoiselles » qui, en adressant à ce club leurs félicitations (19 juillet), terminaient ainsi leur lettre : « Nous sommes de véritables sans-culottes, vous êtes des François, et par conséquent toujours galants [1]. »

Ce n'était point seulement la révolte à main armée, c'étaient les « discours inciviques », les « signes extérieurs de contre-révolution » que Milhaud et Guyardin frappaient de la peine capitale. Quiconque s'en rendait coupable devait être, aux termes de leur proclamation, saisi par la force publique ou l'armée révolutionnaire, traduit au tribunal extraordinaire et puni de mort dans les vingt-quatre heures (1er de la 2e décade du 2e mois de l'an II, ou 1er novembre 1793. Bibl. nat., Le39 11, p. 249-251.)

Le même recueil de pièces contient les interrogatoires de jeunes gens, de jeunes filles de Saverne, accusés de propos inciviques, ou de relations avec des frères émigrés (pièces 216, 218, 230).

XXI

La justice révolutionnaire dans le Bas-Rhin.

(Page 318.)

Le tribunal criminel du Bas-Rhin prononça vingt-deux condamnations à mort, du 30 août 1793 au 7 février 1794 (19 pluviôse an II), sans préjudice du tribunal révolutionnaire dont Taflin fut le président et E. Schneider le commissaire civil ou accusateur public, qui, du 2 brumaire au 23 frimaire (23 octobre-13 décembre), en prononça trente-trois [2].

Le tribunal criminel, qui fut ambulant et s'avança au sud jusqu'à Schelestadt, ne fut pas cruel dans les commencements. Les juges n'étaient pas encore « mis au pas ». Le bruit courut même qu'un prêtre réfractaire avait été arrêté dans la maison d'un des juges [3] ; et tout en mettant beaucoup d'apparat dans ses sentences, il ne condamna pas toujours à mort : témoin ce vigneron de Reichsfelden, nommé MAURER, accusé d'avoir proféré « des imprécations contre les prêtres soumis à la loi, disant : « qu'il désiroit que la foudre les écrasât ; qu'ils « étoient tous des hérétiques qui avoient trahi leur religion ; qu'il fau- « droit les attacher à des arbres et leur arracher le cœur », et autres invectives qui dénotent un de ces aristocrates fanatiques dont il est instant de réprimer les excès et les outrages journaliers à la loi [4]. »

---

1. Rapport, n° 111, pièce 133, et Dépôt de la guerre, armée du Rhin, à la date.
2. Berriat Saint-Prix, *Cabinet historique*, t. XI, p. 288.
3. Heitz, *Sociétés politiques de Strasbourg*, p. 271.
4. *Livre bleu*, t. II, n° 25, p. 104.

En raison de ces faits, le 3 mai 1793 : « Le tribunal criminel du Bas-Rhin a déclaré et déclare ledit Martin Maurer, accusé présent, convaincu d'être un aristocrate fanatique et comme tel le déclare être hors la loi, conformément au décret du 27 mars dernier, et conséquemment privé du bénéfice des jurés et autres formes introduites par la loi en faveur des autres accusés; pour réparation dudit délit, le tribunal a condamné ledit Maurer à être conduit incessamment sous bonne et sûre garde, audit lieu de Reichsfelden, pour là, à genoux et découvert sous l'arbre de la liberté et en présence de la municipalité et de la commune assemblées, déclarer à haute voix que c'est méchamment qu'il a proféré les atroces imprécations susdites, qu'il s'en repent et en demande pardon à la République, à la municipalité, aux citoyens et prêtres soumis à la loi et fidèles à l'État. »

Après quoi il fut transféré à Schelestadt, « exposé pendant les deux premiers marchés, de onze heures à midi avec cette inscription en gros caractères français et allemands : *Aristocrate fanatique mis hors la loi et comme tel condamné par le tribunal à faire amende honorable sous l'arbre de la liberté pour avoir proféré des invectives atroces contre les patriotes, les municipaux et les prêtres soumis à la loi du serment.*

Puis « ramené à Strasbourg pour y être détenu jusqu'au 10 août prochain, anniversaire de l'heureuse Révolution qui a procuré à la France le gouvernement républicain ». (Bibliothèque nationale, Lb⁴¹ 2252.)

Le 21 juin 1793, Michel BAFREY, accusé d'avoir crié : *Vive le roi ! au diable les patriotes !* (au dernier recrutement) fut condamné à mort, — mais il était fugitif. (Arch. nat., BB³, carton 12.)

On a vu ci-dessus plusieurs des condamnations mitigées du tribunal d'Euloge Schneider. En voici quelques autres.

27 brumaire (17 novembre), Antoine STAMANN (d'Enolzheim) : a favorisé les prêtres insermentés en leur permettant de dire la messe : — déportation et confiscation.

André HEITZ, même délit : a corrompu l'esprit de sa commune : — même peine.

J.-J. KRAUT : a recélé les effets d'un prêtre étranger ; — même peine.

Nicolas KRUGEL, jardinier du ci-devant baron de Beaumanoir : a donné asile aux prêtres, etc. ; — même peine. Trois autres coupables des mêmes délits : — détention jusqu'à la paix avec amende.

1ᵉʳ frimaire (21 novembre), André BING, gendarme, concussionnaire : — 6 ans de fers.

Jacques-Frédéric OESINGER, administrateur des biens de la princesse de Linange : pour avoir correspondu avec elle : — 35 000 livres d'amende.

2 frimaire (28 novembre), Michel SCHALL et six autres; Anne MEYER et quatre autres, aristocrates et fanatiques : — les hommes attachés à un poteau pendant deux heures, à Wasselonne, avec un écriteau portant leur qualification ; les femmes, promenées avec un écriteau sur la poitrine : *fanatiques enragées* ; — sans préjudice des amendes.

Tenons-nous-en à ces exemples, en renvoyant pour le reste à la *Copie* exacte du soi-disant protocole du tribunal révolutionnaire établi à Strasbourg. (*Livre bleu*, t. I.)

Le tribunal révolutionnaire de Schneider ayant été supprimé (8 ventôse¹) avec renvoi de ses justiciables au tribunal révolutionnaire de Paris, le tribunal criminel du Bas-Rhin fit néanmoins encore quelques victimes ; mais c'était un prêtre réfractaire et deux pauvres femmes qui lui avaient donné asile : 14 prairial (2 juin 1794), Henri-Pie-Joseph Wolbert, prêtre insermenté, ancien vicaire de la paroisse de Saint-Laurent à Strasbourg, arrêté dans cette ville sous un déguisement de femme, et deux blanchisseuses, Marie Nicaise et Catherine Mantz, coupables de l'avoir recélé². La condamnation du prêtre était immanquable : car il n'y avait guère d'exemple qu'on épargnât un prêtre sujet à la déportation, arrêté en rupture de ban; le receleur était regardé comme complice, et la loi lui appliquait la même peine, mais les tribunaux, dans ce cas, avaient plus d'une fois usé d'indulgence. Telle ne fut pas la décision du tribunal criminel du Bas-Rhin.

XXII

Euloge Schneider.

(Page 353.)

Les *Notes sur Euloge Schneider* de M. Heitz fournissent encore plus d'un trait curieux sur le Fouquier-Tinville de l'Alsace.

Citons d'abord cet échange de lettres entre un détenu et lui.

« Citoyen,

« Que le maire provisoire Monet ne croie pas en Dieu, ce sont ses affaires; qu'enfermé *au séminaire*, je sois en butte au *mépris* de cet Esprit-fort, ce sont les miennes, — je me fais gloire de son *mépris public*; — mais qu'un athée savoyard ait osé, au nom des Français, exécrer dans sa rage les ministres de tous les cultes, ce sont là les vôtres, citoyen. C'est à vous qu'il appartient, par droit de charge, de provoquer la punition du téméraire exécrateur.

« Je vous dénonce son blasphème...

« Strasbourg, le 30 juin 1793, an II de la République.

« Rumpler. »

Schneider, le 7 juillet, lui répond que le cas ne donne pas lieu à une plainte en justice :

« Vous vez l'air de le regarder comme un blasphème; vous ne savez donc pas qu'il y a une distance infinie entre Dieu et les hommes qui *se disent* ses délégués...

1. Arch. nat., AF II, 22, dos. 69, pièce 18. Voy. ci-dessus, p. 380, note 1.
2. Extrait des registres du tribunal criminel du Bas-Rhin. (Bibl. nat., LD9 3883, in-f°.)

« Je vous renvoie donc, citoyen, vos pièces, avec invitation d'être dorénavant plus *modéré* et plus *circonspect* dans la manière d'énoncer vos opinions sur les autorités constituées de notre département. »

Il traitait assez familièrement lui-même les autorités constituées. Dans une harangue aux nouveaux administrateurs (8 octobre 1793), il leur disait :

« Quand vous serez une fois assis chaudement sur vos sièges, vous ne voudrez plus entendre mes bons conseils.

« Ne faites aucun cas des applaudissements, car on applaudit au club pour se chauffer les mains. »

Et il disait des généraux (10 octobre) :

« La plupart de nos généraux sont des traîtres. A qui s'en prendre ? A nous. »

Il disait encore aux Jacobins, le 17 octobre, après la perte des lignes de Wissembourg :

« Nous avons été trahis par la négligence de nos représentants du peuple et de nos généraux et par la légèreté de nos soldats...

« Ne vous laissez point induire en erreur si par hasard un représentant du peuple vous dépeint, avec une précieuse éloquence, au club central à l'hôtel de ville de Strasbourg... » (P. 92-98.)

En sa qualité de prêtre apostat, il exalta surtout le culte de la Raison. Le nouveau culte avait été proclamé le 27 brumaire (17 octobre 1793) et on l'inaugura par une fête le décadi suivant. Schneider en parla dans un article de son journal l'*Argos*, intitulé *Saint-Decadi*. Il y disait : « Un voyageur allemand qui viendrait un jour à Strasbourg et qui demanderait, où est la cathédrale? on lui répondrait : Nous ne connaissons plus rien que le temple de la Raison; — où demeure Mgr l'évêque? où loge monsieur le pasteur? on lui dirait : nous ne connaissons pas ces êtres-là; et je parie si le voyageur était Jésus-Christ ou Martin Luther, il verserait des larmes de joie et s'écrierait : C'est là ce que nous avons désiré, c'est ainsi que cela doit être ! »

Puis venait la description de la cérémonie : musique à grand orchestre ;

« Mais, dit-il, il n'y en eut pas de plus agréable que celle des ci-devant prêtres catholiques qui abjurèrent...

« Vers la nuit, la ville fut illuminée ainsi que la guillotine sur la place d'Armes, autour de laquelle on dansait la carmagnole. Oh ! chère guillotine, quel bien tu fais! Tu as rendu sage celui qui, sans toi, sa vie durant, serait resté un imbécile » (p. 109).

O chère guillotine, quel bien tu fais! — Il en fit bientôt lui-même l'expérience et à Strasbourg et à Paris.

XXIII

Mission de Hérault de Séchelles dans le Haut-Rhin.
(Page 361.)

Un agent du ministre des Affaires étrangères, Darbelot, lui écrivait de Colmar, 8 nivôse (28 décembre 1793) :

« Hâte-toi d'engager la Convention et le Comité de salut public de remettre sous la présidence d'un représentant du peuple le département du Haut-Rhin... Le département a toujours été en dessous de la révolution [1]. »

C'est Hérault de Séchelles qu'on y envoya, et son premier soin fut de demander que l'agent du ministre demeurât auprès de lui.

La mission de Hérault était purement politique, et c'est ainsi qu'il la comprit ; guerre non à l'ennemi comme dans le Bas-Rhin, mais aux conspirateurs. Un simple extrait du rapport [2] qu'il en fit à la Convention suffira pour en donner une idée :

« Un orateur avoit prononcé peu de temps avant mon départ à la tribune des Jacobins de Paris, ce mot fameux, le seul qui nous ait délivré de nos ennemis : *que la terreur soit à l'ordre du jour.* Ce qu'il a dit, je l'ai fait. En arrivant à Belfort j'ai fermé les portes de la ville, et au même instant j'ai envoyé fermer pareillement celles de Colmar. » — Il a fait des visites domiciliaires, des arrestations de suspects. — Les suspects, trop près de la frontière dans le Haut-Rhin, ont été envoyés à Langres.

« Lorsque j'arrivois dans une commune, j'avois pour méthode, après avoir pris les renseignement nécessaires et conféré avec tous ceux qui pouvoient m'éclairer ou sur les autres ou sur eux-mêmes, de rassembler le peuple entier dans quelque vaste édifice, et là de le consulter non seulement sur ses intérêts et sur ses besoins, mais encore sur toutes les personnes dont la domination et le crédit pouvoient peser sur lui ! » — Il a renoncé au moyen. — « Je me suis convaincu, non sans un vif regret, qu'il ne convenoit pas à un pays où le peuple, trop souvent en puissance des ambitieux qui veulent l'asservir, ne s'énonce point sur leur compte, tant qu'il les craint, et prodigue de désespérantes acclamations à des êtres qui sont évidemment des ennemis. C'est ainsi que plusieurs fois, il m'a fallu prendre à l'inverse les applaudissements ; et lorsque j'avois mis en prison quelqu'un de ces administrateurs puissants que l'on eût cru soutenu de ses concitoyens, je recevois ensuite les bénédictions de ce même peuple, et souvent les dénonciations les plus précises sur le compte du dominateur écarté. En général, soit que les extrémités d'une République soient plus froides que les points centraux où se forge la Révolution,

---

1. Arch. du min. des Affaires étrangères, France, reg. 330, f° 258.
2. Bibl. nat., Le³⁹, 52.

soit que le souvenir d'une longue obéissance, ou le caractère des habitants de ce pays, porté à une patience plus longtemps concentrée avant l'explosion, semble émousser ou suspendre les armes avec lesquelles on se poursuit ailleurs, il est certain que la dénonciation est presque nulle ou au moins qu'elle n'existe pas assez dans le Haut-Rhin » (p. 8-19).

Il a établi un comité d'*activité révolutionnaire*; — non comme les comités centraux que le Comité de salut public vient de supprimer; c'est une commission d'hommes choisis par lui et qu'il tient sous la main, sept bons patriotes qui sont les instruments de son action; de plus, pour agir aux alentours, il a des commissaires civils.

Il envoie à la Convention son arrêté à ce sujet. C'est l'espionnage organisé avec la force publique à l'appui (p. 14 et suiv.), comme on le peut voir encore dans son *Instruction pour les commissaires civils* (p. 18) : — Rechercher, faire arrêter sur-le-champ et conduire à la maison d'arrêt de Colmar les émigrés, les ecclésiastiques dénommés dans les lois des 21 et 22 avril dernier et 22 et 30 du 1er mois de l'an II; les déserteurs, etc., etc.

XXIV

Tribunal criminel du Haut-Rhin.

(Page 362.)

Le tribunal criminel du Haut-Rhin, depuis le 21 septembre 1793 jusqu'au 7 juin 1794 (9 messidor an II), prononça onze condamnations à mort [1], entre autres Alexis Vassier, à Nancy, comme émigré et porteur de faux assignats [2]. On peut voir quelle était la principale matière de ses jugements, dans un état des détenus du district de Colmar pour cette époque. (Arch. nat., AF II, 136, dossier 8, pièce 33.) Comme dans le Bas-Rhin, les aristocrates que l'on détient ce sont en général des journaliers.

Les dates que nous venons de donner marquent assez qu'il avait continué de juger, comme dans le Bas-Rhin, après la suppression du tribunal révolutionnaire de Schneider, opérée le 3 ventôse. Il avait été renouvelé par le représentant Foussedoire, et son président Rapinat, remplacé par Broucta. J'ai dit que les peines qu'il prononça furent alors relativement peu graves. Les seules victimes qu'il immola furent des émigrés : le 22 floréal (11 mai), Léger Dubric, jeune téméraire, qui, ayant quitté le pays pour échapper aux vexations d'un comité de surveillance, avait eu l'imprudence de revenir avec cette marque indélébile attachée à son nom; le 16 prairial (4 juin), Jacques Weibell (de Wattwiller), qui avait fait partie de la légion de Mirabeau; le

---

1. Voy. Berriat Saint-Prix, dans le *Cabinet historique*, t. I, p. 289.
2. Véron-Réville, p. 189.

9 messidor (27 juin), Bernard MEYER, tisserand de Niedermuespach, qui avait été en pèlerinage à Notre-Dame des Ermites ; cela avait suffi pour qu'on l'inscrivit sur la liste des émigrés [1].

XXV

Suspects et détenus.

(Page 371.)

Voyez l'extrait des registres des délibérations du Comité de surveillance et révolutionnaire de la commune de Strasbourg ; arrestations du 18 ventôse au 1er messidor an II (Arch. nat., AF II, 135, pièce 39) ; de plus, l'état nominatif des hommes suspects détenus dans le ci-devant séminaire et l'état nominatif des femmes suspectes détenues dans les bâtiments du collège national à Strasbourg, de pluviôse à prairial (ibid., pièces 40 et 41) ; un état des prisonniers qui se trouvent au collège national, dressé le 8 messidor (ibid., pièce 42), et deux autres états (pièces 44 et 45) pour le district de Colmar (ibid., carton 136, pièce 35), pour le district de Belfort (ibid., pièce 37).

Ce sont, comme je l'ai dit, les artisans, les domestiques, les paysans qui y tiennent le plus de place. Beaucoup de paysans figurent dans ces divers états en qualité de « parents d'émigrés ». C'est que les émigrés, ce ne sont pas des nobles ici ; c'est une multitude de gens de la campagne, chassés au delà de la frontière par la persécution religieuse.

Notons parmi les détenus de Colmar : Françoise LAUCHER (de Soultz), arrêtée « pour pur fanatisme et parce qu'elle n'allait pas régulièrement à la messe » ; Marie GLANTZIS, mêmes motifs (ibid., carton 136, dossier 8, pièce 35) ; et, d'autre part, transcrivons cette réclamation adressée à l'agent spécial du Comité de salut public dans les départements :

« La citoyenne Ursule Riesler a été arrêtée le 11 prairial. Elle ne peut s'imaginer quel en a été le motif. En conséquence, elle prie le citoyen Garnerin de vouloir bien s'intéresser à son élargissement. Elle ne vivra plus que pour faire des vœux à l'Être suprême pour lui, puisqu'il lui rachètera la vie ; il lui fournira en outre les moyens de se précipiter dans les bras d'un futur époux qui est vraiment républicain, duquel elle est grosse, et qui ne lui laisserait aucune idée des singeries du fanatisme. » — On peut l'en croire. (AF II, 135, dossier 16, pièce 37.)

[1]. Véron-Reville, *Histoire de la Révolution française dans le Haut-Rhin*, p. 188.

XXVI

Missions de Bar dans le Bas-Rhin et de Foussedoire dans le Haut-Rhin.

(Page 372.)

Bar et Foussedoire avaient été envoyés en même temps, le premier dans le Bas-Rhin, le second dans le Haut-Rhin, pour y établir le gouvernement révolutionnaire. Baudot et Lacoste, Saint-Just et Le Bas, leur avaient déjà frayé la voie.

Bar se mit immédiatement à l'œuvre, et dès le 16 nivôse (5 janvier 1794) il prit un arrêté pour combler les vides qui s'étaient faits au sein des autorités constituées, renouveler le Comité de surveillance, compléter le tribunal du district à Strasbourg (*Livre bleu*, t. I, n° 56). Un peu plus tard (18 ventôse, 8 mars), il constatait à Haguenau que « treize à quatorze mille lâches » avaient « abandonné le sol de la liberté », — tant, sans doute, ils s'y trouvaient libres! — et il disait qu'il importait de pourvoir aux cultures!. Il destitua la commune et le district de Haguenau (19 ventôse, 9 mars); il destitua les autorités de Wissembourg (22 ventôse, 12 mars), et il écrivait de Schelestadt au Comité de salut public (28 ventôse, 18 mars), que les districts de Haguenau et de Wissembourg étaient tellement désorganisés par l'émigration qu'il avait dû prendre des hommes des districts voisins pour y constituer les administrations municipales. (*Ibid.*, carton 162, pièce 238.)

Foussedoire alla d'abord dans les Vosges qui lui étaient confiées et ne se rendit dans le Haut-Rhin qu'après que Hérault de Séchelles en fut parti (Hérault l'y avait demandé); et ce nouveau commissaire parut d'abord justifier la réputation qui lui avait été faite. A son arrivée, le 20 pluviôse (17 février 1794), son langage dans la Société populaire, présidée par Droucta, respirait la terreur. Ses lettres au Comité de salut public insistaient sur ce qu'il y avait à faire encore pour obtenir du pays ce que la Révolution voulait le plus : l'acceptation des assignats et l'apostasie. Le 10 ventôse (28 février), étant à Libremont (Remiremont) dans les Vosges, il dit combien est indispensable dans le Haut-Rhin la présence d'un représentant, depuis le départ de l'armée révolutionnaire. Il signale le discrédit alarmant des assignats : « On ne vend plus que contre du numéraire. » De plus, « le fanatisme, un instant comprimé, s'étoit relevé avec plus d'audace, et l'exercice libre des cultes proclamé par toutes nos lois, notamment par celle du 18 frimaire, n'étoit devenu, dans la main des prêtres, qu'une arme dangereuse. » Il s'est concerté avec Baudot et Lacoste qui ont pris dans le Bas-Rhin des mesures applicables aussi au Haut-Rhin ; « et nous prîmes l'arrêté que je vous envoie. Le moyen de l'échange du numéraire contre une somme égale d'assignats et du *tribunal révolution-*

---

1. Arch. nat., AF II, 162, pièce 1231 cf. carton 135, dossier 1, pièce 4.

naire étoit vivement désiré de tous les partis. Déjà le tribunal révolutionnaire est arrivé de Strasbourg à Colmar et le département travaille sans relâche à l'exécution de l'échange. » (Arch. nat., AF II, 162, ventôse, pièce 22.)

Quand Hérault de Séchelles eut partagé le sort de Danton, Foussedoire n'eut garde de se laisser comprendre dans sa disgrâce. Il répudia dans le Haut-Rhin les amis que son prédécesseur y avait laissés. Il pratiqua donc parmi eux des épurations : à Colmar (24 germinal, 13 avril), à Altkirch, à Belfort, 9 et 13 floréal (28 avril et 2 mai). Plusieurs pourtant, reconnus bons citoyens, furent maintenus :

« Le maire d'Altkirch, dit-il le 14 floréal, est en même temps greffier du tribunal. Ces fonctions sont incompatibles. Cependant j'ai cru devoir céder au vœu réitéré du peuple qui a désiré conserver ce citoyen à la tête de l'administration municipale de la commune. » (AF II, 163, aux dates.)

Il était contraint d'avouer combien il avait peine à vaincre les deux résistances qu'il avait signalées sur la question des assignats et sur le culte. Il écrit de Colmar (22 floréal, 11 mai) que l'échange de 3 millions contre du numéraire n'est pas un moyen assez efficace : « Il faut ici la terreur ; il faut que l'homme d'or soit retenu par la crainte de voir sa fortune s'échapper par sa résistance à nationaliser ses intérêts particuliers. Il faut que l'indifférent soit retenu par la crainte du châtiment et que l'un et l'autre soient intéressés à donner aux assignats le crédit que la volonté nationale et une hypothèque immense lui assurent ; il faut enfin un tribunal révolutionnaire. » (Arch. nat., AF II, 163, floréal, pièce 128.)

Il n'a pas mieux réussi contre le fanatisme. Le 8 floréal (27 avril), il écrivait de Belfort combien il en éprouvait d'embarras. Le 6 prairial (25 mai), il écrit de Colmar :

« Les progrès de la raison y sont lents, et les prêtres, qui abusent toujours des lois, même les plus favorables à la liberté des cultes, contribuent toujours à y entretenir un foyer de fanatisme que l'ignorance et la diversité des langues ne peuvent qu'alimenter davantage. » (Ibid., prairial, pièce 23.)

Hentz et Goujon lui succédèrent dans le Haut-Rhin (voy. ci-dessus, p. 382 et suiv.), et ils agirent avec une dureté qui fit sentir le besoin d'y remédier après le 9 thermidor. Ce fut encore Foussedoire qui fut envoyé dans le pays. Il procéda à la révision des arrestations qu'ils avaient faites (24 thermidor, 11 août), prononça quelques mises en liberté, même de prêtres (27 thermidor, 2 fructidor, 14 et 19 août, ibid., aux dates). Le 7 fructidor (24 août), il fait connaître ses premières opérations au Comité de salut public. Le Haut-Rhin n'est pas e[n] pleine contre-révolution, comme l'avaient annoncé ses collègues Hentz et Goujon. Il rend justice à leurs intentions, mais blâme leurs mesures. Il a fait mettre en liberté les détenus à raison d'opinions religieuses qui étaient sans conséquence pour la tranquillité publique. Mais il pousse toujours ce cri désespéré : « La superstition domine la masse des campagnes ! » (Ibid., carton 101, fructidor, pièce 17.)

XXVII

Mission de l'agent Garnerin.

(Page 386.)

Nous avons parlé déjà de l'agent Garnerin et de la mission qu'il avait reçue du Comité de salut public[1].

Dans le cours de sa mission, il adresse au Comité l'état des suspects arrêtés par les ordres des autorités des deux départements du Rhin. Les causes de l'arrestation sont les motifs ordinaires que nous avons déjà signalés : propos contre la Convention ou les prêtres constitutionnels ; aristocrates, parents d'émigrés ; quelques-uns sont allés en Suisse pour assister à la messe des prêtres insermentés ; à N.-D. de la Pierre, pour faire bénir leur mariage ; ou bien ils n'ont donné aucune marque d'attachement à la Révolution ; ils n'ont point paru aux assemblées ; ils ont dit que ceux qui étaient à Paris étaient des gueux, etc. Parmi les pièces qu'il a recueillies et transmises au Comité de salut public, on trouve une charge à fond contre Antouin Clavé, ci-devant procureur-syndic du district, qui, n'ayant rien avant la Révolution, a maintenant 20 000 livres de biens, et qui, après avoir fait le patriote, s'est laissé gagner par les aristocrates, menace les patriotes, chasse sur les terres d'autrui, etc. (Arch. nat., AF II, 136, doss. 8.)

Un agent du Comité de salut public tenait en main le sort des prisonniers. Un détenu nommé Claudon se recommande à lui. Il est un des premiers apôtres de la liberté, et il a pris pour lui écrire un papier dont l'en-tête est significatif. On y voit l'arbre de la liberté, portant au sommet le bonnet rouge et dans ses branches le drapeau tricolore ; au pied, un lion, un tambour, un coq perché sur un canon ; le tout éclairé par un soleil, et des deux côtés de la vignette :

Liberté — Égalité   Fraternité — ou la Mort.

Les lettres de Garnerin devaient tout particulièrement intéresser le Comité de salut public dont il était l'émissaire. Ils peuvent nous intéresser nous-mêmes par ses observations et ses jugements sur les dispositions du pays. Le 20 floréal, il écrit au Comité que Huningue a été longtemps agitée par le nommé Delarue, ci-devant prêtre, ci-devant noble, et de plus fanatique, d'autant plus dangereux que l'on s'accordait à dire qu'il avait beaucoup de moyens ; aussi avait-il été destitué et mis en arrestation par Foussedoire. Il signale en Alsace la plus grande tiédeur de la part de tous les fonctionnaires ; les habitants des campagnes ne vendent encore qu'en argent, ils ne prendraient pas 10 livres en assignats.

« J'entends dire que le tribunal militaire du Haut-Rhin est très

---

1. Voy. ci-dessus, t. I, p. 61, et ci-dessus, p. 385.

indulgent pour les ennemis de la Révolution; qu'il a absous plusieurs des chefs de la trahison au passage du Rhin en septembre dernier. Un d'eux doit être jugé incessamment. Je m'y transporterai. »

Il a besoin que le Comité l'autorise à se rendre dans le Bas-Rhin. Il y a nécessité d'interdire la vente en numéraire. Le Bas et Saint-Just avaient pris des mesures auxquelles on a eu tort de ne pas donner suite; il en faut prendre de semblables pour le Haut-Rhin et le Bas-Rhin.

Le 29 floréal (18 mai), il excite le zèle du représentant Lacoste, qui pourtant n'avait guère besoin de stimulant; il lui a fait connaître l'esprit public dans le Haut-Rhin. On y compte nombre de suspects; il lui signale la conduite coupable des autorités constituées qui souffrent l'avilissement des assignats et le scandale du tribunal militaire qui, à l'aide d'un jury corrompu, vient d'absoudre des coupables. Les lois révolutionnaires sont sans exécution; il est nécessaire de ne pas se borner à des destitutions partielles, il faut concerter les mesures pour le Haut et le Bas-Rhin; — il a écrit au Comité de salut public; il va se rendre à Paris pour lui peindre la situation et le déterminer à des mesures fortes. (*Ibid.*, pièce 59.)

Le 27 prairial (15 juin), c'est à Hentz qu'il écrit. Les mêmes abus sont communs aux départements du Bas-Rhin, du Mont-Terrible et du Haut-Rhin. Il y a trois causes principales d'où découle le désordre: l'idiome, le fanatisme, l'énorme quantité du numéraire. Il lui dénonce l'agiotage des juifs « qui veulent être vils, malgré que nous ayons fait pour les rappeler à la dignité de l'homme ». Quant aux fonctionnaires publics, ce qu'il a pu noter en douze jours qu'il a été dans le Haut-Rhin, c'est que toutes les autorités constituées du département sont mauvaises; l'administration d'Altkirch est la plus mauvaise de toutes: « On y refuse ouvertement les assignats; les fanatiques, les agioteurs y sont protégés. »

Huningue est le lieu « où la discorde et l'aristocratie semblent avoir fixé leur séjour favori »; les patriotes y sont opprimés, qualifiés d'aristocrates; « les comités révolutionnaires de ce département n'ont peut-être pas été aussi dangereux que la composition des autres autorités devrait naturellement le faire préjuger; mais ils ont été nuls pour la chose politique ». Les ci-devant nobles, les prêtres sujets à la déportation, sont encore libres.

Il insiste sur la conduite coupable du tribunal militaire du Haut-Rhin; ce tribunal a tout mis en œuvre pour sauver les contre-révolutionnaires: « composition ménagée d'un jury aristocratique, subornation de témoins », etc.

Le président était prévôt du conseil aulique et les juges pris parmi les juges de paix des environs[1].

1. Voyez en ce qui concerne le tribunal la note insérée sur la pièce 10 du dossier 16, AFII, 135; Raspieller, ancien prévôt du prince de Porrentruy; Chotot, défenseur officieux qui a toute la confiance du tribunal; Prosper Meunier, ci-devant conseiller à la Chambre des Comptes; Lintz, chef de division, etc.

Il a parcouru les communes de 2ᵉ ordre : « c'est là que le fanatisme aiguise ses poignards ». (*Ibid.*, pièce 59.)

Le 23 prairial (11 juin), il fait savoir au Comité qu'il est arrivé le 20 à Strasbourg. Le département est dans de bonnes conditions, sauf deux districts où il y a besoin de quelques hommes. « Toujours l'assignat et le numéraire circulent, malgré tous les efforts ; les juifs entretiennent un agiotage épouvantable. »

Il va partir pour Landau. A son retour, il a un projet « pour saper le mal dans la racine, c'est-à-dire pour diminuer l'énorme quantité de numéraire ; mais que le comité ne perde pas de vue nos relations avec la Suisse. »

Notons, à la décharge de Garnerin, cette observation qui confirme ce que nous avons signalé d'après les pièces :

« Il y a dans les maisons de détention à Strasbourg des journaliers, des femmes et des enfants, parents éloignés d'émigrés lors de la prise des lignes, habitants agricoles de la classe du peuple la plus indigente.

« Des hommes, des femmes et des enfants aussi dans la classe du peuple, arrêtés pour n'avoir pas été à la messe constitutionnelle, tandis que des riches et des prêtres ont été arrêtés ensuite pour cause de fanatisme.

« N'est-ce pas donner une extension coupable et contre-révolutionnaire, j'ose le dire, au décret sur les émigrés, qui n'a eu d'autre but que d'atteindre les partisans des nobles qui entretiennent par leurs parents des correspondances coupables, que d'enlever aux travaux des campagnes des journaliers, des hommes du peuple ?

« L'intention du Comité est-elle de rendre à leurs travaux ces hommes isolés de leurs parents par l'opposition de leur misère et de la richesse des autres ?

« Ne doit-il pas en être de même pour les journaliers et pauvres habitants des campagnes ?

« Le Comité veut-il que je lui indique ceux qui sont dans ce cas ?

« Je dois lui observer que les meilleurs citoyens à Strasbourg et des membres des autorités supérieures s'accordent tous à dire que les arrestations de ce genre, faites toutes par les comités révolutionnaires des campagnes, sont marquées au coin de la partialité la plus révoltante et qu'elles ne sont que l'effet de quelques animosités, puisque des habitants dans le même cas jouissent de la liberté. »

Les enfants devraient en être retirés et envoyés dans les maisons destinées à l'éducation des enfants de la patrie. Il a demandé des renseignements, il les transmettra. (AF II, 135, dossier 10, pièce 51.)

En matière d'enquête il pouvait aller aussi loin que les représentants eux-mêmes ; et les représentants le savaient assez bien en cour, si je puis dire, pour lui laisser poursuivre sa mission sans entrave et accueillir même, avec faveur, ses propositions de réforme touchant l'administration.

Le 20 prairial (17 juin), il écrit au Comité qu'il a demandé au département du Bas-Rhin de lui faire remettre les noms des membres composant les districts et les municipalités du département ; avec ces matériaux il pourra soumettre ses réflexions sur le véritable état du département, etc. (*ibid.*, pièces 55, 56) ; et le 5 messidor : Il a vu Hentz qui a approuvé ses observations. Il y a six cents soixante-seize communes : c'est beaucoup trop ; elles sont une entrave. Il faut en réduire le nombre à trente-six municipalités de cantons et mettre dans les autres un seul agent particulier. Les autorités supérieures sont généralement bonnes dans le Bas-Rhin ; il serait bon de faire passer les membres composant les autorités du Bas-Rhin dans le Haut-Rhin. Pour cela, il faut salarier les membres des autorités, surtout les agents particuliers des petites communes.

L'encombrement des prisons finissait par ouvrir les yeux aux plus cruels persécuteurs. Hentz en était venu à être d'accord avec lui « pour mettre le plus promptement possible en liberté un grand nombre d'habitants agricoles, envoyés depuis six mois dans les maisons de détention de Strasbourg, sans qu'il existe seulement deux lignes d'écrites qui puissent indiquer la cause de leur détention ». (*Ibid.*, pièce 57.)

Hentz décidément lui avait donné sa confiance. Dans une lettre datée de Strasbourg, 9 messidor (27 juin), Garnerin annonce au Comité qu'il arrive de la tournée qu'il vient de faire avec Hentz dans le Mont-Terrible et le Haut-Rhin :

« Ce représentant a acquis la conviction que j'avais déjà et dont je vous ai entretenu dans mon rapport général et dans ma correspondance, que les juifs et les prêtres étaient les auteurs du discrédit national. »

Il a constaté aussi que tous ceux que nous avons reconnus pour dangereux dans les administrations pressaient tous pour qu'il fût pris des mesures de rigueur contre les prêtres en masse. » — (Afin de voir renaître les troubles.)

La question religieuse était la principale cause de ces troubles. A cet égard, l'agent du Comité faisait une différence entre les départements du Mont-Terrible, et les deux départements du Rhin. Le Mont-Terrible lui donnait de grandes espérances : il avait été étranger à la royauté et aux premiers troubles de la Révolution. Il avait fait sa révolution tout seul. « Lui-même il détruira l'idole du fanatisme auquel il a porté un coup terrible en chassant le prince-évêque de Porrentruy. » — C'était un aveu que l'Alsace ne ferait pas aussi bon marché de sa religion. (*Ibid.*, carton 136, dossier 8, pièce 166.)

La Convention elle-même voulut réparer plus tard une partie des excès commis en Alsace ; voyez entre autres le rapport de Becker, représentant du peuple envoyé en mission à Landau, fructidor an III. (Bibl. nat., Le⁹ 320.)

FIN DU QUATRIÈME VOLUME

TABLE DES MATIÈRES

DU TOME QUATRIÈME

CHAPITRE XXVI. — Frontière du Nord. Les missions aux armées. Période de l'Assemblée législative (20 avril-20 septembre 1792).... 1
   I. — Les généraux et les premiers représentants en mission au début de la guerre... 2
   II. — Prise de Longwy et de Verdun. Bataille de Valmy (août-septembre 1792)... 10

CHAPITRE XXVII. — Les missions aux armées depuis la bataille de Valmy jusqu'à la trahison de Dumouriez........................ 18
   I. — Libération du territoire. Reprise de Longwy et de Verdun. Levée du siège de Lille....................................... 18
   II. — Bataille de Jemmapes. Conquête de la Belgique. Occupation de Mayence... 29
   III. — Les commissaires de la Convention en Belgique (novembre et décembre 1792).. 51
   IV. — Beurnonville et Custine (décembre 1792)................... 71
   V. — Custine et les représentants en mission dans la région du Rhin (janvier et février 1793)................................ 81
   VI. — Invasion de la Hollande. Perte de la Belgique (février et mars 1793).. 91

CHAPITRE XXVIII. — Les missions près les armées depuis la trahison de Dumouriez jusqu'à la perte de Mayence et de Valenciennes... 51
   I. — Le Comité de salut public et les nouveaux commissaires près les armées... 51
   II. — Perte du camp de Famars. Retraite au camp de César... 91
   III. — Custine et les représentants en Alsace après la bataille de Bingen... 98
   IV. — Custine à l'armée du Nord............................ 103
   V. — Capitulation de Mayence et de Valenciennes............ 120

CHAPITRE XXIX. — Fin de la campagne de 1793.................. 129
   I. — Houchard. Bataille de Hondschoote...................... 129
   II. — Jourdan. Bataille de Wattignies........................ 146

III. — Perte des lignes de Wissembourg............................	152
IV. — Suite de la bataille de Wattignies sur la frontière du Nord.	162
V. — Pichegru et Hoche, Saint-Just et Le Bas.....................	175
VI. — Reprise des lignes de Wissembourg. Déblocus de Landau.	190

CHAPITRE XXX. — Campagne de 1794............................ 202

I. — Mésintelligence de Hoche et de Pichegru...................	202
II. — Disgrâce de Jourdan; arrestation de Hoche.................	206
III. — Campagne du printemps 1794.............................	219
IV. — Nouvelle invasion de la Belgique. Ypres et Charleroi. Bataille de Fleurus..	239
V. — Suites de la bataille de Fleurus. Occupation du Hainaut et des Flandres...	248
VI. — Occupation de Bruxelles. Le port d'Ostende................	261
VII. — Armées du Rhin et de la Moselle. Reprise de Kaiserslautern...	275
VIII. — Le 9 thermidor. — Rentrée à Liège. Prise du fort de l'Écluse. Occupation de Trèves.............................	281
IX. — Libération du territoire. L'ennemi repoussé au delà de la Meuse et du Rhin...	289

CHAPITRE XXXI. — La Révolution en Alsace.................... 297

I. — L'Alsace avant la République. Missions antérieures à la Convention...	297
II. — Missions depuis la Convention: Rühl, Dentzel et Couturier.	302
III. — Les Jacobins à Strasbourg après le rappel de Dentzel et de Couturier..	311
IV. — Mission des représentants Ruamps, Borie, Milhaud, Guyardin, Mallarmé, Niou..................................	313
V. — Saint-Just et Le Bas.....................................	322
VI. — Baudot et Lacoste.......................................	332

CHAPITRE XXXII. — La justice révolutionnaire et les dernières missions de l'an II en Alsace................................ 340

I. — Euloge Schneider et son tribunal ambulant.................	340
II. — Fin de la mission de Saint-Just et Le Bas..................	354
III. — Mission de Hérault de Séchelles dans le Haut-Rhin; tribunal criminel de Colmar..................................	357
IV. — La loi du 14 frimaire en Alsace. Les commissions révolutionnaires et les tribunaux criminels.......................	363
V. — Persécution contre les aristocrates et les amis de Schneider...	372
VI. — Les comités de surveillance et les agents du Comité de salut public. Mission de Hentz et Goujon.....................	380
VII. — L'Alsace après le 9 thermidor............................	393

Appendices.. 403

COULOMMIERS. — Typ. P. BRODARD et GALLOIS.

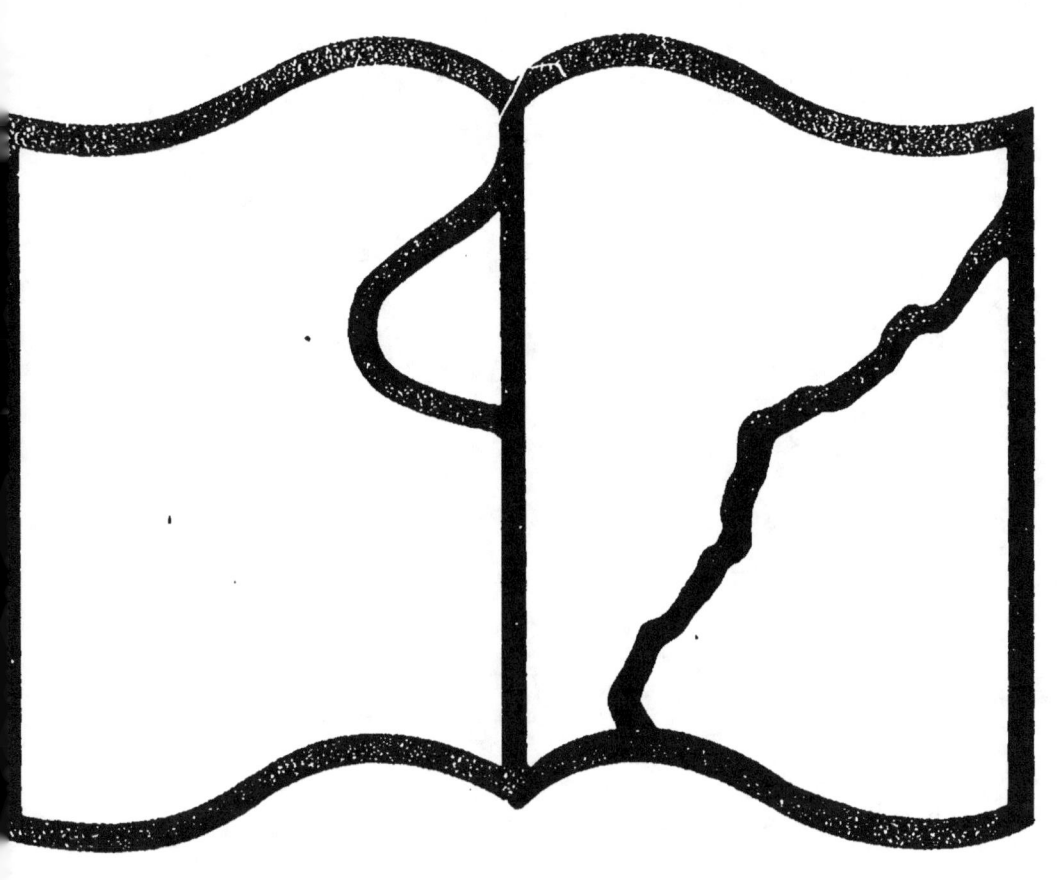

Texte détérioré — reliure défectueuse
NF Z 43-120-11